AF191632

Harald Skorepa

*A*nekdoten
*B*emerkenswertes
*C*urioses

aus der Welt der Musik

Harald Skorepa, geb. 1952 in Lennestadt/Altenhundem, Nordrh.-Westf./Sauerland. Sohn, Musiker, Komponist und Texter, Sportler, „68er" vom Lande, 40 Jahre lang Psychologe und Therapeut, Vater von zwei Kindern und vierfacher Großvater (bisher). Seit 1971 in Berlin. Produzierte und veröffentlichte ca. 20 Schallplatten/CDs, 16 Auflagen eines Musiklexikons sowie ein Lexikon der Musikinstrumente und publizierte drei Bücher mit Musikerwitzen und Karikaturen im Verlag „Schott Int. Mainz". 2018 brachte er seine Biographie „Eintopf ohne Deckel" heraus, 2023 „Niemand nahm Kassandra ernst" mit politischen und sozialkritischen, humorvollen Essays und in diesem Jahr bereits, als erweiterte Neuauflage, „Reimeleien – Ansichten eines Wortwählers", eine Gedichtsammlung.

Peter Butschkow, 1944 in Cottbus geboren, aufgewachsen in Berlin, Studium an der Staatlichen Akademie für Graphik in Berlin; von 1968 an Graphiker bei einer Berliner Werbeagentur und seit 1971 freiberuflich tätig. Er veröffentlichte über 200 Bücher mit seinen Zeichnungen.

*A*nekdoten
*B*emerkenswertes
*C*urioses

aus der Welt der Musik

von Harald Skorepa

Gewidmet meinem guten Freund Volker Kühn.
Er war ein unermüdlicher Streiter wider
den Dummfug in der Kulturszene.

mit Zeichnungen von

Peter Butschkow

Verlag	BoD • Books on Demand GmbH, In de Tarpen 42, 22848 Norderstedt
Druck	Libri Plureos GmbH, Friedensallee 273, 22763 Hamburg
Autor	Harald Skorepa info@ultimus.de
Zeichnungen	Peter Butschkow www.butschkow.de
ISBN	978-3-7597-7812-3
Produktion:	schneemann produktion

1. Auflage © 2021
2. Auflage © 2022
3. erweiterte Auflage © 2024

Kapitel

(der leichteren Auffindbarkeit wegen ist der Text
je Kapitel alphabetisch sortiert)

„Nicht nur die Musik spiegelt die Seele eines Komponisten oder Interpreten wieder; ebenso werfen Ereignisse, Äußerungen und Begebenheiten ein Licht auf die Persönlichkeit des Musikers."

POTPOURRI – MISCHTÖNE

Aber ich kann weiter!

Während eines Fluges der Gruppe Santana zum Auftrittsort begann der zweite Gitarrist mit Carlos Santana zu streiten, indem er ihm vorhielt, der schlechtere Gitarrist von beiden zu sein. Im Verhältnis zu ihm könne Santana nichts. Der Angesprochene blieb seelenruhig sitzen und entgegnete schließlich auf die Tiraden: „Mag sein, daß du besser Gitarre spielst. Aber ich bin bekannt!" *(Peter Baumgartner)*

Aber janz schnell

Kurz nach dem Ende des 2. Weltkrieges bat der Volksschauspieler und Theaterdirektor Willy Millowitsch den damaligen Kölner Oberbürgermeister Konrad Adenauer um Material zum Wiederaufbau seines Theaters. „Für die Premiere hätt ich jern zwei Karten! Aber Freikarten bitte", entgegnete dieser, „und baun Se so schnell wie möglich, dat de Leute wieder wat zu lachen haben!"

Aber selbstverständlich

Auf die Frage, was der Gastdirigent des nächsten Konzerts dirigieren werde, antwortete ein Musiker der Wiener Philharmoniker: „Was er dirigieren wird, weiß ich nicht. Wir jedenfalls spielen die 3. Sinfonie von Beethoven."

Abgerechnet wird zum Schluß

Die Leserumfrage des größten englischen Musikmagazins ‚Melody Maker' ergab Ende 1997 folgendes Bild: Publikumslieblinge 1997 waren die Gruppen ‚Radiohead' und ‚The Verve', während die Stars ‚Oasis' und ‚Spice Girls' zu den miesesten Popgruppen des Jahres gewählt wurden. Oasis-Gitarrist Liam Gallagher erhielt den Titel ‚Narr des Jahres', Ginger Spice den des unattraktivsten Stars.

Abgesang

Am Ende einer Europa-Tournee trat die amerikanische Gruppe ‚Blood, Sweat & Tears' in der Berliner Philharmonie auf. In Anbetracht der glänzend verlaufenen Tour wirkten die Musiker, allen voran der Sänger Jerry Fisher, auf das Publikum äußerst selbstgefällig und abgeklärt. Im Song „Spinning Wheel", warf sich Fisher bei der Zeile „And when I Die, And When I'm Gone" derart pathetisch auf die Bühne, daß ihm jemand aus den hinteren Reihen zurief: „Dann hau' doch ab!". Er hatte die Lacher auf seiner Seite. Das Konzert endete allerdings damit, daß Fisher und andere aus der Gruppe nach der Zugabe und dem Weggang eines großen Teils des Publikums auf dem Bühnenrand saßen und für den Rest der Besucher noch diverse Blues-Titel spielten. *(Harald Skorepa)*

Abgrenzung

„Klassische Musiker haben ein Problem. Sie halten sich für was Besseres." *(Nigel Kennedy)*

Der Ablaß

„Das Tolle bei den Katholiken ist, daß man jederzeit seinen Kilometerzähler wieder auf Null stellen kann." *(Max Raabe über die Beichte)*

Abstieg

Viele Musiker saufen sich von ihrem Ruhm das ‚h' weg. *(Harald Skorepa)*

Abzocker ausgebootet – Die Erste

Heimlich aufgenommene Konzerte, sog. Bootlegs, werden zu teilweise hohen Preisen gehandelt. Deshalb erlaubt die amerikanische Gruppe Pearl Jam seit Jahren ausdrücklich das Mitschneiden ihrer Live-Shows zum persönlichen Gebrauch.

Abzocker ausgebootet – Die Zweite

„Ich finde es einfach nicht gut, daß die Leute für Konzert-Bootlegs 50 Dollar verlangen und sich dabei eine goldene Nase verdienen. Also machen wir das selbst. Wir nehmen jede unserer 28 Europa-Shows auf und veröffentlichen den Mitschnitt anschließend auf einer Doppel-CD zu einem sehr vernünftigen Preis." *(Eddie Vedder, Sänger der Gruppe Pearl Jam, 2000)*

Achtung und nicht vergessen...

„O sole mio" ist nicht das Lieblingslied des Mannes, der meilenweit für eine Camel läuft! *(Harald Skorepa)*

Die 18. Nr. 1 in den USA

Mit ihrer Single „Touch Me Body" schaffte es Mariah Carey im April 2008 zum 18. Mal, an die Spitze der US-Charts zu gelangen. Damit überholte sie Elvis Presley.

Das älteste Tanztheater der Welt

Die Tanztheater-Erzählung „Kutiyattam" aus Südindien blickt auf eine fast 2000-jährige Geschichte zurück.

Ätnas Kinder – Die Terrorgruppe

(Notizen zu einem Konzert der Berliner Musikgruppe „Lava" 1972, deren „Chef" eine ähnlich unselige mentale Macht ausübte wie Charles Manson; außerhalb der vermeintlich schützenden Gemeinschaft wirkten die Mitglieder verstört, verschlossen, emotionslos depressiv und kommunikationsunfähig)

Dieser Name ist Symbol. Lava überrollt, begräbt und verbrennt jegliches Individuelles in der Bahn ihres Glutflusses, gibt sich jedoch gleichzeitig einen verbindlichen, alles vereinenden Anschein für die allmählich verglimmenden Reste von Individualität.

Lava in ihrer Erscheinungsform als geschmeidige, überall eindringende, zerstörende Masse entspricht der praktizierten Ideologie der Destruktivität, gleichzeitig aber deren einzige und elementare Äußerungsform.

Unter diesem Aspekt betrachtet, wirkt auch die Musik der Gruppe auf das akustische Empfinden eines Zuhörers, dem die Hintergründe und der pseudotherapeutische Anspruch bekannt und präsent sind, wie eine zwar elementare, aber alles zerstörende Macht.

Was zu Anfang die substantielle Leere ein wenig vertuscht, ist zum einen ihr hoch gesteckter Anspruch an individuelle künstlerische Selbstverwirklichung, der jedoch bereits im Ansatz kümmerlich verkümmert, und zum anderen an eine monumentale, archaische Rhythmik, die sich aber so uninspiriert und verschroben präsentiert, daß zum Beispiel Rhythmuswechsel, falls als solche gemeint, wie kriminelle Delikte erscheinen.

Die Musik ist eintönig monoton und wirkt aller Mühe zum Trotz leer. Abläufe und Steigerungen bleiben reine Intuitionsfragmente, tatsächlich ein Spiel mit herbeigezwungenen Emotionen, die zerdehnt werden und von wenig improvisatorischem Geist gesegnet sind. Eine musikalische Entwicklung von zwei Jahrtausenden findet sich nur in der vielfältigen Instrumentation aus allen Epochen wieder. Was übrigbleibt, ist das instinktmäßige Suchen und Zusammensetzen nach Lauten ganz gleich welcher Art.

Der Forderung an die Befreiung versprechende Funktion dieser Musik als universelles Kommunikationsmedium geht der okkupierende Wille eines paranoiden Bewußtseins voraus. Insofern ist sie tatsächlich absolut, jedoch absolut destruktiv und postuliert eine alles andere ausschließenden Subordinationskultur.

Durch immerwährendes Reproduzieren von bereits gelebten Denkmustern befeuern sich diese Menschen wieder und wieder zu einem neuerlichen Einstieg in ihre akustisch wahrnehmbar gemachte Dunkelheit, was sich mit ihrem gemeinschaftlichen Psychotrip zur kompletten Aufgabe ihrer Individualität traurig ergänzt. Und wenn sich die Glut abkühlt, erstarrt alles zu einer gleichförmigen und unsubjektivierbaren Masse.

Lavoodoo und Trauma.

Ahhh ...?

„Berühmt zu sein, ist das gleiche, wie nicht berühmt zu sein, nur mehr davon." *(Alanis Morissette, 1998)*

Ahnenreihe

Zensile Makeba Qgwashu Nguvama Yiketheli Nxgowa Bantana Balomzi Xa Ufnu Ubajabulisa Ubaphekeli Mbiza Yotshwala Sithi Xa Saku Qgiba Ukutja Sithathe Izitsha Sizi Khabe Singama Lawu Singama Qgwashu Singama Nqamla Nagithi lautet der richtige, vollständige Name von Miriam Makeba. Grund für die Länge ist die Tatsache, daß jedes Kind die Vornamen seiner männlichen Vorfahren erhält, dem häufig noch ein oder zwei den jeweiligen Charakter beschreibende Attribute hinzugefügt werden.

Alle Achtung

Im Herbst 1998 gab der niederländische Geiger Andre Rieu seiner Stradivari, die er gerade für 2 Millionen DM ersteigert hatte, auf Wunsch des Auktionators zurück. Dieser hatte Rieu darum gebeten, weil die Herkunft des Instruments nicht restlos aufzuklären war. Es sei fraglich, ob die Violine als Eigentum einer deutsch-jüdischen Familie nach dem Zweiten Weltkrieg rechtmäßig den Besitzer gewechselt habe. Bei dem Versuch, den Stammbaum der Violine aus dem Jahre 1703 lückenlos nachzuprüfen, sei nach 1930 eine Sackgasse entstanden.

Das Allerletzte

„ZZZ Hacker" nannte sich eine ostwestfälische Punk-Gruppe, um im Pop-Alphabet nach „ZZ Top" auch wirklich an allerletzter Stelle zu stehen.

Alles Banane?

Vor jedem Auftritt wappnet sich der Aerosmith-Sänger Steven Tyler mit einem speziellen Glücksbringer; er klebt sich das kleine, blaue Etikett einer Chiquita-Banane auf den Handrücken. Bei seinem Bühnenunfall im Jahre 1998 fehlte das Abzeichen. *(Harald Skorepa)*

Alles Echt

„Wir heißen ‚Echt', weil wir echt sind. Wir wurden nicht zusammengecastet. Und Pickel haben wir auch." *(Flo von der Popgruppe ‚Echt')*

Alles gehortet

Obwohl Peter Horten mit bürgerlichem Namen tatsächlich so heißt, mußte er bereits von Beginn seiner Karriere an auf Betreiben des Kaufhauskonzerns Horten unter dem Pseudonym Peter Horton auftreten.

Alles verschlingend

In dem Moment, in dem die elektronische Musik ihre eigenen Ursprünge kannibalisiert, verliert sie ihre Erneuerungskraft. *(Steffen Irlinger)*

Also doch?

Im Mai 1999 wurde Michael Jackson in Rom zu einer Strafe von umgerechnet 4.000 DM verurteilt, weil er seinen Hit „Will You Be There" gestohlen hat. Opfer war der italienische Popmusiker Al Bano, dessen Titel „Il cigni di Balaka" gekupfert wurde.

Also doch!

Der erfolgreiche Produzent Frank Farian mußte nach längerem Ausweichen schließlich zugeben, daß die beiden Musiker seines Erfolgsduos ‚Milli Vanilli' ihre Titel nicht selbst gesungen, sondern von Studiomusikern hatten aufnehmen lassen. Live traten sie deshalb mit Voll-Playback auf.

Alt und bewährt?

Mitglieder der Gruppe Corvus Corax, die Anfang der 90er Jahre als Spielleute durch die Lande zogen, um mit Straßenmusik Geld zu verdienen, wären in Freiburg einmal beinahe verhaftet worden. Nach einem 500 Jahre alten Gesetz ist dort das Dudelsackspielen verboten.

Alte Erfahrung

„Kein Akkord ist häßlich genug, all die Scheußlichkeiten zu kommentieren, die von der Regierung in unserem Namen verübt werden." *(Frank Zappa)*

Alte Knaben

Zum 500jährigen Jubiläum der Wiener Sängerknaben sollten 1998 erstmalig auch Mädchen in den Chor aufgenommen werden.

Das alte Lied

„Weltmusik" ist nur eine neue Form des Kolonialismus: Ausbeutung und Verwertung von fremden natürlichen Ressourcen zum Nutzen weniger. *(Harald Skorepa)*

Alte Wahrheit

Mittels einer Studie belegte die amerikanische Psychologin Sarah Randsdell von der Florida-Atlantic-Universität im Jahre 2001 den bereits lange zuvor vermuteten Zusammenhang zwischen Musik und Lernen, demzufolge bei letzterem die Konzentration und Effektivität durch gleichzeitiges Musikhören erheblich gestört bzw. behindert wird. Sogar zwischen der negativen Wirkung von Instrumentalmusik und Titeln mit Gesang ließ sich entgegen gängiger Auffassung kein Unterschied feststellen.

Alte Weisheit

Die Musik ist imstande, bei Unglück in der Liebe zu trösten. *(Diogenes)*

Altlast

Jim Morrison, der charismatische Sänger der Kultband „The Doors", lebte exzessiv und stellvertretend für viele der Anti-Kriegs- und Anti-Vietnambewegung den Generationskonflikt und die Auseinandersetzung mit überkommenen und verlogenen Konventionen bis zu seinem frühen Tod mit 27 Jahren aus. Sein Vater war Admiral und Generalstabsmitglied der US-Navy, der sich beim Ausbruch des Vietnam-Krieges im Golf von Tomkin befand. Morrisons aggressiver Haß gegen seine Eltern sowie seine angebliche Todessehnsucht waren allem Anschein nach Ausdruck eines für ihn unlösbaren Generationskonfliktes. Er äußert sich dazu an anderer Stelle.

Die amerikanische Flatulenz

Es ist eigentlich nicht einmal eine flat-B-Wertung, pardon, B-Schreibung wert! Sei's drum.
Daß die englisch/amerikanische Notenschreibung nicht zwischen B und H zu unterscheiden lernen will. Oh heilger Eigensinn! Wohl doch eher falsch mißverstandenes Selbstbewußtsein! Führt zu einigen überflüssigen Irre-Tationen (B flatsch). Ist „B flat" euer musikalischer Nigger?
A B C in der Musik geht anders als in der Primel-Schuul!! Es heißt „A, H(!), C". B ist was besonderes und nicht nur ein dusseliges „B flat". Fragt mal eure Bluesheinis.

Ihr seid doch so gut in Revolutionen. In jeder Hinsicht. Vorwärts und auch öfters mal retour. Und die „Temperierte Stimmung" war eine! In der Musik. Deutlichst! Gebt euch doch mal einen Ruck. Auch zur Teeparty sind sie in Boston ins kalte Wasser gesprungen.

Es heißt „H"! Und „B"! Wie „Blues!" Leck Arsch! Die Bezeichnung „b" hat sich durch allmähliches „Runden" aus dem „h" entwickelt.

Geistige Blähungen sind ... das hatten wir aber schon. Eben auch nur Flatulenz.

Und geht euch ein „As-Dur" nur schwer über die Lippen? Wohl nicht! Bei „A flat-major" (also im Feld und nicht auf der Linie) hätte John McEnroe die Stirn gerunzelt. Es sind doch nur fünf Buchstaben anstelle von zehn. Und ökonomisch so sinnvoll. Das kann man ausrechnen ... Abnutzung von Winndouss, Stiften, Fingern, Hirn etc.

Und „A-Dur" ist eine schöne Tonart. „A major" macht sie nicht besser, nur länger. Fragt mal Notenschreiberlinge. Geht auch alles, wie leider nicht durchgängig gehandhabt, nur mit „A" und „a", ohne Dur und moll. Euer Kürzel „A maj" könnte an „Pommes mit Mayonnaise" erinnern. Bei Zawinul und anderen Ösis heißt das „Aartapfel mit Majo".

(Harald Skorepa)

Amerikanische Lösung

„Musik ist Musik, und Religion ist Religion, und wenn man beide zusammenmixt, erhält man Wagner, und Wagner war ein Nazi. Er war ein Genie, und als Musiker liebe ich ihn, aber als Mensch möchte ich ihm eine Kugel zwischen die Augen schießen."

(Steve Reich, amerikanischer Komponist jüdischer Herkunft)

Das andere Gen

„Wer den Jazz im Blut hat, der kann nicht marschieren."
(Coco Schumann)

Die andere Meinung

„Rock 'n' Roll ist etwas für junge Leute. Wenn du genug Geld gemacht hast, solltest du dich zurückziehen." *(Johnny Ramone, Gitarrist der Punk-Gruppe „The Ramones")*

Die Anfrage

Mit einem Telegramm bat Beatles-Manager Brian Epstein im Mai 1967 Karlheinz Stockhausen um die Erlaubnis, sein Foto für das Cover der am 1. Juni erscheinenden LP „Sgt. Pepper's Lonely Hearts Club Band" verwenden zu dürfen.

Ein Angebot, das man nicht ablehnen kann

Die kalabrische Mafia N'Drangheta vertreibt in Süditalien Kassetten mit traditionellen und modernen Mafiasongs, die von fliegenden Händlern und Tankstellen angeboten werden. Nach einem Bericht des ‚Corriere de la sera' kommen sie ziemlich gut an. An und für sich gab es diese Lieder innerhalb der NDrangheta schon immer. Neu ist, daß sie nun einem großen Publikum zugänglich gemacht werden sollen, um ihm den kriminellen Ehrenkodex der Mafia zu vermitteln. Sie verteidigen unter anderem den Mafioso als Ehrenmann, der nur Gutes für die Gemeinschaft tut. Außerdem werden Kronzeugen verdammt, die mit der Justiz zusammenarbeiten, sowie alle Polizisten und Richter. Der Vertrieb ist völlig legal.

Angler-Latein

„Gehirnmusik ist meine Sache nicht, die schmeckt wie ein Essen bei McDonalds – jedesmal gleich. Herzmusik ist dagegen wie Angeln, du weißt nie, ob du als nächstes einen Fisch fängst oder einen Schuh." *(Carlos Santana)*

Angepaßt?

Eingedenk der engagierten Vergangenheit, der vielen sozialkritischen und politischen Texte und der fundamentalen Wirkung, die der amerikanische Poet und Musiker Bob Dylan auf die 1968er, die Hippie- und auch die weltweite Anti-Kriegs- und Anti-Vietnam-Bewegung hatte, mutete es seltsam an, daß ihn ein Professor einer amerikanischen Militärakademie 1996 für den Literturnobelpreis vorschlug. Begründung: Dylan habe ein nahezu unbegrenztes Universum der Kunst geschaffen. Auch verstörte es viele Dylan-Fans, daß der einstige Rebell in der amerikanischen Elite-Militärakademie Westpoint auftrat.

Das Antidot

Im Dezember 1999 forderte der englische Popstar George Michael seine Fans auf, die gerade neu aufgelegte Single „Imagine" von John Lennon zu kaufen, um zu verhindern, daß der Song „Millenium Prayer", eine Popversion des ‚Vater Unser' von Cliff Richard, auf Platz 1 der englischen Hitparaden landet und damit dieses „abscheuliche Stück Musik" (Michael) als Hit in das neue Jahrtausend geht. Obwohl die meisten Radiostationen sich weigerten, das Lied zu senden, konnte es sich auf Rang 2 der Weihnachts-Hitparade plazieren. Der Song kam schließlich auf Platz 1, wurde jedoch noch vor dem 24. Dezember und damit auch vor der Jahrtausendwende von der Westlife-Single „I Have A Dream / Seasons In The Sun" verdrängt.

Applaus, Applaus!

Ein renommierter deutscher Verlag brachte Mitte der 1990er Jahre sein ‚Lexikon der Musik' auf CD-ROM heraus; ein multimediales Projekt in schicker Aufmachung. Interessierte jedoch, die sich zum Beispiel über die Ära des Rock 'n' Roll informieren und die Musik Elvis Presleys anhören wollten, bekamen u.a. vom ‚Hound Dog' ein völlig falsches Bild vermittelt. Das Musikbeispiel besteht – ausschließlich – aus einer halben Sekunde Klatschen. Die meisten der übrigen Musikbeispiele waren auch nicht länger. Man wollte wohl geschickt an der GEMA vorbei. *(Harald Skorepa)*

Der Arme!

„Eminem vermittelt den Eindruck, ein Weißer habe es beson-
ders schwer in einer von Schwarzen dominierten Welt."
(Andreas Becker über den Film „8 Mile")

Aua!

In reichlich alkoholisiertem Zustand absolvierte die deutsche
Rocksängerin Jutta Weinhold mit ihrer Gruppe in den 70er
Jahren im Berliner Quartier Latin einen knackigen Auftritt.
Als sie sich in einer Gesangspause am Bühnenrand auf ei-
nen Stuhl setzen wollte, übersah sie, daß sie zuvor dort ihr
Bierglas abgestellt hatte. Umgehend wurde sie in das nahe
gelegene Krankenhaus gebracht, während ihre Band weiter-
spielte. Nach ca einer halben Stunde kehrte sie zurück. Vom
Publikum begeistert empfangen, verlangte sie als erstes nach
einem neuen Bier und berichtete, daß sie gut verarztet und
alles in Ordnung sei. Allerdings habe man ohne Betäubung
nähen müssen, da ihr Alkoholpegel dafür doch zu hoch war.
(Klaus Kluge)

Auch ein blindes Huhn...

„Ich kann nicht glauben, daß dies mit dieser Looser-Band passiert ist." *(Gwen Stefani zum Platz Nr. 1 ihrer Gruppe „No Doubt" mit „Don't Speak" 1996 in den US-Charts)*

Auch eine Einstellung

„Gegen die Dummheit des Premierenpublikums ist kein Kraut gewachsen."
(Claus Peymann zur Skandal-Aufführung von „Da Ponte in Santa Fe" im Juli 2002 bei den Salzburger Festspielen)

Auch eine Karriere

„Wenn er seinen Musikgeschmack in der eingeschlagenen Richtung konsequent weiterentwickelt, kommt als nächstes sicher der Musikfilm über die ‚Wildecker Herzbuben'."
(Harald Martenstein im Februar 2002 im Berliner Tagesspiegel über den erfolgreichen ‚Buena Vista Social Club'-Regisseur Wim Wenders angesichts von dessen ‚BAP'-Porträt)

Aufgefallen?

Zwei englische Worte: das Substantiv „Life" (= Leben, gesprochen: „laif") und das Verb „to live" (= leben, gesprochen: „liw"). Die Aussprache ist klar. Oder? Und nun mal einfach nachsprechen, wie man es von Ansagen und Plattenhüllen kennt:
„The Beatles Live" (gesprochen eigentlich: „The Beatles liw")?
Irgendwas stimmt da nicht...

Auf Sendung

„Rap ist Black CNN." *(Chuck D. von der Gruppe ‚Public Enemy')*

Auf den Busch geklopft

Die Londoner Grunge-Band Bush durfte diesen Namen mit Einverständnis der seit den 70er Jahren existierenden kanadischen Gruppe Bush benutzen. Als die englische Gruppe aber versuchte, der älteren Band die Benutzung ihres Namens zu verbieten, kam Gegenteiliges dabei heraus: Bush (London) muß nun in Kanada auf Bühnen und in Plattenläden ein „X" hinter dem Namen führen.

Auf den Geschmack gekommen

Die Veranstaltung des Vatikans „Schritt in die Welt" mit den Künstlern Bob Dylan, Adriano Celentano und Andrea Bocelli im Herbst 1997 schien den Papst auf den Geschmack gebracht zu haben. Weihnachten 1997 traten zu Ehren von Johannes Paul II. Angelo Branduardi, ‚Earth, Wind And Fire', Chaka Khan, B.B. King und Mireille Mathieu beim jährlichen Weihnachtskonzert auf, das Heiligabend international ausgestrahlt wurde.

Auf den Hund gekommen

Um ihr Leben fürchtete die libanesische Popsängerin Nadscha Karam, als 1999 Gerüchte kursierten, sie habe ihren Hund auf den Namen des Propheten Mohammed getauft. In der islamischen Welt gelten Hunde als unrein. Es gab wütende Proteste von Fundamentalisten und religiösen Führern.

Auf den Punkt gebracht

Der Pianist Jelly Roll Morton verlangte von seinen Musikern die präzise Umsetzung seiner Arrangements: „Spielt nur die kleinen schwarzen Punkte!"

Auf die Pelle gerückt

Auf 40 Millionen Dollar Schadensersatz wurde der Rapper Moses Pelham im August 2000 von einer nicht näher bekannten Dame verklagt. Pelham hatte Teile eines heimlich mitgeschnittenen Telefongesprächs mit ihr bei seiner neuesten Produktion verwandt.

Auf gute Nachbarschaft

„Ich bewundere Beethoven, weil er sagte: ‚Ich bin ein Künstler! Ich arbeite nicht für Euch! Ich bin nicht Euer Sklave! Ich bin ein Musiker! Ich schreibe, weil ich es will und nicht weil ihr es wollt!' Ich denke, der Rock 'n' Roll hat diese Haltung übernommen!" *(Billy Joel, 1997)*

Auf immer und ewig

„Michael Jackson will sich klonen lassen. Da dies zur Zeit noch nicht möglich ist, will er seine DNA (Erbinformation) vorläufig einfrieren lassen." *(Information der Hamburger Morgenpost)*

Aufforderung zum Tanz

„Putzen Sie bitte nicht meine Windschutzscheibe, stürzen Sie die Regierung!" *(Popmusikerin Katharina Franck)*

Aufrechter Deutscher? Teufel auch!

Als Norbert Schultze, berühmt geworden durch das Lied „Lili Marleen", Verfasser von Opern, Operetten und Musicals, aber auch von Durchhalteliedern wie „Vorwärts nach Osten", „Lied der Panzergruppe Kleist" und „Bomben auf Engeland, nach 1945 seinen Onkel aus Amerika wiedertraf, sagte ihm der in väterlichem Ton: „Vergiß nicht, lieber Norbert. Du hast den Teufel am Hintern geküßt. Das wäscht dir keiner mehr ab." Norbert Schultze schüttelte verständnislos den Kopf: „Andere haben geschossen, ich habe nur Musik gemacht."

Nach dem Krieg wurde Schultze als Mitläufer eingestuft. Später hatte er als einer von wenigen den Mut zu sagen: „Ich bekenne mich schuldig, an diesem System mitgearbeitet zu haben." *(Harald Skorepa)*

Aufs falsche Pferd gesetzt

Bei einem Konzert Mitte der 1990er Jahre mit dem englischen Bluesmusiker John Mayall war einer der Besucher angesichts der Darbietungen dermaßen unzufrieden, daß er in einer Pause seinem Unmut lauthals Ausdruck gab, als ihm statt des gewohnten Blues Discomusik mit Blueseinschlag geboten wurde. „Das ist nicht John Mayall!" – „But I am John Mayall." – „That's not John Mayall!"
Die Veranstaltung, die vor allem von Fans von John Mayall und Bluesmusik im Allgemeinen besucht worden war, endete in einem Fiasko. Es flogen zwar keine Tomaten, aber seinen Ruf als Bluesmusiker hatte John Mayall mit diesem Konzert, wo er den Versuch unternahm, sich der Discobewegung anzupassen, für einige Zeit verspielt. *(Harald Skorepa)*

Auftragswerk

In einem weltweiten Aufruf hatte der Popmusiker Momus angekündigt und auch wahrgemacht, für 30 Menschen, die ihm 1.000 Dollar überwiesen, einen Song zu schreiben und auf seiner Platte „Stars Forever" zu veröffentlichen. Der schottische Songschreiber war zu einer Strafe von 30.000 Dollar verurteilt worden, weil er auf seinem 1991er Album diverse Prominente, u.a. den transsexuellen Komponisten Wendy Carlos, gerichtswirksam attackiert hatte.

Aus berufenem Munde

„Hildegard Knef ist die größte Sängerin der Welt ohne Stimme." *(Gratulation Ella Fitzgeralds zur Broadway-Premiere in „Silk Stockings")*

Aus Daffke

„Weil der CDU-Kanzlerkandidat Edmund Stoiber ohne die Genehmigung des Popsängers Sasha dessen Hit „It's My Time" für Wahlkampfzwecke verwandte, unterstützt der Musiker nun die Kampagne der SPD." *(Sender Viva am 20. August 2002)*

Aus dem Lehrbuch der Bigotterie

Resozialisierung von Kriminellen oder Kriminalisierung der Gesellschaft?

– Ice-T, nach „Cop Killer" fast US-amerikanischer Staatsfeind Nr.1, ist mittlerweile ein akzeptierter Schauspieler.

– Table Dance, eine US-amerikanische Form des optischen Onanierens, unterstützt moralisch das allgemeine Verbot von Prostitution. Es gibt keine Prostitution in den USA!

– 2Pac, Suge Knight und Death Row Records stehen für viele. Die Moral der US-amerikanischen Gesellschaft kann sich an den Verkaufszahlen des Gangsta-Raps messen lassen.

– 50 Cent war ein Crack-Dealer. Seine Texte und die Verkaufszahlen sprechen Bände. *(Harald Skorepa)*

Ausdauer

Rund viertausend Pfadfinder des Verbandes Christlicher Pfadfinderinnen und Pfadfinder (VCP) stellten 1998 bei ihrem Treffen in Rheinsberg einen Weltrekord im Dauersingen auf. 215 Stunden lang sangen die jungen Menschen aus dem gesamten Bundesgebiet, sich gegenseitig in kleinen Gruppen ablösend, Pfadfinderlieder, Rock- und Popsongs. Unterstützung erhielten sie dabei von Gleichgesinnten aus dreizehn Ländern vom Nordkap bis Israel.

Ausgrabung

Im Jahre 2004 wurde in Australien auf einem Flohmarkt das sogenannte „Mal Evans-Archiv" entdeckt. Ein britischer

Tourist kaufte einen Koffer samt Inhalt in Lara bei Melbourne für knapp 35 Euro. Nach Einschätzung des Londoners Aktionshauses Christie's handelt es sich bei diesem Fund um ein seit Jahrzehnten verschollenes Beatles-Archiv, das auch neues Material enthalte. Sein Wert wird auf mehrere 100.000 Pfund geschätzt.

Mal Evans hat seit den 1960er Jahren als Roadie für die Beatles gearbeitet und schrieb Mitte der 1970er Jahre ein Buch über diese Zeit. 1976 wurde er in Los Angeles erschossen und seine Sammlung galt als verschwunden. Sie enhält bislang unveröffentliche Tonbänder (ca.4,5 Stunden) sowie Schallplatten und 400 Photographien. Auf den Bändern sollen Versionen der Hits „We Can Work It Out" und „Cry Baby Cry" zu hören sein, die niemals in der Öffentlichkeit gespielt worden sind. Außerdem gehören Gespräche zwischen John Lennon und Paul McCartney dazu, als sie mit den Songs experimentierten.

Ausnahmeerscheinung?

Rapper Pras von den Fugees macht aus seiner Abneigung gegen Gewalt keinen Hehl. In Richtung Gangsta-Rapper konstatierte er 1997: „Mein liebstes Sprichwort lautet: ‚Musik besänftigt das wildeste Monster.' Als Künstler haben wir die Verpflichtung, unsere Fans positiv zu inspirieren....Wenn ich meine Position zum Beispiel nutzen kann, indem ich Jugendliche auffordere, zur Schule zu gehen, kann ich daran nichts Falsches erkennen."

Aus Scheiße Gold schmieden

„Eigentlich ist er ein Zauberer. Aus dem kompositorischen Schrott des amerikanischen Showbusiness macht er Klangjuwelen."

(Michael Naura über den Jazzpianisten Oscar Peterson, August 2005; der Titel stammt von Peter Rühmkorf)

Der Ausweg

„Wegen ungünstiger Witterung fand die deutsche Revolution in der Musik statt." *(Kurt Tucholsky)*

Back In The USSR

„Nur ein Besuch auf dem Mond könnte diesen Moment noch toppen." *(Paul McCartney nach seinem 1. Konzert auf dem Roten Platz in Moskau im Mai 2003)*

Barfuß im Park

Im Mai 2005 wurde an einem englischen Strand ein stummer, völlig orientierungsloser Klaviervirtuose aufgefunden, dessen Herkunft der Polizei Rätsel aufgibt. Ende des Monats glaubte der tschechische Rockmusiker Klaudius Kryspin in ihm einen früheren Bandkollegen erkannt zu haben. Der Fall ist noch offen. *(Harald Skorepa)*

Bayerische Toleranz

1997 beschloß der Bezirkstag von Oberbayern mit CSU-Mehrheit, der Gruppe Biermösl Blosn den mit 10.000 DM dotierten Kulturpreis 1997 mit der Begründung zu verweigern, sie sei zu linkslastig. Diese Entscheidung stieß sogar in CSU-Kreisen auf Unverständnis. Hans Well, Mitglied der Gruppe, reagierte mit einem Zweizeiler: „Wir danken der CSU von früh bis spät, für ihre enorme extraordinäre Liberalität".

Beatles-Museum

Das 1989 von Rainer Moers und Matthias Brüning in Köln gegründete private Museum beherbergt eine einmalige Sammlung über die Beatles. Mit Stolz verweisen die beiden darauf, daß sie die ersten waren; selbst das Museum in Liverpool, der Heimatstadt der Beatles, entstand erst 1990. Zu den über 5000 Exponaten, darunter zahlreiche seltene Musikaufnahmen, Autogramme, Plakate, Poster, Fotos, Tapeten, Perücken, Bücher und eine Musikbox zählen auch das Original des ersten Arbeitsvertrages der Band von 1962 aus dem Hamburger Star Club und die legendären 15 Aufnahmen, mit denen sich die Gruppe 1960 erfolglos bei der englischen Plattenfirma Decca bewarb.

Des weiteren betreibt das Museum einen Direkt- und Versandhandel mit Beatlesplatten und Souvenirs. Aus räumlichen Gründen zog das Museum 1999 nach Halle an der Saale um; die Eröffnung fand am 8. April 2000 statt. 25 Städte hatten sich um die Ehre beworben. Der Grundstein für die Sammlung wurde 1975 gelegt, und zwar in Form einer Wanderausstellung, die 10 Jahre lang durch die Lande zog.

Beatles-Platz

Der Beatles-Platz auf der Hamburger Reeperbahn im Stadtteil St. Pauli in Form einer riesigen Schallplatte sollte im Mai 2006 eingeweiht werden (nächster Termin: 2007). In der Mitte der schwarzen Fläche erinnern gläserne Skulpturen der Beatles an die Auftritte der Band in Hamburg in den frühen 1960er Jahren.

Die Umgestaltung des Platzes kostet rund 100.000 Euro und wird ausschließlich aus Spenden finanziert, u.a. durch die Veröffentlichung des Albums „All Together Now" im Jahre 2006.

Begrenztheit

„Mehr als drei Baßläufe kann das Gerät nicht speichern, und ich kann nicht alle live spielen." *(Oliver Lehmann, Keyboarder der Gruppe ‚Radiostar', über sich, sein Instrument und kurze Auftritte)*

Beibrot

Die Band brach zu einer Sechs-Tage-Tour auf. Frühmorgens im Bandbus waren wir vollzählig bis auf den Gitarristen, den wir verabredungsgemäß von einer Pokerpartie im „Jägerstübchen" abholten, wo er durchgenächtigt hatte. Zu unserem Entsetzen war er nicht mehr so ganz frisch, denn er hatte reichlich gezockt und gezecht; verkündete es vertrunken stolz und legte sich zum Schlafen in eine Ecke. Na, das fing gut an! Abends beim Auftritt in einer Stadt im Ruhrgebiet in einer großen Diskothek stand er, auf eigenem Podest, mitten auf der Bühne wie ein Fels; er bewegte zwei Stunden lang nicht einmal die Füße und verzog keine Miene, spielte jedoch wie ein Gott. Nach der Ankunft hatte er bis zum Konzert weiter getrunken und war nach dem Auftritt schließlich so „breit", daß er kaum jemanden mehr erkannte. Als er sich am nächsten Morgen anzog, war seine Hose schwer wie Blei. Sie fiel erst einmal wieder herunter. Beim 2. Anlauf schaffte er es dann. Er griff in die Taschen und zog zwei Hände voll Fünfmarkstücke heraus. Verblüfft fragte er: „Wo kommen die denn her?" Wir erzählten es ihm: er hatte sich im Vollrausch nach dem Konzert an die Kasse der Diskothek gesetzt und von allen Hereinkommenden Eintritt verlangt, sogar von unserem Schlagzeuger! Gagenmäßig lag er damit an diesem Tag ganz vorn. *(Harald Skorepa)*

Berliner Melodram

Gabriela Lehmann, in ihrem Heimatland populäre Opernsängerin, erstach 1996 während eines Gastspiels in Berlin ihre Vermieterin, laut Polizeibericht in einem Anfall geistiger Umnachtung. Sie gab an, unter Todesängsten zu leiden und sich vom Teufel und von Nationalsozialisten verfolgt zu fühlen. Mit der richterlichen Auflage, sich in psychiatrische Behandlung zu begeben, wurde sie nach Chile entlassen.

Berliner Schnauze

Die beliebte Berliner Volkssängerin und Kabarettistin Claire Waldoff machte mit ihrem Spott auch vor hohen Tieren nicht halt. 1933 sang sie mit Blickrichtung auf den wohlbeleibten und eitlen nationalfaschistischen Ministerpräsidenten Hermann Göring: „Links Lametta, rechts Lametta, und der Bauch wird immer fetta" und „Kauft Hering', kauft Hering', sie sind genau so fett wie Hermann Göring". Umgehend wurde sie verhaftet. 4 Wochen später auf die Bühne zurückgekehrt, spielte sie sogleich eine Berliner Fischverkäuferin: „Kauft Hering', kauft Hering', sind genau so fett wie vor vier Wochen!"

Berufsrisiko

Das Problem des Kritikers ist nicht, daß ihm Kunst oft mißfällt, sondern daß er so tun muß, als wüßte er auch, warum.
(Georg Kreisler)

Bescheidener Zyniker

Es sei eigenlich ein ziemlich dummes Lied, bemerkte Robbie Williams in seiner Ansprache anläßlich seines MTV Europe Award 2000 für den Song „Rock DJ". Trotzdem bedanke er sich bei MTV für seine drei Häuser, seine fünf Autos und seine Supermodel-Freundin.

Besenreines Gehör

Jürgen Weishaupt, Mitglied der Percussions-Gruppe „Power! Percussion", erkannte im Dezember 2005 bei der Show „Wetten, daß..?" aus dem Geräusch rhythmisch gefegter Straßenbesen 5 Beatles-Songs heraus und wurde Wettkönig.

Der Beweis

„Musik ist ein Teil Gottes. Jeder kann malen, auch ein Affe. Ein Affe kann aber niemals komponieren." *(Ken Russell)*

,Bild'-lich gesprochen

„Der deutsche Schlager sprang aus dem Klofenster."
(Schlagzeile der „Zeit" zum Tode von Rex Gildo)

Bild vom Bild vom Bild vom Bild.....

„Nichts als Variationen." *(Louis Armstrong über Charlie Parker)*

Billie's Beat

„Her Time Was Something Else." *(John Hammond, erster Mentor von Billie Holiday)*

... bis auf die Knochen

„Wir Schwarzen müssen zusammenhalten!" *(Roberto Blanco über seinen volkstümlichen Konservativismus)*

Bitte aufhören!

Der ‚Beatles Revival Band' bot der Schlagzeuger der Original-Beatles, Ringo Starr, in den 1980er Jahren 1 Million DM, wenn sie aufhören würden, Beatles-Titel nachzuspielen.

Bitte keine Schubladen!

„Nur dort, wo die Veränderung erlaubt ist, kann Kunst existieren." *(Eddie Vedder, Sänger der Gruppe Pearl Jam, 2000)*

Black Power?

„Es ist verdammt armselig, daß sich viele Mädchen prostituieren, um einmal bei MTV durchs Bild laufen zu dürfen. Im Hip Hop geht es zu wie auf einem Betriebsfest für Zuhälter. Frauen sind bloß Schmuckwerk wie Autos und Goldkette." *(Pink)*

Black P(B)auer – Opferschach

„Gangsta-Rap war nur ein Trick des Establishments, Schwarze dazu zu bringen, sich gegenseitig zu töten." *(Alicia Keys, 2008)*

Blasphemie

„Madonna ist die am meisten überbewertete Person der Popgeschichte." *(Lily Allen, englische Popsängerin, 2006)*

Die blaue Blume

„Sie war für uns Musiker wie für das Publikum in diesem ummauerten Pförtner- und Polit-Spießer-Kleingarten, genannt DDR, die einzig legitime Soul-, Blues- und Gospelstimme." *(Ernst-Ludwig Petrowsky über Uschi Brüning)*

Blickwinkel

„Du darfst nur auf jemanden herabsehen, wenn du ihm aufhilfst!" *(Quincy Jones)*

Blockadebrecher

„Gott sei Dank erhält diese Musik den Platz in der Welt zurück, den sie verdient hat und von dem sie dank politischer Umstände jahrzehntelang ferngehalten wurde." *(Juan de Marcos, Bandleader des ‚Buena Vista Social Club‘, in Anspielung auf das jahrzehntlange amerikanische Embargo gegenüber Kuba)*

Blood, Sweat & Tears

„Ich habe mehr Schweißtropfen geschwitzt, mehr Gehirnzellen angestrengt und vor allem mehr Leidenschaft und Gefühl für meinen Beruf aufgebracht als manche, die über mich schreiben." *(Ute Lemper)*

Bluesrock statt Faltenrock

„Janis Joplin hat Frauen gezeigt, daß man Rockstar werden kann statt Sekretärin." *(Melissa Etheridge)*

Bodensatz

„Ich hatte den Klang, den ich suchte, vorher schon einmal gehört. In den 1970er Jahren. Wir schalteten mehrere Effektgeräte hintereinander, sodaß ein schmutziger, kreischender Ton aus den Verstärkern kam. Ich weiß nicht, wer das Wort ‚Grunge‘ zum ersten Mal benutzte. Ich selbst las es in einer Plattenkritik als Ausdruck für einen verrückten, außer Kontrolle geratenen Gitarrenklang. Es hätte aber auch das Zeug beschreiben können, das sich im Knick eines Abflußrohres sammelt!" *(Jack Endino, Produzent von „Nirvana", zur Entwicklung von Grunge)*

Böse, böse ...

„Ich bin sehr wütend über die Art, wie Eminem mich in seinem Video darstellt. Es ist eine Sache, jemanden zu veralbern, aber es ist etwas ganz anderes, jemanden zu erniedrigen

und gefühllos zu sein." *(Michael Jackson, November 2004)*
Im Clip zum Titel „Just Lose it" wird ein Jackson-Darsteller
erst von Eminem „vollgekotzt", dann verliert er beim Tanzen
seine Nase und sitzt schließlich auf einem Bett, in dem kleine
Kinder herumtoben.

Böse, böse Welt

„Wenn es fair zuginge auf der Welt, dann wäre ich kein Pop-
star. Dann säße ich jetzt in Stoke-on-Trent in irgendeinem
Pub." *(Robbie Williams)*

Böse Menschen haben keine Lieder – Die Erste

„Wenn du an einen Ort kommst und wissen willst, welche
Kultur dort herrscht, so höre auf die Musik. Sie sagt dir alles
über diesen Ort." *(Konfuzius)*

Böse Menschen haben keine Lieder – Die Zweite

Nach der Wahl des Rechtspopulisten Jörg Haider in die öster-
reichische Regierungsbeteiligung erteilten zahlreiche Chöre
der ersten Chorolympiade in Linz eine Absage. Allein 28 En-
sembles aus Israel zogen ihre Akkreditierung für diesen welt-

weit ersten Sängerwettstreit dieser Art zurück, ebenso Chöre aus Brasilien, Argentinien, Portugal, USA und den Niederlanden. Ursprünglich hatten sich 354 Chöre aus 57 Ländern für den Wettbewerb angemeldet.

Breitenwirkung

„Eine Komödie ist eine Anekdote, die von einer Dampfwalze überfahren wurde." *(Anonym)*

Brückenkopf in Bavaria

2020 beschloß der Stadtrat von München, im Glockenbachviertel eine Straße nach dem verstorbenen Queen-Sänger Freddie Mercury zu benennen.

Brückenschlag

Bemerkung eines Moderators der Sendung „Rias-Treffpunkt" zu einem Rolling Stones-Konzert in Berlin: „Heute spielen die Stones in Berlin, im Vorprogramm mit Peter Maffay. Na ja! Das ist ja geradezu so, als ob Heino im Vorprogramm von Peter Maffay spielt."

Die Büchse der Pandora

„Ein neues Klavier hat ungeborenen Lärm im Leibe." *(Wilhelm Busch)*

Büro für Weihnachtslieder

Mehr als 7.000 Kompositionen in ca 30.000 Varianten hat die Unterabteilung des steirischen Volksliedwerks in Graz seit 1990 archiviert. Nicht nur deutschsprachiges Liedgut, sondern auch chinesische und japanische Fassungen von Weihnachtsliedern sowie Werke aus Italien, Polen und anderen Ländern umfaßt die riesige Sammlung. Texte und Noten werden werden auf Anfrage jedes Jahr im Dezember kostenlos vergeben.

Bumsfidel

Im April 2006 fand die spanische Polizei im Zuge von Razzien im Rotlichtmilieu Barcelonas in einem Bordell eine Violine von 1715 des berühmten Geigenbauers Antonio Stradivari. Ihr Wert wurde auf über eine Million Euro geschätzt. Laut Vermutungen der Polizei wurde sie aus einem Museum in Rumänien gestohlen.

Bunte Mischung

„Er saß dann da in seiner Unterwäsche, ein Frottiertuch auf dem Schoß, eines über der Schulter und auf dem Kopf dieses weiße Taschentuch; und in dem Zimmer waren vielleicht zwei Nonnen, und eine Nutte, total aufgedonnert; und einer, der gerade aus dem Gefängnis kam. Ein Blinder saß da, und ein Rabbiner, ein Priester, vielleicht auch zwei Polizisten und Detektive. Lauter verschiedene Gesellschaftschichten in dieser Garderobe. Und er sprach mit allen.
‚Schwester Soundso, kennen Sie Slick Sam da drüben? Slick Sam, darf ich vorstellen: Rabbi Goldstein, ein Freund von mir. Schwester Margaret, kennen Sie Rabbi Goldstein? Und das ist Rosie, Rosie, die Liebesfee.'" *(Ein Freund schildert eine Szene in der Garderobe von Louis Armstrong)*

Call And Response

Auf die Äußerung des Trompeters Wynton Marsalis, das Solo sei „ein Mißverständnis in der Jazzgeschichte, nur eine langweilige und vorhersehbare Präsentation von Musik", entgegnete der Pianist Keith Jarrett, es komme wohl darauf an, um wessen Solo es sich handele.

Cats Goes Gold

1997: das Musical ‚Cats' von Andrew Lloyd Webber wurde seit 1981 am Broadway in New York 6138 Mal aufgeführt. Über 8,25 Millionen Besucher kamen. Eine ganze Tonne

Yak-Haare wurde für die Perücken verbraucht sowie 5782 Knieschützer für die krabbelnden Darsteller. Größer noch ist die Zahl der Kondome, die die Künstler verbrauchten (ca 48.000), allerdings nicht zum eigenen, sondern zum Schutz der feuchtigkeitsempfindlichen Körpermikrophone.

Im September 2000 sahen die Zahlen folgendermaßen aus: 7844 Aufführungen, mehr als 10 Millionen Besucher, knapp 1 Milliarde Mark Eintrittsgelder, 7 Tony-Preise und 59705 Kondome. Ca. 100 kg Kaugummi wurden von der Unterseite der Sessel abgekratzt.

Chartbreaker – mal anders

Trotz bester Verkaufszahlen wird die Kelly Family 1998 mit ihrem neuen Doppelalbum ‚Live Live Live' nicht in den deutschen Charts landen. Bei einem Verkaufspreis von 22,50 DM verstößt sie gegen die Chartsregeln des ‚Bundesverbandes der Phonographischen Wirtschaft Hamburg'. Dieser legte die Untergrenze für den Verkauf von Doppel-CDs auf 26,50 DM fest.

Eine Chorus-Line für ‚Fame'

Von den über 7.000 Bewerbern für die Aufführung des Musicals ‚Fame' im Berliner Schillertheater schafften nur 34 den Sprung auf die Bühne.

Das Comeback der anderen Art

In einer im Oktober 2001 veröffentlichten Umfrage, die im kalifornischen Vergnügungspark „Paramount's Great America" stattfand, belegte Michael Jackson mit 37 Prozent, Dracula mit 24, Jason aus dem Horrorfilm „Freitag, der 13." mit 23 und Microsoft-Boß Bill Gates mit 15 Prozent die ersten Plätze auf der Hitliste der gruseligsten Halloween-Figuren des Parks.

Cooler Job

„Fünf Jahre Arbeit, 20 Jahre abhängen!"
(Charlie Watts 2003 über seine Zeit bei den Rolling Stones)

Copyright für eine Pause

Im Jahre 2002 wurde der englische Musiker Mike Batt nach Zeitungsberichten von den Erben von John Cage wegen Verletzung des Urheberrechts verklagt. Batts Titel „One Minute Of Silence" sei eine Kopie der Cage-Komposition „4'33". Letzteres ist ein Stück für Piano mit der Anweisung an den Pianisten, 4'33" Minuten lang die Tasten nicht niederzudrücken.

Corporate Identity oder Die Bruderschaft „Modernes Sprechen"

Je plumper die Sprüche
je flacher der Stoff
je mehr Brot und Spiele
um so mehr Kids im Off
PISA und Bohlen
wer ließ denn nun wen
so ganz unverhohlen
ins Bildungsloch gehn!?
(Harald Skorepa über Dieter Bohlen und die PISA-Studie)

Credo einer Generation

„It's better to burn out than to fade away." – „Es ist besser auszubrennen als langsam abzusterben!" *(Neil Young)*

Cricket Man

In Würdigung der musikalischen Darbietung bei der Trauerfeier von Prinzessin Diana sowie seines Engagements im weltweiten Kampf gegen Aids wurde Elton John im Februar 1998 von der englischen Königin zum Ritter geschlagen.

Crossover – Die Assoziation

„Crossover, das ist Gewinnmaximierung, die an Viehzucht erinnert. Man nehme die milchtüchtige Kuh Gerda und lasse sie vom Goldprämien-Bullen Fritz bespringen. Das Ergebnis ist ein erstklassiges Crossover-Kalb." *(Äußerung eines nordfriesischen Bauern und Musikfreundes, aufgezeichnet von Michael Naura)*

Crossover die Zweite

Nach ihrem ersten Ausflug in die Gefilde des Rock mit der Gruppe „Extrabreit" Anfang der 1990er Jahre wagte die Schauspielerin und Chansonsängerin Hildegard Knef im Jahre 2001 mit der Interpretation des „Rammstein"-Songs „Engel" ein weiteres genrefremdes Experiment.

Crossover die Dritte

Mit der Idee, neben Rene Kollo auch Elke Sommer, Gitte Haenning und Guildo Horn in Jacques Offenbachs „Orpheus in der Unterwelt" spielen zu lassen, suchte die Festspielleitung der IV. Antikenfestspiele Trier im Jahre 2001 erstmals rote Zahlen zu vermeiden.

Crossover die Vierte

„DJ Ötzi ist die kürzeste Verbindung zwischen Stammtisch und Großraumdisko, zwischen Naabtal-Duo und Scooter, zwischen Hörsturz und Pupillenstillstand. Flatrate-Sound zum Flatrate-Saufen. Alko-Pop in seiner radikalsten Form. Intellektuell entspricht seine Musik einer glatten Null-Linie auf dem EEG." *(Ralph Geisenhanslüke im Berliner Tagesspiegel)*

Dada, dada

„Musik ist Musik, und wenn sie gut ist, ist sie gut."
(Harald Skorepa, 2010)

Da lacht die Koralle

Das erste Unterwasser-Musikfestival fand im Jahre 2003 in Key West, Florida statt. Es sollte dem guten Zweck dienen, die Tourismusindustrie und Urlauber an den wichtigen und notwendigen Schutz der Korallenriffe zu erinnern. Präsentiert wurden Gruppen wie „Tuna Turner", „Britney Spearfish" und „Ella Fishgerald".

Damals war's

„Jimi Hendrix kam mit dem Flugzeug nach Wien – allein – zweiter Klasse. Er wurde abgeholt vom lokalen Manager seiner Plattenfirma und in unser Rundfunkstudio verfrachtet. Nach dem Interview haben wir uns angeschaut: Und was machen wir jetzt, gehen wir was trinken? Dann sind wir zum Prater gefahren, haben Budweiser Bier getrunken, Palatschinken gegessen und Papierrosen geschossen, wie man das eben auf dem Jahrmarkt so macht. Heute wäre das undenkbar: Es gab keine Leibwächter, keine PR-Leute, keine Parasiten, keine Groupies. Er war nur der blutjunge, neugierige, von seinen eigenen Erfolgen überraschte Musiker." *(Andre Heller)*

Damals wie heute

Mit der Begründung, eine Anstalt des öffentlichen Rechts dürfe wegen ihres erzieherischen Auftrags kein fehlerhaftes Deutsch verbreiten, boykottierte der Bayerische Rundfunk 1965 den Hit „Marmor, Stein und Eisen bricht" von Drafi Deutscher, womit die bayerische Bevölkerung – zumindest zeitweise – um einen „echt schokoladigen" Genuß gebracht wurde. Und wenn sie nicht gestorben sind, gibt's im Bayerischen Rundfunk bis dato kein falsches Deutsch: „Damit Sie – auch weiterhin – geholfen werden." *(Harald Skorepa, 2004)*

In Anbetracht der schweren Vorwürfe gegen Michael Jackson wegen Kindesmißbrauch taten sich im Herbst 2003 „deutsche Radiosender, allen voran der Bayerische Rundfunk, als Moralapostel hervor und kündigten an, keine Michael Jackson-Songs mehr zu spielen. Bigotter Unfug, allein wenn man bedenkt, daß Songs von R. Kelly anstandslos laufen, dessen Freizeitbeschäftigung mit minderjährigen Mädchen ausführlich auf Video dokumentiert ist und gegen den einige Dutzend Anklagepunkte erhoben werden". *(Berliner Tagesspiegel, März 2004)*

Damoklesschwert

„Wenn wir nicht gut spielen, werden wir ins Gas gehen."
(Alma Rose, Leiterin des Mädchenorchesters im KZ Auschwitz, 1944)

Dampf abgelassen

„Die Deutschen machen sich in Europa zum Deppen. Eine derartige Verblödung der Musikszene findet in keinem anderen Land der Welt statt!. Nur in Deutschland treten Container-Künstler und Mode-Designer an, die plötzlich mit Hündchen auf dem Arm glauben, Sänger zu sein. Als Musiker fühle ich mich langsam verarscht! Wirklich erfolgreiche Sänger wollen bei der Vorentscheidung gar nicht mehr antreten. Diese Pseudo-Künstler bringen unsere gesamte Branche in Verruf. Die Veranstaltung ist zu einer Lachnummer verkommen.
Im Grunde interessiert es mich nicht, wer in diesem Jahr überhaupt an dem Wettbewerb teilnimmt. Ich werde mir am Morgen danach eine Zeitung kaufen, um nachzulesen, welche halbnackten Menschen sich wieder zum Affen gemacht haben." *(Udo Jürgens 2001 zur deutschen Vorentscheidung für den Grand Prix d'Eurovision)*

Darauf muß man kommen ...

„Geben Sie der Frau am Klavier – noch'n Gere."
Sharon Stone sang und posierte auf der Veranstaltung „Cine-

ma For Peace", Jeff Goldblum spielte Klavier, und Richard Gere beglückwünschte zum großen Auftritt. *(Gelungener Untertitel eines Fotos des Berliner Tagesspiegels von der Film-Berlinale Berlin 2007)*

Darf man so etwas rauslassen?

– The Bee Gees: Spicks And Specks
Das Piano ist im 2. und 3. Durchgang rhythmisch absolut unsauber.
– The Beatles Sgt. Pepper's Lonely Hearts Club Band: Penny Lane
Die Trompete kiekst.
– B.B. King
Die Gitarrenläufe sind auch nicht immer die reinlichsten.
– Champion Jack Dupree
Bei seinen C-Dur Boogies kommen Dur und Moll ab und an durcheinander. Kommt auch bei anderen vor, aber hier schmerzt es manchmal!
– Während eines Australien-Konzerts der Pop-Gruppe „New Kids On The Block" erschien in den USA ein Zeitungsartikel, der sich genüßlich darüber ausließ, daß kein Musiker der Band sauber singen könne. Prompt unterbrachen die Band ihre Tournee, um nach San Francisco zu jetten und dort mit einem Live-a cappella-Auftritt das Gegenteil zu beweisen. Dies wurde in Ausschnitten in den Nachrichten gezeigt. Na ja, was war dazu zu sagen? Mit ein, zwei Worten: Schrecklich! Stimmt!
– Simon & Garfunkel: Sound Of Silence
Der zweite Gesangston liegt bei einer der Stimmen in den ersten 4 Takten zweimal voll daneben.
– Toto: Mama
Schlampigkeit im Gitarrensolo? Nee, nee! Aber wie hat er das gemeint?
– Etwas außer der Reihe, gibts nicht oft, aber kommt vor
1979 veröffentlichte die Ariola mit „The Original Rock 'n'

Roll Show" den Mitschnitt eines Konzerts, das, wie so oft, in einem US-amerikanischen Großkino stattfand und als Label-Faux Pas seinesgleichen sucht. Die meist wenig bekannten Gruppen wurden vor ein Orchester (Alan Freed) gesetzt und waren wahrscheinlich jahrelang nicht zusammen aufgetreten. Entweder war es dies – das Ungewohnte eines großen Orchesters – oder die Tatsache, daß die Qualität der Gesangsmonitore zu wünschen übrig ließ, was bei Konzerten häufiger vorkommt, sodaß sich die Sänger nur schlecht selbst hören konnten. Der Gesang lag bei allen (in Worten: allen) Gruppen durchgängig neben dem Ton!

Das hat gefunkt!

„The Funk Brothers", Hausband von Motown in den 1960er Jahren, spielten mit Dutzenden von Stars wie Marvin Gaye, Stevie Wonder und Smokey Robinson Hunderte von Hits ein, dabei mehr Nr.1-Hits als Elvis Presley, die Beatles, die Rolling Stones und die Beach Boys zusammen. Mit 10 Dollar pro Titel bezahlt (später 48), standen sie vor dem Nichts, als die Plattenfirma 1971 nach Los Angeles zog.

Das werden sie sich wohl gerade noch leisten können!

Empörte Äußerung des Sprechers eines Kinderwagenherstellers, bei dem die millionenschweren „Spice Girls" Victoria Williams und Melanie Brown 1999 um kostenlose Kinderwagen angefragt hatten.

David & Goliath

Vor seinem ersten großen Fernsehauftritt in der Sendung „ZDF-Hitparade" geriet Klaus Lage in der Garderobe mit dem Moderator Dieter Thomas Heck in Streit. Die Ankündigung von Lages Auftritt mit dem Titel „Tausendundeine Nacht" beendete Heck mit den Worten „Nun sing mal schön, mein Kleiner!", was Lage kommentarlos tat. Er siegte mit seinem Titel und legte damit den Grundstein zu seiner Karriere. *(Harald Skorepa)*

Deftig

„Wenn's nicht rockt, ist es Scheiße!" *(Viva-Moderatorin Charlotte Roche über ihren Musikgeschmack)*

Den längeren Atem

Mit einem 45 Minuten lang gehaltenem F auf seinem Instrument stellte der Saxophonist Kenny G im Dezember 1997 einen Weltrekord auf. Die ungewöhnliche Technik, trotz Spielens ruhig weiterzuatmen, wird nur von wenigen Musikers perfekt beherrscht.

Den Marsch geblasen

Auf gerichtliche Anordnung mußte Stefan Mross, Star der deutschen Volksmusik-Szene, in Detmold einem Musikprofessor auf seiner Trompete vorspielen. Diese Kostprobe seines Können wurde gefordert, weil der Trompeter Alexandre Malempre ein Verfahren mit der Behauptung, nicht Mross', sondern sein eigenes Trompetenspiel sei auf 4 verschiedenen CDs des Künstlers zu hören, anstrengte. Malempre will die CDs aus den Regalen verschwinden lassen und legt Wert auf die öffentliche Erklärung von Stefan Mross, daß er bei diesen Tonaufnahmen nicht selber gespielt habe. Mit „Ein Lied für jeden Sonnenstrahl", eines der Streitobjekte, hatte letzterer 1995 am Grand Prix der Volksmusik teilgenommen.

Schon 1997 äußerte sich Walter Scholz, ebenfalls Trompeter, über seinen Kollegen: „Der Bub kann nix". Im Sommer 2000 spielte Stefan Mross vor einem Gutachter. Der befand, Mross sei „nicht fähig, eine hochwertige CD mit einer eigenen Trompetenstimme zu produzieren". Er spiele „stümperhaft".

Demissionierung

Ich bin gerade fast damit fertig, die Werke von Telemann, dem Vielschreiber, in das Lexikon einzutragen. Bach, Haydn, Schubert und auch Mozart waren schon fleißig. Aber Telemann? Allein mehr als 1.800 Kantaten: damit habe ich auch eine Möglichkeit gefunden, wie man Atheisten herstellen kann.

Das Lesen bloß der Titel der Kantaten alleine würde dies bewirken. Nicht der gesamten Texte. Das wäre Folter und gegen das Völkerrecht.

Die Kostproben:
– Ach Gott, wie drückt der Sorgen Last
– Ach, groß sind unsre Sünden
– Ach, mein Herze schwimmt im Blute
– Ach, wie beißt mich mein Gewissen
– Alles Fleisch ist Heu
– Auf ihr Priester, auf zum Schlachten
– Es komm mein End heut' oder morgen
– Ich fahre auf zu meinem Vater
– Ich habe Lust abzuscheiden
– Siehe, eine Jungfrau ist schwanger
– Wie Spinnen Gift aus Blumen saugen
– Wir sind allesamt wie die Unreinen

Deutsch-Amerikanische Freundschaft

„Hinter dieser Absperrung beginnt die Barbarei!" *(Robert Görl, Mitglied der Gruppe „DAF", 2003 vor der amerikanischen Botschaft in Berlin)*

Devotionalien – Jimi Hendrix' Woodstock-Gitarre

Hendrix' Schlagzeuger Mitch Mitchell verkaufte die Fender Stratocaster, die Jimi Hendrix 1969 beim Woodstockkonzert spielte, 1990 für einen bis dahin einmaligen Rekordpreis von 198.000 Pfund Sterling.

Devotionalien – Paul McCartney's Baß

Obwohl die Echtheit der Baßgitarre Paul McCartney's angezweifelt wurde, erzielte sie 1997 bei einer Auktion des Hauses Bonhams den Preis von 340.000 DM. Tatsächlich fehlt bei diesem Instrument das perlmuttfarbene Schlagbrett.

Die Dreingabe

„Uns erreichte eine Anfrage aus den USA. Dieter (Bohlen) hatte keine Lust. Als ich dies mitteilte, erhielt ich zur Antwort: Kommen Sie! Welchen Gitarristen Sie mitbringen, ist uns egal!." *(Thomas Anders von ‚Modern Talking')*

Die mit den längeren...

„Jede Woche war ich in ein anderes Mädchen verliebt. Ich habe ihnen immer die Instrumente zum Bus geschleppt, aber sie selbst ließen sich abschleppen von Jungs, die die längeren Soli hatten." *(Max Greger über seine Orchesterzeit als Jugendlicher)*

Direkt verbunden

„Niemand findet kürzere Wege zwischen ‚La bamba' und Schostakowitsch als er", befand die FAZ über den Orchesterchef James Last.

Dirty Works

„Die Stones erinnern mich an eine alte Prostituierte; sie hat sich im Laufe der Jahre einen gewissen Respekt erarbeitet, und sie ist nicht bereit, ihn aufs Spiel zu setzen!"
(Mick Jagger)

Doch das falsche Instrument?

„Immer habe ich mir gewünscht, jemandem eine E-Gitarre auf den Kopf zu hauen. Mit dem Piano geht das leider nicht!"
(Elton John)

Doch die andere Hookline

Der Saxophonist Raphael Ravenscroft, der auf Gerry Raffertys ‚Baker Street' die zum Markenzeichen dieses Titels gewordene Eingangslinie spielt, klagte erfolgreich um eine Beteiligung an den Urheberrechten; ein eher seltener Vorgang im Musikgeschäft.

Doch ganz Anders – Milli Vanilli die Zweite

Ebenso wie ehedem das Pop-Duo „Milli Vanilli" wurde im März 2001 auch das weltweit noch erfolgreichere Gespann „Modern Talking" als Betrug zwangs-geoutet. Modern Talking-Chef Dieter Bohlen ließ singen, und zwar von Detlef Wiedeke, Rolf Köhler und Michael Scholz, die stimmlich so wesentliche Anteile an Hits wie „You're My Heart, You're My Soul", „Brother Louie" und „Cheri Cheri Lady" haben, daß ihnen das Landgericht Berlin nach einer bereits im Jahre 2000 von Scholz eingereichten Klage auf dem Wege des Vergleichs jeweils 100.000 DM zusprach. Unwidersprochen blieb die Behauptung von Scholz, Bohlen singe selber überhaupt nicht. Aus dem Hause BMG war zu vernehmen, die tragende Stimme aller Modern Talking-Titel stamme von Thomas Anders.

Doch schon?

Im Juli 2000 entschied ein amerikanisches Gericht in Mississippi, daß Claud Johnson, ein pensionierter Lastwagenfahrer, der rechtmäßige Sohn der 1938 verstorbenen Blues-Legende Robert Johnson ist. Ihm sollen 1 Million Dollar aus den Tantiemen seines Vaters zustehen.

Doo-Bee-Doo-Bee-Dee – Louis' Scat

Der unnachahmliche Scat-Gesang von Louis Armstrong entstand nicht bestätigten Angaben zufolge aus dem Umstand, daß ihm bei Plattenaufnahmen der Text entfallen war.

Doppelschlag

1963 schaffte es Little Stevie Wonder im Alter von 12 Jahren als erster Künstler in der Geschichte der Billboard-Charts, gleichzeitig den ersten Platz in den amerikanischen Single- (mit „Finger Tips Pt. 2") und Album-Charts („Recorder Live – The 12 Year Old Genius") zu erobern.

Doppelt original

Gegen Ende der 1930er Jahre ergab sich in einer Stadt in Holland die kuriose Situation, daß ein Auftritt beider Nachfolge- Ensembles der 1935 aufgelösten ‚Comedian Harmonists', nämlich des in Berlin verbliebenen ‚Meister-Sextetts (früher Comedian Harmonists)' und der nach Wien emigrierten ‚Comedian Harmonists', im Progammheft für denselben Abend angekündigt wurde. Eine schwere Entscheidung für Musikfreunde!

Doppelter Verlust

Der Trompeter und Arrangeur Charlie Shavers erlitt 1971 einen Herzschlag, als er vom Tode Louis Armstrongs erfuhr.

Dreht ihm den Saft ab!

Nur mit Gewalt und großem körperlichen Einsatz konnte der Folkmusiker Phil Ochs 1965 beim Newport Folk-Festival davon abgehalten werden, den erstmaligen Auftritt Bob Dylans mit E-Gitarre und elektrisch verstärkter Band mit einem Axthieb gegen das Hauptstromkabel zu beenden.

Dreizehn mal X

Mit seinem Chord-Catalogue, komponiert 1986, versammlte Tom Johnston alle 8178 im Raum der dreizehn Töne einer Oktave möglichen Zwei- bis Zwölfklänge.

Du darfst auch mal!

1928 fanden in Nashville, Tennessee, der amerikanischen Country-Hochburg, die ersten Aufnahmen mit einem schwarzen Interpreten statt. DeFord Bailey, ein Mundharmonikaspieler, wurde allerdings bereits 1945 wieder aus der Grand Ole Opry entlassen und endete als Schuhputzer.

Du darfst!

„Es ist mir lieber, daß ihr, das Publikum, meine Musik stehlt, als wenn es die Plattenfirma macht. Mit euch habe ich wenigstens keinen Vertrag." *(Don Henley, Mitglied der Gruppe „The Eagles)*

Du hast die Wahl

„Nicht wählen zu gehen ist rausgeschmissene Freiheit. Das ist wie rausgeschmissenes Geld." *(Smudo von den Fantastischen Vier zur Bundestagswahl, August 2005)*

D.U.O. für U.N.C.L.E.

Im Jahre 2004 traten neben anderen auch die beiden „Woodstock-Veteranen" David Crosby und Graham Nash, im selben Jahr wiedervereint auf die Musikbühne zurückgekehrt, gemeinsam zum Kampf um die amerikanische Präsidentschaft an. Wohl wegen der allseits bekannten Drogenexzesse von Crosby wurde das Duo von den meisten Radiosendern boykottiert. Vielleicht aber auch, weil Crosby verkündete, daß sie im Falle einer erfolgreichen Wahl die wöchentliche Führung der Amtsgeschäfte jeweils per Münzwurf aushandeln würden. Sie wurden nicht gewählt.

Du weißt schon ...

Als Charlie Rouse während einer Probe mit Thelonious Monk wissen wollte, an welcher Stelle er einsetzen solle, antwortete dieser: „Such Dir eine schöne Note aus."

Durchaus diskutabel

„Es gibt zwei Mainstreams, Klassik einerseits, Blues und Jazz andererseits. Alles andere leitet sich davon ab."
(Wesley Plass)

Durchreisender

„It was a long wait, and such a short stay."(Lange Zeit ist er erwartet worden und nur kurze Zeit geblieben)
(Alexis Korner über Wes Montgomery)

Eastside-Story

Die DDR-Revue ‚Heißer Sommer' mit Frank Schöbel und Chris Doerk war im Jahre 1968 mit 2 Millionen Zuschauern genauso gut besucht wie der gleichzeitig im Westen laufende amerikanische Musical-Film ‚My Fair Lady' mit Rex Harrison und Audrey Hepburn.

Echt nuttig

„Abgezockte Manager hinter Mädchen wie Britney Spears oder Christina Aguilera vermarkten sie wie Pornostars. Schauen Sie sich nur das billige Makeup und die geschmacklosen Klamotten an! Sie geben ein Frauenbild ab, das auf Showpüppchen ohne Hirn reduziert ist." *(Sängerin Sheryl Crow über Kolleginnen)*

Echte Gegner

„Nur zwei Saxophonisten haben ihn ernsthaft herausgefordert; John Coltrane, für einen kurzen Moment, und Sonny Rollins: unablässig." *(Jazzkritiker Gary Giddins über Sonny Rollins)*

Echt, ey?

Einer im Juli 2008 veröffentlichten Studie des Musikwis-
senschaftlers Gunther Kreutz von der Universität Oldenburg
zufolge sind Musiker eher rationale Menschen. „... denken
gerade diejenigen, die ihr ganzes Leben der Musik widmen,
besonders rational und strukturiert... Es ist vor allem eine
Faszination für technische und systematische Strukturen, die
den Musiker bei der Stange hält."

Bei der Stange hält!!!? Welcher? Ihrer? Herr Kreutz, Sie sind
nominal ein Kreuz und kein Musiker, vor allem aber kein
Wissenschaftler, der Musik begriffen hat. Sie haben nicht
verstanden, was bei uns eigentlich abgeht. Ich wehre mich ge-
gen solche dummen und einseitigen Plattmachungen! Struk-
tur und Rationalität braucht jeder, der seine Aufgabe ernst
nimmt, der eine mehr, der andere weniger. Diese Charakteri-
sierungen für Musiker an erster Stelle zu nennen, bezeugt nur
ihr mangelndes Einfühlungsvermögen in das elementare We-
sen – und auch die verrichtenden Wesen – der Kunst. Ganz
vorn steht tatsächlich und ganz simpel als Voraussetzung das
Können; bei vielen kommt Kreativität hinzu, nur bei wenigen
auch Genialität.

Kreativität, Gefühl und auch Genialität sind nur Beiwerk?
Und die Musiker, die an ihrer Intuition verreckt sind? – Wolf-
gang Amadeus Mozart, Chet Baker, Jimi Hendrix, Janis Jo-
plin, Billie Holiday, Jim Morrison, Luther Allison, und an-
dere, die sie lebendig gehalten haben, wie Louis Armstrong,
Glenn Miller, Lionel Hampton, Oscar Peterson, John Len-
non, Paul Mcartney, B.B. King, Keith Richards, Mick Jagger,
John Mayall, Jeff Beck, ... wie viele noch, oder reicht das?
Alles nur Techniker und Struktursoldaten? Haben Sie schon
einmal was von Improvisation und musikalischer Weiterent-
wicklung gehört? Das ist pure technische und systematische
Struktur? Sie käuen damit doch nur das Bestreben nach Be-
wahren musikalischer Traditionen wider (die Überlegungen
zu letzterem umfassen sowohl in musikwissenschaftlicher als

auch in kulturpolitischer Hinsicht einen weiten Bereich und bedürfen gesonderter Aufmerksamkeit, was den Rahmen dieser Abhandlung sprengen würde). Kreativität und Genialität als „Beiwerk" haben immerhin dazu geführt, daß wir heute nicht mehr nur trommeln und grunzen. Wie hier – und nicht nur hier – arrogant zu kurz gedacht wird, zeigt das klägliche Scheitern mehrerer, u.a. computergestützter Versuche, Beethovens 10. Symphonie zu Ende zu „strukturieren". Selbst Franz Xaver Süßmayr vervollständigte nur, wenn auch gekonnter.

Bru-ha-ha.

Haben Sie nicht versehentlich „Boygroups" oder Brutanten wie „Madonna" zu Beispielen erhoben? Es grüßen u.a. die Casting-Shows „Deutschland sucht den Superstar" und „Voice Of Germany". Es gibt aber noch viel mehr, und viel, viel anderes. Noch'n schönen Gruß von den Delta-Blues-Rationalisten! Die waren besonders gut durchstrukturiert.

Man könnte vielleicht sagen, daß Mozart und Chopin strukturiert waren, oder Haydn. Aber schon in Hinblick auf deren Genialität – hier nicht zu vergessen Bach und Beethoven – steht diese Reduzierung ganz hintenan und greift ins Leere. Wurde bei Händel und Telemann Struktur zur Erfolgsmasche? Ebenso wie bei Liszt, Lehar, Lennon/McCartney, Stockhausen, Karajan oder Bohlen? Über die letzten drei kann man vielleicht streiten.

Was von „Rationalität" und „Struktur" übrigbleibt, sind Fleiß und Schweiß, die zu „Können" führen. Der überwältigende Rest sind Emotionen, Freude und purer Spaß; nur bei wenigen kommt Genialität ins Spiel, oft gepaart mit nicht unterdrückbarem „Müssen".

Antworten auf nie gestellte Fragen, und so überflüssig. Will man Musik auf Strukturen reduzieren, so erwürgt man sie. Intuition und Emotion lassen sich nicht in Kategorien begreifen. Dann wären sie nicht mehr das, was sie sind, oder von irgendeinem Wert. Wenn sie auf diese Weise handhabbar wären, könnte das ja jeder. So sehr auch die allgemeine

Entwicklung des Kulturbereiches dem entsprechend augenscheint; es ist nicht so. Nix is mit „pars pro toto".

Mensch, wach auf!

P.S.

„Um zu komponieren, braucht man sich nur an eine Melodie erinnern, die noch niemandem eingefallen ist". *(Robert Schumann)*

Und „Brocki" würde Ihnen mit seiner Reggaepfeife ganz intuitiv und mit Freude was blasen. *(Harald Skorepa, 2008 / 2022)*

Ehrenwerte Gesellschaft

Wenige Tage vor der Verleihung der 46. Grammys am 8. Februar 2004 wurde dem weltberühmten kubanischen Sänger Ibrahim Ferrer, der – zumindest in den USA – nie eine Straftat begangen hat, die Einreise zur Teilnahme an der Gala-Show unter Berufung auf das Gesetz gegen „Terroristen, Drogenhändler und gefährliche Kriminelle" verwehrt. Ibrahim Ferrer ist Mitglied des „Buena Vista Social Club".

Wieviel Jahre Knast sich an der Spitze der amerikanischen Hitparade und unter den Grammy-Preisträgern tummeln, kann man nur vage vermuten; es gibt hier mehr als einen „Ice-T" (ehemaliger Drogenhändler, Titel wie „Cop Killer", u.a.), mit welchem der sog. Gangsta-Rap in Schwung und zu Geld kam, oder „50 Cent", der mit Crack handelte.

(Harald Skorepa)

Nachtrag

Wegen der Aufregung um Janet Jacksons von Justin Timberlake „versehentlich" entblößte Brust beim „Super Bowl" – in den Werbepausen waren besonders viele Beiträge von Potenzmittelherstellern geschaltet, die gerade diejenigen Politiker sponsern, die eine Gesetzesvorlage zur Reinerhaltung der Fernsehbeiträge mit bis zu 300.000 Dollar Strafe für Wörter wie „Fuck" etc. einbringen wollen – werden die Grammys nicht live, sondern mit 5 Minuten Verzögerung ausgestrahlt.

Die Zeit will der Sender CBS nutzen, um „anstößige" oder vulgäre Worte aus dem Programm zu schneiden.
(Meldung des Berliner Tagesspiegels vom 7. Februar 2004)

Ehre, wem Ehre gebührt

„Es gibt kein Programmheft ohne Fotos von Sängern. Aber der Kerl, der den Scheck unterzeichnet, bleibt immer anonym." Mit diesen Worten brachte der Multimillionär und Opernfan Alberto Vilar seinem Bedauern zum Ausdruck, daß es zu wenig Anerkennung für Mäzene gebe. Vilar gilt als der spendabelste Freund der Opernszene; in 10 Jahren vergab er 400 Millionen Mark an internationale Opernhäuser.

Ehrlich

Ende der 1990er Jahre gab Rod Stewart ein bei ihm bereits seit langem vermutetes Alkoholproblem öffentlich zu. Er erklärte jedoch, darauf nicht ganz verzichten zu wollen: „Das Gefühl, betrunken zu sein, ist mir nach wie vor zu wichtig."

Das Eigentor

Im Zuge der Absicherungsbemühungen gegen das Raub-
kopieren von CDs bescherte sich die Industrie im Jahre
2002/2003 ein hausgemachtes Problem. Seit einigen Mona-
ten verletzen die Produzenten der CDs ganz gezielt den in-
ternationalen CD-Standard auf immer neue variantenreiche
Weise, um Raubkopierern das illegale Brennen der silbernen
Scheiben zu erschweren. So werden zum Beispiel die An-
fänge von Musikstücken elektronisch unkenntlich gemacht;
die Kopierprogramme finden dann die Titel nicht und können
sie so nicht vervielfältigen. Leider jedoch suchen auch viele
– vor allem hochmoderne – Audiogeräte die Startsequenzen
auf diesen manipulierten CDs vergebens. Glücklich diejeni-
gen, die nicht auf dem neuesten Stand der Technik sind oder
noch gute alte Kassetten bevorzugen.

Der eindimensionale Mensch

„Es ist furchtbar, wenn man nur eine Rolle im Leben zu spie-
len hat. Das kann nicht gutgehen." *(Cornelia Froboess zum
Tode des Schlagersängers Rex Gildo)*

Das eine und das andere

„Komponieren ist der schönste aller Berufe. Doch wovon
lebt man, wenn man Komponist ist? Bestimmt nicht von der
Musik." *(Arthur Honegger)*

Einfach ungerecht

„Was Musik und was Kunst ist, entscheiden nicht die Sinne,
sondern der Kontext: Museum, documenta und andere Immo-
bilien-gestützte Darbietung ist Kunst, alles Mobile und Ver-
fügbare ist Musik. Daher werden in Kassel zarteste Sounds
zerpflückt, weil sie Kunst sind, während niemand was gegen
meinen Rammstein hörenden Nachbarn unternimmt."
*(Diedrich Diederichsen über die mutwillige Zerstörung einer
Klanginstallation durch Unbekannte auf der Kasseler Docu-
menta 2002)*

Einfache Rechnung?

Die Musik ist Ausdruck von Gefühl.
Kälte tötet Gefühle.
Kälte ist das Erfolgsprinzip des Business.
Die Musik der 1990er Jahre ist tot.
(Harald Skorepa)

Einsatz in Manhattan

Wegen Irreführung der Polizei und Drogenbesitzes wurde der englische Sänger Boy George im August 2006 in New York dazu verurteilt, gemeinnützige Arbeit zu verrichten. Er hatte die Polizei gerufen, weil in seiner Wohnung in Manhattan angeblich eingebrochen worden war. Der Anruf stellte sich als Fehlalarm heraus; stattdessen fanden die Ordnungshüter Kokain.

Auf das Angebot des Künstlers, die Strafe als DJ eines HIV-Benefizkonzertes oder als Organisator eines Mode- und Make Up-Workshops abzuleisten, ging die Richterin nicht ein, sondern setzte fest, daß Boy George eine Woche lang in der Lower East Side in Manhattan die Straße fegen muß: „Es liegt an Ihnen, ob Sie aus dem Dienst einen Akt der Erniedrigung oder der Bescheidenheit machen."

Einzigartiger Sieg

Das gab es noch nie in der Geschichte des"Grand Prix d'Eurovision / European Song Contest":
Andreas Kümmert, Gewinner der deutschen Vorentscheidung 2015, verzichtete auf die Fahrt nach Wien und überließ seine Nominierung der zweitplazierten Ann Sophie.

„Ich bin momentan nicht in der Verfassung. Ich gebe den Titel an Ann Sophie ab. Ich bin nur ein kleiner Sänger."
Offensichtlich war ihm seine Identität wichtiger als der auf ihn zukommende, alles verbiegende Rummel. Dies zeigte er auch schon zuvor; obwohl 2013 Sieger der Casting-

Show"The Voice Of Germany", trat er auch danach nur in kleinen Clubs vor 100 bis 150 Leuten auf.

Bemerkt sei noch, daß Andreas Kümmert von 78,7 Prozent der Zuschauer gewählt wurde. Für Ann Sophie stimmten nur 21,3 Prozent.

Ella lebt!

Nach einer Scat-Passage, gesungen von Dee Dee Bridge-water bei den Aufnahmen zu ihrer neuen CD „Dear Ella", bemerkte der Bassist Ray Brown, der eine Zeitlang mit Ella Fitzgerald verheiratet war: „Baby, es lief mir kalt den Rücken runter; das war, als ob sie singt!"

Elvis Forever!

Die größte Präsenz als Solokünstler in den ‚US-Charts für Singles' hatte Elvis Presley mit 149 Titeln. In den Alben-Charts führt er als Solist mit 9 Nr.1- Alben.

Elvis-Interpret

Mark Janicello, Opernsänger, wurde von Ben Weisman, dem Komponisten zahlloser Elvis Presley-Songs, als bester Elvis-Interpret der Welt bezeichnet. Weismann schenkte ihm den Titel ‚Will You Still Be There', den Presley kurz vor seinem Tode begonnen und nicht mehr vollendet hatte.

Empörung

„Es ist schon erschreckend, wie ein Sender das, was er seit über 20 Jahren feiert, was ihm seine Existenzberechtigung gegeben hat und was er auch verändert hat, langsam zerstört, nämlich Pop; die Idee von Jugend und Schönheit, Rebelli-on und Wahnsinn. MTV ist längst dazu übergegangen, nicht mehr die Idee von Pop massenkompatibel zu verkaufen, son-dern vor allem die Platten der Künstler. Es war eine Frech-heit, wie fast jeder Star, der einen Preis verlieh oder erhielt, auf der Bühne sein kommendes Album, seinen kommenden Film bewarb."

(Matthias Kalle im Berliner Tagesspiegel über die Verleihung der MTV Video Music Awards 2001)

Empfindungskopie

„Gefühlsklau", eine gebräuchliche Methode u.a. von Filmkomponisten, um vom Erfolg vergangener musikalischer Highlights zu profitieren, ist das Variieren oder gar die komplette Übernahme geschätzter Melodien, des Grooves und/oder der Harmonien ... immer wieder gern ein Tänzchen auf der Grenze der Urheberrechtsverletzung.

Ende einer Freundschaft

Bevor er 1969 nach Paris ging, hielt sich Jim Morrison wochenlang in der Wohnung von Eric Burdon auf. Er schlief auf dem Fußboden, und Burdon hatte es satt und sagte ihm jeden Tag, er solle gehen. Morrison ignorierte das, bis Burdon schließlich der Kragen platzte. Er richtete eine Pistole auf ihn und erklärte, er werde den riesigen Kronleuchter, der über Morrisons Schlafplatz hing, abschießen und Morrison damit erschlagen. Die Kugel ging fehl und jagte mit einem Höllenlärm drei- bis viermal durch den Raum; alle Leute sprangen auf und liefen hinaus. Burdon und Morrison haben sich danach nie wiedergesehen.

(Der Autor ist unbekannt; der Wahrheitsgehalt ob der Brisanz darf angezweifelt werden. Diese „Ballergeschichte" habe ich allerdings in mehreren Quellen entdeckt. Ich finde sie fast niedlich, weil Burdon sich nur getraut hat den Kronleuchter zu erschießen. Und der provokante Morrison und der Pulverkopf Burdon geben dieses Szenario jederzeit her und macht es leidlich plausibel.)

Der Entdecker

„Die erste Weltumseglung im Reiche der Kunst!"
*(So bezeichnete Friedrich Nietzsche 1876 Richard Wagners
Gedanken über die ersten Bayreuther Festspiele)*

Die Entdeckung des Jahres 2006?

Der Violinist Olivieri Hassan-Saavedra stellte Ende des Jahres eine Entdeckung vor, die er bei Mozarts letzter Komposition, dem unvollendeten „Requiem", machte: Am Beginn der Schlußfuge ab Takt 31 glaubt er aus dem Stimmgeflecht des lateinischen Textes der Communio „Cum Sanctis tuis in aeternum" die Worte „Mozart ist tot" herauszuhören.

Geht man von der Richtigkeit der Vermutung aus, ergibt sich die Frage, ob Franz Xaver Süßmayr, Schüler Mozarts und Vollender des Werks, hier eine Huldigung eingefügt hat oder sogar eine Art „Copyright", um dem „geistigen Diebstahl" des Auftraggebers Grafen Walsegg zu Stuppach – als schlechter Komponist bekannt – der es dann auch als sein angeblich eigenes aufführte, zu begegnen.

Der Entertainer des Jahrhunderts

Nach einer Umfrage des „Time Magazin" 1998 ist dies – noch vor Frank Sinatra, Elvis Presley und Bob Dylan – der französische Chansonnier Charles Aznavour.

Entweder – oder!

Aufgrund einer strikten Anweisung von Bob Dylans Sicherheitschef anläßlich eines Konzertes in Oregon im Oktober 2001, niemanden hinter die Bühne zu lassen, der keinen Backstage-Paß hat, wurde der Musiker selbst am Betreten seiner eigenen Veranstaltung gehindert. Die drei Sicherheitsleute, um die 30 Jahre alt, hatten Dylan nicht erkannt. Nachdem sich der Irrtum aufgeklärt hatte, verlangten der Sicherheitschef und Dylan selbst die Entlassung der drei. Stattdessen wurden sie jedoch von ihrer Firma gelobt.

Entzaubert

„Da warf einer seine ganzen Ideale für einen publicityträchtigen Auftritt über Bord: auf der einen Seite davon zu singen, daß die Zeiten sich ändern und auf der anderen Seite zu katzbuckeln vor einem, der dafür sorgt, daß sich nichts ändert, der will, daß sich überhaupt niemals etwas ändern soll – das war ein Schlüsselerlebnis. Da hat Bob Dylan für mich alle Glaubwürdigkeit verloren." *(Reinhard Mey 2001 zum 1997er Bob Dylan-Konzert vor Papst Johannes Paul II.)*

Erbfolge

„Wenn es im Tanzen einen Nachfolger für mich gibt, dann ist das Michael Jackson." *(Gene Kelly kurz vor seinem Tod; unbestätigt)*

Er kann's nicht lassen!

1996 feierte der Sänger und Schauspieler Johannes Heesters sein 75jähriges Bühnenjubiläum. Auch 1998 dachte er nicht ans Aufhören: der älteste Schauspieler der Welt, der allabendlich 3 Stunden auf der Bühne steht.

Erfahrungen

1998 kündigte der englische Gitarrist Eric Clapton, der selbst jahrelang mit Drogenproblemen zu kämpfen hatte, an, für Musikerkollegen mit ähnlichen Schwierigkeiten auf der Karibikinsel Antigua eine Rehabilitationsklinik errichten und finanzieren zu wollen. Die Einrichtung wurde 1999 unter dem Namen ‚Crossroads‘ eröffnet.

Erkannt

„Guided By Beer".
(Kim Deal von der Gruppe „The Breeders" über die trinkfesten Mitglieder von „Guided By Voices")

Erlebnis

„Wenn Dave in Hochform ist, wird sein Spiel zu einem Erlebnis, das Herz und Verstand gleichermaßen aufs Tiefste bewegt." *(Paul Desmond über Dave Brubeck)*

Die Eroberung der Neuen Welt

Der österreichische Popsänger Falco war der erste deutschsprachige Interpret an der Spitze der US-Charts. Mit dem Titel „Rock Me Amadeus" hielt er sich 1985 vier Wochen auf Platz 1.

Erwachsen!

Mit aller Macht versuchte Robbie Williams, Ex-Mitglied der Gruppe „Take That", nach seinem Ausstieg dem sorgfältig aufgebauten Saubere-Jungs-Image der Boy-Group zu entrinnen. „Piss off with your fucking teddy-bears", rief er bei einer seiner ersten Soloveranstaltungen seinen Fans zu, „was ich brauche, sind Kondome und Geld!"

Erwischt – Glitter hinter Gitter – Never Ending Story

Der Computer, den Gary Glitter Ende 1997 zur Reparatur brachte, enthielt Kinderpornos. Glitter wurde im November 1999 verurteilt und trat im englischen Bristol eine viermonatige Haftstrafe an.

Im November 2005 wurde er in Vietnam verhaftet. Wenn ihm der dort gemachte Vorwurf, Sex mit Minderjährigen – 2 Mädchen im Alter von 11 und 12 Jahren – gehabt zu haben, nachgewiesen worden wäre, hätte ihm unter Umständen sogar die Todesstrafe gedroht, da dieses Vergehen als Vergewaltigung gilt. Gary Glitter wurde im März 2006 zu 3 Jahren Gefängnis verurteilt und im August 2008 nach Verbüßung seiner Haftstrafe abgeschoben. Auf Grund eines Gnadenaktes wurden ihm 3 Monate seiner Strafe erlassen.

Es geschieht

„Ich habe keine wirkliche Kontrolle über das, was geschieht, wenn ich komponiere oder spiele!" *(Eric Clapton).*

Es klingelt im Karton

„Mit Klingeltönen werden allein in Deutschland Gewinne gemacht, mit denen man mehrere afrikanische Volkswirtschaften sanieren könnte." *(Ralph Geisenhanslüke im Berliner Tagesspiegel)*

Es lebe der Fortschritt!

Im Dezember 2006 wurde nach einer erneuten Untersuchung der Qualität von Datenspeicherungen auf CD festgestellt, daß diese „das instabilste Medium in der Geschichte der Daten- und Musikaufzeichnung" ist. Irreparable Schäden und damit komplettes „Schweigen" würden sich z.T. bereits nach einem Jahr einstellen. Bei der Prüfung von Exemplaren aus den späten 1980er Jahren betrug die Verlustrate – d.h. die Unbrauchbarkeit der kompletten CD – nahezu 10 %.

Event

Als „die abenteuerliche Dimension der Ereignishaftigkeit"
beschrieb der norwegische Saxophonist Jan Garbarek das
Spiel des Pianisten Keith Jarrett.

Ewige Jugend

„Über mein Alter kann ich selbst nur spekulieren, denn einige
Körperteile an mir sind etwas jünger als andere!" *(Cher)*

Die ewige Melodie

Der weitverbreitete Spruch: „Alle Melodien sind schon dage-
wesen. Da kann's doch nichts Neues geben!"
Doch!
Lottomöglichkeiten? 1 zu 150 Millionen.
– Eine Lachpille gegenüber Melodienvielfalt:

8 Töne der Tonleiter – in allen möglichen Reihenfolgen

8 gebräuchliche Tonlängen – in allen möglichen Reihenfolgen

8 gebräuchliche Pausenlängen – in allen möglichen Reihenfolgen

Dies in allen möglichen Kombinationen berechnet ergibt ein Ergebnis von 8 hoch 24 = 6,55 x 1013 = 6,55 Trilliarden möglicher Melodien; das wiederum sind

13 Trillionen Jahre, in denen jeden Tag eine neue Melodie entsteht.

Zum Vergleich:

– Das Erdalter wird auf ca. 4,5 Milliarden Jahre geschätzt,

– das des Homo erectus auf 1,9 Millionen und

– der Beginn einer kulturellen Entwicklung auf ungefähr 30-60.000 Jahre (das älteste bis dato aufgefundene Instrument, eine Knochenflöte, wurde auf ein Alter von ca. 35.000 Jahren datiert).

Nicht mehr mit eingerechnet, weil das jeden Rahmen sprengen würde, sind:

– Dur und Moll (also nochmal mit 2 multipliziert, was ja noch geht)

– Kadenzen (Harmoniefolgen); das wäre nicht mehr zu berechnen

– doppelt oder mehrfach gespielte gleiche Noten (z.B. „Trauermarsch" von Chopin mit vierfach erster Note) – ebenfalls nicht mehr berechenbar

– unbegrenzte Melodielänge als solche (8 Töne als Mittelwert; allein unsere Nationalhymne hat 17)

Jetzt kann man natürlich noch einwenden, daß an einem Tag wohl mehr als eine Melodie entstehen dürfte. Aber was wäre das, selbst bei 100 pro Tag? Oder 1000? Die Zahl wäre immer noch astronomisch. Und auch wenn der Mensch, nachdem er von den Bäumen heruntergekommen war, von da an immer ein Liedchen auf den Lippen gehabt hätte, wäre die Summe bis heute sicherlich nicht relevant zählend.

Expansion

Die erste „Love Parade" fand 1989 als Dr. Mottes Geburtstagsfete nahezu unbeachtet auf dem Berliner Wittenbergplatz am KDW statt, bei der ca 150 Menschen hinter einem zum Lautsprecherwagen umfunktionierten LKW herliefen. 1999 waren es 1,5 Millionen.

Explosionsorgel

1992 entwarfen und bauten Bastiaan Maris und George Homsey die ‚Large Hot Pipe Organ', eine Konstruktion aus 20 Stahlrohren von 3 bis 10 Meter Länge, in denen computergesteuert Propangas zur Explosion gebracht wird, wodurch Töne unterschiedlicher Lautstärke und Höhe entstehen.

Extreme

„She said she'd never seen someone so lost / I said I never felt so found".
(Sie sagte, sie habe noch nie jemanden gesehen, der so verloren war / Ich sagte, ich habe mich niemals so gefunden gefühlt) *(Textzeile von Tim Kasher)*

Fahrenheit 451

Im Jahre 1940 verbrannte Anna Achmatowa alle ihre Werke. Es war für die Dichterin in der stalinistischen Zeit zu gefährlich, ihre bitteren Anklagen gegen das mörderische Regime in der Schublade liegen zu lassen. Ihr erster Mann war bereits wegen des Verdachts konterrevulotionärer Umtriebe erschossen worden, ihr Sohn saß im Lager von Norilsk. Zuvor hatten einige gute Freunde die Werke vor der Vernichtung auswendig gelernt.
Das zwischen 1935 und 1940 entstandene „Requiem", ebenso von Freunden auswendig gelernt wie alle anderen Werke Anna Achmatowas, wurde 1962 zum ersten Mal wieder aufgeschrieben und in München veröffentlicht. Die Urauffüh-

rung mit der Musik von Jelena Firsowa fand am 6. September 2003 mit dem Rundfunk-Sinfonieorchester und dem Rundfunkchor im Konzerthaus Berlin statt.

Falsch etikettiert

„Anstelle von Songwriternamen sollten die Schaltpläne der Anlagen und die Typennummern der eingesetzten Synthesizer genannt werden."
(Friedrich Kittler in „Der Gott der Ohren" über Pink Floyds „Dark Side Of The Moon")

Familienbande

Wer sich mit der Kunst verheiratet, bekommt die Kritik zur Schwiegermutter. *(Hildegard Knef)*

Farbenlehre

„Die Iren sind die Schwarzen Europas, die Dubliner sind die Schwarzen Irlands und die Nord-Dubliner die Schwarzen Dublins." *(Statement aus dem Soul-Film „The Commitments")*

Fast Food

„Das Verhältnis zwischen Schallplatte und CD entspricht in allen Belangen demjenigen zwischen der japanischen Teezeremonie und einem Aufgußbeutel." *(„Radio 1"-Kommentar, Berlin)*

Faust aufs Auge

„Die Musik Mendelssohns für die ‚Antigone' paßt zu Sophokles wie ein Walzer zur Predigt." *(Friedrich Hebbel)*

Der Favorit

„Der Junge mit dem kalten, harten Bargeld ist immer Mister Richtig." *(Madonna)*

Feeling

„Du mußt so spielen, als wäre der nächste Ton dein letzter." *(Roy Hargrove)*

Fehl an welchem Platz?

„Nichts gegen die moderne Musik, aber warum mußte sie ausgerechnet zu unserer Zeit kommen?" *(Anonym)*

Feldversuch

Im Dezember 1989 offerierte die Berliner Zeitung „TAZ" ihren Lesern eine Gabe der ganz besonderen Art: der Weihnachtsausgabe beigelegt war eine schwarze Schallfolie mit einer Tonaufnahme der „Schöneberger Sängerknaben" sowie einem Quintett, bestehend aus dem Berliner Parlamentspräsidenten Jürgen Wohlrabe, Kanzler Helmut Kohl, Außenminister Hans Dietrich Genscher, dem SPD-Vorsitzenden Willy Brandt und dem Berliner Regierenden Bürgermeister Walter Momper. Jene hatten am 10. November auf dem Balkon des Schöneberger Rathauses für 2 Minuten die dritte Strophe der deutschen Nationalhymne angestimmt, um das Ende des geteilten Deutschlands und West-Berlins zu feiern, gesangstechnisch eine offenbar zu große Herausforderung, wie dieser – wahrscheinlich einzige dokumentierte – akustische Versuch deutscher Politiker, „Einigkeit und Recht und Freiheit" unter das Volk zu bringen, schmerzhaft deutlich macht.

Fern von Gut und Böse

„Hätte er sich die Lawinenschäden angesehen, hätte er vielleicht doch einen Teil seiner Gage gespendet. Oder wenigstens besser gesungen." *(Kommentar zu einem Benefizkonzert Bob Dylans in Ischl, Österreich zu Gunsten von Lawinenkatastrophenopfern)*

Fiiiep, Tschiiiep, Wiiiep ...

Daß die beiden Mädchen der russischen Gruppe T.a.t.u. bei einem Gastauftritt im amerikanischen Fernsehen auf ihren weißen T-Shirts in kyrillischer Schrift die Worte „Chui Woinje" trugen, fiel zunächst niemandem auf, da die NBC-Mitarbeiter offensichtlich kein Russisch sprachen. Erst durch empörte exilrussische Anrufer wurde die Aussage dieses Slogans klar: „Fuck the War". Daraufhin ließ man vor dem nächsten Amerika-Auftritt die Gruppe schriftlich versichern, derartige Provokationen nicht zu wiederholen. Prompt war auf den T-Shirts der Mädchen „Zensiert" zu lesen, und als der unerwünschte russische Satz dann mündlich wiederholt wurde, kaschierte NBC dies durch den üblichen Piepton.

Finger am Drücker

„Die erotische Dynamik der stilbildenden Triolen beschert den weiblichen Zuhörern einen permanenten Orgasmus." *(Günther Hunold über die Musik von Udo Jürgens)*

First Lady In Blue

Den ersten Plattenvertrag für eine Frau beim Label „Blue Note" unterschrieb die Sängerin Sheila Jordan.

Flammende Erinnerung

Die Gitarre, Jimi Hendrix 1967 beim „Monterey Popfestival" gespielt und angezündet hatte, wechselte im September 2002 für umgerechnet 476.000 Euro den Besitzer. Hendrix hatte das Instrument Frank Zappa geschenkt, der sie wieder herrichtete und auch darauf spielte. Neun Jahre nach Zappas Tod trennte sich dessen Sohn Dweezil nun von seinem Erbstück.

Flötentöne

Während eines Auftritts der Berliner Gruppe ‚Ideal' auf der Berliner Funkausstellung 1983, der wie alle anderen auch als Voll-Playback stattfand, griff der Gitarrist Eff Jott Krüger, als vom Band eine Flötenpassage zu hören war, zum Kugelschreiber und brachte mit diesem ‚Instrument' eine glänzende Solopartie auf die Bühne.

Flügel gestutzt

Grund für das Aufkommen des sog. Stutzflügels war die Tatsache, daß die normal großen Pianofortes in Flügelform wegen ihrer Ausmaße oft nicht in die im Verhältnis zu den Adelspalästen weit kleiner dimensionierten Bürgerhäuser hineingingen.

Das Folgsleksikon

Die Möglichkeit, jedem „juser" kostenlose Information im Internet zugänglich zu machen, sofern er genug Zeit und eine kostengünstige „flät-räit" hat, führt mitunter zu skurrilen Angeboten, unter anderem und besonders, was die Bildung betrifft. Der Schwachsinn, von Laien zusammengestellte und „gepflegte" Lexika wie „wikipedia" und andere, die auch noch gesponsert werden, als Beitrag zur Bildung zu preisen, ist erschreckend. Wenn sogar ein gerüttelt Maß Musikjournalisten und Musikkritiker nicht mehr wissen oder noch nie wußten, wie man Musikstile definiert und Instrumenten- oder Musikernamen schreibt, wie wollen dann Laien einen objektiven Beitrag zur Verbreitung von Fakten liefern? Sind wir schon soweit, daß Meinungen und Einstellungen als Wissen präsentiert werden? PISA (Personen Im Sicheren Aus) läßt grüßen!

Wenn jeder seine „Wichtigkeiten" oder sein für richtig gehaltenes Wissen in einem Forum veröffentlichen kann, das dann als objektive lexikale Wahrheit publiziert wird, so ist das eine anarchistische Katastrophe! Dem Bildungsstand tut das nicht wirklich not. Elvis Presley ist schwul; eine Woche später wird der Text korrigiert, daß er zudem Schwarzer sei...; Elton John ist schwul, oder George Michael, aber wer weiß das schon, und wie wichtig ist das... Und ein Michael Jackson-Fän wird ganz besonders wahrhaftig sein!!!

Wissenschaft – d.h. hier professionelle Aufarbeitung von Geschichte – wird so als „Volksmeinung" zur Beliebigkeit, und die Objektivität geht als bloße Kolportage den Bach herunter. Geschichte hat allgemein genug von subjektiven Bewertungen, nicht nur im musikalischen Bereich. Da brauchen wir keine Neuauflage; oder denken Sie, daß ein Rock 'n' Roller objektiv Schlager beurteilen kann, oder ein Pop-Fan Klassik, oder ein Klassiker Acid Jazz, oder ein Hilfsarbeiter (T'schuldigung) Rock, oder ein Kanzler Bismarck die Leiden der Arbeiter? Musikwissenschaftler sind zwar keine Götter, aber sie beschäftigen sich beruflich ausschließlich mit Musik und fahren nebenbei keine Bagger; das ist der kleine Unterschied!! Ein Volk hat seine Spezialisten, und die sind keine Idioten, ob Baggerfahrer oder Rezensent. Die Gesellschaft hat entschieden, daß jeder seinen Part zu leisten hat, aber nicht jeder beliebige, oder wer sich in seinem Beruf langweilt!! Dürfen können sie natürlich alle wollen! Und wer's mag... Aber wer würde schon einem Musikwissenschaftler einen Bagger anvertrauen??

Alternativ propagiert „wikipedia" daneben auch das Ausräubern anderer Internetseiten, so wie geschehen mit Biographien von „Musikern des Monats" bei ultimus.de.

Nun denn: gehen wir ein Wagner ein, springen mit Liszt über den Bach in die Haydn, finden einen, der aussieht Vivaldi, und niemand weiß, wo Hindemith. Damit alles Neuwirth? Mahatma Ghandi, ma hat ma was Anders! Was soll's! Die einen kegeln, die anderen Bohlen.

P.S. 2021

Bis dato läßt sich dazu – die Kritik jedoch nur wenig abschwächend – bemerken, daß die Qualität in allen Bereichen besser geworden ist. Es ist aber schwer zu beurteilen, weil alte und neue Beiträge kaum als solche zu identifizieren sind. Natürlich leiden die seriösen, neueren Beiträge unter dem Ruf der schlechten.

Nach dem Start von Wikipedia hat es nicht lange gedauert, bis die Einträge die Millionengrenze überschritten. Ich verfolge das von Anfang an und schaue immer wieder beim Recherchieren rein.

Was ich an Fehlern, schlechtem Deutsch und anderen Ungereimtheiten vorgefunden habe, spottet jeder Beschreibung, Noch heute sind die Auflistungen von Werken bei Komponisten IMMER mit Abstand die unvollständigsten (ohne daß dies wie bei z.B. „klassika.de" erwähnt wird) und fehlerhaftesten überhaupt. Und der falsche Bürgermeister einer chinesischen Stadt blieb bis vor kurzem auch drin. 7 Jahre lang! Die Englisch-Deutsch-Übersetzungen sind nach wie vor grauenvoll.

Es ist mit Sicherheit bisher nicht möglich gewesen, den ganzen alten „Schrott" aufzuarbeiten.

Die Frage bleibt im Raum stehen, wie viele Stunden wie viele Menschen aufbringen müssen, um in Millionen alter Beiträge die Schadstoffe zu neutralisieren.

Ein Lexikon darf nicht besser werden müssen, sondern erfordert per se und von Beginn an sachlicher Korrektheit.

(Harald Skorepa)

Forever Blonde

„...mit kunstvoll erblondeter Zuppelfrisur, die wie ein vergessenes Mikado-Spiel aussieht!" *(H.P. Daniels im Berliner Tagesspiegel über einen Auftritt von Rod Stewart)*

Forever Young

Mitte der 1990er Jahre dachten die Grammy-Juroren über eine Änderung der Bewertungskriterien nach, um vermehrt jüngere und Nachwuchskünstler gegenüber den Etablierten zum Zuge kommen zu lassen. Mit zweifelhaftem Erfolg, wie sich herausstellte: einer der nächsten Grammy-Sieger war Bob Dylan.

Forever Young – Die Zweite

„Ich überlege immer noch, was ich werde, wenn ich mal groß bin." *(Wencke Myhre, 57)*

Fortschritt

25% der jungen Menschen in Deutschland leiden an Gehör-
schäden. *(Meldung der ARD-"Tagesschau" 2001)*

Fortuna-Mark

Bei der 1989er Tournee der Punk-Gruppe ‚Die Toten Hosen'
mußte jeder Besucher eine „Fortuna-Mark" extra zahlen, die
die fußballbegeisterten Hosen sammelten, um ihrem Lieb-
lingsclub Fortuna Düsseldorf den Kauf eines neuen Spielers
zu ermöglichen, da sie „in einer Stadt ohne einen Erstligaclub
einfach nicht leben" könnten.

Frankensteins Erben

Mit den Worten „Sie haben dieses Monster geschaffen, Sie
bringen das auch in Ordnung" läutete die amerikanische Bun-
desrichterin Marilyn Hall Patel im April 2001 das Ende der
kostenlosen Internet-Musiktauschbörse „Napster" ein, die
vom Verband der amerikanischen Musikindustrie verklagt
worden war und trotz gerichtlicher Anordnung zur Löschung
aller urheberrechtlich geschützten Titel zu diesem Zeitpunkt
immer noch 84 % der vom Verband genannten Songs zum
Herunterladen zur Verfügung stellte.

Freie Wahl

„Lieber freiwillig schuld an einem Leben, das Spaß macht,
als unfreiwillig unschuldig in traurigen Verhältnissen."
(Kabarettist und Sänger Bruno Jonas)

Frohes Fest!

Bei der Aufzeichnung des traditionellen Weihnachtskonzerts
für Papst Johannes Paul II. im Vatikan am 13. Dezember
2003 sorgte die amerikanische Sängerin Lauryn Hill für ei-
nen beispiellosen Eklat. Vor Bischöfen und Kardinälen – in
Abwesenheit des Papstes wegen dessen angegriffener Ge-

sundheit – verlas sie eine Erklärung, in der sie den Papst verurteilte: „Ich glaube an keinen Vertreter Gottes auf Erden, nur an Gott. Ich bin hier, um euch zu sagen: bereut, bereut, bereut." Zudem attackierte sie die Kirche wegen der Fälle von Kinderschändungen durch Priester in den USA: „Es gibt keine annehmbare Erklärung, um die Kirche zu verteidigen." Die geistlichen Würdenträger applaudierten zunächst, da sie das in Englisch vorgetragene Statement nicht verstanden.

Früh angefangen

Sein Album „Little Stevie Wonder" landete dieser im Alter von 13 Jahren in den US-Charts.

Frühes Kirchenlied

Genau datierbar auf das Jahr 1208 ist die Hymne ‚"Heyr Himna Smiour" (Höre, Schöpfer des Himmels) isländischer Seefahrer und ihres Häuptlings Kolbeinn Tumason (1173-1208).

Der frühe Vogel...

Der Titel „House Of The King" der holländischen Gruppe „Focus" (veröffentlicht 1970) wurde gegen Anfang der 70er Jahre Erkennungsmelodie einer der deutschen Tagesschau entsprechenden Sendung im spanischen 1. Fernsehprogramm. Noch früher erklang als akustisches Logo der Informationssendung „Kennzeichen D" „Waiting" (veröffentlicht 1969) von „Santana".

Frühreif

Mit 17 Jahren erhielt Willi Kollo seinen ersten Revueauftrag und sollte sogleich einen Chanson für Trude Hesterberg schreiben. Während einer der ersten Proben flüsterte der Direktor des „Cabaret Unter den Linden" seinem Regisseur Franz Arnold zu: „Da sitzt so ein Junge in der dritten Reihe, der hat son feines Gesicht und ist sicher aus gutem Hause. Ich möchte nicht, daß der die Schweinereien von der Hesterberg hört." „Ich kann schwer etwas dagegen tun", erwiderte Arnold, „das ist der Verfasser."

Frustkauf?

Im Zuge des Rummels um den Tod der Prinzessin Diana und der von Elton John gesungenen und veröffentlichten Single outete sich Elton John 1998 als Homosexueller und eröffnete, in seinen „schlimmsten Zeiten" an einem einzigen Tag in London bei Einkäufen über 500.000 englische Pfund ausgegeben zu haben.

Fuck

„Schauen Sie sich den Mann doch heute an. Kein schwarzer Mensch wurde je so weiß. Er sieht aus wie ein fucking Albino." *(Nelson George, amerikanischer Musikkritiker, über Michael Jackson)*

Die Fünf-Minuten-Terrine oder Live Is dead!

Nach den Erfahrungen mit Halb- und Voll-Playback seit den 1960er Jahren kommt jetzt eine ganz neue auf uns zu: Auf Grund der Ereignisse beim „Super-Bowl 2004" sollen, schnell erprobt beim „Grammy 2004", alle amerikanischen Live-Sendungen mit 5 Minuten Verzögerung gesendet werden, um „unsaubere" Teile herauszuschneiden. Nächstes Opfer: die „Oscar-Verleihung 2004". *(Harald Skorepa)*

Fundgrube

Anfang 2001 entdeckte Rachel Cowgill von der Universität Leeds im Ort Calderdale in Yorkshire bei der Rekonstruktion der Musikbibliothek von William Priestley, der im 19. Jahrhundert deutsche und österreichische Komponisten sammelte, eine bisher unbekannte Bearbeitung von Händels Oratorium „Judas Maccabaeus" durch Wolfgang Amadeus Mozart. Bisher waren nur vier Händelbearbeitungen durch Mozart bekannt, eine fünfte wird jedoch in zeitgenössischen Quellen erwähnt; der Komponist reicherte sie mit Klarinetten und Posaunen an, um sie dem aktuellen Zeitgeschmack anzupassen.

Funeral Function

„Der Neo-Klassizismus, den Wynton Marsalis propagiert und der den zeitgenössischen Jazz so sehr zu dominieren scheint, mißachtet die progressiven Momente dieser Kunstform. Der Jazz ist wieder dort angekommen, wo er vor hundert Jahren losmarschierte – auf dem Friedhof."
(Patrick Krause, Musikkritiker)

Funeral Function – Die Zweite

„Miles Davis hat den Jazz getötet. Er hat ihn mitgenommen hinaus in die Kälte, und dort ist er, im eisigen Erstarren überirdisch schön, klirrend zerborsten. Wenige haben bisher zumindest ihre Erinnerung an ihn bewahrt oder wiederge-

funden, andere, wie Wynton Marsalis, nicht. Der wärmt nur einen Eintopf aus ‚besseren' Zeiten in der Mikrowelle auf."
(Harald Skorepa)

Für eine Handvoll Dollar

„The Funk Brothers", Hausband des Detroiter Labels Motown in den 1960er Jahren, die mit Dutzenden von Stars wie Marvin Gaye, Stevie Wonder und Smokey Robinson Hunderte von Hits einspielten, dabei mehr Nr.1-Hits als Elvis Presley, die Beatles, die Rolling Stones und die Beach Boys zusammen hatten und mit 10 Dollar pro Titel, später 48, bezahlt wurden, standen vor dem kompletten Nichts, als die Plattenfirma 1971 nach Los Angeles zog. *(Harald Skorepa)*

Gäähn!!

Aus purer Langeweile stürmten während einer Australien-Tournee die Musiker des James Last-Orchesters ein fremdes Hotelzimmer und räumten alle Möbel und Koffer vor die Hoteltür.

Die Gaffer

Aus Anlaß des Starts der Europatournee des Jazzpianisten Herbie Hancock fand nach dem ersten Konzert in der Berliner Columbiahalle im Jazzclub „A-Trane" eine sogenannte After-Show-Party mit geladenen sowie diversen gebetenen Gästen statt. Angesagt war ein Kurzauftritt Hancocks, der Eintrittspreis für die gebetenen Gäste lag recht hoch. Der Pianist sollte 40 Minuten spielen, kam knapp eine Stunde zu spät und brachte es nur auf knappe 27 Minuten Vortrag, worauf einige der zahlenden Besucher mit Unmut, Unverständnis und lautstarkem Protest ihr Geld zurückverlangten (und von Sedal, dem Betreiber des Clubs, stirnrunzelnd, aber anstandslos erhielten).

Was diesen Menschen nicht bewußt war – und sie wohl auch wenig interessieren würde – sind die Bedingungen, unter denen Tourneen stattfinden. Äußerst anstrengend auch und gerade für den mittlerweile 62-jährigen Hancock, der in diesem Fall eine 23-stündige Anreise plus Konzert hinter sich hatte! Was ihnen entging – im A-Trane ist es üblich, daß vor und nach der Show Jazzvideos laufen – den legendären Altmeister des Jazzpianos ganz privat dabei zu beobachten, wie er sich, während die Party ihm offensichtlich völlig gleichgültig war, voller Begeisterung Filme von seinen Auftritten aus den 1960er Jahren anschaute, die er vielleicht noch nie, mit Sicherheit aber sehr lange nicht gesehen hatte. Das war mir das Geld wert!

Hinter den Kulissen geht's weiter

Eine Replik

Einige Menschen hätten wohl mehr Grund gehabt, keinen Eintritt zu zahlen. Mindestens einer war da, der auch nichts zu meckern hatte.

Haste/ Biste mal ...

– mit Klaus Lage ein Hörnchen durchgezogen?

– mit Klaus Eberhartinger von der „Ersten Allgemeinen Verunsicherung" 'n „Kenya Cane" gekippt?

– Tina Turner mit deiner Haarbürste ausgeholfen?

– mit Pete York um die Häuser gezogen?

– auf Konzerten als Vorgruppe von „Golden Earring" oder „Man" aufgetreten?

– bei einem Auftritt mal 6 Sets à ca 45 Minuten und 3 Zugaben-Sets gespielt, d.h. von 21 bis 4 Uhr, um dann von den lautstark „Freeburg" skandierenden amerikanischen G.I.s unten im Publikum zum Weiterspielen aufgefordert zu werden??

– oder mit Bo Diddley gejammt?

– mit Herman Brood ein Bier getrunken?

– oder mit Eugen Cicero?

– mit Roger Cicero am Telefon musikgeschäftgefachsimpelt?

– mit dem Keyboarder von „Rammstein" tastengefachsimpelt?

– mit Herbie Hancock auf 'ner Party gewesen?

– Nena aus dem Proberaum geworfen ... und dann später als ihre Vorgruppe bei einer Labelpräsentation gespielt?

– für die „Puhdys" einen Saal vorgeheizt??

– Hans Rettenbacher dabei zugesehen, wie er gleichzeitig TV guckte, eine Schallplatte hörte und komponierte?

– oder seine Frau verteidigt, die noch mit 30 am Discoeingang nach dem Ausweis gefragt wurde, weil sie zierlich und klein war und Zöpfe hatte?

– Jack White als DJ gebeten, einen seiner Songs zu spielen, damit du kotzen kannst?

– mit Manitas de Plata Gtarre geklimpert?

– mit Champion Jack Dupree ‚ne Flasche Whisky gekillt?

– von Yoko Ono die Genehmigung für das Covern eines Lennon-Songs erhalten?

– oder von Klaus Wüsthoff die Genehmigung für ein Werkzitat?

– mit Jasper van't Hof einen Vertrag ausgehandelt?

– mit Billy Preston auf die Beatles angestoßen?

– mit Manfred Sexauer gefeiert?

– Eros Ramazotti erlebt, als er noch ein unbekanntes kleines Pummelchen war?

– oder Chris Farlowe privat?

– mit Drafi Deutscher über einen Schallplattenvertrag verhandelt?

– Und haste schonmal darüber nachgedacht, wer oder was die Berliner Kongreßhalle zum Einsturz gebracht hat?

Was ich damit sagen will?
Was bildet ihr Affen euch ein über Musiker zu wissen! Wir sind keine Lakeien, die man kaufen oder herumschubsen kann. Wir sind Menschen, die auch mal schlecht gelaunt, lustlos oder einfach müde sein können. Vielleicht aber auch ein bißchen spezieller. (November 2001)

Gangsta-Buße

Snoop Doggy Dogg, Gangsta-Rapper, dessen Songs zur Gewalt auffordern, wurde Anfang 1997 von einem Gericht in Los Angeles dazu verurteilt, Anti-Gewalt-Werbespots aufzunehmen. Außerdem erhielt er eine (weitere) dreijährige Bewährungsstrafe wegen unerlaubten Waffenbesitzes während der Bewährungszeit.

Gangsta-Rap?

1991 nahmen die Punk-Rocker ‚Die Toten Hosen' mit dem legendären englischen Posträuber Ronald Biggs in Rio de Janeiro den Song ‚Carneval in Rio' auf.

Ganz gut, aber ...!

„Er ist kein schlechter Gitarrist, er müßte nur noch ein paar Griffe lernen", äußerte sich Art Wood, Bruder von Ron Wood, über den Gastauftritt des berühmten Rolling Stones-Musikers im November 2000 in seiner Band.

Ganz schön giftig!

Die Rockmusiker Steven Tyler und Joe Perry von der Gruppe „Aerosmith" gingen in den 1980er Jahren wegen ihres ausufernden Drogenkonsums als „Toxic Twins" in die Musikgeschichte ein.

Ganz solide ...

Carl Morgan, Musiker der Gruppe „So Solid Crew", erschoß in einem westernmäßigen Straßenduell einen 24-jährigen Nebenbuhler und ging im Oktober 2005 für mindestens 30 Jahre ins Gefängnis. Das Londoner Strafgericht Old Bailey verurteilte ihn in einem Mordprozeß zu lebenslanger Haft. 2004 hatte sich Morgan mit seinem Opfer Colin Scarlett um seine Ex-Freundin gestritten. Er war in einer Prügelei unterlegen und suchte Rache. Bei dem Schußwechsel starb Scarlett.

Morgan floh unverletzt, stellte sich aber später. Der Leadsänger der Gruppe, Dwayne Vincent, mußte sich in einem weiteren Prozeß wegen Aufhetzung zu der Tat verantworten.

Garantiert blockflötenfrei!

Mit dieser Ankündigung wirbt die Hamburger Rock-Gruppe „Radau!", die ausschließlich Kinderlieder spielt.

Gebührend

Das Label „Philipps Classic" veröffentlichte 1997 auf 180 CDs die Gesamtausgabe aller Werke von Wolfgang Amadeus Mozart. Mit mehr als 650 Kompositionen ist dies das größte, einem einzigen Komponisten gewidmete Veröffentlichungsprojekt.

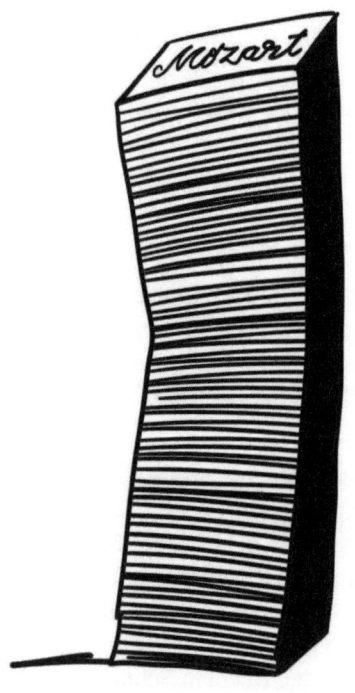

Gegen den Strom

Die Redewendung „To Do A Kid A", entlehnt dem Titelsong des Radiohead-Albums „Kid A", wurde zum Synonym für Popmusik, die sich dem Erfolgsdruck verweigert.

Gegenfeuer

Ein 19jähriger US-amerikanischer Heavy Metal-Fan mußte sich im Frühjahr 2000 vor einem Gericht wegen zu lauter Musik verantworten. Er wurde dazu verurteilt, 2 Stunden lang Country & Western zu hören, eine Musik, die er nachweislich haßte. Die Platten suchte der Richter höchstpersönlich aus.

Gegenfeuer Die Zweite

Alan Law, Hardrock-Fan, mußte sich vor einem Bezirksgericht der US-Kleinstadt Cambridge wegen unmäßigen Aufdrehens seiner Auto-Stereoanlage verantworten. Der 19-Jährige wurde vor die Wahl gestellt, entweder 100 Dollar zu zahlen oder vier Stunden lang Polka-Musik zu hören. Law entschied sich für letzteres.

Gegenhalten

Der Liedermacher Frank Rennicke, Sänger und Kultfigur der neofaschistischen Szene Deutschlands, gab 1999 in einem Interview an, es sei ihm wichtig, zur Abwehr der „Überfremdung Deutschlands" viele Kinder zu zeugen. Er ist mittlerweile fünffacher Vater.

Die Geheimwaffe

Ungewöhnliche Mittel setzte die Polizei von Toronto im Jahre 2000 gegen eine Gruppe von streikenden Studenten ein, die das Büro des Universitätspräsidenten besetzt hielten. Durch das ständige Abspielen von drei sich wiederholenden Titeln der Boygroup „Backstreet Boys" sollten die Demonstranten zu Aufgeben gezwungen werden. Die Betroffenen empfanden den „Angriff" als akustische Folter.

Geht auch so!

Ohne Plattenvertrag und auch ohne jemals im Radio gespielt worden zu sein, füllte die bayerische Liedermacherin Barbara Clear im April 2004 die Münchener Olympiahalle. Das Sonderkonzert vor 8.000 Menschen war für den Veranstaltungsort eine Premiere in seiner 32-jährigen Geschichte: als erste Künstlerin ohne Management hatte die Liedermacherin die größte Halle Bayerns im Alleingang gemietet und nahezu vollständig gefüllt. Wie sie das machte? Sie verkaufte zwei Jahre lang auf ihren kleinen Konzerten Tickets zu 10 Euro in der ganzen Republik.

Im Oktober 2004 mietete sie für ihre „Zwergentour" im Jahre 2006 sechs der größten Arenen zwischen Hamburg und Wien mit insgesamt weit über 80.000 Plätzen. Zudem ist die Münchener Olympiahalle für den 12. März 2005 bereits wieder fest gebucht.

Ebenfalls im Alleingang mietete Dave Loew, ein englischer Cellist, der sich von den Plattenfirmen übergangen fühlte, für den 23. März 2005 die Royal Albert Hall für 80.000 Euro.

Geht doch auch

1997 trat eine junge finnische Cover-Gruppe namens ‚Apocalyptica' an die Öffentlichkeit. Sie interpretierte fast ausschließlich Titel der Heavy Metal-Band ‚Metallica', ihrer Lieblingsgruppe, mit dem Riesenanfangserfolg von über 300.000 verkauften Exemplaren ihres Debutalbums. Das besondere daran: alle vier Musiker spielen Cello!

Die Geister, die ich rief...

„Das Sampling von Musik und das Verwenden vorprogrammierter Sounds ist ein Verhängnis: kolonialistischer Diebstahl geistigen Eigentums und eine sublime Ausweitung des Konsumismus. Der ganze House-Sektor hat sich in eine schlechte Kapitalismus-Travestie verwandelt!" *(Techno-Produzent Matthew Herbert im Rückblick auf seine Arbeit)*

Geldströme und Centrinnsale

2020 wurden in Deutschland 165 Milliarden sog. „streams"
registriert. Das waren über die Hälfte mehr als 2019 (108
Milliarden) und doppelt so viele wie 2018 (80 Milliarden).
Der Umsatzanteil lag gegenüber CD (21,6%) und Vinyl
(5,5%) bei 71,5%.
Bei den Urhebern ließ sich das allerdings nur mit der Lupe
bemessen. *(Harald Skorepa)*

Gelegenheit

In der Zeit, als Dizzy Gillespie in Cab Calloways Band spiel-
te, war dieser nicht sonderlich gut auf ihn zu sprechen. Dizzy
spielte ihm zu modern: „I don't like the chinese music of this
guy". Bei einer Probe warf Jonah Jones, damals 1. Trompeter
des Orchesters, Calloway von hinten ein Papierkügelchen an
den Kopf. Calloway drehte sich um und fixierte Gillespie,
während Jones wie unbeteiligt zur Decke blickte. Gillespie
mußte gehen.

Gemeinsam gegen Rechts

Eine Initiative der Bundesregierung und diverser deutscher
Pop-Gruppen. 20.000 Exemplare der CD mit 15 Titeln von
Interpreten wie 2-Raum Wohnung, Die Fantastischen Vier
und Tempeau wurde ab August 2005 an Schulen verteilt,
um ein Gegengewicht zu gleichen Aktionen rechtsradikaler
Bands zu bieten.

Gemüsiges

Und Gott sprach zum Adam: „Gehe hin und Merrettich!"
(Willy Astor)

Genau genommen – Die 1:1-Kopie

Eine große Vertriebsfirma für Musikerequipment in Köln
vertreibt seit 2001 eine hauseigene Marke. Man produzier-

te Instrumenten- und Gerätekopien jeweils gängiger Marken und konnte sie so zu einem günstigeren Preis anbieten. Die avisierten künftigen Hersteller wurden angehalten, jeweils Produktionsdauer und Preis für die Nachbauten zu nennen. Dazu wurden die Originale verschickt.

So auch ein Studioeffektgerät eines renommierten Herstellers an eine Firma in China. Nach einigen Monaten kam das Gerät samt Doublette zurück. Beim ersten Test stellte sich heraus, daß die Neuproduktion nicht funktionierte: ein Transformator war defekt. Der anfängliche Unmut wich dann einem ungläubigen Staunen, als sich herausstellte, daß das Originalgerät exakt denselben Fehler aufwies!

Generationen

„Ich kenne Dich von irgendwoher", sagte ein junges Mädchen im Flugzeug zu Orchesterchef James Last. „Ich bin James Last", antwortete dieser. „Toll!", rief das Mädchen, „nicht nur mein Vater, auch mein Opa hat Deine Platten!"

Genial daneben

1981 leistete sich der Sender MDR1/Radio Thüringen einen peinlichen Patzer, der dazu führte, daß nach den Nachrichten zur vollen Stunde als erstes grundsätzlich ein englischsprachiger Titel gespielt werden mußte: gleich auf die Meldung vom Attentat auf Papst Johannes Paul II. erklang der Titel „Im Leben, im Leben, geht mancher Schuß daneben" von Katja Ebstein.

So war man dagegen gefeit, daß z.B. nach der Messerattacke auf Oskar Lafontaine versehentlich „Mackie Messer" von Kurt Weill gespielt werden könnte.

Auch andere Sender lernten daraus: auf Grund der Tsunami-Flut im Indischen Ozean Ende 2004 wurde der Hit „Die perfekte Welle" der Gruppe „Juli" komplett aus den Programmen der deutschen Sendeanstalten genommen.

Genies unter sich

Der Gitarrist der Rolling Stones, Keith Richards, gab den Brüdern Liam und Noel Gallagher von der Gruppe Oasis den guten Rat, nicht weiter Stones- oder Beatles-Sounds zu kopieren. Sie seien Lichtjahre davon entfernt. Zum Trost fügte er hinzu, es sei für zeitgenössische Maler auch ziemlich schwierig, Leonardo da Vinci, Michelangelo oder Rembrandt zu übertreffen.

Genieße in Maßen

„Erfolg muß man langsam löffeln, sonst verschluckt man sich an ihm." *(Erika Pluhar)*

Genug ist genug

Selbst für eine Milliarde Dollar, geboten von einem amerikanisch-britischen Konsortium, waren die Mitglieder der schwedischen Popgruppe Abba nicht zu einer gemeinsamen Rückkehr auf die Bühne zu bewegen. Dies teilte Benny Andersson im Januar 2000 der Öffentlichkeit mit. Mit den Worten „Uns alte Männer will keiner auf der Bühne sehen" sagten Björn Ulvaeus und Benny Andersson auch im Jahre 2001 ab.

Geoutet

Der Organist Henry James Fairs trägt ein T-Shirt mit der Aufschrift

I AM
ORGAN
POSITIVE

Das Gerücht

„J.J. Johnson hat sich das Leben genommen, weil er in Ken Burns Jazz-Anthologie nicht vorkam." *(Saxophonist David Murray 2001 zum Streit in der Jazz-Szene über die monumentale TV-Jazz-Dokumentation von Ken Burns)*

Geschichtsklitterei

Hallo Michael Jackson,
gib Paul McCartney die Rechte an seinen Songs zurück! Für den Preis, daß er die originale Autorenreihenfolge „Lennon/McCartney" wieder herstellt. Und daß er ein T-Shirt trägt mit der Aufschrift ‚Ich bin ein John Lennon-Fan'.
(Harald Skorepa)

Die geschminkte Wahrheit

Laut Meldung des Berliner Tagesspiegels vom 14.5. 2001 kam auch beim „46. Grand Prix d'Eurovision" in Kopenhagen ein Gerät zum Einsatz, das in Fachkreisen spöttisch „Begabometer" genannt wird. Dieses „Autotune" korrigiert die falschen Gesangstöne nach unten oder nach oben, ohne daß die Zuhörer irgend etwas merken. Die Frage, wer also wirklich „ungeschminkt" gut war, bleibt somit offen.
(Harald Skorepa)

Gesellschaftsfähig

Auf Ansinnen der renommierten Wiener Schule für Dichtung schrieb der Popsänger Nick Cave 1998 seinen nächsten Titel in einem Klassenzimmer. Zum Thema „Das Liebeslied und wie man eines schreibt" unterrichtete der Musiker 3 Tage lang Schüler in der Erarbeitung eines Liebessongs.

Gestern, Heute, Morgen, Übermorgen

Ich habe zwei Bands fast zum Platzen gebracht, weil ich mich weigerte, uns über die Bildzeitung resp. BZ oder sonstige Springer-Presse zu featuren (Interviews, Artikel etc.): 1982 und 1995.
Der Manager und „Sänger" Reiner Tee konnte das, selbst nach einer Vorankündigung, noch besser. Zunächst schaffte er es als Manager 1976 mit dem „Berliner Rock Ensemble", dann 1979 mit „Dementia Praecox", und schließlich brachte

er 1982 uns „Spotz!" zunächst dazu, den völlig unschuldigen Jean-Louis Arriotti als Sündenbock für unsere verpatzten Chancen rauszuekeln; kurz darauf knallte die gesamte Band. Und schließlich seine beiden eigenen Bands dann 1983 und 1984. Von letzterer muß allerdings gesagt werden, daß sie sich selbst zur Karikatur machte: bei Auftritten mit einem seinem Anti-Drogen-Programm hatte der Schlagzeuger eine Kiste Bier in Reichweite stehen.

Gestohlene Musik

– David Arnold: „James Bond 007 – Die Welt ist nicht genug" (1998/99, GB). In die U-Boot-Szene kurz vor Schluß fließt ganz gemächlich die Titelmelodie von Klaus Doldingers „Das Boot".
– Roy Budd: Die Filmmusik von „Die Seewölfe kommen" (1980, GB) ist Gershwins „Rhapsody in Blue" wie aus dem Gesicht geschnitten.
– Dieter Bohlen: „Der Fall Schimanski" (1991, D). Thema des „Warschauer Konzertes" von Richard Addinsell.
– Deep Purple: Der Welthit „Child In Time" wurde nahezu komplett gecovert vom Original „Bombay Calling" der Gruppe „It's A Beautiful Day". Intro und Harmoniefolgen stimmen eindeutig überein.
– John Murphy: „28 Days Later" (2002, GB / USA). Hier fand ein Teil der „1. Invention" von Johann Sebastian Bach ihren Platz.
– Mozart bediente sich bei einer Melodie ausdrücklich bei Beethoven.
Wird fortgesetzt.

Gewußt wie

„Die menschliche Spezies könnte nicht überleben, wenn sie die Kunst des Improvisierens verlernen würde." (Jazz-Gitarrist Derek Bailey)

Giftige Vanille

Den Namen Vanilla oder Vanille zu führen scheint in der Popmusik eine heikle Angelegenheit zu sein, weil offensichtlich prädestinierend für Mißerfolg.

Das Duo „Milli Vanilli" zerbrach daran, daß sie nur Fake-Sänger waren. Einer der beiden endete tot in einem Hotelzimmer.

Der Rapper „Vanilla Ice" mußte zugeben, daß sein Hit „Ice Ice Baby" ein gestohlenes Riff von „Under Pressure" der Gruppe „Queen" enthielt. Seine Karriere ging steil bergab, er überlebte knapp eine Überdosis, fand zu Gott und lebte danach mit seinen Kindern und Hunden in Florida.

„Vanilla Ninja" traten 2005 beim Grand Prix d'Eurovision für die Schweiz an. Wie ihr Produzent David Brandes zugab, hatte er für die CDs seiner Künstler Chartmanipulationen veranlaßt, indem er die Platten massenweise aufkaufen ließ, um sie in der Hitparade steigen zu lassen. Sie wurden nur Achte.

Einzige Ausnahme bisher: die Gruppe „Vanilla Fudge".

Glanz durch Abwesenheit

In einer Kritik zum Film „Honest" mit Mitgliedern der Pop-Gruppe „All Saints" bemerkte der Londoner „Guardian", Shaznay Lewis habe noch die beste Figur gemacht, weil sie überhaupt nicht mitspiele.

Gleicher unter Gleichen

Mit den Worten, daß ja im Publikum mindestens „80.000 Jahre Knast" säßen – ironischer Hinweis auf den seiner Ansicht nach branchenüblichen Ideenklau – wehrte sich der Produzent Stefan Raab bei der Echo-Verleihung im März 2000 gegen Plagiatsvorwürfe hinsichtlich seines Grand-Prix-Beitrages „Wadde hadde dudde da".

Globalissimo oder der Weltmusik höchste Steigerung

„Sein Sound basiert auf dem Zusammenspiel von ‚Tribal Underground', wegen der multikulturellen Ethno-Beats, mit ‚Global Dancefloor'." *(Frank König über den DJ „Der Lächelnde Schamane")*

Glücksfälle

„Jeder Fortschritt in der Dichtung, Kunst, Philosophie, Wissenschaft oder Politik ergibt sich aus der zufälligen Koinzidenz einer privaten Zwangsvorstellung und eines weit verbreiteten Bedürfnisses." *(Richard Rorty, amerikanischer Philosoph)*

God Save America

Nach mehr als 18 Monaten Verhandlung wurde Michael Jackson vom Vorwurf des Kindesmißbrauchs in allen 10 Anklagepunkten freigesprochen.

Das göttliche Knistern

„Nichts ist besser als das Geräusch, wenn eine Nadel Plastik berührt." *(Bob Geldof über Schallplatten, 2011)*

kleiner kilroy doppelt, dreimal so groß
wie seitenzahl

Gottes Wille

„Es ist Gottes Wille, mich in Wohlstand und andere in Armut leben zu lassen. Diesem Willen beuge ich mich." *(Pat Boone)*

Gottes Zorn

Marvin Gaye wurde von seinem Vater, einem Prediger der „Sieben-Tage-Adventisten", erschossen.

Gourmeuse

„Nichts schmeckt so gut wie das Sperma von Genies."
(Alma Mahler-Werfel)

Granatensauerei!

Als solche bezeichnete Gotthilf Fischer 2001 die neue Single „Deutschland" der Gruppe „Die Prinzen". Der Sänger Heino wollte das Lied gleich verbieten lassen.

Grand Prix d'Eurovision 2001 –
Die deutschen Nominierten

„Das habe ich nicht gewollt." *(Guildo Horn)*
„Das müßte man verbieten." *(Dieter Thomas Heck)*
„Ich fühle mich als Musiker langsam verarscht." *(Udo Jürgens)*
„Der Trubel hat mich echt betrübt." *(Thomas Gottschalk)*
„Natürlich haben auch Leute, die keinen Ton treffen, das Recht zu singen. Aber doch nicht die Pflicht!" *(Süddeutsche Zeitung)*

Grau ist mein Haar, schwarz sind alle meine Lieder!

„Meist umkreisten die Strophen, Trauerschleife um Trauerschleife, eine Liebe, die schon verloren war, bevor sie beginnen konnte, und wenn sich Cohens Bariton aus seinem stimmlichen Grab erhob und zu einem Refrain aufschwang, wehklagte er für alle leidenden Seelen dieser Welt."
(Gregor Dotzauer im Berliner Tagesspiegel über die Songs von Leonard Cohen anläßlich der Veröffentlichung des Albums „Ten New Songs" 2001)

Grenzgänger

Es war die Geschichte eines älteren Herren, der eine Hausnummer sucht. Diesen Song mit dem Titel „Nr. 48" reichte die Gruppe ‚Engerling' 1987 beim Rundfunkrat der DDR zur Begutachtung ein. Wie häufig üblich war dieser Text, wie viele andere auch, nicht deutlich, aber möglicherweise mehrdeutig. Man rief die Zensur auf den Plan und testete damit Grenzen aus. Die Verantwortlichen wälzten Geschichtsbücher und fragten sich, was damit gemeint sein könnte. Das Resultat, vorsichtshalber: Rundfunkverbot!

Gretchenfrage

Auf die Frage, ob sie ihr nächstes Album von Madonna produzieren lassen werden, die immerhin die Chefin ihrer amerikanischen Plattenfirma ‚Maverick' ist, antwortete Liam Howlett von ‚The Prodigy', deren Album ‚The Fat Of The Land' 1997 in 22 Ländern Nr.1 wurde: „Ich verkaufe meine Seele doch nicht an den Teufel!"

Grob

„Peter Maffay ist eine von Ceaucescu gezüchtete Wanderwarze." *(Olli Dittrich, Kabarettist)*

Grob gesagt

„Musik ist disziplinierter Lärm." *(Anonym)*

Große Momente

„In meinen besten Augenblicken, so hoffe ich, kann ich jeder Note eine Bedeutung geben." *(Jazz-Saxophonist Jan Garbarek)*

Großverdiener

Elton John war 1996 mit 98 Millionen DM der Spitzenverdiener unter allen englischen Popstars. Von 1992 bis 1997 nahm er 230 Millionen DM ein.

Gruft-Pop

1998 produzierte Michael Jackson den Elvis Presley-Titel „Are You Lonesome Tonight" mit dessen Tochter, seiner Ex-Gattin Lisa Marie Presley. Als Duett mit der Originalstimme des Vaters!

Gummiadler

„Strawinskys schwereloses Märchenwesen wird zum fettriefenden ‚Kentucky Fried Chicken'." *(Jörg Königsdorf über die „Feuervogel"-Präsentation des Dallas Symphony Orchestra unter Andrew Litton)*

Das gute Beispiel

„Wenn die Staatsmänner genauso glaubwürdig wären wie der Soul von Ray Charles, Marvin Gaye und Aretha Franklin, dann gäbe es weniger Haß und mehr Liebe auf der Welt." *(Herbie Mann, 1971)*

Gute Filmmusik

Filmmusik ist „Beiwerk" und „Unterstreichung" des Inhalts. Gut ist sie dann, wenn man beim Abspann überrascht feststellt, daß man sie weder bewußt wahrgenommen hat noch beschreiben kann.

Gute Filmmusik „unterstreicht" den Inhalt, sodaß man sie fast nicht hört, sondern nur spürt. Populäre Titel/Werke wurden schon von je her – zunächst sparsam, dann immer mehr – zum gleichzeitigen Nutzen für Film- und Künstlerpopularität eingesetzt. Der lukrative Effekt war in der Regel ansprechend.

Heute besteht Filmmusik häufig nur aus einer Aneinanderreihung von populären Titeln, ebenso und zunehmend für Film und Künstler pekuniär interessant. Der Rest ist belangloses, oft störendes Beiwerk, vor allem zur Unterstreichung der „Knalleffekte", nicht des Inhalts. Dialoge und somit Inhalt geraten hinsichtlich der Lautstärkemischung gegenüber den Musik- und Geräuschetonspuren weit ins Hintertreffen. Nochmal ganz kurz: akustische Effekte waren Beiwerk zum Inhalt. Heute ist es umgekehrt. *(Harald Skorepa, 2007)*

Gute Medizin

„Die Menschen kommen ins Konzert, um sich behandeln zu lassen. Daß es Musik noch nicht auf Rezept gibt, ist mir schleierhaft." *(Ernst Bier)*

Der gute Mensch vom Tietzenweg

Mein Klavierlehrer Gustav Hansen versuchte nach 1945 in Berlin den Klavierunterricht mit stummen Tastaturen in ganzen Schulklassen einzuführen. Immer wechselnd eine(r) vorn am Flügel, die anderen spielten mit. Obwohl er ein unterstützendes Schreiben der Pianistin Elly Ney vorlegen konnte, schloß sich der „Mißbildungs"-Senat seiner Initiative nicht an. Zu aufwendig. Als privater Musiklehrer setzte er dann die Idee erfolgreich um. Keiner von seinen Schülen, die später zur Musikhochschule gingen, es waren wohl 15-20, fiel bei der Aufnahmeprüfung durch. Immerhin lag die gewöhnliche Rate der Ablehnungen bei 60%! Zum Glück bin ich seinem Rat, Klavier zu studieren, nicht gefolgt. Ich wollte mich um meine Kinder kümmern. Arne war schon da und die geplante Julia noch nicht. Und angesichts der nicht mehr zählbaren heutigen Konkurrenz habe ich richtig entschieden.

Gustav Hansen hatte ein eigenes System der Notation entwickelt, durch das man lernte, harmonisch zu denken und seitenlange Werke schnell inwendig spielen konnte.

Notation nach Zahlen, immer Harmonie-Kennzeichnung vorweg: „1" ist Grundton, geht bis „7"; „8" ist „1". So begreift man Kandenzen und Musik an sich.

Sich über seine Obertonreihenanalysen auszulassen würde für dieses Lexikon zu weit führen. Bis dato.

„Spiel so langsam, daß du keine Fehler machst. Die Geschwindigkeit kommt ganz von allein."

Und über allem schwebte die Ganzheitsmethode.

Er besuchte ein Konzert von Oscar Peterson, ging nach Hause und schrieb alles aus dem Kopf auf. Ich habe solche Sachen Ton für Ton beim Hören mitgelesen. Es funktioniert.

Einen Song im Radio gleich mitschreiben? Leicht. Mit den üblichen Notenkullern kommt man da nicht hinterher.
(Harald Skorepa)

Gute Tat

1994 hatte sich nach den Auftritten der Kelly Family eine solche Unmenge an Stoffspielzeug angesammelt, daß die Gruppe sie wohltätigen Zwecken zukommen ließ. So erhielten einzelne Heime in Berlin zur Freude der Kinder jeweils einen ganzen Container von Kuscheltieren.

Hab' ich euch!!

In aller Ruhe wartete im Juni 1998 der britische Staatskanzler Gordon Brown die Verkündung des Tourneebeginns der ‚Rolling Stones' ab bevor er eine Änderung des Steuergesetzes verkündete. Nach bis dahin geltendem Recht waren im Ausland arbeitende Briten von der Einkommenssteuer befreit, wenn sie mehr als 62 Tage des Jahres außerhalb des Landes waren. Umgehend ließen die ‚Rolling Stones' vier Konzerte in Großbritannien platzen, da nach Äußerungen der Gruppe ansonsten der englische Fiskus rund 36 Millionen DM und damit alle Einnahmen der europäischen Termine verschlingen würde. Mick Jagger entschuldigte sich bei seinen Fans und versprach, die Auftritte nachzuholen.

Die halbe Wahrheit

„Eine Autobiographie wird gewöhnlich von jemandem geschrieben, der sein Leben für besonders erstaunlich hält. Ich halte mein Leben in keiner Hinsicht für erstaunlich. Es besteht aus einer hübschen Summe kleiner Anekdoten. Nichts weiter. Und nicht einmal die Hälfte von ihnen ist wahr."
(Frank Zappa 1988 in den Vorbemerkungen zur eigenen Biographie)

Hallöchen, hallo!

Nachdem der deutsche Rocksänger Udo Lindenberg im Jahr 1983 als erster deutscher Rockmusiker im Palast der Republik vor ausgewählten FDJ-Mitgliedern 4 Songs vortragen durfte, wurde eine für Mai 1984 geplante DDR-Tournee von den Staatsoberen abgesagt. Daraufhin schickte Lindenberg unter viel publizistischem Getöse eine Rocker-Lederjacke und eine Gitarre an den Staatsratsvorsitzenden Erich Honecker. Dieser revanchierte sich mit einer Schalmei mit der Gravur „Lindi".

Hamp's Boogie

Der Jazzvibraphonist Lionel Hampton behandelte auch das Klavier zumeist perkussiv, wenngleich sich seine Technik nicht allein auf den vielzitierten „Zwei-Zeigefinger-Stil" – bekannt geworden durch „Hamp's Boogie-Woogie" – beschränkte.

Handbag

Diese Bezeichnung, die in England typischerweise für Provinzgören gilt, welche an jedem Wochenende in den Discos der Hauptstadt die Handtaschen schwingen, benutzen Englands Musikkritiker in abfälliger Weise für bestimmte Bands.

Hart am Thema

„Zu den Höllenqualen, das wußte schon Vergil, zählt immerhin auch die Langeweile." *(Roman Rohde im Berliner Tagesspiegel zur Live-Uraufführung der Vertonung von Dantes „Inferno" in Berlin durch die Gruppe „Tangerine Dream")*

Hasse ma' ‚ne Mark?

Bei seinem legendären Auftritt Mitte der 1970er Jahre im Whiskey-Club von Los Angeles bat Iggy Pop zu Beginn das Puplikum um Spenden, damit er seinen Drogendealer bezahlen könne. Auf offener Bühne setzte er sich dann einen

„Schuß" und brach zusammen. Die Zuschauer hielten den Kreislaufkollaps für eine gelungene Showeinlage und applaudierten. (Iggy Pop ist seid ca.1985 clean.)

Hat was!

„Beim Son verzückte man früher in tänzerischer Umarmung die Partnerin und gab ihr, ohne daß sie es merkte, einen Kuß", bemerkte der kubanische Musiker Lazaro Herrera zum Unterschied zwischen dem traditionellen Son und dem modernen Timba.

Hat wohl gewirkt?

Ausgerechnet bei dem Unterhaltungsriesen EMI, der 1979 schwer angeschlagen mit dem Rüstungskonzern Thorn fusioniert hatte und gut die Hälfte seines Gewinns von ca 900 Millionen Pfund mit Produkten wie Radarsystemen und Raketensteuerungen machte, unterschrieben die Bots, Gallionsfigur und Aushängeschild der Friedensbewegung, 1981 einen Plattenvertrag. Kurz darauf erschien das zweite Album „Entrüstung".1996 wurden die Geschäftsbereiche von Thorn und EMI wieder getrennt.

Der Hausfreund

„Dean Martin legte es darauf an, die Männer mit der Illusion von Kumpanei auf seine Seite zu ziehen. Und er kriegte sie. Sie kamen Abend für Abend, ohne Eifersucht oder Minderwertigkeitskomplexe – sie genossen ihn als einen der ihren, als einen Mann unter Männern, während ihre Ehefrauen oder Geliebten neben ihnen saßen und feuchte Höschen bekamen."
(Nick Tosches, Journalist)

The Heat Is On

Bei einer öffentlichen 3-Tage-Session zusammen mit Brocki in Hamburg wurden die Kühlrippen der Verstärker so heiß, daß wir sie mit nassen (!) Lappen kühlten. Auf den Kühlrippen meines Synthesizers"Roland Jupiter 8" hätte ich nach Auftritten ein Ei braten können. *(Harald Skorepa)*

Das heilige Kribbeln

Das Lied ‚Liest sie aus der Bibel, kommt das Kribbeln' widmete der Schweizer Rechtsanwalt und Sänger Jacob Stickelberger der 36jährigen Theologin Katharina Hoby, die den Kirchenoberen 1999 allem Anschein nach zu schön für die Kanzel des ehrwürdigen Züricher Münsters war. Vorgezogen wurde eine 15 Jahre ältere Pfarrerin.

Heiße Luft

„Clifford Brown ist reif für das Hospital. Er bläst wie jemand, der sich zuviel gepfefferten Reis in den Mund gestopft hat."
(Louis Armstrong über den Trompeter Clifford Brown)

Heiße Musik

Die drei ungekrönten Könige des Rock 'n' Roll, Chuck Berry, Little Richard und Jerry Lee Lewis, standen des öfteren gemeinsam auf der Bühne. Ihre echte oder ihnen angedichtete Konkurrenz untereinander führte auch 1958 anläßlich eines von Alan Freed, dem weißem Discjockey, der schwarze Künstler favorisierte und den Rock 'n' Roll mit popularisierte, ausgerichteten Konzerts zu Reibereien.

Freed bestimmte, daß Lewis vor Berry spielen sollte. Wütend über diese „Demütigung" ging Lewis auf die Bühne und zog seine Show ab, bevor er eine mit Benzin gefüllte Cola-Flasche aus der Tasche holte, das Klavier übergoß und anzündete. Dem am Bühnenrand wartenden Chuck Berry rief er zu: „Jetzt mach' was Besseres, Nigger!"

Heißgelaufen

„Mit Mussorgskij, Smetana und Jean Sibelius föhnen sie der ‚Mollust'." *(Bilduntertitel im Berliner Tagesspiegel zu Herbert Feuersteins Konzertreihe „Mollust")*

Hell On Web

Die angekündigte Live-Übertragung des Selbstmordes eines angeblich schwerkranken Fans auf der Homepage der US-amerikanischen Schock-Gruppe „Hell On Earth" wurde durch einen massiven Internetangriff aus Hongkong verhindert. Angesichts der Datenflut mußte die Seite stillgelegt werden.

Die Henne und das Ei

„Wäre der Jazz nicht gewesen, hätte es den Rock 'n' Roll nie gegeben." *(Louis Armstrong)*

Hier kommt Kurt

Seit 1995 veranstaltet der Musiker Frank Zander jeweils zu Weihnachten im Hotel Estrel, eine der renommiertesten Adressen Berlins, für Berliner Obdachlose eine von ihm selbst finanzierte Weihnachtsfeier mit Gänsebraten und Verteilen von Geschenken.

Die Hildebrandt-Singers

Mit der 20-fachen Ausfertigung der ehemaligen brandenburgischen Sozialministerin Regine Hildebrandt sahen sich im September 2000 die Besucher in der vollbesetzten Sophienkirche in Berlin-Mitte konfrontiert. Der Chor hatte sich anläßlich des Wahlkampfes in Sachsen-Anhalt im typischen Outfit der Politikerin – blondes, dünnes Haar, Halbbrille, gestreifte Bluse und dunkles Kostüm – zusammengetan und präsentierte unter Mitwirkung des „Originals" dem begeisterten Publikum Musik von ABBA, Brahms, den Beatles, den Comedian Harmonists, Bobby McFerrin und Monteverdi.

Hilfe!

Anfang der 1970er Jahre wurde die Rockmusik immer besser...
Wo seid ihr, Jungs? Kommt aus euren Löchern!
Wann räumt ihr endlich mit dem Mist der 90er auf?
(Harald Skorepa)

Hinter der Horrorfront geht's weiter

Er hatte 1941 im KZ Dachau am späten Nachmittag vor den Wachmannschaften einen Auftritt. 2008 damit konfrontiert, bestritt er dieses vor Gericht: „Das ging ja zeitlich gar nicht, weil wir am Abend eine Vorstellung in München hatten." Entscheidender Fakt war, daß München mit dem Auto nur maximal 30 Minuten entfernt war und ein Zeuge, Lagerinsasse und späterer Kulturreferent der Stadt Wien, in einem Videointerview bestätigt hatte, ihm den Vorhang aufgezogen zu haben. Er darf nun weiterhin Kollaborateur und Profiteur der Nationalfaschisten genannt werden.
(Volker Kühn, Musikwissenschaftler; in respektvoller Erinnerung an einen Freund, der es wagte, am Sockel des Nationalheiligtums Johannes Heesters zu wackeln und eine Klage durch Heesters' Ehefrau Simone Rethel wegen Rufschädi-

gung erfolgreich abwehrte. Mein Gott, wie war er am Abend vor der Verhandlung aufgeregt!)

Der Hintereingang des Jahrhunderts

Für einen Jimi Hendrix-Auftritt in Frankfurt enterten Huxel, Carter, Rolf und Russe, als sie keine Karten mehr bekamen, die Konzerthalle auf ihre Art. Wie mir Rolf erzählte, kosteten die dort auf dem Schwarzmarkt angebotenen Karten 80 statt 20 DM. Dazu reichte das Geld nicht. Kurzum stieg Huxel durch ein Klofenster ein („crash und durch„) und öffnete für die anderen eine Seitentür.

Rolfs Geschichten klangen oft nach Aufschneiderei, aber sie haben eigentlich immer gestimmt. *(Harald Skorepa, 1968)*

Hinter vorgehaltener Hand

„Der Begriff des Musikanten meint insgeheim bereits den Vorrang des Musizierens über die Musik; daß einer fiedelt, soll wichtiger sein, als was er geigt." *(Theodor W. Adorno)*

Hipp Hipp Hurra! – Alete kotzt das Kind

„Moderne Popmusik schleudert Happen warmer, eiercreme-farbener Babykotze in die Ätherwellen." *(Nick Cave)*

Hipp Is Beautiful

„Er war der erste hippe Weiße, der in Amerika geboren wur-de." *(Artie Shaw über Bing Crosby)*

Hochleistungssport

2008 testeten englische Wissenschaftler der Universitäten von Chichester und Gloucestershire, wie anstrengend das Leben eines Schlagzeugers ist. Mit tätiger Mithilfe von Clem Burke, dem ehemaligen Mitglied der Gruppe „Blondie", stellten sie fest, daß in einem 90-minütigen Set der Herzschlag bis auf 180 Schläge /Minute geht, bei heftigeren Titeln sogar bis 190. Des weiteren verbrannte er in diesem Zeitraum ca 600 Kalorien.

Hochprozentige Musik

Der 1982er Erstauflage der Single ‚Eisgekühlter Bommerlunder' der Punk-Gruppe ‚Die Toten Hosen' lag ein Probierfläschchen Bommerlunder bei.

Höchste Anforderungen

„Eine Maskenbildnerin hat einmal zu mir gesagt: ‚Ihr Gesicht ist für uns eine echte Herausforderung'."
(Jürgen von der Lippe)

Höchste und tiefste Töne

Im allgemeinen gilt die Orgel als das Instrument, welches zu den höchsten und tiefsten Tönen fähig ist. So hat das g'1, das sechste g oberhalb des mittleren c, eine Frequenz von 12544 Hertz (Orgelpfeife von 1,9 cm Länge), das c,,, eine Frequenz von 8,12 Hertz (19,5 m-Pfeife). Die Instrumente des Orchesters, die zu nicht annähernd ähnlichen Extremen fähig sind, sind zum einen das Handglöckchen mit dem Ton g5 (6272 Hertz) und zum anderen die Subkontrabaßklarinette mit dem a2 (27,5 Hertz).

Die Obergrenze des Klaviers und der Violine liegt beim c5; das entspricht 4186 Hertz.

Das „El Dorado" der Tenöre, das „hohe C" (zweigestrichen) hat eine Frequenz von 523 Hertz, die Obergrenze des Soprans wird mit dem zweigestrichenen „a" (880 Hertz) angegeben, die von Kastraten mit 1175 (dreigestrichenes „d").

Der bisher tirefste Ton einer menschlichen Stimme wurde 2012 mit „g-7" (0,189 Hertz") bei dem US-amerikanischen Sänger Tim Storms gemessen, 8 Oktaven unter dem tiefsten „g" auf dem Klavier. Sein Stimmumfang beträgt mehr als 10 Oktaven.

Mit einem „f 8" (22672 Hertz) soll die brasilianische Künstlerin Georgia Brown die bislang höchste Note gesungen haben.

Höhle des Löwen

1927/28 im antikisierenden Stil errichtet, 1930 von Josef König zu „Europas prunkvollstem Tanzpalast" ausgebaut, überlebte der Delphi Tanzpalast in Berlin selbst mit der dort gespielten „entarteten" Musik wie Jazz und Swing dadurch, daß er für seine Veranstaltungen ausgerechnet im „Völkischen Beobachter" warb, getreu dem Motto: „Wir schalten regelmäßig Anzeigen, ihr laßt uns dafür in Ruhe". Erst 1943 wurde das Haus geschlossen.

Hoffähig

Der Rock 'n' Roll hat die Welt verändert!? 1965 traten die Medien sowie die staatstragenden Kultur- und Würdenbewahrer den „Rolling Stones" noch in den Arsch (siehe die Berichterstattung über und die Reaktionen auf das Berliner Waldbühnen- das amerikanische Altamont-Konzert u.s.w.).
Seit Mitte der 80er Jahre – und endgültig ohne jegliche Vorbehalte im Jahre 2003 – kriechen dieselben genau dort hinein, um ein bißchen von der weltweiten Popularität der Gruppe zu profitieren. In Politikerkreisen spricht man u.a. von „allgemeiner Akzeptanz" (Edmund Stoiber).
Macht und Profit gehen eben vor Integrität.
(Harald Skorepa)

Holdarioo

„Er hat das Klingeln der Registrierkassen zur Erkennungsmelodie der Volksmusik erklärt." *(Branchenspruch über den Musikmanager Rudolf Beierlein)*

Die ‚Home Edition‘

„SingStar", ein von Sony im Februar 2004 auf den Markt gebrachtes, „Playstation"-kompatibles Programm, soll es hoffnungsvollen Nachwuchssängern/innen in Hinblick auf die wachsende Zahl der Casting-Shows à la „Deutschland sucht den Superstar" ermöglichen, sich bereits zu Hause mittels Halb-Playbacks in Ton und Bild in Szene zu setzen. Die Bewertung der Leistung erfolgt nach Kriterien wie Tonlage und Rhythmusgefühl. Als „soziale Komponente" wird die Möglichkeit gepriesen, daß mehrere Kandidaten direkt gegeneinander antreten können.

Home Sweet Home!

„Es ist keine Schande, wenn man aus Texas kommt – aber es ist eine Schande, dahin zurückzukehren!" *(Richard ‚Kinky‘ Friedman, ‚Enfant Terrible‘ der amerikanischen Folk- und Country-Szene)*

Das Horst Wessell-Lied

Diese Hymne der nationalfaschistischen braunen Bewegung wurde später in der Bearbeitung für Fanfaren (in 2 Versionen) die Erkennungsmelodie der „Deutschen Wochenschau". Kein Wagner und auch kein Liszt!

Nicht daß sich hier jemand täuscht: die letzte Doppel-Terz der Bearbeitung wurde „fanfarenmäßig" zur Melodie der 1. Zeile des Liedes – ‚Gesinnungs'-Pause nach „Die Fahne hoch"... – hinzugefügt.

Der Ursprung der Musik ist bis dato nicht eruierbar. Der Text wurde angeblich von einem angeblich von den „Roten" ermordeten SA-Mann, eben Horst Wessel, verfaßt.

(Harald Skorepa)

Howard Carpendale erzählt ...

„Neulich traf ich die neue Freundin von Udo Jürgens. Die hatte gerade Konfirmation." *(Howard Carpendale)*

Howard Carpendale erzählt weiter ...

„Mit Bestimmtheit bat Peter Maffay während einer Open Air-Probe seinen Tonmeister, den Lärm des Regens abzustellen." *(Howard Carpendale)*

Humorlos?

Das ehemalige ‚James Blast Orchester' durfte sich nach einem von James Last wegen Rufschädigung erwirkten Gerichtsbeschluß nur noch J.B.O. nennen.

Hypothetischer Aufruf!

„Liebe Fans!
Bitte setzt Kult nicht mit Kultur gleich!"
Gezeichnet:
John Lennon, Leonard Bernstein, Duke Ellington, Elvis Presley, Guildo Horn, Louis Armstrong, Katja Ebstein, Simon

Rattle, Freddie Mercury, Chet Baker, Marius Müller-Westernhagen, Wolfgang Amadeus Mozart, Jim Morrison, Charlie Parker, Campino, Johann Sebastian Bach, Kurt Cobain, u.v.a.m.

„Gegen"-Gezeichnet:

Richard Wagner, Mick Jagger, Franz Liszt, Boy George, Johann Strauß (Sohn), Madonna, Miles Davis, Prince, Niccolo Paganini, The Kelly Family, Herbert von Karajan, Robbie Williams, u.n.v.a.m. *(Harald Skorepa)*

Ich kenne den Herrn nicht ...

„Mit diesem Weichei Sasha habe ich nichts zu tun."
(Rock 'n' Roll-Musiker Dick Brave über sein alter ego)

Ich und Jesus

„Ich bin außer Jesus der einzige Jude, den sie in Texas kennen." *(Kinky Friedman, Enfant-Terrible der amerikanischen Country-Szene)*

Ihr Stichwort, Madame!

Ich konnte unsere sehr konservative Musiklehrerin mit relativ wenig Mühe, da ich zum Glück die Begeisterung der gesamten Klasse rückenstärkend hinter mir hatte, dazu bewegen, im Rahmen der üblichen Besuche von anderen schönen Konzert- und Opernaufführungen auch eine „Expedition" zum Skandal-Musical „Hair" in Essen zu genehmigen.

Zur Vorbereitung dann, wie sie es immer handhabe, hörten wir die Musik von Schallplatte, um das Werk anschließend zu besprechen. Da klopfte es in der Pause zwischen zwei Titeln an die Tür des Musiksaales. Unsere Schulsekretärin trat mit dem Klassenbuch ein, wahrscheinlich um irgendeine fehlende Eintragung oder Unterschrift verlegen. Sie ließ die Tür offen und ging auf den Flügel zu, an dem unsere Musiklehrerin saß. Im selben Moment begann am laufenden Plattenspieler

das nächste Stück („Schweben im Raum"): deutlich, tief und unheimlich erklangen die Worte „Tüüüren zuuuu". Die Sekretärin drehte sich erschrocken um, das folgende „Feeenster diiicht" ließen ihre Augen entgeistert zum (geschlossenen) Fenster wandern und die Brauen zu gesträubten Fragezeichen zusammenwachsen. Wir kugelten uns. Das Ereignis war erfrischendes Pausenthema für eine ganze Weile.
(Harald Skorepa)

Ihr geschichtslosen Nassauer!

„Für alle angehenden 30-jährigen, Mittdreißiger und Junggebliebenen.

Offen gestanden kotzt es mich an: dieses dumme Gerede der derzeitigen „Generation Z", die 80er Jahre wären langweilig gewesen.

Totaler Bockmist!

Hört genau zu, Ihr zungengepiercten Techno-Hoppler mit Tattoos auf der linken Arschbacke: Ihr wart nicht dabei! Wir Mit-Dreißiger (Anfang 40er) haben sie live erlebt: die Geburt des Synthesizers und den wahren Soundtrack der 80er, der von Bands wie Depeche Mode, Cure und Yazoo geschrieben wurde.

Wir haben noch mit Midi-Schleifen und Oszillographen gekämpft! Wir haben Euer „Tekkno" erfunden, bei uns nannte sich das aber noch „Wave" und war tatsächlich Musik. (Übrigens verwursten Eure DJ`s die Dinger noch heute zu einer Art musikalischer Canneloni mit schwülstiger Computerbaß-Sauce).

Wir mußten noch keine Angst haben, daß uns Tina Turner mit dem klassischen

Seniorenoberschenkelhalsbruch von der Bühne purzelt und wir haben Madonna noch mit festen Brüsten und ohne Baby-Bauch gekannt, ihr Nasen!

Wir verbinden „Kraftwerk" noch nicht mit der Solarenergie und wir hatten noch Angst, dass Joschka Fischer von Holger

Börner mit der Dachlatte verprügelt wird. Wir erinnern uns noch an Terroristenfahndungsplakate, auf denen hin und wieder ein Gesicht liebevoll mit Kuli von einem Staatsbediensteten durchgestrichen wurde ...

Die Bundeswehr machte noch Spaß, wir kannten ja die Richtung, aus der der Feind kam ...

Zu unserer Zeit fielen Break-Dancer auf den Fußgängerzonen noch hin und wieder richtig auf die Fresse und Peter Maffay wurde beim Stones-Konzert noch ordentlich von der Bühne gepfiffen.

Wir hatten noch die Qual der Wahl zwischen Pop, Rock, Metal und Italo-Disco und mußten nicht den sich wöchentlich ändernden Crossover-Trends nachjapsen.

Wir hatten noch Plattenspieler (auf 33" und 45") und richtig geile Plattencover, auf denen man die Namen der MUSIKER (und nicht der Programmierer) ohne Lupe erkennen konnte und die tatsächlich Kunst waren – keine tempotaschentuchgroßen, einfarbigen Booklets auf denen gerade noch „nice price" lesbar ist.

Für uns war eine LP etwas Heiliges, das gepflegt und geliebt werden mußte – und keine CD-Plastik-Wegwerfware, die so robust ist, daß man sie durchaus auch als Bierglasuntersetzer verwenden kann. Bei uns erkannte jeder sein Eigentum noch an den individuellen Kratzern.

Wir haben kein „Big Brother" geschaut sondern „Formel 1", wo es eine ganze fette Stunde wirklich gute Musikvideos zu sehen gab, die das Lied untermalten, wir hatten kein MTV mit degenerierten CD-Werbespots und eingebildeten VJ-Flaschen nötig.

Wir haben uns „Magnum" reingezogen, haben uns die Sakkoärmel hinauf geschoben und ließen uns die Haare seitlich ins Gesicht fallen – ohne diese beknackten, umgedrehten Baseballmützen oder Wollhauben.

In unseren Hosen konnte man noch sehen, ob eine(r) einen Hintern hatte, heute hängt der Arsch ja bei jedem von Euch in der Kniekehle der ach so tollen Adidas-Jogginghose oder des Nike-Hochwasser-Hiphop-Beutels. Die Weiber hatten dicke Möpse und schmale Hüften und nicht andersrum. Und bauchfrei machte nur, wer es sich leisten konnte.

Man konnte erkennen ob jemand „männlich" oder „weiblich" war. Heute verschlabbert alles unter kunstvoll vergammelter Bekleidung.

Bei uns haben sich keine Neonazis mit Türken geschlagen, sondern Punks mit Mods, Mods mit Poppern, Popper mit Rockern und alle gemeinsam gegen die Polizei....

Bei uns gab es noch Mofas, Kraftis und 80er, bei denen durchgängig die Betriebserlaubnis erloschen war, denn das Wort „frisieren" hatte damals noch seine eigentliche Bedeutung, was ihr kahlgeschorenen Pfeifen nie verstehen werdet. Und wer einen Führerschein hatte, fuhr als erstes Käfer oder einen Döschovo, bei dem Dellen von Individualismus zeugten, ihr Opel-Corsa-Popel.

Und weil ihr gerade im Leistungskurs für Informatik sitzt: die AC/DC Einritzungen auf den Tischen sind von UNS – und es geschieht Euch nur recht, wenn ihr glaubt, daß die Dinger aus dem Physiksaal kommen, wo irgendein findiger Schüler seinerzeit die Abkürzung für Starkstrom/Schwachstrom" in die Bank gemeisselt hat!

Also erzählt uns nichts über die 80er!!

Ach ja, hiermit entschuldige ich mich, auch im Namen meiner Altersgenossen, für Modern Talking.

Das haben wir wirklich nicht gewollt......"

(Ein Verärgerter)

Illegaler Immigrant?

„In The Jungle, The Mighty Jungle, The Lion Sleeps Tonight?" Schöner Song, aber Löwen leben nun mal nicht im Dschungel. Nie. Sondern in der Savanne.

Im Auftrag des Herrn

„Ihr könnt gehen, wenn ihr wollt. Aber denkt immer daran, wenn ihr jetzt die Band verlaßt, gebt ihr eure Fähigkeiten auf, euer Talent und eure Berufung und laßt die nächste Generation allein mit lächerlichen, wiederaufbereiteten, digital-gesampleten Techno-Grooves, Quasi-Synthi-Rhythmen, Pseudo-Songs von gewaltgeladenem Gangsta-Rap, Acid-Pop und albernem, zuckrigen, seelenlosen Kitsch.

Wenn ihr jetzt geht, könnt ihr euch alle für immer von dem lebendigen amerikanischen Vermächtnis eines Robert Johnson, Muddy Waters, Willie Dixon, Jimmy Reeves, Memphis Slim, Blind Boy Fuller, Louis Jordan, Little Walter, „Big Walter", Sonny Boy Williamson der Erste – „und der Zweite" – , Otis Redding, Jackie Wilson, Elvis Presley, Leiber & Stoller, „Robert K. Weiss" verabschieden.

Wendet ihr euch jetzt ab, pustet ihr die zarten Kerzen des Rhythm & Blues und des Soul aus. Und wenn diese Flammen flackern und verlöschen, verlischt auch das Licht der Welt, weil die Musik, die die Menschheit über sieben Jahrzehnte bis zur Jahrtausenwende berührt hat, verdorren und sterben wird am Weinstock des Verlassens und der Vernachlässigung!" *(Jake Elwood's Rede an seine in Auflösung begriffene „Blues Brothers Band" im Spielfilm „Blues Brothers 2000")*

Im Ganzen gesehen

„They all sound the same (Sie klingen alle gleich)", rief ein Zuhörer bei einem Konzert von Neil Young. „It's all one song (Es ist alles ein Lied)", antwortete dieser.
(Zu hören auf dem 1997 erschienenen Live-Album „Year Of The Horse")

Immerhin überhaupt

Als erster Afro-Amerikaner wurde Charley Pride im Jahre 2000 in die Country Hall Of Fame aufgenommen. Bereits 1993 wurde er Mitglied der Grand Old Opry.

Im Sinne des Erfinders?

Der erste „Rio Reiser-Song-Preis 1997" wurde an eine Gruppe („Die Allianz") vergeben, deren Song „Schöne neue Welt" einen englischsprachigen Refrain hatte. Reiser selbst sang ausschließlich auf deutsch.

Immer auf die Kleinen

Bereits 2009 hat die GEMA 36.000 Kindertagesstätten und Kindergärten in Deutschland angeschrieben und im Auftrag der VG Musikedition damit aufgefordert, Lizenzverträge für das Kopieren und Verteilen von Liederzetteln abzuschließen: welches Lied von welchem Komponisten von welchem Verlag! Es wurde eine Gebührenzahlung verlangt, ca. 56 Euro für 500 kopierte Liederzettel pauschal! Dieser Vorgang wurde erst 2010 öffentlich. Eine Sprecherin des Paritätischen Wohlfahrtsverbandes nannte das Vorgehen „kleinlich".
(Artikel des Berliner Tagesspiegels vom 28. Dezember 2010)
Kitas haben eh kein Geld! Die deutsche Bildung liegt im Bach! Und „kleinlich" trifft diesen Vorgang nicht annähernd. Das ist wohl eher unanständig. *(Kommentar des Verfassers; Harald Skorepa).*

Die innere Sicherheit

Mit der Äußerung von Bundesinnenminister Schily im Jahre 2000 – „Wer Musikschulen schließt, gefährdet die innere Sicherheit" – sah sich Uwe Schmidt, Vorsitzender der Fachgruppe Musik der IG Medien, im Januar 2001 in Übereinstimmung. Nach Expertenmeinung sind Kinder, die ein Instrument spielen, weniger anfällig für kriminelle Einflüsse als Kinder ohne musische Erziehung. Dies ergab eine Untersuchung des Lehrstuhls für Kriminologie der Universität Mainz unter Federführung des Dozenten Michael Bock bei 200 Häftlingen und 200 Nichthäftlingen. Musik gehöre zu denjenigen Freizeitbeschäftigungen, die einen „strukturierten, Bindungen schaffenden Rahmen" erzeugten.

Auf der Frankfurter Musikmesse im März 2002 wurde Otto Schily für sein Statement mit dem „Klavierspieler des Jahres" ausgezeichnet.

In aller Konsequenz

Wir fordern die neue deutsche Rächtschreibung auch für Anglitzißßßmen!
Bitte ganz langsam lesen und buchstabengetreu nachsprechen:
Äcktschn, Äitsch Pie Drucker, Bäcksteitsch, Bäckin Woukels, Bassbuuster, Bick Mäck, Bucklett, Diedschäi, Drammsett, Eipott, Elpie, Fän, Fietbäck, Fiutschää, Gruupie, Hämmbörger, Hailait, Häppening, Hammbacker, Huäiffeil, Huindouss, Iemehl, Ikwelaiser, Iwänt, Kaunter, Kiebort, Kompileischn, Kompiuter, Konnäcktschen, Kouk, Kuhl, Läibl, Läpptopp, Laif, Liedgitaar, Mäidscha-Läibl, Mäckdonnelts, Mäckintosch, Mieting, Niukammer, Oupen Ähr, Pinats Pleebäck, Präsenteischn, Prodiusser, Promouschn Tuur, Räpp, Reckett Riliese, Ssauntscheck, Sseschn, Ssitti Kool, Ssnäadramm, Ssongwraiter, Sspieka, Sstaa Ssöötsch, Ssteitschdaif, Täiprikorder, Timo Beil, Tiuner, Tschännl, Tsseedee, Töantäibl, Tschill Aut, Wolljum, Wookmänn, Wuddjuh wellkamm pliess ...
äntssou onn ...
(Harald Skorepa)

In jeder Lage

Den Baßpart zu Marvin Gayes großem Hit „What's Going On" spielte James Jamerson 1971 auf dem Boden liegend ein; er war so betrunken, daß er nicht mehr stehen konnte.

In meiner Badewanne bin ich Kapitän

Durch die städtische Ruheverordnung von Hollywood wurde die Sängerin Courtney Love im Oktober 2001 gezwungen, ihr öffentliches Konzert in einem Badezimmer fortzusetzen. Nach 23 Uhr versammelte sie ihre Band dort, um dem Chef einer Plattenfirma ihre neuen Songs vorzuspielen.

Inflation

1963 nahmen die Gruppe ‚The Kingsmen' ihren ersten Hit „Louie Louie" für nur 38 Dollar Studiokosten auf. Im Vergleich dazu kostete die Produktion des „Fleetwood Mac"-Albums „Rumours" 2 Millionen Dollar.

Inkognito

Im Frühjahr 1998, eben zurück von einer Australien-Gastspielreise, tourte die deutsche Rockgruppe ‚Die Toten Hosen' unter falschem Namen durch die deutschen Clubs.

Instrument oder Stil?

Während eines Konzertes von Roy Hargoves Gruppe Crisol konnten es zwei Besucherinnen auch bei den leisesten Partien nicht unterlassen, angeregt miteinander zu tuscheln und zu lachen. Darum gebeten, doch vielleicht hinauszugehen, da man sich dort sicherlich ungestörter unterhalten könne, antwortete eine der beiden: „Wenn die Japaner Go spielen, reden sie auch immer." *(Harald Skorepa)*

In Sachen Wodka ./. Milch

1997 verklagte der russische Sänger Iwan Rebroff die Firma Müller-Milch auf über 250.000 DM Schadensersatz. Müller-Milch hatte, nachdem Rebroff einen Auftritt in einem Werbespot wegen zu niedriger Gage ablehnte, ein Double engagiert. Der Sänger siegte, erhielt jedoch 100.000 DM weniger als gefordert. Die Begründung des Gerichts: Iwan Rebroff sei zwar populär, jedoch sein Sympathiewert unterdurchschnittlich.

In The Mood

„If you don't feel holy, lonelyness is a sin." (Wenn du dich nicht „heilig" fühlst, ist Einsamkeit eine Sünde)
(Leonard Cohen)

Is' abba auch schwör ...

Ein Lied auf alle verzweifelten Hobbyköche, die Mayonaise und Schlagsahne nicht hinbekommen; frei nach Klaus Lage:
Tausendmal gerührt
und immer noch ist nix passiert.
Tausendmal vollbracht
es hat nie „Zoom" gemacht.
(Harald Skorepa)

Is' so!

Gute Musik wird nicht schlechter, auch wenn man sie oft spielt.
Schlechte Musik? Vice versa.

Jagdszenen aus Niedertexas

Bei einem Konzert von Dinah Washington Ende der 1950er Jahre in Odessa, Texas wollte eine weiße Polizistin den weißen Keyboarder Dinahs, Joe Zawinul, daran hindern, die Bühne zu betreten. Das Haus, im Besitzer eines Schwarzen, war ausverkauft, die Zuschauer durchweg ebenfalls schwarz. Erbost weigerte sich die Sängerin aufzutreten und verließ zusammen mit Zawinul das Gebäude durch den Hinterausgang. Der Saal tobte, und es blieb nichts heil; das Publikum nahm die gesamte Einrichtung auseinander.

Jawoll!

‚Und wenn ich mir die Brüste auf den Rücken operieren lasse – das geht niemanden etwas an.‘

(Popsängerin Cher über Schönheitsoperationen)

Der Jazz ist tot!

Dies konstatierte Archie Shepp 1999 mit dem Blick auf die afro-amerikanischen Ghetto-Kids. Der Jazz habe sich einst in den schwarzen Communities entwickelt, als Musik der weißen Mittelschicht sei er heute nicht mehr überlebensfähig, denn Blues könne man eben nicht auf der Universität lernen. Es sei die Essenz der Erfahrung der Geschichte des schwarzen Amerikas. „Soul und Leidenschaft, diese Werte kommen aus dieser Erfahrung. Die Vergewaltigung unserer Mütter, der Mord an unseren Vätern; wir kamen als Sklaven, und diese Erfahrung kreierte unsere Musik.", resümiert Shepp. Der Rapper habe den Jazzmusiker von einst ersetzt.

Jazz mit Sti(e)l

„Jazz" heißt eine neue Apfelsorte des neuseeländischen Obstvermarkters ENZA, eine nach 15-jährigem Experimentieren gelungene Kreuzung aus den Sorten „Royal Gala" und „Breaburn". In Neuseeland gibt es bereits 150.000 „Jazz"-Bäume.

Jeder das Seine

„Let yourself go!" (frei übersetzt: „Spiel nicht irgendwas, spiel dich selbst!") *(Louis Armstrong)*

Jetzt mal Tacheles
Ein Vergleich der wichtigsten Tonträger

LP (Vinyl-Langspielplatte) – 1. Stelle
CD (Compact-Disc) – 2. Stelle
MC (Tonbandkassette) – 3. Stelle

Punkte

0 – geht gar nicht
1 – schlecht
2 – geht so
3 – beste

LP CD MC

2	– 2	– 3	Platzverbrauch
2	– 3	– 2	Klang
3	– 2	– 1	Optik
3	– 0	– 2	Brauchbarkeit nach leichter Beschädigung
2	– 0	– 1	Brauchbarkeit nach schwerer Beschädigung
3	– 2	– 3	Preis
0	– 0	– 3	Variabilität: (Mehrfachbespielbarkeit)
1	– 2	– 3	Spieldauer
1	– 2	– 3	Gebrauchskomfort
3	– 2	– 3	Lebensdauer

Resultat:

1. Platz – MC: 24
2. Platz – LP: 20
3. Platz – CD: 15

Nota bene

Auch eine CD könnte zweisetg bespielt werden, d.h. es würden mehr als zwei LPs darauf Platz haben. Die Gründe, daß dies nicht geschah, sind zum einen die Halbierung des Profits – eine Preisverdopplung wäre nicht angekommen – und zum anderen das Wegfallen des gewichtigen Verkaufarguments „Eins zu Eins-Kopie des Originals", das eben genau den Nerv der Fans kitzelte. Wer nur „praktisch" kaufen wollte, um das Vinyl zu schonen, hatte so das Nachsehen.
(Harald Skorepa)

Die Kampfschabracke

„Manche Frauen kriegen von neuen Schuhen Blasen, bei mir ist das umgekehrt."
„Frauen täuschen einen Orgasmus vor, Männer simulieren ganze Beziehungen."
„Ich dachte, oh, die hat aber hübsche Krokodillederschuhe an, dabei war sie barfuß." (über Uschi Glas)

„Bei der haben keine zwei Körperteile das gleiche Alter."
(über Anouschka Renzi)
„Showbusiness ist wie Sex: Man braucht einen guten Anfang
und ein geiles Ende." (Juli 2006) *(Desiree Nick)*

Der Kapitulist

Lieber ehemaliger Genosse Biermann,
ich habe Deine Einstellung und Weltsicht immer geteilt, zum
größten Teil aktiv vertreten. Mit einigem warst Du mir zeit-
weilig fremd, aber was Du jetzt zu Deinem 65. veranstaltet
hast, kriege ich überhaupt nicht mehr auf die Pfanne.
Gemessen an Deiner Vergangenheit sind Äußerungen wie
„Man kann einem Löwen nicht beibringen, Aas zu fressen"
bezogen auf Menschheit, Menschsein, menschliche Entwick-
lung, Kapitalismus und Sozialismus ein Offenbarungseid und
eine Armutserklärung gegenüber Deinen Idealen, der gesam-
ten menschlichen Geschichte und vor allem der gesellschaft-
lichen Entwicklung. Eine Ode an den „Kapitulismus"!
Ich würde Dir gerne Deine „Sprüche" und Deine Platten um
die Ohren hauen und auch Deine gesamte Vergangenheit,
weil mir – zumindest im Moment – die Worte fehlen. Schade!
(Da sind sie wieder, die Worte!)
Du bist ja schlimmer als Bob Dylan! Und das Argument, das
Dir jetzt vielleicht vor der Nase hängt, Idole zu haben – was
mir persönlich fast fremd ist – sei unsozialistisch, laß bitte
stecken. Denn das kannst Du nicht mehr glaubwürdig ver-
treten. Sing Deine Kinderlieder, wie es sich für einen Opa
geziemt, und erzähle lieber nicht von Deinem scheinbar per-
sönlich als verloren empfundenen Krieg. Denn diesen Kampf
madig zu machen ist schlimmer als nur der Verrat an Deinen
Eltern und Großeltern. Das geht noch weiter zurück. Wie
weit? Denk mal nach!
Ein verlorengegangener Bewunderer Deines abhanden ge-
kommenen Mutes. *(Harald Skorepa)*

Katze im Sack

Anfang der 1960er Jahre buchte der US-amerikanische Ku-Klux-Klan für eines seiner Treffen einen jungen Sänger als Beiprogramm, der im Radio durch einige makellos-traditionelle Country-Songs aufgefallen war. Was die Rassisten mit den weißverhüllten Köpfen nicht wußten: Solomon Burke war ein Scharzer. Das Engagement anzunehmen und seinerseits mit Kapuze aufzutreten erschien Burke dann aber doch zu gefährlich. *(Harald Skorepa)*

Kein Dosenfraß

„Live-Musik ist das schönste, was es gibt. Das wissen nur die wenigsten." *(Hugo Egon Balder)*

Keine Angst vorm Altern

„Weißt du, der Körper ist nur die äußere Hülle, innerlich bleibst du immer derselbe." *(George Harrison zu Klaus Voormann)*

Keine Chance

„Warum ist gute Musik beim Grand Prix so selten?"
„Das schließt sich genau so aus wie die Chance, daß John Waters vorlagentreu die Bibel verfilmt." *(Kabarettist Thomas Hermanns)*

Keine Dreigroschenoper

Heinz Erhardts „Zehn-Pfennig-Oper" aus dem Jahre 1948 erregte seinerzeit einiges Aufsehen, zumal der Humorist, Komiker und Schauspieler sich in erster Linie als Alleinunterhalter auf der Bühne und im Rundfunk einen Namen gemacht hatte und trotz einiger Schlager und humoristischer Lieder bestenfalls als „kalauernder Komponist am Klavier" galt (daß er zwischen 1925 und 1933 auch „ernste" Klaviermusik geschrieben hatte, wurde erst 1993, 14 Jahre nach seinem Tod, bekannt). Zudem wurde die Oper vom NWDR kurzfristig und ohne Vorankündigung ins Programm genommen und im Rahmen der damals beliebten „Abendgesellschaft" gesendet. Die Wiedergabe löste jedenfalls einige Irritationen aus: „ganz seriöse Musiker" beglückwünschten ihn zu diesem Werk, und die Bayerische Staatsoper bemühte sich gar um die Aufführungsrechte. Schmunzelnd rückte Erhardt die „Verhältnisse" zurecht und erklärte zu seiner Oper: „Ich nannte sie so, weil sie keine drei Groschen wert ist ... Es handelt sich hier um eine Opern-Parodie, respektive um eine Kabarett-Oper. Zu dem albernen Text habe ich eine ernste Musik geschrieben, wodurch sehr komische Wirkungen erzielt werden … Einige Anklänge von Verdi, Puccini und Wagner sind von mir bewußt hineingearbeitet worden, um das Parodistische zu betonen". *(Clemens Kuhn)*

Keine Kunst

Das Online-Musiklexikon Sauter „kupfert" u.a. von unserer Firma „schneemann produktion" Text-Zitate ohne vorherige Anfrage und ohne korrekte Angabe des Urhebers ab, d.h. hier wird mühsam erarbeitetes Wissen, egal wieviel, auf Kosten anderer, inkorrekt und vor allem umsonst zur allgemeinen Verfügung ins Netz gestellt.
Zitat einer E-Mail:
„Sehr geehrter Herr Skorepa, was beim Zitieren „so geht", ist im § 51 UrhG geregelt. Wenn Ihnen das UrhG nicht paßt, ist das nicht mein Problem. – Mit freundlichen Grüßen, Franz Sauter" *(Harald Skorepa)*

Keine Mogelpackung

Die Gruppe „Blur" lehnte es 1999 ab, dem US-Verteidigungsministerium für eine Vorführung des neuesten Tarnkappen-Bombermodells ihren Titel „Song 2" zur Verfügung zu stellen.

Keine Panik

An dem „Panik"-Wettbewerb der Udo Lindenberg-Stiftung „Gegen Gesülze und seichtes Gesäusel in Pop- und Rockmusik", erstmals ausgetragen am 12. Juli 2008 in Calw, beteiligten sich über 100 Gruppen.
„Wir wollen knallige Songtexte. Viele junge Bands machen Top-Musik, aber ofmals fehlen ihnen die Texte, die klar und hart sind, eben Lieder, die zur Sache kommen und auch mal anecken." *(Udo Lindenberg)*

Keine Probleme

Der Rapper Notorious B.I.G. wurde im März 1997 erschossen. Im November desselben Jahres war er mit ‚No Money, No Problems' wieder in den Charts.

Keine Qualität mehr

„Frauen werfen heute nur noch ungetragene Schlüpfer auf die Bühne. Eine Beleidigung!" *(Tom Jones)*

Keine Umstände

Der Schlagzeuger Pete York, im Duo „Hardin & York" mit Eddie Hardin, hatte bei einem Auftritt im Berliner Quartier Latin während seines Schlagzeugsolos ein scheinbar massives Problem: sein Snare-Fell riß. Für York war dies offensichtlich keine Schwierigkeit. Während er mit der linken Hand und den Füßen sein Solo weiterspielte, wechselte er gleichzeitig mit der rechten das unbrauchbare Trommelfell gegen ein neues aus. *(Harald Skorepa)*

Kinderschutz

Der dänischen Gruppe „Aqua", die sich 1997 mit ihrem Song „Barbie Girl" auf witzige Weise über die gleichnamige Puppe lustig machte, drohte der Hersteller Mattell mit Klage, Barbie sei kein Sexobjekt. 1998 ging Mattell tatsächlich vor Gericht, wurde jedoch abgewiesen.

Kindisch

Finnische Kindergärten sollen auf Verlangen der TEOSTO – eine Institution entsprechend der deutschen GEMA – monatlich 18,74 Euro an Copyright-Gebühren für das Spielen von Musik und das Singen von Kinderliedern zahlen. (2003)

King Kinky

Kinky Friedman stellte sich 2006 zur Gouverneurswahl in Texas. Sein wichtigstes Gesetzesvorhaben untersagt das Ausziehen von Krallen bei Katzen. Er fordert die Homoehe ("Schwule haben ein Recht darauf, genauso elend dran zu sein wie wir") und ist stolz auf seinen Tabakkonsum ("Ich inhaliere nicht. Ich blase den Rauch nur auf Kleinkinder, Grünpflanzen und Vegetarier").

Sein Wunsch: „Möge der Gott Ihrer Wahl Sie beschützen!"

King Lutz

Ich wurde gegen Ende 2004 Mitglied im Rockarchiv und im Frühjahr 2005, da ich die katastrophale Buchhaltung restaurieren und die Kasse führen sollte, Vorstandsmitglied.

Dieses Gedächtnisprotokoll veröffentliche ich, weil ein befreundeter Musiker, der zur Zeit (Februar 2007) noch für das Rockarchiv arbeitet, dasselbe erlebt hat (unter anderem – schriftlich verabredetes Gehalt: 1.500 EUR; tatsächlich erhalten: 500 EUR; zu dieser Zeit bezog die Leitung je 2.700 EUR) und vor solchen Geschichten nur zu warnen ist. Ich habe es absichtlich in dieser Form belassen, um meine tiefe Betroffenheit deutlich zu machen. Es lebe das Rockarchiv!!

Am 18. Oktober 2005 fand auf meinen Wunsch ein informatives Treffen in der Warmensteinacher Straße statt, an dem Lutz und Simon (beide Geschäftsführer der „Firma" Rockarchiv), Jens (Vereinsvorstand Rockarchiv), meine Frau (Vereinsmitglied) und ich (Vereinsvorstand und Kassenwart Rockarchiv) teilnahmen. Die Firma ist dem Verein in Person des Vorstandes rechenschaftspflichtig.

I. Gründe des Treffens:

– Diverse Mitteilungen und eigene Anschauung, daß trotz zuvor versicherter „unendlich viel Arbeit für alle" täglich zwischen 10 und 20 Angestellte tatenlos vor der Tür standen und rauchten.

– Diverse Mitteilungen und eigene Anschauung sowie Telefonate mit Heike (sie bereitete die Ausstellung über Peter Butschkow und mich vor), daß weder Lutz noch Simon zeitweise (oft schon ab Mittag) im Hause waren und eine Angestellte entscheiden mußte, welche der übrigen Angestellten aus welchen Gründen nach Hause gehen durften.

Der Verlauf des Treffens ist der Anlaß für diese Mitteilung an die Vereinsmitglieder.

II. Der Vorstand erhielt – mit der Begründung, das sei erst nach 1 Jahr fällig – keinerlei Auskunft über die aktuelle Situation.

Dann stand der massive Vorwurf von Lutz im Raum, bei der Aufzählung meiner Aktivitäten für das Rockarchiv käme er gerade mal auf 8 Punkte.

Mein Beitritt hatte als EINZIGE Arbeitsbelastung meinerseits die Pflege des Kassenbuches und die Kontoführung zur Folge; nachzufragen bei Bernd Radowicz, ehemaliges Vorstandsmitglied!

Meine Aktivitäten waren ehrenamtlich, das Rockarchiv-Büro unter Lutz arbeitete bei meinem Eintritt professionell (wenn auch mit wenig Entlohnung).

II.a. Hier nun, wie von ihm beim Treffen eingefordert, eine – nicht vollständige – Aufstellung meines Engagements seit meinem Eintritt in den Verein vor ca einem Jahr:

– Aktiver Kontakt über ein langes Telefonat (Spanien) mit Udo Arndt (Produzent Spliff, Nina Hagen, Nena etc.) wg. Material

– Aktiver Kontakt über zwei lange Telefonate mit Christoph Busse (Os Mundi, Produzent) wg. Material

– Aktiver Kontakt über zwei lange Telefonate mit Olaf Leitner (der im übrigen aus persönlichen Gründen mit Lutz nicht zusammenarbeiten will, wie mir ein gemeinsamer Freund versicherte), wg. Material

– Aktiver Kontakt über zwei lange Telefonate mit einem Plattenbesitzer (4.000 Exemplare) in Bestensee wg. Material

– Anfertigung eines neuen bzw. Überarbeitung des alten Logos (10 Stunden)

– Anfrage bei meinem Graphiker wegen Erstellung eines Logos für „Inter Art" (eine dem Rockarchiv assoziierte Firma)

– Anfrage bei Mikro Rilling (Os Mundi) wg. Material

– Anfrage bei Stan Regal (Inhaber Audio Studios Berlin) wg. Material

– Anfragen bei Druckerei Humburg wg. Plakatpreisen für die Ausstellung

– Avisierung von Udo Arndt als Ehrenmitglied (Winter 2004/5, ich war noch nicht im Vorstand, deshalb Kontakt an Büro übergeben, wurde dort nicht bearbeitet!)

– Avisierung von „Zapf-Umzüge" (einer meiner Sponsoren) für einen kostenlosen Umzug des Rockarchivs; das hätte geklappt, wenn Lutz den Termin nur 5 Tage früher klarbekommen hätte.

– Club-Besuch wg. Kooperation mit „Lärm deLuxe" in Kreuzberg (1 Abend)

– Die Installation des Telefonanschlusses dauerte ca 6 Wochen. Meine mit Lutz verabredeten vorbereitenden Anrufe beim RA-Büro Polak nach 3 Wochen für ein rechtliches Einschreiten wurden schlichtweg ignoriert (2 Tage Telefonate).

– Digitalisieren von 15 Videobändern (60 Stunden)

– Digitalisieren und Remastering von 4 LPs für Peter Tüllmann und Rockarchiv (10 Stunden)

– Digitalisieren und Remastering von ca 10 Musicassetten (25 Stunden)

– Entwicklung und Übergabe einer Erfassungsdatei für Überspielung Videos-auf-DVDs auf xls-Basis

– Herstellen des Kontaktes zu Peter Butschkow, der normalerweise ohne Bezahlung keinen Finger rührt.

– Herstellen des Kontaktes zu Winne Koch für ca 50 Stunden kostenlose IT-Services incl. Schulung von Thilo für die Erstellung einer neuen Homepage

– Initiieren des Aufbaues einer neuen Homepage bei Beginn der Mitgliedschaft

– Katastrophale Buchhaltung sowie Kassenordner auf Vordermann gebracht

– Kontakt und Termin mit Christoph Rinnert (diverse Telefonate und 1 Abend Gespräch)

– Konzeptionelle Anregungen für den Aufbau einer Datenbank und Vorentwurf einer Dateneingabemaske für die Digitalisierung der gesamten Archivbestände.

– Angebot, meine Ultimus-Datenbank für das Rockarchiv zur Verfügung zu stellen.

– Rückendeckung für Lutz beim Hinausekeln von Angela

– Rückendeckung für Lutz beim Hinausekeln von Bernd Radowicz

– Ständige Kontrolle der durch Radowicz bearbeiteten Hompage

– Ständige Kontrolle der von Thilo neu erstellten Homepage

– Treffen mit Peter Radzuhn, Musikchef von RBB Radio 1 (1/2 Tag)

– Unentgeltliches Zur-Verfügung-Stellen des Ultimus-Lexikons für Vereinsmitglieder

– Vorschlag an Lutz hinsichtlich Einstellung von Ute, die auch für Ultimus arbeitet, allerdings für ganz andere Aufgaben als dann geschehen (Ute ist mit 20-jähriger Erfahrung als Bürovorsteherin in der Branche eine Fachkraft). Auch sie wurde hinausgeekelt.

II.b. Folgende Aktivitäten bargen natürlich auch ein Eigeninteresse:

– Anfrage bei Ulli Wittke (Organisator und Ausstatter u.a. des Tennisturniers „Berlin Open 2005") wegen Ausstellungsräumen – 3 Tage später erster Erfolg mit Stern-Center am Potsdamer Platz – für die nachfolgenden Ausstellungen.

– Aquise von 3 Galerien (u.a. Springer, Fasanenstr) in Berlin für die Ausstellung, leider erfolglos

– Besuch beim Radiomuseum, Aquisition von Schallplatten (1 Tag)

– Einbinden des Schott-Musikverlages in die Ausstellung

– Finanzierung der Präsentation des Rockarchivs auf der Berliner Plattenbörse (120 EUR)
– Organisieren von Auftritt der „Alligators" für die Ausstellung (200 EUR eigene Kosten)
– Organisieren von Auftritt Peter Autschbach für die Ausstellung (200 EUR eigene Kosten)
III. Folgende Aktivitäten waren weder für mich noch für das Rockarchiv von Belang:
– Digitalisieren von ca 15-20 Videobändern privat für Lutz' Tochter (80 Stunden Freundschaftsdienst)
– Diverse kostenlose psychologische- und Rechts-Beratung für Lutz Familienleben (4 Stunden Freundschaftsdienst, mein Honorar liegt bei 75,- je 50 Min)
IV. Folgendes ist für mich nicht oder nicht mehr akzeptabel:
– Die Tatsache, daß Lutz hinter dem Rücken über andere redet; wenn Thilo (Angestellter) nicht da war, machte er ihn schlecht, ebenso zusammen mit oder gegen Alex (Angestellter) und Simon; wenn ihm an mir was nicht paßte, machte er mich bei allen dreien schlecht, ebenso Ute bei mir usw. Dieses Fehlverhalten ist in Psychologen-Fachkreisen bekannt und wird von Kollegen mit dem Begriff Psychoterror charakterisiert.
– Das Ertragen von Lutz unsäglich schlechtem Benehmen, wenn ihm was nicht paßt. Langsam verstehe ich Bernd Radowiczs Grund seines Ausstiegs („wegen des persönlichen Umgangs").
– Der Gipfel und Schlußpunkt war die Bemerkung von Lutz am 18.10. zum Ende der ca 2-stündigen Besprechung im Rockarchiv. Zu der Äußerung meiner Frau: „Ich muß zurück, ich habe eine Firma zu leiten", äußerte er „Das sehe ich aber ganz anders." Lutz weiß um die 4 Schlaganfälle meiner Frau und spricht ihr diese Fähigkeit offensichtlich ab.
Abgesehen von dieser Unverschämtheit meiner Frau gegenüber und dem aus der Luft gegriffenen Vorwurf der Untätigkeit meinerseits bin ich in diesem Gespräch von Lutz aufs

Gröbste beleidigt worden. Ich hatte Lutz bereits Wochen zuvor zweimal gewarnt, sich eines normalen Umgangstons zu befleißigen und ihm erklärt, ein drittes Mal gäbe es nicht.

Die Äußerungen:

1. „Alle sagen hier schon „Mach mir den Harald."

Das verstehe ich nicht unter Zusammenarbeit zwischen Firma und Vorstand; von den Angestellten kennt mich bis auf Heike (2 oder 3 Arbeitstreffen wg. Ausstellung) niemand. Das kann nur durch sicher negative Äußerungen von Lutz, Simon oder Alex über mich entstanden sein. Was ist das für eine Firmenleitung, wenn die Chefs bei den Angestellten den aufsichtsführenden Vereinsvorstand schlechtreden?

2. „Lerne mal, dein Leben zu organisieren."

Das muß ich mir als seit 30 Jahren praktizierender Therapeut, Firmeninhaber und Buchautor von einem Langzeitarbeitslosen nicht sagen lassen. Was im übrigen MAE-Maßnahmen und die Kontrolle von MAE-Mitarbeitern betrifft, machte sich hier Lutz als ehemaliger MAE-ler vom Bock zum Gärtner.

3. „Du bist ja wohl nicht ganz dicht."

Kein Kommentar!

Das angekündigte Aufstellen eines Diktaphons – da Lutz Simon verboten hatte, ein kurzes Exposé über die zu leistende Arbeit im Archiv und den aktuellen Stand der Dinge zu verfassen – hätte Lutz vielleicht dazu bewegt, sich diese unglaublichen Frechheiten zu verkneifen und sich besser zu benehmen.

Ich habe Lutz nach seinem Einwand, mein Ausstellungsmaterial sei zum größten Teil nicht zu gebrauchen – „zu kleine Fotos" etc., obwohl er sagte, diese würden digital vergrößert – gebeten, mir aus dem Archiv eine Band herauszusuchen, die – wohlgemerkt VOR einem Plattenvertrag – das Geld hatte, professionelle Fotos in einem Studio herstellen zu lassen; Lutz suchte und knallte (in Worten: „knallte") eine Mappe der Gruppe „Beatitudes" vor mir auf den Tisch. Das sei was! Die Beatitudes haben ca. 5-8 Veröffentlichungen bei Companies!!! Hat Lutz was an den Ohren? Welche Band konnte sich das leisten? Und was bedeutet die – nach Lutz eigener Einschätzung – 98%ige Fertigstellung der Ausstellungsexponate ohne vorherige Kritik an dem gelieferten Material?

Zudem bedeutete Lutz mir beim Treffen auch auf Nachfrage mehrere Male ausdrücklich, daß er – trotz seiner Kritik an meiner Anteilnahme am Verein!! – keinen Wert auf Lieferung weiterer Anregungen, Ideen und Mitarbeit in Form von Vorschlägen für die Vereinsarbeit lege. Das ist in der psychologischen Fachsprache „Hüh & Hott".

V. Zu weiteren inhaltlichen und essentiell wichtigen Punkten, die nicht gehen:

– Es gab keine Information an den Vorstand über die Aufstockung der Einlage von Albrecht Scheurle (Inhaber Inter Art) von 6.000 auf über 10.000 Euro. DAS WAR NICHT VERABREDET!

– Der Vorstand hat trotz zweifacher Nachfrage keine ausreichende Auskunft über die Rückzahlungsmodalitäten der Einlage von Albrecht Scheurle durch das Rockarchiv erhalten.

– Eine Beschränkung der Datenbank auf das Eintragen von „Welches Material ist wo" wurde dem Vorstand nicht mitgeteilt. Die rechtlichen Einwände bzgl. Copyright sind lächerlich, da dieses Datenarchiv von der Planung her „doppelseitig" angelegt werden sollte, d.h. komplett für „Rockarchiv-Intern" und reduziert auf „vorhanden – nicht vorhanden" nach außen. DAS WAR NICHT VERABREDET!

Es wurde uns von den bisher angeblich erreichten Arbeitsergebnissen nichts gezeigt.

Es gibt im übrigen wenig, was z.B. Simon für das Rockarchiv geleistet hat, außer im eigenen Interesse in Hinblick auf eine Firmengründung!

„Datenbank kann ich, kein Problem, kommt alsbald." Wo ist die denn? Da kam nichts!

Mit der Errichtung einer Firma mit 40 Mitarbeitern begann Lutz sein persönliches Interesse am Rockarchiv mit seinen finanziellen Bedürftigkeiten und Vorstellungen zu vermengen. Ich werde ohne eine persönliche Entschuldigung von Lutz sowohl mir gegenüber als auch meiner Frau meine Arbeit sofort beenden und auch gegebenenfalls die Ausstellung untersagen, da mir unter solchen Voraussetzungen selbstverständlich das Vertrauen fehlt, korrekt und angemessen präsentiert zu werden.

DAS IST KEIN ROCK 'N' ROLL MEHR, SONDERN HIER SPIELEN 2 LEUTE MONOPOLI, DIE IM NAMEN DES ROCKARCHIVS IM MOMENT UND BIS AUF WEITERES GUT VERDIENEN.

Mein Fazit: Das Rockarchiv wird verheizt und ist nicht mehr zentraler Punkt der Sache, sondern Mittel zum Zweck, wenn man an die geplanten Aktivitäten des „mittelständidschen Unternehmens" (Originalton Simon) als Veranstalter und Musikpreisausrichter denkt. Simon wurde mittlerweile gekündigt. Sein Restgehalt hat er erfolgreich eingeklagt.

Mein Fehler: Einen Vertrag zu unterschreiben, der erst nach 1 Jahr zur Rechenschaft verpflichtet. Ich habe mit so einem Verhalten eines bis dahin Freundes nicht gerechnet und warne meinen Nachfolger ausdrücklich davor, sich derart festlegen zu lassen!

ANTRÄGE ZUM BESCHLUSS DURCH DIE MITGLIEDERVERSAMMLUNG!

Fixdatum: Schriftlich 1 Woche nach der Mitgliederversammlung an den Vorstand

I. Schriftliche Darlegung der vor dem Firmenstart festgelegten Arbeitspläne für die Mitarbeiter und deren Umsetzung

II. Schriftliche Darlegung der bisher erreichten Arbeitsziele nach ca 8 Wochen

III. Schriftliche Darlegung der Aufgabenverteilung von Lutz, Simon und „hervorgehobenen" Angestellten für den Ablauf der Firma

IV. Schriftliche und zeitlich genaue Darlegung der Rückzahlungsmodalitäten des Darlehens von A. Scheurle an den Verein

V. Schriftliche Begründung für die Aufstockung des Darlehensbetrages und Begründung, warum der Vereinsvorstand nicht informiert wurde.

VI. Schriftliche Darlegung des Grundes, warum die fest abgesprochene Entwicklung einer vereins- bzw. firmeninternen umfassenden Datenbank (Digitalierung aller im Verein vorhandenen Exponate) ohne vorherige Absprache mit dem Vereinsvorstand gekippt wurde. Technische Probleme sind in diesem Zusammenhang nicht relevant; man kann vom Ansatz her zweigleisig fahren, ohne sich zu verausgaben!

VI. Schriftliche Darlegung der Brutto-Einkommen aller Firmenmitglieder

VII. Persönliche Entschuldigung von Lutz bei meiner Frau und mir

NACHTRAG:

1.Telefonat 2.11 2005 – Albrecht Scheurle – vormittags

Info, daß ich keinerlei Information über eine eventuellen Ausstellungsbeginn hätte (Albrecht: 26. November) sowie definitiv jegliche Katalog-, Interview-, Radio- oder sonstige Außendarstellung zuvor vorgelegt haben möchte. Zusage.

2. Telefonat 2.11 2005 – Anruf von Lutz – früh abends

Frage von Lutz, ob der Punkt „Neuwahl des Vorstands" ein Tagesordnungspunkt für die Mitgliederversammlung sei. Lutz hat als Nicht-Mehr-Vorstand mit der Einladung der Mitglieder nichts mehr zu tun! Auf meine Frage danach legte er auf!

Bitte um Klärung durch die Mitgliederversammlung!

3. Ich behalte mir vor, die Ausstellung gerichtlich zu untersagen, falls ich keine schriftliche Bestätigung von Lutz Manthe erhalte – als Organisator und verantwortlich für jegliche Öffentlichkeitsarbeit hinsichtlich der Präsentation von Peter Butschkow und meiner Person – die gesamte Angelegenheit journalistisch korrekt zu handhaben.

Nachtrag: Die Ausstellung fand statt, allerdings nur für Peter Butschkow – mir zeigte Herr Scheurle, der eigentlich darüber nicht zu bestimmen hat, die rote Karte, da ich auf einer Entschuldigung von Lutz bestand – in einem Ladenlokal in einer Seitenstraße in Schöneberg. Da dafür so gut wie garnicht geworben wurde (weder Rundfunk noch Presse), kamen schon zur Eröffnung nur ca 10-20 Besucher. Das ging so weiter. Ein voller, durch organisatorische Unfähigkeit zwangsläufig herbeigeführter Reinfall!

28.1.2007 Eintrag ins Gästebuch des Rockarchivs
Hallo Lutz,
ich bin nicht aus dem Spiel. Im Gegenteil. Deine dilletantischen, selbstsüchtigen und ineffektiven Aktivitäten machen das Rockarchiv kaputt. Nicht mit mir! Du verschandelst ein Kulturerbe und das Interesse von Hunderten von Musikern. *(Harald Skorepa, Musiker und Komponist, Vorstandsmitglied und Kassenwart um 2005 und rausgeekelt)*
29.1.2007 Eintrag ins Gästebuch des Rockarchivs
Mein gestriger Eintrag in das Gästebuch des Berliner Rock- und Pop-Archivs (www.rockarchiv-berlin.de) ergab, das dieser Beitrag erst nach einem Tag zu sehen war. Wird hier Kritik unterdrückt? Ich hoffe nicht auf Dauer, da dieses Archiv, so laienhaft es auch seit langem gemanagt wird, ein Kulturerbe ist und allmählich in die Hände einer kompetenteren Verwaltung gelangen sollte. *(Harald Skorepa)*

Klappern gehört zum Handwerk

Dem branchenüblichen Wehklagen über sinkende Umsatzzahlen zum Trotz vermeldete im Sommer 1999 die Britische Regierung stolz, der Umsatz der Popmusik trage nach Abzug aller Zahlungen ins Ausland soviel zum Außenhandelsüberschuß bei wie die Stahlindustrie, nämlich 1,52 Milliarden DM.

Klappe, Licht! – 2000 die Erste

Am 1. Januar 2000 gab Kiri Te Kanawa zusammen mit dem Neuseeländischen Symphonieorchester am Strand der neuseeländischen Stadt Gisborne ein Konzert, um den ersten Sonnenaufgang des neuen Milleniums zu begrüßen. Eine Milliarde Fernsehzuschauer in aller Welt waren Zeuge, als Gisborne als erste Stadt der Erde das Licht des neuen Jahrtausends erblickte.

Klare Ansage

„Heavy Metal Is A Pose, Hardrock Is A Lifestyle" – „Heavy Metal ist eine Pose, Hardrock ist ein Lebensstil". *Titel der ersten Live-CD der Gruppe Motorpsycho)*

Klare Linie

Digital is for satellites, analog is for music."
(Digitaltechnik ist gut für Satelliten, Analogtechnik ist gut für die Musik)
(Werbeslogan des schwedischen Hi-Fi-Geräte-Herstellers ‚Linn')

Klare Sache

„Was brauche ich ein Prinzip Hoffnung, wenn ich durch den Rock 'n' Roll Gewißheit habe." *(Wolfgang Neuss, deutscher Kabarettist)*

Klaro

„Muß Ihr Auserwählter die Musik Ihres Vaters gut finden?"
„Natürlich, sonst ist er sowieso ein Idiot!" *(Kelly Osbourne)*

Klarstellung

„Musik ist die Sprache, die jeder versteht." *(John Wilson)*

Klartext

„Popstars sind Marken, die man bis zum Letzten ausnehmen muß!"

(Simon Fuller, Erfinder der Sendung „Deutschland sucht den Superstar", Januar 2003; per Vertrag sicherte er sich für 13 Jahre 20% Anteile an sämtlichen Tantiemen aller beteiligten Titelaspiranten)

Klartext oder Die Ansage

„Gerade die Exzessoren haben die besten Chancen. Die auf milde Sorte machen, tanzen nur einen Sommer. Die Radikalinskis in Sachen Text fehlen. Viele fragen zu früh, ob ihre Zeile auch stattfinden darf im Radio." *(Udo Lindenberg)*

Klartext – Die Zweite

„Das amüsante Video zu „Stupid Girls" leistet etwas, was nicht genug gelobt werden kann: die Demontage jener aufgestrapsten Plastestuten, die längst so zum Kotzen normal scheinen, daß schon Elfjährige vom Skalpell träumen. Da ist jede Störung willkommen."
(Ralph Geisenhanslüke zu Pinks neuer Platte „I'm Not Dead")

Die Klassiker

„Warum spielt ihr Hendrix?"
„Aus demselben Grund, warum ein Orchester Beethoven spielt!"
(Randy Hansen aus Seattle, Jimi Hendrix-Interpret seit 1991)

Klaus Stodnick

Er konnte alles: Lindenberg, Grönemeyer, Westernhagen. Leider nur nicht sich selbst. Da war er ein Knödelakrobat. Mit kaputten Fliesenlegerknien. Aber hat seine Wohnung bis zum Kinn durchgefliest. Wasser reinlassen? Ne. Die Tür brach herunter. Fliesen zu schwer.

Kleinarbeit

„Warum denken die Leute immer nur, daß Liedermacher tief-sinnig und politisch sein müssen? Es ist manchmal schwierig genug, einfach bloß einen Reim zu finden." *(Kieran Goss)*

Kleine Aufmerksamkeit

„Sehr geehrter Herr Bundespräsident Rau, sehr geehrter Herr Bundestagspräsident Thierse,
wie ich in der Tagespresse der 14. Kalenderwoche lesen konnte, nahmen Sie, neben Parlamentarierinnen und Parlamentariern, an eine für Sie kostenlosen Vorstellung einer Varieteaufführung teil. Ich bitte Sie sich zu vergegenwärtigen, daß Bediensteten im öffentlichen Dienst die Annahme von Gefälligkeiten und Geschenken bei Strafe untersagt ist, Sie sich doch herausnehmen, mit schlechtem Beispiel voranzugehen. Mit der Bitte, Ihr Verhalten zu überdenken, verbleibe ich mit freundlichen Grüßen"
(Klaus E.H. Zapf; Anzeige im einer Berliner Tagesspiegel)

Die Kleinen hängt man ...

Im April 2004 erschien folgende Rezension der Version 7.0 unseres Ultimus-Musiklexikons (hier in Ausschnitten) in der Zeitschrift „Computer Bild":
1. Die Stichwörter „Beatles" und „Peter Gabriel" lieferten nicht einen brauchbaren Treffer. Man mußte schon „The Beatles" oder „Gabriel, Peter" eingeben ...
Ad 1. Die Beatles haben unter „The Beatles" veröffentlicht. Schon immer? Ja, und nicht nur öfter. Und dann gibt es noch diese Strg-F-Suche: Button „enthält".
Lexika haben es so an sich, daß Nachnamen zuerst aufgeführt werden. Der Rezensent sollte mal eines in die Hand nehmen. Einmal muß man ja anfangen. Peter Gabriel findet man sofort, wenn man den Button „enthält" beachtet (entsprechend

der gebräuchlichern, allseits bekannten Strg-F-Tastenkombination).

2. Das Album „War" von U2 erschien 1983, nicht 1993, ...

Ad 2. Diesen Fehler hätte der Rezensent nicht gemacht, wenn er den Eintrag hinter dem Album beachtet hätte, der auf die CD (und nicht die LP) von 1993 verweist.

3. Die Geschichte der Beatles begann 1957, nicht 1959 ...

Ad 3. Der 4. Eintrag in der ersten Zeile der Beatles-Biographie ist die Zahl 1957. Wenn der Rezensent nicht weiß, daß die 1959 gegründeten „Silver Beatles" nur ein Durchgangsstadium waren, hätte er es dort nachlesen können.

4. Die Infos sind teilweise nicht sorgfältig recherchiert ...

Ad 4. Wer hier nicht sorgfältig recherchiert, ist wohl ziemlich deutlich.

5. Die Suchfunktion ist beinahe nutzlos ...

Ad 5. Die neue Gesamttextsuche findet ALLE im Lexikon enthaltenen Begriffe

6. Keine Aktualisierung über Internet möglich ...

Ad 6. Der Button „Infothek" besagt, daß Käufer, die eine Information in diesem Lexikon vermissen, diese KOSTENLOS über unsere Webseite nachfordern können. Man sollte dies, gerade bei einer Rezension, auch mal testen ... oder erstmal auch nur bemerken ...

7. Keine Exportfunktionen ...

Ad 7. Ebenso falsch wie alles andere. ALLE Texte und Bilder sind zu exportieren und auszudrucken.

8. Keine Hilfe im Internet ... usw."

Ad 8. Die Support-Hilfe unseres Verlages ist exzellent.

Dieser Rezensent hat uns, da „Computer Bild" eine gewichtige Rolle im Kreise der Computer-Zeitschriften spielt, mit Sicherheit wirtschaftlich schwer geschadet, einfach nur, weil ein „Kritiker" sich seine eigenen Wahrheiten geschaffen und ernsthafte Bemühungen anderer mit seinen Halbfähigkeiten schlecht und madig gemacht hat. Lieber Rezensent, informieren Sie sich in Zukunft doch mal bei www.wikipedia.de. Da werden Sie – mit Sischahaith – geholfen!

Was lernen wir daraus?

Man kann sogar als Hilfsschulen-Absolvent Mitarbeiter bei einem Magazin werden, um seinen PISA-Schaden unauffällig und für sich folgenfrei zu vermarkten.

(April 2004)

Ultimus Musiklexikon Version 7

Geballtes Wissen über mehr als 600 musikalische Stilrichtungen von den Anfängen bis zur Moderne will das Ultimus Musiklexikon vermitteln. Hierzu bietet das Multimedia-Nachschlagewerk über 360.000 Einträge und spezielle Themengebiete wie Instrumentenkunde oder Opernspecials.

Nach der Installation, die erst nach einer guten Viertelstunde (!) abgeschlossen ist, folgt allerdings bereits die erste Ernüchterung: Das Ultimus Musiklexikon weckt zumindest in optischer Hinsicht Erinnerungen an Multimedia-CDs, wie sie Mitte der 1990er Jahre modern waren. Ein extrem schmuckloses Hauptmenü, in dem Suchbegriffe aus den Bereichen „Werke", „Instrumente", „Hitparaden" oder „Musikgruppen" (gemeint sind hier Bands) eingegeben werden können und einige vereinzelte Hörbeispiele als MP3 – das war es dann auch schon. Besonders wichtige Einträge werden mit ein bis zwei Bildern illustriert; ansonsten skizziert im besten Fall ein kurzer Fließtext die Biografie des jeweiligen Künstlers. Inhaltlich zeigt das Musiklexikon vor allem im Bereich der neueren Popkultur immense Schwächen: So sind beispielsweise Discografien falsch oder unvollständig, von einigen Bands werden CDs angezeigt, die es überhaupt nicht gibt, und der Informationswert einiger Biografien tendiert gegen Null. Etwas besser sieht es im Bereich Klassik aus, aber auch hier bietet das Lexikon nichts, was eine entsprechende Google-Suche nicht besser oder ausführlicher liefern könnte. Insgesamt ist das Ultimus Musiklexikon ein lieblos aufgemachtes und in einigen Bereichen unfreiwillig komisches Nachschlagewerk, das den Zusatz „Multimedia" kaum verdient.

(Andreas Sauerland) .

Preis/Leistung * ausreichend

Qualität: ausreichend

Fazit: Lieblos aufgemachtes Nachschlagewerk mit inhaltlichen Schwächen

Sehr geehrter Herr Sauerland,
über Ihre Rezension muß ich mich sehr wundern. Länger als 10 Minuten können Sie nicht im Lexikon gestöbert haben. Kurz zu den wichtigsten Punkten...

1. Will man viele Bilder, braucht man längere Installationszeiten; und wir haben ca 8.000 davon.

2. Dies ist ein Lexikon und kein Videospiel – das zu „extrem schmuckloses Hauptmenü".

3. Würden Sie die Berliner Philharmoniker unter „Bands" suchen?

4. Die „vereinzelten Hörbeispiele" sind mehr als 500, wenn man die verschiedenen Verknüpfungen berücksichtigt, mehr als 1.000.

5. Natürlich ist so ein umfangreiches Gebiet nie vollständig; dafür haben wir ja unsere Infothek, über die jeder Kunde „KOSTENLOS" Zusatzinformation nachfragen kann. Haben Sie das übersehen?

6. Ich glaube nicht, daß Sie alle Veröffentlichungen aller „Bands" kennen; dies ist wohl mehr Ihre Schwäche als die des Lexikons.

7. Über Ihren Hinweis auf Google kann man nur lachen. Suchen Sie mal spaßeshalber nach „Bachwerkeverzeichnis". Die Mentalität, zeitaufwendig erarbeitetes Wissen kostenlos im Internet „abzugreifen", spricht im übrigen für sich. Machen Sie Ihre Arbeit auch „für lau"?

8. Das Kriterium „Multimedia" ist bei Spielen wohl etwas anders zu bewerten als bei einem Lexikon. Oder wären Sie zufriedener, wenn ein animierter Beethoven ein Orchester dirigieren würde? Für Videos haben wir außerdem keinen Platz (das sollten Sie als „Fachmann" wissen; haben Sie mal auch nur 1.000 Video-Clips MB-mäßig hochgerechnet?).

Vielleicht sollten Sie sich auf Spiele-Rezensionen beschränken. Ihr Ansatz ist sehr bemitleidenswert dürftig und mangelt jeglicher Sorgfalt. Leider sind Sie nicht kompetent.

Und last not least... nennen Sie mir doch mal einen wirklichen Fehler!? Es gibt mit Sicherheit welche... aber auch nicht mehr als im „Riemann" oder im Rock-Lexikon von Barry Graves. Wir wären Ihnen dankbar.

Mit freundlichen Grüßen

Harald Skorepa, schneemann production

Das kleinere Übel

„Wir können entweder auf Tour gehen oder Stützen der Gesellschaft werden. Da sich aber noch keine Gesellschaft gefunden hat, die uns braucht, gehen wir lieber auf Tour."
(Mick Jagger)

Kleiner Mann ganz groß

Den ‚Karajan des kleinen Mannes' nannte der ehemalige WDR-Intendant Friedrich Nowotny den Orchesterleiter James Last.

Knisterfreie Spannung

Im Herbst 1997 führte die englische BBC, die auch Live-Konzerte überträgt, vor Aufführungen das kostenlose Verteilen von starken Mentholbonbons ein, die in knisterfreies Papier eingewickelt sind. Das störende Husten, Räuspern sowie Knistern und Rascheln von Bonbonpapier sollen damit der Vergangenheit angehören.

Knorke

Die Tournee 2011 von „Knorkator" hieß „Ü77": Besucher über 77 Jahren erhielten 7% Rabatt, jedes Kind unter 7 Jahren mit über 77 Kilogramm bezahlte doppelt.

Kollegenschelte

„Wenn ich mir anschaue, was die amerikanischen Künstler nach den Terroranschlägen veranstaltet haben, dann finde ich diese kollektive Linientreue nur peinlich. Diese Stars sind nichts als Unterhaltungschargen." *(Konstantin Wecker)*

Kolonialwaren

„Sie sagen, die Welt ist globalisiert, aber wer entscheidet, wer dazugehört und warum?"
(Hip Hop-Musiker Sekou The Ambassador, 2001)

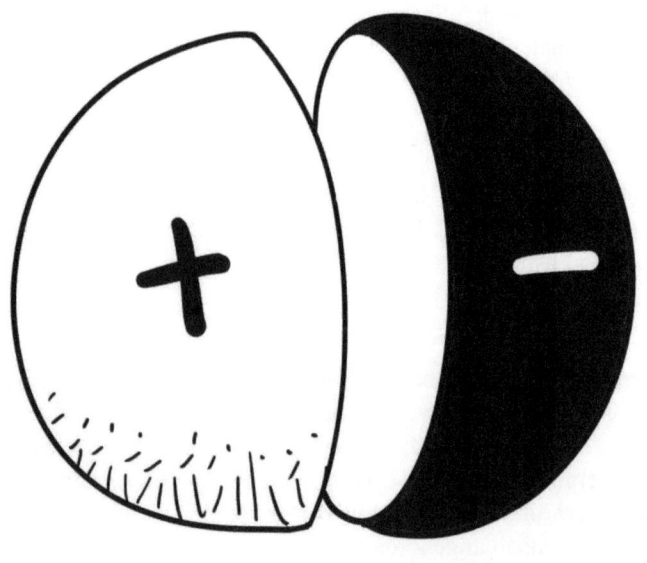

Kondensat – The Ultimate Country Song

My Wife Left Home
My Dog Has Died
My Horse Dont Looks At Me Anymore
My House Burnt Down
At Last, My Gun Should Blow Right Away My Brain
... But It Didn't Work ...
Refrain:
A Winchester With No Glory
Feel Like A Cat In The Rain
Never Ending Story
Never Ending Pain
(Harald Skorepa)

Konsequent?

Joan Baez, politisch engagierte Folksängerin, ging auch mit Musikern aus Nashville zu Plattenaufnahmen ins Studio, von denen sie sagte: „Bei anderer Gelegenheit hätten mich diese Faschisten in einer Minute gelyncht."

Konserva-Tief

„Der große Vorsitzende einer CDU des Jazz."
(Jazzpianist und Musikjournalist Michael Naura im April 2001 über den Jazzmusiker Wynton Marsalis)

Kontaktaufnahme

„Ich habe lange gebraucht, um zu verstehen, wie man gute Ansagen während eines Konzertes macht. Diese Beziehung zum Publikum habe ich früher unterschätzt. Ich dachte, es reicht, gute Musik zu machen. Jetzt weiß ich, daß man die Wichtigkeit des Kontakts zu den Leuten gar nicht hoch genug einschätzen kann."
(Peter Autschbach, Jazzgitarrist)

Konzentrat

Ein Drama ist ein gewöhnliches Leben, aus dem man die langweiligen Momente herausgeschnitten hat. *(Anonym)*

Körperpflege – Latin Art

„Er wurde getanzt, als ob man sich den Rücken mit einem Handtuch abreibt, nur ohne Handtuch." *(Hernando Calvo Ospina über den Twist)*

Koschmider und die Brandstifter

Weil er verhindern wollte, daß die Beatles aus „seinem" Kaiserkeller in Hamburg vom damalig neu eröffneten Top Ten 1960 abgeworben wurden, zeigte Bruno Koschmider, Besitzer des „Indra" und Manager des Kaiserkellers, Paul McCartney wegen Brandstiftung an. Dieser hatte im Dezember 1960 beim Auszug aus dem „unwirtlichen Loch", in dem die Beatles damals hausten, ein Kondom in Brand gesteckt. Pete Best und Paul McCartney verbrachten eine Nacht in der Zelle und wurden tags darauf nach England ausgewiesen. George Harrison war bereits im November wegen Minderjährigkeit ebenfalls ausgewiesen worden. Schon im März 1961 waren sie jedoch wieder da und traten mit Tony Sheridan im Top Ten auf.

Kriegserklärung

Im August 1998 rief der Rapper Moses Pelham in einer Fernsehsendung öffentlich dazu, auf den Viva-Moderator Stefan Raab zu verprügeln, und setzte sogar eine Belohnung darauf aus. Er fühlte sich unter anderem von Raab wegen seiner dunklen Hautfarbe verunglimpft. Das Landgericht Köln untersagte ihm dies in einer einstweiligen Verfügung. Dazu forderten mehr als dreißig Moderatoren und Popstars in einem offenen Brief die Plattenfirma Sony auf, Maßnahmen gegen Moses Pelham einzuleiten. „Wer diesem Künstler Plattformen bietet, indem er wie Sony Deutschland seine CDs veröffentlicht sowie die TV-Termine vereinbart, die er nutzt, um seine gefährlichen Botschaften zu verbreiten, muß sich fragen lassen, ob der Mitwisser nicht auch zum potentiellen Mittäter wird." Unterzeichner dieses Briefes waren unter anderem Jürgen von der Lippe, Ingo Appelt, Carsten Speck, Ulla Kock am Brink, Bärbel Schäfer, Wolfgang Niedecken, Guildo Horn und Nena.

Moses Pelham hatte Stefan Raab bei einer Veranstaltung die Nase eingeschlagen und war zu einer Geldstrafe von 50.000 DM verurteilt worden. Angesichts der öffentlichen Reaktionen nahm er nun seinen Gewaltaufruf zurück und bezeichnete ihn als Scherz. Der Sender habe die Sätze aus dem Zusammenhang gerissen.

Krieg? Nein danke!

Wegen des Irak-Krieges im März 2003 legte Celine Dion keinen Wert auf den ihr gewidmeten Stern auf dem berühmten „Walk Of Fame" in Hollywood und sagte die im selben Monat angesetzte Enthüllung ab.

Krötig

„Er ist so sexy wie eine Kröte beim Pissen!"
(Schriftsteller Truman Capote über Mick Jagger)

Küchenlatein

„Die Münchener Biennale hat seit dem Ausscheiden ihres Begründers und Vorkosters Hans Werner Henze der Suche nach dem Kulinarischen (und Praktischen) in der Neuen Musik ziemlich abgeschworen. In der Küche sitzen jetzt viele Theoretiker. Verbissen probieren sie ihre nicht immer neuen Rezepte aus. Nur richtig kochen kann eigentlich keiner."
(Mirco Weber)

Kult-Ur-Gut

„*Top Of The Pops'" hat sich erledigt. Wie sich das ganze Pop-Fernsehen bald erledigt haben wird, weil es immer weniger mit Musik zu tun hat, immer mehr zur Berieselungsmaschinerie verkommt, dem albernen Versuch, Popmusik bebildern zu wollen, wie es MTV seit den 80ern tut, mit Musikvideos, die einen Song zum Beiwerk flickeriger Action-Movies verkommen lassen."*(H.P. Daniels zur Einstellung der BBC-Sendung „Top Of The Pops")*

Kundendienst

Auftritt von Dizzy Gillespie bei den Berliner Jazztagen 1990 in der Berliner Philharmonie.
Ein Zuhörer, den es wohl direkt vom Einkaufen (er trug eine Plastiktüte bei sich) zu dem Konzert verschlagen hatte, stand in der 2. Hälfte in der völlig überfüllten Philharmonie von seinem Platz auf und bewegte sich auf den Ausgang zu. Kurz bevor er an der Tür angekommen war, wurde Dizzy, der gerade den nächsten Titel ansagte, seiner gewahr, unterbrach die Ansage, wandte sich dem Davonstrebenden zu und fragte ihn, warum er schon gehe. Dieser deutete auf seine Uhr und schien sich in irgendeiner Form zeitlich verplant zu haben. Dizzy ging nun persönlich zu ihm hin und geleitete den Flüchtling nach einem lockeren Wortwechsel zu einem freien Platz direkt am Bühnenrand, den dieser bis zum Ende des Konzerts nicht mehr verließ. *(Harald Skorepa)*

Kunst

Kunst kommt nicht von Wollen, sondern von Können, sonst hieße es Wunst. *(Volksmund)*

Kunst kommt nicht von Können, sondern von Müssen.
(Arnold Schönberg)

146

Ich kam zum Jazz, weil ich keine Wahl hatte. Ich habe ihn ge
liebt – und der Baß läßt alles besser klingen. *(Charlie Haden)*

Es geht nicht um Können, es geht um Mut und Vision. Ich
war immer ein Dilettant und genau das hat mich so weit ge-
bracht. *(Malcolm McLaren)*

Kurz und bündig

Mit den Worten „Ganz kurz, damit wir alle gleich saufen ge-
hen können" leitete MTV-Moderatorin Charlotte Roche 2002
ihre Dankesrede für die Verleihung eines Bayerischen Fern-
sehpreises ein.

Kur-Konzert

Nur wenige Menschen, die an Husten leiden, gehen zum Arzt
– die meisten gehen ins Konzert. *(Bruno Jonas)*

Kuschelgruppen

Im Verlaufe der 1990er Jahre wurde es allgemein üblich,
Gruppen wie der Kelly Family, diversen sog. Boy-Groups
wie Take That, Back Street Boys, Caught In The Act und an-
deren als Zeichen der Verehrung während des Auftritts Ted-
dybären und Stofftiere aller Art auf die Bühne zu werfen. Die
sich bei den Gruppen ansammelnden Mengen waren unwahr-
scheinlich.

Land der begrenzten Unmöglichkeiten

Die US-amerikanische Countryband „Dixie Chicks", Gram-
my-Gewinner 2003, wurde nach einer Kritik an Präsident
George Bush bei diversen amerikanischen Radiosendern aus
dem Programm verbannt. Im März hatte Sängerin Natalie
Maines bei einem Konzert in London geäußert, sie schäme
sich, daß der Präsident der Vereinigten Staaten aus Texas
komme. Siehe dazu auch „Zunge verbrannt".

Laß die Sau raus!

„Hip Hop verkörpert dieselben Klischees wie Rock 'n' Roll: schöne Frauen, Autos, Geld, mit der Clique rumhängen und andere in den Arsch treten." *(Kid Rock, amerikanischer Pop-Musiker, 2000)*

Laßt Hunde sprechen

„Ich hasse Tinkerbell. Diese Schlampe hat alles!" *(Aufschrift auf dem Halsband des Yorkshire-Terriers von Missy Elliott. Tinkerbell ist das Chihuahua-Hündchen von Paris Hilton)*

Last Is First

James Last ist der Musiker, der am häufigsten in der altehrwürdigen Londoner Royal Albert Hall gespielt hat; immer ausverkauft, ein außergewöhnlicher Rekord. Wurde seine Musik doch als „weichgespült", "Easy Listening", "Pop-Pampe" usw. abgekanzelt. James Last ist der erfolgreichste deutsche und weltweit einer der erfolgreichsten Musiker überhaupt. 80 Millionen verkaufte Tonträger bis dato sprechen für sich und ihn. Sowieso! *(Harald Skorepa)*

Laudatio

„Louis Armstrong hat alles, was du willst: Wärme und Intelligenz, das Globale und Provinzielle, das Spirituelle und Flitterhafte, das Erdige und Sophistische. Er ist der komplexeste Spieler, den es je gab, und doch kann er klingen wie ein Countryboy." *(Wynton Marsalis über Louis Armstrong)*

Lauter Masochisten?

In Hinblick auf schwarze Musik am Beispiel von Jimi Hendrix bemerkte der Philosoph Theodor W. Adorno, er möge es nicht, daß „Neger ihre Entfremdung auch noch genössen."

Das Leben lehrt

„Ich muß nicht beweisen, daß ich ein guter Mensch bin. Die anderen müssen beweisen, daß sie keine Arschlöcher sind."
(Kurt Witt)

Lebenshilfe der anderen Art I – Die wahre Definition

„Der Rocker zieht für die Bekleidung Leder dem Textil vor. Er orientiert sich an Vorstellungen, die eine Mischung von amerikanischem Gangster, Cowboy und Sherriff verraten. Der Rocker ist fast ausschließlich zweirädrig motorisiert. Ein weiteres gewichtiges Anzeichen ist die Haartracht. Sie tendiert mehr zu einer weiterentwickelten Haartolle des sonst vergessenen Idols Elvis Presley als einer zur ins Kraut geschossenen Beatlesmähne." *(Tagesspiegel Berlin, 1960er Jahre)*

Lebenshilfe der anderen Art II – Das Horrorinstrument

Zeitschriften wie „Christ und Welt" konnten auch vor dem Hintergrund ihres real existierenden Christentums Jugendlichen der 1960er Jahre Dinge nicht wirklich nahebringen: „Der Klang der Baßgitarren, deren Töne den menschlichen Resonanzkörper aktivieren können, ihn physisch ergreifen, sodaß, wer die Kontrolle über sich selbst ohnehin nicht hat, sich diesen Tönen wehrlos ausliefert, mit ihnen sich bewegt oder zuckt, um in hilflosen Bewegungen zu enden sowie einer Katerstimmung völligen Erschöpftseins." *(„Christ und Welt", um 1966)*

Lebenshilfe der anderen Art III – Noch eine

Der Erlös der 1985er „Live Aid"-Konzerte, Hunderte Millionen Dollar für Afrika, wurde von den amerikanischen Finanzbehörde jahrelang wegen „Steuerprüfung" zurückgehalten und erst nach dem Jahr 2000 freigegeben.

Lebenslänglich – 4 Tage die Woche

Seit 1948 gibt Erna Gollmer viermal wöchentlich Klavierunterricht in der Frauenstrafanstalt Lichtenberg in Berlin.

Die Lehrstunde

„Ich versuche, das Wort Selbstzufriedenheit aus meinen Vokabular zu streichen." *(Saxophonist Greg Osby nach Aufnahmen mit Andrew Hill und Jim Hall)*

Leiche im Keller?

1997 wurden in den Archiven des britischen BBC mehr als 30 Jahre alte Aufnahmen der ‚Rolling Stones' entdeckt, die die Gruppe zwischen 1962 und 1965 für Radiosendungen eingespielt hatte. Daß von insgesamt 42 Titeln noch 13 erhalten geblieben sind, ist der privaten Initiative einiger Produzenten zu verdanken; normalerweise werden solche Aufnahmen nach 2 Monaten gelöscht. Ob es sich gelohnt hat, ist eine andere Frage. Nach Meinung des Musikkritikers der Londoner ‚Sunday Times' vermitteln die Stücke einen guten Eindruck von den recht ‚kläglichen' Anfängen der Gruppe."

Leichte Kost

In Kooperation mit der Diät-Marke „Du darfst" brachte die Deutsche Grammophon im September 2001 unter dem Titel „Perfect Moments" drei Doppel-CDs auf den Markt: „Klassisch entspannen", „Klassisch frühstücken" und „Klassisch küssen". Zu den Klängen von Schumanns „Salami-Träumerei", Beethovens „Mondschein-Pastete", Puccinis „Wie eiskalt ist dies Hähnchen" und Liszts „Liebesperlentraum" liefert das Booklet leichte Rezeptideen sowie Expertentips zu Zeitmanagement und Fitness für die täglichen „Wohlfühl-Oasen".

Leider nicht begabt!

„Künstler sind Personen, denen das Talent zum Durchschnittsmenschen fehlt." *(Anonym)*

Leidiges Image

Der deutsche Schlagersänger Heino, dessen Markenzeichen eine dunkle Sonnenbrille ist, gab an, davon 25 Exemplare zu besitzen. Seit einer Augenoperation müsse er sie eigentlich gar nicht mehr tragen: „Ich tue es trotzdem, sonst würde mich ja keiner mehr erkennen."

Leise Laute

Angabe eines bekannten Instrumentenlexikons zur Langhalslaute: „Oberbegriff für Lauten mit kleinem Korpus im Verhältnis zum langen, kurzen Hals."

Leistungsmusik

Die japanische Trommelgruppe ‚Ondekoza' gab 1975 ihr internationales Debut in Boston auf außergewöhnliche Art und Weise. Erst nachdem alle 15 Mitglieder den Boston-Marathon zeitgleich beendet hatten, begann das Konzert. Der Gründer der Truppe, Tagayasu Den, verlangte stets höchste Anstrengungen von seinen Musikern, da eine hervorragende körperliche Verfassung unabdingbar ist, um die zum Teil bis zu 700 Pfund schweren, mannshohen Taiko-Trommeln mit armdicken Schlegeln präzise zu bearbeiten. 1997 begann ‚Ondekoza' anläßlich der Übergabe Hongkongs an China einen Marathon durch das Land der Mitte, der bis zum Jahre 2000 über 27.000 Kilometer ging.

Leitton

„Die unbequemste, die härteste und darum unbarmherzigste Art ein Kind zu führen, ist ihm nachahmenswertes Vorbild zu sein." *(Gitarrist Peter Horton)*

Liberaler Faschismus?

Bemerkenswert ist die Tatsache, daß die Nationalfaschisten 1935 zwar die ‚Comedian Harmonists' wegen jüdischer Tendenzen verboten, eine weiterhin stattfindende Werbung als „Meister-Sextett (früher Comedian Harmonists)" jedoch billigten.

Der liebe Kollege

„Er kann nicht singen, er kann nicht rappen; wir sind alle ganz neidisch, daß er mit so schlechter Musik eine so hohe Chartposition erreichen kann!" *(Thomas D. von den ‚Fantastischen Vier' über Oli P.)*

Lieber einen Spatz in der Hand ...

Viele Musiker, die als Band zusammen einen Proberaum finanzieren, kennen das Problem, zum Teil aus eigener leidvoller Erfahrung. Hier eine meiner Geschichten:

Als Initiator und Bandleader oblag mir die Aufgabe, regelmäßig die Proberaummiete von allen Bandmitgliedern einzusammeln, um sie dem Vermieter am Monatsende zu übergeben. Wie das so üblich ist, hatten und haben viele Musiker wenig bis kein Geld und von daher immer wieder Probleme, selbst dieser minimalen Verpflichtung nachzukommen; in diesem Fall lag der Anteil pro Bandmitglied bei 30,- DM/ Monat. Nachdem unser Sänger mit drei Monatsmieten im Rückstand war, tauchte er eines Tages – wie üblich verspätet – zur Probe auf und erzählte freudestrahlend, daß er seine „alte Klapperkiste" für 300,- DM verkauft habe an einen Opa, der „nichts geschnallt hat", wie er sagte, und – sich ausschüttend vor Lachen – nicht wußte, daß man den Wagen zum Starten anschieben mußte. Auf die Frage, ob er die Proberaummiete zahlen könne, antwortete er, er habe kein Geld dabei. Nun konnte man einen Sänger, der einigermaßen tauglich war, bei den im Berlin der 80er Jahre äußerst raren Exemplaren schlecht auf den Kopf stellen, um ihm die Hosentaschen auszuschütteln, da sich für ihn kaum Ersatz gefunden hätte; was blieb, war Zähneknirschen. Später erfuhr ich, daß er sich von unserem Schlagzeuger 5.000,- DM geliehen hatte, um die Mehrwertsteuerkasse seiner anderen Band, die er zu verwalten, aber leergelebt hatte, wieder auffüllen zu können (nicht der einzige Fall, den ich kenne!). Einen „entführten" Schellenring ist er der Band noch heute schuldig. *(Harald Skorepa)*

Ein Lied geht um die Welt

2005 wurde der holländische Komponist Melchior Rietveldt gebeten, Musik für einen Trailer zu schreiben. So etwas lehnte er normalerweise ab: keine Gebrauchsmusik, nur richtige Kompositionen. Damit war er erfolgreich. Aber bei dieser Anfrage machte er eine Ausnahme. Aus Überzeugung.

Gemäß Auftrag der NVPI, einem Verband der holländischen Unterhaltungsindustrie, komponierte Rietfeldt nun Musik für einen Spot, der sich gegen Piraterie – also Raubkopieren u.ä. – in der Filmbranche wandte. Ein Jahr später fand er diesen, zehntausendfach kopiert, zufällig auf Kaufvideos wieder, ohne daß er bis dato trotz mehrfacher Anfragen bei der Buma-Stemra, der holländischen Verwertungsgesellschaft für Urheberrechte gemäß der deutschen GEMA, einen einzigen Cent Tantiemen erhalten hatte. In seinen halbjährlichen Abrechnungen war der Song nicht aufgelistet.

Als er massiver wurde, überwies man ihm 15.000 Euro, die man als einmalige Abfindung deklarierte. Als er dann noch massiver wurde und sich einen Anwalt zur Seite stellte, erhielt er per Gerichtsurteil weitere 20.000 Euro, unabhängig vom endgültigen Ausgang der Angelegenheit. Nach Rietveldts Berechnungen beliefen sich die anfallenden Tantiemen bis 2012 auf knapp 1 Million Euro. Soviel hatte er nie eingplant. Aber bei dem ganzen Prozedere kann man schon mal zickig werden.

Nur kurze Zeit später erhielt er ein Abfindungsangebot des Vorstandsmitglieds der Buma-Stemra, Jochem Gerrits, resp. von dessen eigenem Label High Fashion Music: Rietveldt solle für den Titel einen Abtretungsvertrag beim Label unterschreiben. Dann wolle er, Gerrit, sein Anliegen im Vorstand durchdrücken und Rietfeldt erhielte 1/3 der angefallenen Summe, also 300.000 Euro. Das Öffentlichmachen des Mitschnitts eines Telefonats in dieser Sache erzeugte dann in Holland einen mittleren Aufstand. Es gab schnell einige Rücktritte an höherer Stelle, nicht nur von Jochem Gerrit. Die hauptverantwortliche Vertriebsfirma jedoch, Warner Bros. in London, schweigt sich bis dato aus. *(Harald Skorepa)*

Liegengelassen – Sitzengelassen

Auf dem Weg vom New Yorker Flughafen La Guardia vergaß die 43-jährige amerikanische Geigerin Patt Gouvas ihre

„Vincent Sannino-Geige" von 1905 im Wert von 80.000 Dollar auf dem Rücksitz, für die sie seit ihrem 20. Lebensjahr gespart hatte. Bei einem Treffen wollte der Taxifahrer das Instrument nicht herausgeben und hielt auch sein Versprechen zurückzukommen nicht ein. Als die Musikerin dann bei ihrem Freund, einem Dirigenten, Trost suchte, erlebte sie auch hier eine herbe Enttäuschung; er machte am selben Abend mit ihr Schluß.

Like A Rolling Stone

Der „Rolling Stone", das größte amerikanische Musikmagazin, wurde 1967 in San Francisco von dem Studenten und Gelegenheitsgitarristen Wenner ins Leben gerufen. Die Erstausgabe mit John Lennon auf dem Titelbild kostete damals 25 Cent. Heute hat der Rolling Stone allein in den USA eine Auflage von mehr als 1 Million und kostet 3 Dollar. Er erscheint 14-tägig.

Live Earth

Hallo Politiker in aller Welt,

müssen erst noch mehr blöde Pop- und Rockmusiker kommen, um euch zu zeigen, wie es geht, hinsichtlich unserer elementaren Lebensgrundlagen Einheit und Solidarität auf der Welt zu erzeugen? Bereits in den 1960er Jahren hat der „Club Of Rome" vor der kommenden Katastrophe gewarnt. Auch habt ihr aus den „Live Aid"-Veranstaltungen von Bob Geldof im Jahre 1985 nichts wesentliches gelernt.

Man sollte euch und die meisten eurer Vorgänger in die Wüste schicken! Geht die Sahara begrünen, pflanzt Bäume, wenn ihr zu mehr nicht imstande seid! Oder gebt eure Unfähigkeit einfach zu ... und verzieht euch!

2 Milliarden Menschen, die die Konzerte in Hamburg, Johannesburg, London, New York, Rio de Janeiro, Rothera, Sydney, Schanghai und Tokyo gesehen haben, können nicht irren! *(Harald Skorepa)*

Live-Playback? Gibt's nicht!

Doch!!

1993/94 ersetzte der Gitarrist Joe Satriani bei der Gruppe „Deep Purple" nicht nur Ritchie Blackmore, sondern offensichtlich auch gewichtige Einbrüche des Sängers Ian Gillan. Beim Mittelteil des Titels „Child In Time", wo dessen Stimme einst makellos glasige Höhen erklomm, leistete ihm Satriani Kletterhilfe in die eisigen, sauerstoffarmen Regionen des äußerst schwierig zu singenden Parts: er spielte die originale Gesangsstimme auf der Gitarre, während Gillan den Background machte. *(Harald Skorepa, Waldbühne Berlin)*

Live-Welturaufführung

Ich hatte immer geglaubt, daß die Bezeichnung „Welturaufführung" bereits zur Spitze möglicher Unsinnigkeiten gehöre: Uraufführung ist Uraufführung, die erste Aufführung überhaupt, egal, ob in der Welt oder anderswo. Alles folgende ist eine „Erstaufführung in Stadt/Land XY". Bei der – kommerziell durchaus wirksamen – Hinzufügung „Welt" hört man schon den „weißen Schimmel" wiehern.

Weit gefehlt! Jetzt präsentierte der Berliner Tagesspiegel als Steigerung – und als vielleicht längstes Prall(!)ine der Welt kommerziell noch wirksamer – die „Live-Welturaufführung". Findet eine Live-Aufführung nun vor verdoppeltem Live-Publikum-Publikum statt oder bedeutet sie vielleicht sogar zweifachen Live-Live-Genuß? Voll tierisch fabelhaft, das! Gerade so, als würde ich unseren geliebten häuslichen Haustiermitbewohner Max als männlichen Katzenkater bezeichnen. Und der ist ein echt tierisch lebendiger Live-Kater.

Nachtrag

Zwei Wochen lang gab es als Werbung die Klassifizierung „Qualitäts-Spannung".

Fehlt nur noch „Real- Live-Welturaufführung" und „Qualitäts-Musikkomödie". *(Harald Skorepa)*

156

Die Lösung

Eine Melodie soll rund sein. Mit ihr ist es wie mit einer mathematischen Gleichung; sie muß aufgehen. *(Harald Skorepa)*

Lonesome Rider

Zu seinen Konzerten pflegt Chuck Berry grundsätzlich ohne eigene Musiker anzureisen. Manchmal sogar ohne eigene Gitarre.

Love And Peace

„Das Beste am Rock 'n' Roll ist, daß er am Anfang eine internationale Friedensbewegung war. Wenn du mit Rock 'n' Roll zu tun hattest, hieß das, du standest für Frieden, Liebe und Brüderlichkeit. Geboren aus der Befreiung von Angst, Gewalt und Terror ist diese Musik eine Feier des Lebens." *(Eric Burdon)*

Der LTBSD-Faktor

In seinem Buch zur Geschichte des iPod versuchte der Autor Steven Levy der Sache mit dem Zufallsgenerator, der die Reihenfolge der gespielten Titel festlegt, auf den Grund zu gehen. Das Ergebnis, nämlich die Unwägbarkeit zwischen mathematischer Wahrscheinlichkeit und persönlichem Empfinden und Wunschdenken, bezeichnete er als „Length Of Time Before Steely Dan": die längste Zeitspanne zwischen zwei Steely Dan-Titeln. *(Harald Skorepa)*

Lucys In The Sky With Diamonds

„Die Zuschauer auf den billigen Plätzen sollen klatschen, die anderen können mit den Juwelen klimpern." *(John Lennon)*

Luftnummer

Zahlreiche Gitarromimen trafen sich am 10. Juli 2004 zur ersten Deutschen Luftgitarrenmeisterschaft in Berlin, ausgerichtet von der „German Air Guitar Federation". Eine Jury bewertete die Vorführungen der Künstler, die gemäß klassischen Vorbildern wie Jimi Hendrix, Pete Townshend und anderen ihre – imaginären – Instrumente bearbeiten, in Pflicht und Kür (ein vorgeschriebener und ein selbst ausgesuchter Song). Der Sieger – Ingo Schulz – fuhr im August zur „Air Guitar"-Weltmeisterschaft nach Oulu, Finnland.

2005 wurde eine Luftgitarre meistbietend und portofrei bei Ebay versteigert.

Die Lust am Untergang

Als im Mai 1999 der Luxusliner „Sun Vista" vor der Küster Malaysias versank, stimmten einige der Passagiere Celine Dions „Titanic"-Hit „My Heart Will Go On" an. Alle 1104 Menschen an Bord des 2000 Meter langen Schiffes wurden gerettet.

Mach' ma' lauter!

Pete Townshend war unzufrieden. Die Gitarrenverstärker, die man 1962 in London kaufen konnte, waren eher auf Tanzmusik als auf Rock zugeschnitten und für seine Mission zu leise. Im Mai dieses Jahres suchte er den Musikalienhändler Jim Marshall in seinem Laden auf und sagte zu ihm: „Wenn ich einen Auftritt habe, und jemand in der ersten Reihe sagt ‚Das ist doch Mist', dann kann ich das hören. Und ich will das nicht mehr hören. Ich brauche einen größeren und kräftigeren Verstärker." Das war, zumindest im Kopf von Jim Marshall, die Geburtsstunde eines der wichtigsten Geräte in der gesamten Rockmusik. Der Prototyp war im September fertig.

Die Macht des Schicksals

Wenn man ihren Erinnerungen an Deutschlands dunkelste Zeit Glauben schenken mag, dann war ihr aller Name Hase. Sie wußten von nichts, beherrschten die Kunst des Wegschauens und Weghörens geradezu virtuos und gaben sich noch am Ende ihres Lebens ahnungslos, naiv und voller Einfalt. Sie führten ihre Gedächtnislücken vor, hatten verdrängt, daß sie sich einst von einigen wenigen Ausnahmen abgesehen nur allzu gern von den Machthabern hatten umgarnen lassen und kein Problem damit hatten, sich vor den Karren ihrer Propaganda spannen zu lassen. Kein Wort davon, daß sie einst Privilegien in Anspruch nahmen, sich vertrauensvolle Ämter antragen ließen, Ergebenheitsadressen verfaßt, um Zuneigung und Sonderkonditionen gebuhlt hatten. Daß sie in die Höhle des Löwen gepilgert waren, sich von Goebbels und den anderen Machthabern hatten zum Tee bitten und zu Privatfeten einladen lassen.
(Volker Kühn über die Profitanten des nationalfaschistischen 3. Reichs; mit freundlicher Genehmigung)

Machtwort

„Die Katz' bleibt draußen, weil die Katz' draußen bleibt!!"
(Michael Mittermaier 2006 über bayerische Logik)

Madre mia!

Zwei Jugendliche unterhalten sich.

Sagt der eine: „Ich stehe total auf spanische Gitarrenmusik. Da gibt's einen, der heißt Packo de Lutschi A. Der ist der beste Flamingo-Gitarrist der Welt." *(Harald Skorepa)*

Maestro Muti(g)

Sein Credo von der „ethischen und moralischen Verpflichtung" gegenüber den Komponisten, d.h. größtmöglicher Werktreue, hat Riccardo Muti, seit Mitte der 1980er Jahre Hausherr der Mailänder Scala, Stürme der Entrüstung besonders durch Italiens Traditionalisten eingebracht. Mit der Begründung, daß sich z.B. in Verdis Partitur des „Rigoletto" am Schluß der Arie „La donna e mobile" kein hohes C befinde, strich er den Mailänder Opernfans ihr Liebstes: die Spitzentöne der Tenöre. Nur weil eitle Sänger am Schluß der Arie auftrumpfen wollen, sei er nicht bereit, diese Tradition fortzuschreiben.

Manifestation

„Architektur ist erstarrte Musik." *(Ernest Henry Schelling)*

Ein Mann für gewisse Stunden
„Die Hälfte der über 40-jährigen in den USA ist gezeugt worden, während ihre Eltern seine Schallplatten hörten. Bing Crosby machte einen schläfrig, Sinatra brachte das Blut in Wallung." *(US Schriftsteller Gore Vidal)*

Marie I.

Marie Szymanowska wurde 1822 in St. Petersburg zur ersten Hofpianistin ernannt.

Markenqualität

Im Juni 1999 wurde der Sänger Freddie Mercury auf einer 19-Pence-Briefmarke der britischen Post verewigt.

Marktanpassung

In den USA wurde 1999 auf Grund der weltweiten Rückgänge bei den Plattenverkäufen die magische Grenze für die Goldene Schallplatte von 500.000 auf 300.000 Stück gesenkt.

Massenware

„In Zukunft wird jeder für 15 Minuten berühmt sein."
(Andy Warhol)
„Das Leben ist „DSDS". Holt mich da rein!"
(Harald Skorepa)

Ma-donna-wetter!

Als die „am meisten überbewertete Persönlichkeit" ging die Hotelerbin Paris Hilton im Jahre 2006 ins ‚Guinness-Buch der Rekorde' ein.

Der Magier

„Ich habe meine Zuhörer zur Toleranz erzogen. Nur merken sollten sie es nicht." *(Herbie Mann)*

Maßstab

Es sagte eine Dame an der Theaterkasse: „Ist das so ein Stück, das die Kritiker in den Himmel heben – oder ist es gut?" *(Anonym)*

Melodie ist das Existenzielle in der Musik.

Alles weitere sind Harmoniefolgen/-modulation aller Richtungen, Rhythmus- und/oder Zeitbeziehung und/oder Zeitgeist-Verkaufsterror. *(Harald Skorepa)*

Mehr wäre weniger

„Man sollte nicht versuchen, möglichst viele Töne auf der Gitarre zu spielen, sondern möglichst viel mit einem Ton ausdrücken."

Meister der Knöpfe

Als Weltmeister auf der Knopfharmonika galt um die Mitte der 1990er Jahre der Volksmusiker Toni Bartel aus Garmisch-Partenkirchen.

Der Mensch lebt nicht vom Brot allein

„Der Applaus ist das Brot des Künstlers. Ich wollte aber gerne noch einen Belag darauf haben."
(Paul Kuhn anläßlich der Verleihung des Frankfurter Musikpreises als „Klavierspieler des Jahres 2003")

Das Menü

Vorspeise
„Ich schäme mich, weil ich wie Präsident Bush aus Texas komme." *(Natalie Maines, „Dixie Chicks")*
Hauptgang
„Ich schäme mich für die Dixie Chicks." *(George W. Bush)*
Nachschlag
„Ich schäme mich für den Präsidenten, weil er sich für die Dixie Chicks schämt." *(Dixie Chicks)*

Mikrophonprobe

Laut englischen Zeitungsberichten äußerte sich der ehemalige Sänger und jetzige Koranlehrer Cat Stevens mit dem Spruch „Tötet Rushdie!" zum Konflikt des Islam mit dem „abtrünnigen Teufel" Salman Rushdie. Stevens verteidigte sich später, er habe damals „lediglich den Koran wiedergeben" wollen.

Mimikri

„Wir machen deshalb so viel Blödsinn auf der Bühne, damit man nicht bemerkt, wie schlecht wir unsere Instrumente beherrschen." *(Lupus, Gitarrist der Bloodhound Gang)*

Mimikri – Die Zweite

„Free Jazz" a la John Coltrane zu bevorzugen ist oft nur ein Deckmantel für die eigene Unfähigkeit, Standards sauber zu blasen. *(Harald Skorepa über Thomas Schellöh)*

Mimikri – Die Dritte

„Soul ist, wenn du einen Song zu einem Teil von dir machst, einem Teil, der so wahr ist, daß die Leute glauben, daß du das alles erlebt hast." *(Ray Charles)*

Die Aufnahmen waren fertig, und Klaus D. Müller ging mit der frischen und gerade überspielten Cassette zum Manager eines großen Berliner Labels, von dem „Ideal" damals protegiert wurde.

Der Mensch legte die Cassette in seinen Player ein. Gleich bei den ersten Tönen wurde Klaus zappelig. Das Ding lief zu langsam! Wenn man nur ein bißchen nix an den musikaffinen Ohren hat, merkt man das sofort. Er wagte eine vorsichtige Anmerkung.

„Wieso, ich höre das alles immer hiermit ab. Das liegt an der Cassette."

„Die ist neu."

„Na, dann nehmen wir mal eine andere."

Klaus kannte das Stück von der hauseigenen Cassette, und auch dieses Band lief zu langsam. Also, klare Sache. Aber nicht zu vermitteln. Schon der Versuch ist strafbar, am göttlichen Ego zu rütteln.

Als Charakterisierung fällt mir nur der Spruch von Paul Simon aus dem Musikfilm „One Trick Pony" ein: „Largo fettage". Mehr gibt es über Menschen, die sich wichtig nehmen und mit ihrer Borniertheit, gepaart mit Unfähigkeit, Karrieren und Lebenswege entscheidend beeinflussen, nicht wirklich zu sagen.

Ich selbst habe etwas ähnliches 1985 bei Decca in Hamburg erlebt, denen wir unseren"absoluten" Hit vorstellten. Als wir reinkamen, saß der (nach vorn) geneigte Zuhörer mit dem Arsch auf der Heizung, und alles folgende kam so rüber, als hätte er an diesem Morgen schlecht geschissen. Während der ersten Minute des Bandanhörens gab es 4 Anrufe, die dieser Mensch alle annahm, während er das Band immerhin jeweils stoppte.

Der große Deal mit „Ideal" scheiterte. Wie unserer. Klaus lotste die Band zu einem kleinen Label, und sie verkauften"auf'n Plotz" 500.000 Exemplare (wurde also Platin). Und wer kam dann angedackelt? Na, wer wohl!! Alle!

Misfits – Nicht gesellschaftsfähig

Die Kultur ist hinüber, die Demokratie am Ende, Moral und Ethik sind dahin. Respekt, Toleranz, Solidarität oder gar Mitgefühl verwaisen zu nicht mehr verstandenen Fremdworten. Die Steuerbarkeit der „Masse Mensch" hat oberste Priorität. Insofern sind „Brot und Spiele" als das einzig wichtige und interessant gebliebene die Maxime der Gesellschaft

Zwei neue Seuchen schwelen bereits seit Jahren und kommen jetzt zum Ausbruch: die Proclinitis (benannt nach dem augenfälligsten Symptom), d.h. eine fortschreitende Vergiftung durch „Puncti picturae", und das Infidus-Syndrom (unspezifische Unzuverlässigkeit).

Erstere führt zu gravierender multipler, schwerpunktmäßig emotionaler und sozialer Deprivation, die andere zu kafkaesker, nicht greifbarer Unzufriedenheit, latenter innerer Unruhe und u.U. aggressiven Reaktionen. Beide werden weniger in direktem Kontakt, sondern paradoxerweise durch gesellschaftliche Isolation übertragen und sind hoch infektiös.

Seit in der Musikszene ab Ende der 1980er Jahre die vollelektronischen, computergestützten Home-Recording-Studios gebrauchsreif und massenerschwinglich wurden, den Markt vollschwemmten und die Glaubenden zum Genius hochlobten, konnte plötzlich jeder die Dirigentenkelle schwingen und sein Süppchen kochponieren, ohne Rücksicht darauf, ob überhaupt Fleisch am Knochen war. Die Gerätschaften versprachen dieselben Resultate, wie man sie gemeinhin bereits von den populären Suppenvorkaumaschinen kannte: ja, Suppe! Und ganz dünn! Der krummgebeugte Rücken war aber keine Verneigung vor der Muse, sondern ein Dauerbuckeln vor dem „Gott" Computertechnik.

In eben dieser Szene war das Infidus-Syndrom schon von jeher fest etabliert. Vor allem das Verhalten von Produzenten und Verlegern bei der Präsentation neuer Werke von Komponisten oder Interpreten kulminierte häufig in dem oft nur stumm mitschwingendem Statement: „Rufen Sie uns nicht an. Wir rufen Sie nicht an".

Zudem gelangt eine Sucht mit Namen „Cupiditas attentionis" (Heischen nach Aufmerksamkeit), schon immer latent schlummernd, zu neuer Blüte, und noch nie war die Chance auf Erfüllung so zum Greifen nahe. Andy Warhol hatte recht: wirklich jeder könnte, ob Pop-Sternchen, Sprechdurchfall-Artist, Laufsteg-Gerippe, Dokumentations-Einseifer, Internet-Blogger-Facebook-Exhibitionist oder Unfall-Film-Geifer, in der ersten Reihe stehen, und sei es auch nur für das Aufblitzen eines Moments.

Diese Entwicklung findet sich ebenso in dem mittlerweile besinnungslosen Konsumieren von populärer Musik und Kunst allgemein. Wo sind wir angekommen, wenn nicht nur Malerei-, Instrumenten-, Song- und andere „Klassiker" für zig Millionen mit ständig steigender Tendenz ihre „Ich-weiß-garnicht-was-ich mit meinem-Geld-anfangen-soll"-Neurotiker finden, sondern letztens (März 2021) sogar ein Video – tatsächlich nur eine Kopie – für 69 Millionen Dollar ersteigert wurde. *(Harald Skorepa, 2021)*

Mißlungene Kastration

Um ein Haar wäre „Like A Rolling Stone" von Bob Dylan gar nicht erschienen. Rock war sowieso noch nicht „in" – das wurde aber nicht gesagt – und so hing man sich an der Länge des Songs von knapp 6 Minuten auf. Die Empfehlung, ihn in 2 Teile zu zerlegen, um ihn mit je 3 Minuten radiotauglich zu machen, lehnte Dylan ab. Daraufhin wurde die Veröffentlichung „auf unbestimmte Zeit" verschoben. Beim Umzug der Firma fiel einem Mann namens Shaun Considine eine Weißpressung in die Hände. Am Wochenende hörte er den Song zu Hause, bis sich die Nachbarn beschwerten. Dann nahm er die Single in seinen Club mit. Die Wirkung war erdbebenartig. Unter den Gästen befanden sich auch zwei DJs großer New Yorker Radiostationen, die sich am nächsten Morgen bei der Plattenfirma beschwerten, noch kein Muster erhalten zu haben. So wurde eine Single mit zwei Songhälften auf der A-

und B-Seite verschickt. Die DJs jedoch, nicht faul, schnitten beide Seiten zusammen und spielten den kompletten Song. Eine Woche später war er in die Billboard Charts geklettert, hinter „Help!" von den Beatles und vor „Satisfaction" von den Rolling Stones. „Like A Rolling Stone" gilt seit 2004 als der beste Rocksong aller Zeiten.

Mit allen Mitteln

Einem Bericht der New York Times zufolge hat Benjamin Joffe, Senior Student an der Yeshiva University, alle Texte des Beatles-Albums „Sgt. Pepper's Lonely Hearts Club Band" ins Lateinische übersetzt, um in die altsprachliche Studentenschaft Eta Sigma Phi aufgenommen zu werden. So lautet der Titel der Platte nun „Centurionis Piperis Caterva Sodalitatis Animorum Solitariorum".

Mit dem Jet durch die gute Kinderstube

Während des Fluges von Hongkong nach Perth zum Start ihrer Australien-Tournee benahmen sich die Mitglieder der britischen Popgruppe Oasis und ihre Begleitmannschaft derart daneben, daß der Kapitän damit drohte, auf dem nächsten Flugplatz zu landen und sie der Polizei zu übergeben. In Zukunft will die Fluggesellschaft ‚Cathay Pacific' die Gruppe nur noch an Bord lassen, wenn die Musiker vorher schriftlich gutes Betragen zusichern.

Mit Köpfchen

Kurt Wittmann und sein Orchester waren noch in den 1940er Jahren eine angesagte heiße Tanzkapelle in Berlin. Wenn Wittmann, der sein Orchester vom Schlagzeug aus dirigierte, so richtig auf dem Höhepunkt war, nahm er das Becken aus der Halterung und schlug es sich im Takt auf den Kopf.

Mit Musik ging alles besser

Von Schlagermachern und der Bombenstimmung, die das Volk bei Laune halten sollte

Leichte Muse in schwerer Zeit: In den braunen Dreißigern und Vierzigern hatte die Unterhaltung Konjunktur. Film, Funk und Schallplatte, nach Hitlers Machtübernahme alsbald gleichgeschaltet, verkündeten die „weiche Welle" heiterer Unbekümmertheit. „Kraft durch Freude" hieß das Motto, das den Volksgenossen nach harter Arbeit unbeschwerte Stunden der Entspannung versprach.

Schon früh waren von den NS-Machthabern die propagandistischen Möglichkeiten einer perfekt funktionierenden Unterhaltungsindustrie erkannt und genutzt worden: der Schlager als Ablenkung, das Rührstück als Illusion, die die graue Wirklichkeit verschönt oder vergessen macht.

Unter der Schirmherrschaft von Reichspropaganda-Chef Goebbels erlebte das Kino eine neue Blütezeit: Aufwendige Ausstattungs- und Revuefilme, deren Melodien zu Gassenhauern wurden, begründeten die Karrieren von Publikumslieblingen wie Zarah Leander und Marika Rökk, Heinz Rühmann und Johannes Heesters. Ihre Lieder – „Es geht alles vorüber", „Davon geht die Welt nicht unter", „Das kann doch einen Seemann nicht erschüttern" – wurden während des Krieges zu Durchhalteschlagern, die in den Wunschkonzerten des „Großdeutschen Rundfunks" Siegesgewißheit und Endkampfstimmung verbreiten sollten. Als die Katastrophe dann näher rückte, spendete Zarah Leanders Schlagerbotschaft letzte Zuversicht: „Ich weiß, es wird einmal ein Wunder geschehn".

„In einer Zeit, in der der gesamten Nation so schwere Lasten und Sorgen aufgebürdet werden", ließ sich Goebbels im zweiten Kriegsjahr vernehmen, „ist die Unterhaltung staatspolitisch von besonderem Wert." Die gute Laune, davon sei er überzeugt, könne unter Umständen nicht nur kriegswichtig, sondern sogar kriegsentscheidend sein. Als Muntermacher und Trostspender in schweren Zeiten.

„Und die Musik spielt dazu", „Wir machen Musik" und „Mit Musik geht alles besser" hießen drei populäre Schlager jener Jahre, in denen Nazi-Deutschland begann, sein Terror-Regime auf die Nachbarstaaten auszuweiten, halb Europa dabei in Schutt und Asche legte, Tod und Verderben, Hunger und Elend ins Land brachte und am Ende bereit war, seinem verbrecherischen Führer zu folgen und dem eigenen Untergang mit klingendem Spiel entgegenzumarschieren. Es war eine Apokalypse nach Noten, mit brachialer Marschmusik, beschwingten Melodien und fröhlichem Schlagergesang. Und die Musik spielte dazu, auch als Hitlers Wehrmacht einen Überfall nach dem anderen plante und in die Tat umsetzte, als das große Massensterben begann, als die Bomben fielen, als die „Endlösung der Judenfrage" betrieben wurde und dem mörderischen Rassenwahn Millionen zum Opfer fielen. Und wie sie spielte. Bis zum bitteren Ende.

Die, die die Musik dazu machten, all die Schlagerstars, Komponisten und Texter, deren Biographie maßgeblich durch die Zeit des Nationalsozialismus geprägt worden war, vermochten in ihrer Mehrzahl auch noch nach einem halben Jahrhundert nicht nachzuvollziehen, daß ihre Schlagerlieder maßgeschneiderte Auftragsarbeiten waren, die eine vom NS-Regime genau kalkulierte Funktion hatten: Ablenkung von einer grausamen Wirklichkeit, Erbauung in trüben Tagen, Flucht in eine ferne, heile Welt, wo ringsum alles in Trümmer sank. Schon gar nicht, daß sie alle mitgewirkt hatten an einer glitzernden Fassade des schönen Scheins, hinter der sich die Barbarei um so hemmungsloser austoben konnte. Bereits die Buchtitel ihrer Memoiren verraten, wie sehr sie in ihrem Metier verfangen blieben, das die Wirklichkeit zum Märchen verklärt und das Märchen zur Wirklichkeit. Allein die Titel sprechen Bände: „Schön war die Zeit" (Peter Kreuder), „So wird's nie wieder sein" (Ilse Werner), „Es war so wunderbar!" (Zarah Leander).

Wenn man ihren Erinnerungen an Deutschlands dunkelste Zeit Glauben schenken mag, dann war ihr aller Name Hase. Sie wußten von nichts, beherrschten die Kunst des Wegschauens und Weghörens geradezu virtuos und gaben sich noch am Ende ihres Lebens ahnungslos, naiv und voller Einfalt. Sie führten ihre Gedächtnislücken vor, hatten verdrängt, daß sie sich einst von einigen wenigen Ausnahmen abgesehen nur allzu gern von den Machthabern hatten umgarnen lassen und kein Problem damit hatten, sich vor den Karren ihrer Propaganda spannen zu lassen. Kein Wort davon, daß sie einst Privilegien in Anspruch nahmen, sich vertrauensvolle Ämter antragen ließen, Ergebenheitsadressen verfaßt, um Zuneigung und Sonderkonditionen gebuhlt hatten. Daß sie in die Höhle des Löwen gepilgert waren, sich von Goebbels und den anderen Machthabern hatten zum Tee bitten und zu Privatfeten einladen lassen.

„Ich bin und war allezeit ein unpolitischer Mensch", läßt sich noch in unseren Tagen Hitlers Lieblings-Danilo Johannes Heesters, inzwischen weit über hundert, über sich und die Rolle vernehmen, die er und seine Kollegen der Leichten Muse zuzeiten des Nazi-Regimes gespielt haben: „Ich bin Künstler und sonst nichts." Auch Marika Rökk hatte Zeit ihres Lebens beteuert: „Ich mochte, liebte, bewunderte Deutschland und konnte das Regime nicht beurteilen, denn ich war total unpolitisch. Ich habe mich immer nur auf meinen Beruf konzentriert." Und Zarah Leander, die kühle Baßamsel aus dem hohen Norden, pflichtete ihr angriffslustig bei: „Wo steht denn geschrieben, daß ausgerechnet Künstler etwas von Politik verstehen müssen? Ich bin fast froh darüber, daß man mir das Etikett ‚politischer Idiot' aufgeklebt hat. Wenn ich das aber wirklich bin, sollte man mich mit grundlosen Anklagen wegen einer politisch ‚fragwürdigen' Vergangenheit in Ruhe lassen."

Man ließ sie in Ruhe. Sie und all die andern Schlagermacher auch, die vom NS-Regime umworbenen und gehätschelten Künstler der Unterhaltungsbranche, die doch nur aussprachen, was ihre vielen verdrängungswütigen Fans insgeheim ohnehin dachten und fühlten. Man erinnerte sich nicht an das, woran man nicht erinnert werden wollte. Man wußte von nichts. Der Faschismus, so schrecklich er auch war, hatte offenbar vor der eigenen Wohnungstür Halt gemacht. Die Fähigkeit des Schlagers, wem auch immer ein X für ein U vorzumachen, wirkte auf wundersame Weise auf sie wieder zurück. Sie alle, Schöpfer, Interpreten wie Konsumenten wurden eins mit ihrem Lieblingsobjekt, dem Schlager. Und der hielt sich selbst da noch, wo seine systemimmanente Wirkung außer Zweifel stand, für tendenzfrei und apolitisch. Wie dieses Phänomen zustandekommt, dafür hatte Propagandaminister Goebbels schon im März 1933 eine einleuchtende Erklärung: „Das ist das Geheimnis der Propaganda: Den, den die Propaganda erfassen will, ganz mit den Ideen der

Propaganda zu durchtränken, ohne daß er überhaupt merkt, daß er durchtränkt wird." Und weiter: „Es gibt keine Kunst ohne Tendenz, und die tendenziöste ist die, deren Schöpfer behaupten, sie habe keine."

Als er diese Worte formulierte, stellten die Nazis erst ein paar Wochen die Regierung. Die Machtübernahme kam mit hymnischem Gegröl, mit völkischem Singsang und markiger Marschmusik. Nichts war wie es vorher war. Vorbei die Zeit der tollen Zwanziger. Die jazzigen Rhythmen, der freche, witzige, oft rüde Schlagerton, mit dem sich die Show-Größen der Weimarer Republik einen rotzigen Reim auf ihre turbulente Zeit gemacht hatten das alles galt fortan als undeutsch, dekadent und zersetzend.

Wie die Künstler, die dafür standen. Sie wurden verfolgt, verfemt, aus dem Land gejagt. Wem die Flucht nicht gelang, wurde verhaftet, gequält und ermordet. Wer aus politischen oder rassischen Gründen das Mißfallen der Nazis erregte, lebte vom ersten Tage der braunen Machtübernahme an gefährlich und war seines Lebens nicht mehr sicher. Ein kultureller Aderlaß ohne Beispiel fand in diesen Jahren statt, in denen die Nazis mit unnachgiebiger Härte vollendete Tatsachen schafften, Auftritts- und Arbeitsverbote verhängten und bald die Mitgliedschaft in der Reichskulturkammer zur Pflicht machten. Aufnahme fand nur, wer nach faschistischer Lesart „deutschblütig" war und über die „notwendige Zuverlässigkeit und Eignung als Träger und Verwalter deutschen Kulturgutes im Sinne der nationalsozialistischen Staatsführung" verfügte.

Zehntausende von Künstlern aller Sparten verließen ab 1933 ihre Heimat. Die Liste der ins Exil und in eine ungewisse Zukunft Vertriebenen ist lang und liest sich wie das große „Who's who" der deutschen Unterhaltungsbranche. Marlene Dietrich („Ich bin die fesche Lola") hatte schon ihre Überseekoffer gepackt, bevor Deutschland unters Hakenkreuz fiel. Richtung Amerika wie sie flüchteten, zumeist über

Nacht und über viele Umwege, auch die berühmten Revue-, Operetten- und Schlagerkomponisten, deren Melodien den Sound der zwanziger und frühen dreißiger Jahre ausmachten: Friedrich Hollaender („Ich bin von Kopf bis Fuß auf Liebe eingestellt") und sein Vater Victor Hollaender („Schaukel-lied"), Jean Gilbert („Puppchen, du bist mein Augenstern"), Oscar Straus („Ich bin eine Frau, die weiß, was sie will"), Werner Richard Heymann („Das ist die Liebe der Matro-sen"), Emmerich Kálmán („Machen wir's den Schwalben nach"), Franz Wachsmann („Allein in einer großen Stadt"), Kurt Weill („Und der Haifisch, der hat Zähne"), Leo Ascher („Das Lercherl von Hernals"), Bronislaw Kaper („Mein Go-rilla hat ne Villa im Zoo"), Paul Dessau („Niemand kann so zärtlich sein wie du"), Bruno Granichstaedten („Zuschaun kann i net"), Walter Jurmann („Veronika, der Lenz ist da"), Paul Abraham („Meine Mama ist aus Yokohama"), Artur Guttmann („Das Herz eines Boxers"), Karol Rathaus („Die Haut, das war das erste Kleid"), Wilhelm Grosz („Sieben kleine Tiller-Girls"), Nikolaus Brodszky („Jeder macht mal eine Dummheit"), Robert Katscher („Es geht die Lou lila") und Hanns Eisler („Stempellied"). Ihnen folgen später, ob-wohl beide nicht unter die Rassegesetzgebung fielen, Ralph Benatzky („Im weißen Rößl am Wolfgangsee") und Robert Stolz („Leutnant warst du einst bei den Husaren"), die beide noch eine Zeitlang das deutschsprachige Kino mit Filmmusi-ken versorgt hatten.

Vielen blieb die Überfahrt in die Vereinigten Staaten versagt, weil es an Geld oder am ersehnten Affidavit mangelte. Nach Großbritannien emigrierten Mischa Spoliansky („Heute nacht oder nie"), Hans May („Ein Lied geht um die Welt") und Allan Gray („Flieger, grüß mir die Sonne"). Nach lan-ger Odyssee, die ihn nach London und Brüssel führte, wird Hugo Hirsch („Wer wird denn weinen, wenn man auseinan-dergeht") schließlich vom Einmarsch der deutschen Truppen in Frankreich überrascht und wie Heinz Lewin („Als ich dich zum erstenmal gesehn") in ein Internierungslager verschleppt. Ralph Erwin („Ich küsse Ihre Hand, Madame"), ebenfalls in einem französischen Camp interniert, starb 1943 nach einem dramatischen Fluchtversuch. Erich Ziegler („Am Rüdesheimer Schloß steht eine Linde"), nach Amsterdam emigriert, wurde verhaftet und überlebte das KZ Westerbork. Friedrich Schwarz („Es war einmal ein Musikus") war bereits im Juli 1933 nach geglückter Flucht in einem Pariser Hotel tot aufgefunden worden. Rudolf Nelson, der Spezialist für kabarettistische Schlager der Zwanziger („Wenn du meine Tante siehst"), entkam dem KZ Westerbork und tauchte in Amsterdam unter, Hermann Leopoldi („Ich bin a stiller Zecher") kam aus Buchenwald frei und konnte sich nach New York retten, Edmund Eysler („Küssen ist keine Sünd") überstand die Nazi-Zeit in einem Wiener Versteck, Austin Egen („Zigeuner, du hast mein Herz gestohlen") versuchte in Österreich zu überleben. Andere Komponisten hatten weniger Glück: Richard Fall („Was machst du mit dem Knie, lieber Hans") wurde in Nizza festgenommen und kam im Januar 1945 in Auschwitz ums Leben, James Rothstein („Madame Adèle") kam im Ghetto Lodz um, Siegwart Ehrlich („Ich bin die Marie von der Haller-Revue"), der in Italien untergetaucht war, wurde entdeckt und starb 1941 unter ungeklärten Umständen in Mailand, sein Kollege James Klein („Das ist Berlin"), Chef der legendären Berliner Klein-Revuen, wurde 1943 in Auschwitz ermordet, Leon Jessel („Erklingen zum Tanze die Geigen"), der Komponist des „Schwarzwaldmädel", starb 1942 nach einem Gestapo-Verhör in Berlin, Siegfried Translateur („Sportpalast-Walzer") kam in Theresienstadt zu Tode, Willy Rosen („Was will der Mann da auf der Veranda?"), starb im Herbst 1944 in der Gaskammer des KZ Auschwitz.

Auch Orchester und berühmte Tanzkapellen traf der Bannstrahl des nazistischen Rassenwahns: Bandleader wie Julian Fuhs, Marek Weber, Ilja Livschakoff, Arno Lewitsch, Dajos

Béla und Efim Schachmeister gingen nach Amerika, James Kok und Ben Berlin retteten sich nach London, Dolfi Dauber nach Prag, Paul Godwin tauchte in Amsterdam unter, Sigmund Petruschka, der Chef der Sid Kay's Fellows, flüchtete nach Tel Aviv. Jack Presburg wurde in den Niederlanden verhaftet und in Auschwitz umgebracht. Verboten und ins Exil getrieben wurden auch die legendären Comedian Harmonists und Weintraubs Syncopators, ihre Mitglieder mußten sich bald trennen und überlebten auf verschiedenen Erdteilen.

Die Schlagertexter erlitten das gleiche Schicksal. Franz Lehár („Immer nur lächeln"), dessen Musik bei den Nazis wohlgelitten bis hochgeschätzt war – die „Lustige Witwe" war Hitlers Lieblings-Operette –, wurde mit Geschenken und Ehren überhäuft, man sah ihm sogar seine jüdische Ehefrau nach, zumal er Goebbels versichert hatte, sie „künftig im Ausland leben zu lassen". Für seine an Leib und Leben bedrohten Texter und Librettisten hat er dagegen nichts auszurichten vermocht. Einigen von ihnen gelang nach dem gewaltsamen Anschluß Österreichs wie Heinz Reichert („Zarewitsch"), Ludwig Herzer („Land des Lächelns"), Paul Knepler („Giuditta") die Flucht ins Ausland, andere wie Béla Jenbach („Paganini") und Victor Léon („Lustige Witwe") starben Anfang der vierziger Jahre in ihrem Wiener Versteck, in dem sie sich vor den Nazis verborgen hielten. Fritz Löhner („Friederike") dagegen, der unter seinem Pseudonym Beda auch auf den Bestseller-Listen mit Schlagern wie „Ich hab mein Herz in Heidelberg verloren", „Ausgerechnet Bananen", „Wo sind deine Haare, August?", „O Donna Clara" ganz oben rangierte, hoffte vergebens, „der Meister" werde ihn im KZ „nicht vergessen". Löhner starb im Dezember 1942 nach schweren Mißhandlungen in Auschwitz.

Textdichter und Librettisten wie Löhner-Beda waren wie ihre Komponisten von den Nazis bald in entsprechenden Lexika als Jude gebrandmarkt und denunziert worden. Wer konnte, versuchte frühzeitig, sich ins Ausland zu retten. Auch diese Liste erscheint endlos: Kálmáns „Mariza"-Texter Alfred Grünwald („A klane Drahrerei") floh in die USA, ebenso Armin Robinson („Mein Peter ist Trompeter"), Fritz Rotter („Wenn der weiße Flieder wieder blüht"), Bert Brecht („Seeräuber-Jenny"), Rudolf Österreicher („Ich denk an Mädi die ganze Nacht"), Karl Farkas („Wenn die Elisabeth nicht so schöne Beine hätt"), Felix Joachimson („Erstens kommt es anders, zweitens als man denkt"), Kurt Robitschek („Zwei rote Rosen, ein zarter Kuß"), Walter Reisch („Adieu, mein kleiner Gardeoffizier"), Robert Gilbert („Am Sonntag will mein Süßer mit mir segeln gehn") und Alfred Polgar, der unter dem Pseudonym Hans Herbert sein „Komm auf die Schaukel, Luise" für Hans Albers schrieb. Fritz Oliven, der unter seinem Pseudonym Rideamus textete („Ich bin nur ein armer Wandergesell"), fand in Brasilien Aufnahme. Hermann Vallentin („Mignon vom Kiez") rettete sich über die Schweiz nach Tel Aviv. Nach Frankreich flohen Ernst Neubach („In einer kleinen Konditorei"), Rolf Marbot („Ich hab mit der Marianne ‚ne Panne gehabt"), Bert Reisfeld („Lebewohl, gute Reise"), auch Julius Brammer („Schöner Gigolo"), der im April 1943 im Internierungslager Juan-les-Pins zu Tode kam, Robert Liebmann („Kinder, heut abend, da such ich mir was aus"), dessen Spur sich hier in den vierziger Jahren verliert, Arthur Rebner („Hallo, du süße Klingelfee"), der schließlich in Mexiko eine Bleibe findet und Walter Mehring („In Hamburg an der Elbe, gleich hinter dem Ozean"), den es nach abenteuerlicher Flucht aus einem Internierungslager über Marseille und Casablanca in die USA verschlägt. Auch Ernst Welisch („Und der Himmel hängt voller Geigen") mußte fliehen und starb in der Fremde, Moriz Seeler („Frag mich was") ist im Ghetto Riga verschollen.

Max Kolpe („Hoppla, jetzt komm ich"), der sich der Emigration Max Colpet nannte, überlebte den Zweiten Weltkrieg in einem schweizer Internierungslager. Peter Herz („Schön ist so ein Ringelspiel") fand in Großbritannien eine Bleibe,

ebenso Rudolf Bernauer („Die Männer sind alle Verbrecher")
und Herman Haller („Ach Jott, wat sind die Männer dumm").
Kurt Schwabach („Darf ich um den nächsten Tango bitten")
ging nach Tel Aviv, Hans Weigel („In Hollyhollyhollywood")
in die Schweiz, Max Bertuch („Warum? Weshalb? Wieso?")
starb 1943 im KZ Majdanek, Fritz Grünbaum („Ich hab das
Fräul'n Helen baden sehn") 1941 im KZ Dachau. Paul Niko-
laus („War'n Sie schon mal in mich verliebt?") brachte sich
1933, wenige Tage nach der geglückten Flucht aus Berlin, in
der Schweiz um, Kurt Tucholsky („Tamerlan"), der als Theo-
bald Tiger die Nelson-Revuen mit einer Reihe von Kabarett-
Schlagern beliefert hatte, nahm sich 1935 im schwedischen
Exil das Leben. Willy Prager („Alles kommt einmal wieder")
gelang es, in Berlin unterzutauchen und zu überleben, Rudolf
Schanzer („Wenn du meine Tante siehst"), nach Italien ge-
flohen, beging nach einem Gestapo-Verhör Selbstmord. Leo-
pold Jacobson („Leise, ganz leise klingt's durch den Raum")
starb 1943 im Ghetto Theresienstadt wie Wilhelm Sterk („Du
sollst der Kaiser meiner Seele sein"). Willy Hagen („Han-
nelore") kam 1941 im Ghetto Lodz ums Leben, Theodor
Waldau („Die schöne Adrienne"), der sich als Schlagertexter
Wau-Wau nannte, 1942 im KZ Buchenwald. Julius Wilhelm
(„Ich tanz mit dir ins Himmelreich") starb Anfang der vierzi-
ger Jahre in seinem Wiener Versteck, in dem er sich vor den
Nazis verborgen hielt.
Die jüdischen Textdichter waren ab 1933 in Deutschland,
später auch in Österreich und in den von der Wehrmacht be-
setzten Gebieten zum Freiwild erklärt worden. Und sie waren
rechtlos. Kamen ihre Werke wie im Fall der Lehár-Operetten
zur Aufführung, blieb ihr Name im Programmzettel uner-
wähnt, sie erhielten keine Tantieme und konnten sich auch
nicht einmal gegen sogenannte Pro-forma-"Bearbeitungen"
zur Wehr setzen. Wie man sich in jenen Jahren an Textdichtern
und Librettisten bereicherte, sich an ihrem geistigen Eigen-
tum vergriff, veranschaulicht die Geschichte, die sich um die

Entstehung des Heurigen-Schlagers „Sag zum Abschied leise Servus" rankt. Sie spielt im Frühjahr 1935 in Wien, wo Willi Forst mit Peter Kreuder beim Heurigen über die Musik zu seinem Film „Burgtheater" fachsimpelt. Als der Komponist während des Gesprächs einen musikalischen Einfall hat, ihn seinem Regisseur vorsummt und laut über einen Text nachdenkt, tritt ein Unbekannter an sie heran, stellt sich als Harry Hilm vor und bietet seine Mithilfe an. Er gibt vor, nur zuhause schreiben zu können, geht und kommt nach einer Weile mit dem fertigen Text zurück. Der aber stammte gar nicht von Hilm, der nur als Strohmann fungierte, sondern von den mit ihm befreundeten jüdischen Autoren Hans Lengsfelder („Ein Kuß, der muß aus Spanien sein") und Siegfried Tisch („Leider bist du reizend, Mädel"), deren musikalische Komödie „Warum lügst du, Chérie" seinerzeit ein Bühnen-Hit war. Als Hans Moser das „Servus"-Lied wenig später unter die Leute brachte und zum Evergreen machte, ahnte niemand, wem die melancholischen Zeilen dazu eingefallen waren, die bald in mehr als zwanzig Sprachen übersetzt wurden. Auf dem Plattenetikett stand jeweils der Name des Strohmanns verzeichnet, von dem Kreuder behauptet, er habe später die unberechtigten Einnahmen nie abgerechnet.

Hans Lengsfelder gelang 1938, vor den Nazis in die USA zu fliehen, sein „Servus"-Kollege Tisch wurde verhaftet und ins KZ Buchenwald gebracht. Als er ein Ausreisevisum vorzeigen konnte, kam er frei und emigrierte im Mai 1939 nach London. Dort erreichte ihn kurz nach seiner Ankunft ein Brief der Schauspielerin Friedl Czepa, in dem sie ihm mitteilt, sie habe ihrem „Pepperl" gemeint war Goebbels – Lieder aus „Warum lügst du, Chérie" vorgesungen, und der sei begeistert gewesen. Und nun sei das Stück zu ihrer Freude an einem Berliner Theater herausgekommen. Es hieß nun „Lüg nicht, Baby", die Handlung war ein wenig verändert worden, gewissermaßen „arisiert" und ideologisch auf dem neuesten Stand gebracht, sie spielte neuerdings nicht mehr in Frankreich, sondern in Schottland. Das Programmheft nannte nun als Verfasser Hans Carste (Musik) und Berndt Werner (Text). Friedl Czepa machte eine bescheidene Filmkarriere. Sie wurde gebraucht. Schließlich trug auch der Massen-Exodus der Interpreten dazu bei, daß die Unterhaltungsindustrie, die Propagandachef Goebbels auf deutsch-nazionalen Kurs zu bringen versprach, mit Hitlers Machtübernahme vor einem Nichts stand. Denn die Schlager-Stars und -Sternchen, die den Sound der Zwanziger und Dreißiger geprägt hatten, galten in ihrer Mehrzahl den ideologisch verbiesterten Funktionären der neugegründeten Reichsmusikkammer als Vertreter eines „verrotteten Zeitgeschmacks". Auch sie wurden, zumeist ihrer jüdischen Abstammung wegen, mit Auftrittsverbot belegt, verfolgt und aus dem Land getrieben.

Viele von ihnen, gerade noch als Publikumslieblinge verehrt und vergöttert, mußten über Nacht um ihr Leben fürchten. Wer die notwendigen Papiere bekam, den zog es in die Vereinigten Staaten wie Curt Bois („Guck noch nicht immer nach dem Tangogeiger hin"), Ernst Verebes („Jo-Jo") und Felix Bressart („Goldblondes Kätchen"), Gitta Alpár („Die erste Nacht, die eine Frau dir schenkt"), Leo Monosson („Wenn ich sonntags in mein Kino geh"), Grete Mosheim („Eine kleine Sehnsucht"), Paul Graetz („Uns kann keener"), Oskar Karlweis („Hallo, du süße Frau"), Lotte Lenja („Seeräuber-Jenny"), Dolly Haas („Für'n Groschen Liebe"), Maria Collm („Peter, Peter, komm zu mir zurück"), Mady Christians („Kleine Liebe – große Liebe"), Siegfried Arno („Unerhört küßt die Malwine"), Trude Berliner („Mach rotes Licht, wir wollen Tango tanzen"), Anna Sten („Ich weiß nicht, zu wem ich gehöre"), Fritzi Massary („Warum soll eine Frau kein Verhältnis haben"), 1938 dann auch Blandine Ebinger („Jonny, wenn du Geburtstag hast"), Marta Eggerth („Du traumschöne Perle der Südsee") und Jan Kiepura („Ob blond, ob braun, ich liebe alle Frau'n"). Franziska Gaal („Ach, wie oft kommt die Liebe unverhofft") kehrte enttäuscht aus den USA nach Europa zurück und lebte versteckt in Ungarn, auch Camilla Spira („Im weißen Rößl am Wolfgangsee") wurde in der Neuen Welt nicht heimisch und ging nach Amsterdam, wo sie untertauchte, nachdem sie aus dem KZ Westerbork freigekommen war.

Als Oskar Dénes („Mausi, süß warst du heute nacht") und seine Frau Rosy Barsony („My golden Baby") Deutschland verlassen mußten, gingen sie zunächst auf Tournee, gastierten in Wien, in den USA, in den Niederlanden, in ihrer ungarischen Heimat und in Australien. Margo Lion („Leben ohne Liebe kannst du nicht") kehrte aus Berlin nach Frankreich zurück, wo auch Lee Parry („In St. Pauli bei Altona") die Kriegswirren überlebte. Rita Georg („Im Prater blühn wieder die Bäume") emigrierte in die Niederlande, Annemarie Hase („Die zersägte Dame") ging nach England ins Exil, ebenso Richard Tauber („Du bist die Welt für mich"), Irene Ambrus („Die Susi bläst das Saxophon"), Lucie Mannheim („So genau woll'n wir det jarnich wissen"), Irene Eisinger („Jetzt trink ma noch a Flascherl Wein") und Anny Ahlers („Ich wär so gern mal richtig verliebt"), die sich im März 1933 in London das Leben nahm.

Ernst Busch („O Susanna"), als „Politischer" verfolgt, flüchtete mit seiner Frau Eva Busch („Gruß und Kuß, Veronika") zunächst nach Holland, später wurde er von den Nazis verhaftet, wegen Hochverrats zum Tode verurteilt, dann zu Zuchthaus begnadigt; sie wurde ins KZ Ravensbrück verschleppt. Beide überlebten das Dritte Reich. Anders viele ihrer Kollegen: Dora Gerson („Backbord und Steuerbord"), Franz Engel („Wie geht's Ihnen, Herr Fröhlich"), Guido Gialdini („Das haben die Mädchen so gerne"), Kurt Gerron („Mein Bruder macht beim Tonfilm die Geräusche"), Hermann Feiner („Großmama, laß dir die Haare schneiden"), Otto Wallburg („Lachst du mich auch aus, mein Schatz") und Max Ehrlich („Lieber Leierkastenmann") wurden in Auschwitz ermordet, Serge Abranowicz („Leutnant warst du einst bei den Husaren") kam im Warschauer Ghetto um, Joseph Schmidt („Ein

Lied geht um die Welt") starb 1942 in einem schweizer Internierungslager, Louis Treumann („Ich weiß auf der Wieden ein kleines Hotel") und Mia Werber („Wir tanzen Ringelreihn") kamen im Ghetto Theresienstadt ums Leben.

Käte Erlholz („Die Katharin aus Krotoschin") überlebte in den Niederlanden, Max Hansen („Was kann der Sigismund dafür, daß er so schön ist") rettete sich nach Skandinavien, Emmy Sturm („Es geht schon besser") nach Ecuador, Max Kuttner („Blutrote Rosen") nach Shanghai, Fritz Schulz („So ein Dalles geht über alles") in die Schweiz. Paul O'Montis („In der Bar zum Krokodil") beging im KZ Sachsenhausen Selbstmord, Robert Koppel („Der treue Husar") ging zunächst nach Österreich, später nach Frankreich. Renate Müller („Ich bin ja heut so glücklich") starb 1937 unter ungeklärten Umständen in Berlin, Isa Vermehren („Eine Seefahrt, die ist lustig") wurde in Sippenhaft genommen und nach Ravensbrück, Buchenwald und Dachau verschleppt, Robert Dorsay („Ich bring dich um die Ecke – zum Autobus") wurde im Oktober 1943 wegen ironischer Bemerkungen über den Ausgang des Krieges vom Volksgerichtshof zum Tode verurteilt und hingerichtet. Das gleiche Verdikt erging wenig später „wegen defätistischer Äußerungen im Luftschutzkeller" gegen Erich Knauf, dessen Texte zu Bochmann-Schlagern wie „Glocken der Heimat" und „Heimat, deine Sterne" zur Kriegszeit in aller Munde waren. Das Urteil wurde Anfang Mai 1944 im Zuchthaus Brandenburg mit dem Fallbeil vollstreckt.

Eine grausige Bilanz. Kaum einer von denen, der am Sound der „Roaring Twenties" mitgebastelt hatte, der die Schlager- und Unterhaltungsmusik dieser quirligen, verrückten, quicklebendigen Epoche mitgestaltet hatte, stand zur Verfügung, als sich die Nazis 1933 daran machten, eine neue Ära der leichten Unterhaltung, des heiteren Frohsinns und der guten Laune einzuläuten und damit dem Propagandainstrument ihres Terror-Regimes neue Saiten aufzuziehen. Wo waren die jungen Talente? Gab es sie überhaupt?

Es gab sie und sie rekrutierten sich in der Mehrzahl aus der zweiten Reihe. Altmeister wie Franz Lehár, Walter Kollo und Paul Lincke hatten ihre besten Zeiten längst hinter sich und konnten allenfalls noch mit ein paar verstaubten Marschrhythmen dienen. Aber es gab die jungen Assistenten, die bei den Großen ihrer Zunft – bei Friedrich Hollaender, Mischa Spoliansky und Rudolf Nelson – das Handwerk gelernt, für sie gearbeitet, instrumentiert, arrangiert, Noten kopiert hatten. Nun konnten sie aus den übermächtigen Schatten ihrer Vorbilder heraustreten und zeigen, was sie sich bei ihnen abgeguckt hatten. Und das war nicht wenig. Sie hatten ihre Chance. Und sie nutzten sie.

Die Hoffnung, man werde sie „wertfrei" komponieren und texten lassen, Nur-Unterhaltendes unter die Leute bringen lassen, erfüllte sich in den seltensten Fällen. Kaum einer, der den Fangarmen der Goebbelschen Propagandamaschinerie entkommen wäre.

Sie lernten früh, mit der Sklavensprache umzugehen, sie unterliefen sie zuweilen durch ambivalente Mehrdeutigkeit, die so und auch anders zu interpretieren war. Ein Schlagertext wie „Ich weiß, es wird einmal ein Wunder geschehn", zu Kriegszeiten als kraftvoll-pathetisches Bekenntnis zum Durchhaltewillen verstanden, mauserte sich nach 1945 insgeheim zum verkappten Widerstandslied, das das Ende des NS-Regimes im Augen gehabt haben will.

Schlagermacher brauchen und wollen wie alle Künstler den Erfolg – das liegt in der Natur der Sache. Die Mehrzahl der Textdichter und viele ihrer Musikerkollegen hatten, bevor sie ins Schlagergeschäft einstiegen, fürs Kabarett gearbeitet, hatten also ein Gefühl fürs Aktuelle, einen Sinn für Zeitströmungen und neue Trends, ein Gespür für Veränderungen. Eine Gewähr dafür, mit Zeitkritik und Zivilcourage auf Duzfuß zu stehen, gibt es für den, der gelernt hat, auf die Zeichen der Zeit zu achten, aller_dings nicht. Den Trend erkennen kann auch heißen, sich ihm anzuschlie_ßen, den Weg des geringsten Widerstandes zu gehen. Schlagertexter Hans Fritz Beckmann hat das 1936 in einem Filmchanson für Ida Wüst in Worte gefaßt: „Was auch passiert geschickt sich anzugleichen und aufzupassen, daß du nicht der Dumme bist: Das ist gescheit. Willst du im Leben was erreichen, mußt du das Leben nehmen wie es eben ist."

Peter Kreuder (1905-1981) schrieb die Musik zu diesem schlagerhaften Hohelied der Anpassung. Er war ein enger Mitarbeiter von Friedrich Hollaender und Rudolf Nelson gewesen, war ein blendender Pianist, hatte eine Vorliebe für Jazz, schrieb Chansons fürs Kabarett und avancierte bald zu einem der meistbeschäf_tigten Komponisten der dreißiger Jahre. Schon 1932 war er Mitglied der NSDAP geworden, 1936 wurde er zum Staatsmusikdirektor der Bayerischen Staatsoperette ernannt. Er schrieb die Musik zu den Marika Rökk-Filmen „Kora Terry" und „Hallo Janine", zu Kriegs- und Propagandafilmen wie „Weiße Sklaven" und zu Leni Riefenstahls Reichsparteitags-Dokumentation „Tag der Freiheit! Unsere Wehrmacht". Zu seinen bekanntesten Schlagern gehören „Ich werde jede Nacht von Ihnen träumen", „Im Leben geht alles vorüber", „Sag beim Abschied leise Servus", „Wenn die Sonne hinter den Dächern versinkt", „Auf dem Dach der Welt", „Good bye, Jonny", „Ich brauche keine Millionen" und „Für eine Nacht voller Seligkeit „. Weniger bekannt wurden seine Soldatenlieder und Marschmusiken „70 Millionen – ein Schlag!", nach dem „Anschluß Österreichs" aktualisiert zu „75 Millionen – ein Schlag: Das deutsche Volk am Donaustrand".

Auch Norbert Schultze (1911-2002) kam vom Kabarett, war Pianist der „Vier Nachrichter", bevor er als Komponist der Oper „Schwarzer Peter" großen Erfolg hatte und auf die geheime „Führerliste" gelangte, die vom Kriegsdienst befreite. Sein 1938 vertontes Leip-Gedicht „Lili Marleen", ein Jahr später als „Lied eines jungen Wachtpostens" auf Schallplatte erschienen, wurde im August 1941 zur Erkennungsmelodie des Belgrader Soldatensenders, der es Abend für Abend in den Äther schickte. Das Lied, von Goebbels als „Schnulze mit dem Leichengeruch" gehaßt, von Hitler als eins mit „Zauberkraft" geschätzt, das „möglicherweise uns alle überdauern wird", wurde zum internationalen Hit zwischen den Fronten. Schultze schrieb 1939 für einen Propagandafilm seinen ersten Kriegsschlager („Bomben auf Polenland"), der bald, nachdem Polen besiegt war, in „Bomben auf Engeland" umfrisiert wurde. „Bomben-Schultze" schrieb nun einen Marsch nach dem andern, für jeden Kriegsschauplatz einen, einen für die Panzergrenadiere, einen für die Seeflieger, einen für Rommels Afrika-Kämpfer, einen für die U-Boot-Fahrer, einen für die Heeresgruppe Kleist, auch gehässige Spottlieder auf Winston Churchill und die britische Marine. Und viele Leinwandmusiken für „staatspolitisch wertvoll" eingestufte Propagandafilme: „Feuertaufe", „Ich klage an", „Bismarck", „Kampfgeschwader Lützow", „Kolberg". Im Juni 1941 soll Bomben-Schultze ein Rußlandlied komponieren, das den Überfall auf die Sowjetunion musikalisch begleiten soll. Der Text steht schon: „Führer befiehl, wir folgen dir"; Goebbels selbst hat daran mitgebastelt. Auch der Melodie gibt er den letzten Schliff: er setzt sich auf die Klavierbank, ändert Harmonien, vereinfacht den Rhythmus, hat die Idee, die Rußlandfanfare mit dem Motiv aus Franz Liszts „Les Préludes" zu verkoppeln. Hitlers Propagandachef ist mit dem Ergebnis zufrieden: „Unser neues Lied gefällt überall. Es wird ein großer Schlager werden." Mit dem neuen Schlagerlied auf den Lippen zieht die deutsche Wehrmacht gen Osten. In Tod und Verderben.

Das Rußlandlied war das Ergebnis eines Wettbewerbs. Neben Schultze war auch Herms Niel (1888-1954) aufgefordert worden, den brachialen Gemeinschaftstext von Anacker, Kulenkampff, Tießler und Goebbels zu vertonen, aber der Propagandachef entschied gegen den gelernten Landwirt und Militärmusiker, den Hitler zum Professor ernannt hatte:

„Schultze ist besser." Hermann Nielebock, wie er eigentlich hieß, Komponist der offiziellen Kampfhymnen gegen England („Denn wir fahren gegen Engeland") und Frankreich („Über die Maas, über Schelde und Rhein, marschieren wir siegreich nach Frankreich hinein"), hatte schon zuvor den Wehrwillen musikalisch stärken helfen und das markige Soldatenlied zum populären Schlager gemacht: „Auf der Heide blüht ein kleines Blümelein und das heißt Erika", „Antje, mein blondes Kind", „Edelweiß", „Es ist so schön Soldat zu sein", „Gerda, Ursula, Marie", „Zicke-Zacke", „Tschingta, tschingta, bummtara".

Fred Raymond (1900-1954) war einer der Musiker, die schon zu Zeiten der Weimarer Republik als Schlagerkomponist mit Titeln wie „Ich hab das Fräul'n Helen baden sehn", „In einer kleinen Konditorei", und „Ich hab mein Herz in Heidelberg verloren" für Bestseller gesorgt hatten. In den dreißiger Jahren wurden seine vornehmlich am Berliner Metropol-Theater aufgeführten Operetten („Lauf ins Glück", „Ball der Nationen", „Maske in Blau", „Saison in Salzburg") große Erfolge und bildeten einen Pool für populäre Schlagermelodien. Während des Zweiten Weltkriegs zum Militär eingezogen, betätigte er sich als musikalischer Truppenbetreuer und landete mit „Es geht alles vorüber, es geht alles vorbei" noch einmal einen großen Hit. Das Lied hatte es in sich, schon wegen der ambivalenten Textzeilen, auf die sich jeder seinen eigenen Reim machen konnte. Was denn auch geschah. Das als optimistischer Durchhalte-Schlager daherkommende Walzerlied lud zu Zeiten, da alles in Schutt und Asche sank, zu geheimsten Wünschen ein, die sich im Flüsterton in diversen Textvarianten Luft machten: „Es geht alles vorüber, es geht alles vorbei, zuerst Adolf Hitler und dann die Partei". Auch Lucie Mannheim, die nach England geflüchtete Berliner Schauspielerin, sang das Raymond-Lied mit neuen zeitkritischen Strophen im Londoner Rundfunk, der es über den Kanal nach Berlin zurückfunkte: „Bald ist alles vorüber, bald ist alles vorbei mit Goebbels und Hitler, mit Göring und Ley..."

Raymonds Nachfolger als Hauskomponist des Berliner Metropol war Ludwig Schmidseder (1904-1971), der neben einigen Operetten („Melodie der Nacht", „Frauen im Metropol") die Musik zu Filmen, volkstümlichen Liedern („I hab die schönen Maderln net erfunden", „Gitarren spielt auf") und einigen drohgebärdigen Kriegsliedern („Wir kommen wieder!") schrieb. Erfolgreicher und zugleich evergreenlastiger war da schon Friedrich Schröder (1910-1972), der 1942 am Metropol-Theater seine Operette „Hochzeitsnacht im Paradies" hatte aufführen lassen, die einige populäre Schlager („Ich spiel mit dir", „So stell ich mir die Liebe vor") enthielt. Bereits seine Musik, die er Mitte der Dreißiger zu Rökk- und Heesters-Filmen lieferte – „Es kommt auf die Sekunde an", „Ich tanze mit dir in den Himmel hinein", „Man müßte Klavier spielen können", „Liebling, was wird nun aus uns beiden" und seine gemeinsam mit Peter Kreuder verfaßten Lieder „In einer Nacht im Mai" und „Eine Insel aus Träumen geboren" bewiesen ein Gespür für den Zeitgeschmack jener Jahre. Im Angebot hatte er auch Noten zu Propagandastreifen wie „Panzerkreuzer Sewastopol" und Kampfliedern („Propeller frei!").

Geheime Wunschträume und private Sehnsüchte hat Gerhard Winkler (1906-1977) wie kein zweiter Unterhaltungskomponist seiner Zeit aufzuspüren und in Schlagernoten zu verwandeln vermocht. Dabei rückten er und seine Texter den sonnigen Süden Italiens gefühlig als virtuellen Fluchtpunkt ins Zentrum seiner Schlagerproduktion: „Wenn in Florenz die Rosen blühn", „O mia bella Napoli", „Ja, der Chiantiwein", „Wenn bei Capri die rote Sonne im Meer versinkt", „Tarantella Toskana", „Komm, Casanova, küß mich". Dennoch stießen sich solcherlei gesungene Sehnsüchte bald hart im Raum der prosaischen Wirklichkeit. Wie sein gemütliches Walzerlied „Und wieder geht ein schöner Tag zu Ende" in den Ohren der Schlagerfans im Laufe der Kriegsjahre mit seinen Bombardements auf deutsche Städte schon fast zynisch klang, war auch Winklers schwärmerische Italomanie ab 1943 kein erwünschtes Thema mehr, nachdem der Duce abgesetzt und Rom den Deutschen den Krieg erklärt hatte. Das Chianti-Lied wurde deshalb umgetextet in „Ja, der Tirolerwein" und die Capri-Fischer hatten ihre ganz große Zeit erst nach 1945, als Italien als reales Reiseziel lockte. Auch „Möwe, du fliegst in die Heimat", das tagträumerische Lied von Abschied und Rückkehr, 1944 auf Schallplatte erschienen und für den Zeitgenossen mit persönlichen Wünschen in Verbindung gebracht, überstand das Kriegsende mehr als glücklich sein gesungenes Versprechen („Einmal nach stürmischen Tagen kehre ich wieder zurück") war nun auch Millionen Heimatvertriebenen Trost und Labsal zugleich. Als Truppenbetreuer warb Winkler, auch für den Soldatensender tätig, nicht nur für südliche Reiseziele, sondern komponierte Märsche („Unser Kommandeur"), Landserlieder („Wenn ich Urlaub hab", „Heut marschiert die Garde auf"), Schlager für die Kriegs- und Heimatfront („Mach dir um mich doch bitte keine Sorgen") und hymnische Gesänge („Heiliges Vaterland").

Als Spezialist fürs Positive, an dem der Goebbels-Propaganda in Kriegszeiten so gelegen war, erwies sich schon früh Werner Bochmann (1900-1993), dessen Schlager „Das mach ich alles nur mit einem netten Lächeln", dem optimistisch gestimmten Heinz Rühmann auf den Leib geschrieben, ihm zum musikalischen Grundthema wurde: „Mir geht's gut", „Ich freue mich, daß wieder Sonntag ist", „Mit Musik geht alles besser", „Ja, das ist meine Melodie". Er hatte die leicht verdauliche Musik zu Filmen geliefert, in denen es um die Vermittlung von Frohsinn im Sinne der staatlich verordneten „Kraft durch Freude" ging („Fronttheater", „Wunschkonzert"), auch zu anderen, mit denen die Fliegerei als wehrpolitisch nützliches Hobby propagiert wurde („Quax, der

Bruchpilot", „Himmelhunde", „Quax in Fahrt"), hatte Abenteuer- und Komödienstoffe musikalisch versorgt und auch soldatische Klänge eingebracht („Alle Straßen dieser Welt", „Ein Flieger hat den Bogen raus", „Wenn über Deutschland der Sturmwind singt"). Im „Wunschkonzert für die deutsche Wehrmacht", das, propagandistisch geschickt, im „Großdeutschen Rundfunk" als akustische Brücke zwischen Heimat und Front seinen festen Sendeplatz hatte, wurde eher Wehmütig-Melancholisches bis Herzzerreißendes aus der Bochmann-Produktion vorgeführt: „Heimat, deine Sterne", „Gute Nacht, Mutter", „Abends in der Taverne", „Glocken der Heimat".

Lothar Brühne (1900-1958) spielte als Pianist in Unterhaltungsorchestern wie dem von Bernard Etté, bevor er als Filmkomponist für einige Zarah Leander-Filme („La Habanera", „Der Blaufuchs", „Damals") Karriere machte und dabei die Diva mit einer Reihe populärer Schlager wie „Kann den Liebe Sünde sein", „Der Wind hat mir ein Lied erzählt", „Von der Puszta will ich träumen", eindeckte. Auch Heinz Rühmann verdankt ihm seine musikalische Visitenkarte mit dem burschikos-trockenen Bekenntnis „Ich brech die Herzen der stolzesten Frau'n". Daneben Musik für Kriminal-, Abenteuer- und platte Propagandafilme wie „Feinde" und „Der Stammbaum des Dr. Pistorius" mit dem Marsch „Tritt an, deutsche Jugend", ferner zur Filmsymphonie „Europa erwache!", die die deutsch-italienische Freundschaft beschwor und das Kampfbündnis zwischen Hitler und Mussolini.

Anton Profes (1896-1976) hatte bereits in den Zwanzigern mit unbekümmerten Schlagern wie „Was macht der Maier am Himalaya?" oder „Am Sonntag will mein Süßer mit mir segeln gehn" die Hitlisten gestürmt. Während des Zweiten Weltkriegs lieferte er die Musik zu Propagandafilmen wie „Leinen aus Irland", „Der ewige Quell" und „Spähtrupp Hallgarten", bevor er mit „Kauf dir einen bunten Luftballon" für die publikumswirksame Eislauf-Film-Revue „Der weiße Traum" einen der letzten großen Schlagererfolge der NS-Zeit schrieb im zertrümmerten Deutschland verlangte es die Menschen offensichtlich zunehmend nach ablenkender Unterhaltung mit ihrem Angebot einer wirklichkeitsfernen Flucht ins Reich der schönen Träume.

Wie nachhaltig Hitlers Machtübernahme in die Lebensentwürfe und Schaffenspläne der Künstler Einfluß nahm, zeigt die Karriere des Komponisten Ernst Erich Buder (1896-1962), eines Schülers von Max Bruch und Engelbert Humperdinck. Schon im Mai 1933 trat er der NSDAP bei und engagierte sich in der SA, der er auch musikalisch im Viervierteltakt die Treue hielt („Sieg Heil, SA!", „Die Soldaten der neuen Zeit", „Das ganze Herz dem Vaterland", „Den toten SA-Kameraden", „Die Welt gehört den Führenden"). Schon früh qualifizierte sich der Musiklieferant für Unterhaltungsfilme („Liebesträume", „Wie einst im Mai"), denen er biedere Schlagermelodien wie „Heute bin ich so fidel" beigab, auch als Komponist für grobschlächtige Propagandafilme („Urlaub auf Ehrenwort", „Flüchtlinge") und Soldatenlieder wie „Der Sonne entgegen", „Flieger empor!", „Deutschland marschiert", „Wir fliegen durch silberne Weiten", „Stuka, kipp ab!" und „Soldaten sind immer Soldaten".

Buder gehörte wie die Komponisten Doelle, Borgmann, Windt, Künneke, Jary, Grothe, Mackeben, Böhmelt, Kreuder und die Textdichter Beckmann, Schwenn, Dehmel, v. Pinelli und Balz auch zu jenem Kreis von führenden Schlagermachern, die Goebbels im November 1942 in der Berliner „Kameradschaft der deutschen Künstler" zusammentrommeln ließ, um ihnen seine neueste Aktion zu unterbreiten. Sie nannte sich „Optimistischer Schlager" und schien ihm dringend geboten zu einer Zeit, da sich die militärische Niederlage der deutschen Wehrmacht an der Ostfront abzeichnete und die allgemeine Stimmung auf den Nullpunkt zu sinken drohte. SS-Obersturmbannführer Fritz Hippler, Reichsfilmintendant und Goebbels-Vertrauter für besondere Aufgaben, fiel die delikate Aufgabe zu, die erfolgsgewohnten Musiker und Texter zu neuen Höchstleistungen anzuspornen, optimistische Schlager zu schreiben, die ihrer Rolle als Waffe im Kampf um den Endsieg gerecht werden sollten. Lieder dagegen, die Trennungsschmerz und unerfüllte Sehnsucht oder gar partnerschaftliche Untreue zum Thema hatten, waren ab sofort tabu. Hippler erinnerte sich später an diesen Treff: „Daß alle Herren besten Willens zu sein schienen, mag der Oberflächlichkeit meiner Beobachtung zuzuschreiben sein. Tatsächlich war schon eine Menge fertig, anderes entstand neu. Ich erinnere mich an ‚Tapfere kleine Soldatenfrau‘, an ‚Liebe kleine Schaffnerin‘, ‚Wir werden das Kind schon richtig schaukeln‘, ‚Ich weiß, es wird einmal ein Wunder geschehn‘ und vor allem ‚Es geht alles vorüber‘. Diesem Liede wäre nach dem Endsiege sicherlich eine besondere Auszeichnung zuteil geworden.“

Franz Doelle (1883-1965), Komponist des Evergreens „Wenn der weiße Flieder wieder blüht“, hatte zu bekannten Unterhaltungsstreifen („Viktor und Viktoria“, „Und du mein Schatz fährst mit“, „Amphitryon“) die Musik geschrieben, auch für eine Reihe erfolgreicher Albers-Filme wie „Carl Peters“, „Ein Mann auf Abwegen“ und „Trenck, der Pandur“.

Eduard Künneke (1885-1953), wie Doelle ein vielseitiger Komponist der alten Garde, der bereits 1921 mit dem „Vetter aus Dingsda“ seinen Durchbruch hatte, schrieb in den Dreißigern zwar die Musik zu einem guten Dutzend unterhaltender Filme, blieb aber seinem eigentlichen Metier, der Operette, auf die Dauer treu („Liselott“, „Glückliche Reise“, „Tanzende Flamme“, „Herz über Bord“, „Die große Sünderin“, „Hochzeit von Samarkand“), das bei ihm zuweilen kleine Schlager hervorbrachte: „Ich bin nur ein armer Wandergesell“, „O Gott, wie sind wir vornehm“ und den kabarettistischen „Opernball bei Kroll“. Seine Tochter Evelyn (1921-2001) war eine der herausragenden Schlagerinterpretinnen während der Kriegszeit, die mit Titeln wie „Sing, Nachtigall, sing" und „Haben Sie schon mal im Dunkeln geküßt?" große Erfolge hatte.

Herbert Windt (1894-1965), als Schüler von Franz Schreker ursprünglich am Opernschaffen orientiert, trat bereits zwei Jahre vor Hitlers Machtübernahme der NSDAP bei und lieferte nun am Stück die Musiken zu völkisch gesinnten Propaganda-Filmen wie „Morgenrot", „Pour le Merite", „Über alles in der Welt", „...reitet für Deutschland", „Stukas" oder „GPU". Er vertonte Leni Riefenstahls Film-Dokumentationen über die Olympischen Spiele („Fest der Völker", „Fest der Schönheit") und die über die Nürnberger Reichsparteitage („Sieg des Glaubens", „Triumph des Willens"), komponierte für die von den Nazis als „staatspolitisch wertvoll" eingestuften Propaganda-Streifen „Feldzug in Polen" und „Sieg im Westen" und unterlegte zahlreiche „Kriegswochenschau"-Berichte mit seinen Märschen. Er schrieb eine „Symphonie der Arbeit" für offizielle Feierstunden und manches Soldatenlied („Wir sind die schwarzen Husaren der Luft") zur Wehrertüchtigung.

Goebbels erhoffte von ihm wie von seinem Kollegen Hans-Otto Borgmann (1901-1977), daß er mit einem optimistischen Schlager musikalisch zur Wende im Kriegsverlauf beitragen möge. Auch Borgmann, der als Heymann-Nachfolger zum musikalischen Leiter der Ufa aufgerückt war, hatte sich schon früh bei den Nazis mit HJ-Märschen wie „Immer nur vorwärts" und der populär gewordenen, offiziellen Hitlerjugend-Hymne „Unsere Fahne flattert uns voran" eingebracht, zu der Reichsjugendführer Baldur von Schirach für den NS-Agitprop-Film „Hitlerjunge Quex" den Text geliefert hatte. Borgmann schrieb Musik zu Propagandastreifen wie „Ein Mann will nach Deutschland", „Jakko" und „Junge Adler", zu einigen Spielfilmen von Veit Harlan („Die Reise nach Tilsit", „Der große König", „Die goldene Stadt", „Opfergang") sowie einige Schlager („Mein Herz hat Heimweh", „Tango notturno", „Von meiner Heimat hab ich geträumt") für Unterhaltungsfilme.

Harald Böhmelt (1900-1982), auch er wie ein Großteil der von Hippler zusammengetrommelten Gesprächsteilnehmer Mitglied der Nazi-Partei, war ein umworbener Schlagermacher. Der gelernte Operndirigent hatte seinen ersten Erfolg, „Kleiner Mann, was nun?", noch mit den bald verfemten und aus Deutschland vertriebenen Comedian Harmonists aufgenommen, dann folgten „Steig ein in die Gondel", „Ich gehe nie mehr mit Matrosen", „Können Sie schon fernseh'n?", „Ich liebe alle Frau'n", „Warte, mein Mädel, dort in der Heimat", „Warum hat die Adelheid keinen Abend für mich Zeit", „Es kommt oft anders als man denkt", ferner Marschlieder wie „Blau ist das Meer", „Wenn einer von uns fallen sollt" und „Wir sind Kameraden". Er schrieb zahlreiche Kino-Musiken, darunter für Exotik-Filme wie „Der Tiger von Eschnapur" und „Das indische Grabmal", für Komödien („Charleys Tante", „Susanne im Bade") sowie Propaganda-Filme („Volldampf voraus!", „U-Boote westwärts", „Kopf hoch, Johannes").

Michael Jary (1906-1988), der eigentlich Maximilian Jarczyk hieß, bevor er von der ambitionierten „E-Musik" über den Broterwerb eines Caféhaus-Pianisten zu einem der gefragtesten Unterhaltungskomponisten wurde, war 1936 beim Film eingestiegen, dem er bald, Jahr für Jahr und das ein Vierteljahrhundert lang, einen Schlager-Hit nach dem andern schenkt: „Roter Mohn", „Sing, Nachtigall, sing", „Laß mich heut abend nicht allein", „Durch dich wird diese Welt erst schön". „Das kann doch einen Seemann nicht erschüttern" – der fröhlich-unbekümmerte Song, den Heinz Rühmann in der Filmkomödie „Paradies der Junggesellen" wenige Wochen vor Ausbruch des Zweiten Weltkriegs gemeinsam mit Hans Brausewetter und Josef Sieber von der Leinwand herab donnerte, wurde wenig später über Nacht zum Durchhalteschlager Nummer eins. Nachdem Kapitänleutnant Prien, der mit seinem U-Boot das englische Schlachtschiff „Royal Oak" versenkt hatte, in Radio-Interviews äußerte, das Lied habe ihm und seiner Mannschaft in schweren Stunden Mut und Zuversicht gegeben, schlägt der Schlager alle Rekorde. Von nun ab wird das Lied vom unerschütterlichen Seemann immer und immer wieder in die Wunschkonzert-Parade gewählt. Es wird zur Schlager-Droge, die Durchhaltewillen und Widerstandskraft verspricht: „Keine Angst, keine Angst, Rosmarie..." Als dem zum Bilderbuch-Helden hochstilisierten U-Boot-Kommandanten in Berlin dann ein triumphaler Empfang bereitet werden soll, ist auch Rühmanns Schauspieler-Trio wieder zur Stelle. Wiederum im „Wunschkonzert für die Wehrmacht", live und über alle reichsdeutschen Sender. Diesmal trägt es aus aktuellem Anlaß nach al_ter Weise neue Texte vor – Spottverse auf Londons Premierminister, auf die britische Marine und ihren Befehlshaber, Winston Churchill: „Das muß den Ersten Seelord doch erschüttern, meinste nich, meinste nich, Chamberlain?" Und damit nicht genug: Bald steht das Lied in Soldatenlieder-Büchern und ertönt als Siegesfanfare, wenn der Rundfunk Sondermeldungen bringt.

Ein ähnliches Schicksal war den beiden Liedern beschieden, die Jary Publikumsliebling Zarah Leander für die sentimentale Aufopferungs-Kinoschnulze „Die große Liebe" auf den massigen Leib schrieb: „Davon geht die Welt nicht unter" und „Ich weiß, es wird einmal ein Wunder geschehn". 27 Millionen filmbegeisterte Volksgenossen holten sich damals im Schicksalskampf um Stalingrad bereitete sich mit der Niederlage der 6. Armee gerade der Anfang vom Ende vor Trost und Zuspruch aus solch aufmunternder Unbekümmertheit und gelassenem Optimismus, wie sie nur der Schlager zur Verfügung hat.

Ähnlich verhält es sich mit „Schau nicht hin, schau nicht her" und anderen Erfolgsmelodien die Franz Grothe (1908-1982) in den dreißiger und vierziger Jahren für rund vierzig Tonfilme schrieb. In der Mehrzahl waren das Musikrevuen („Frauen sind doch bessere Diplomaten", „Hab mich lieb", „Liebespremiere", „Die Frau meiner Träume") und verfilm-

te Operetten („Walzerkrieg", „Rosen in Tirol"), Komödien-
stoffe („Zwischen zwei Herzen", „Diskretion – Ehrensache",
„Ehe in Dosen") und Kriminalstücke („Der Vorhang fällt"),
vereinzelt auch Propagandafilme („Achtung! Feind hört
mit!"). Aus der Fülle seiner evergreenträchtigen Schlagerpro-
duktion: „Schließ deine Augen und träume", „Man kann sein
Herz nur einmal verschenken", „Hoch drob'n auf dem Berg",
„In der Nacht ist der Mensch nicht gern alleine", „Wenn ein
junger Mann kommt", „Einen Walzer für dich und für mich",
„Sing mit mir", „Auf den Flügeln bunter Träume". Daneben
schrieb er auch Soldaten- und Durchhaltelieder wie „Wir
werden das Kind schon richtig schaukeln" und „Wenn unser
Berlin auch verdunkelt ist, der Berliner bleibt doch helle".
Grothe, auch er ein frühes Parteimitglied, war zu Kriegszei-
ten Leiter der „Gruppe Gehobene Unterhaltungsmusik" beim
Großdeutschen Rundfunk sowie des Deutschen Tanz- und
Unterhaltungsorchesters.
Schließlich Theo Mackeben (1897-1953), gefragter Pianist
in den Zwanzigern, dessen Werk von der Oper („Rubens")
und einem Klavierkonzert bis zur musikalischen Komödie
(„Anita und der Teufel") und den großen Film-Schlagern wie
„Du hast Glück bei den Frau'n, bel ami", „Eine Frau wird
erst schön durch die Liebe", „So oder so ist das Leben", „Bei
dir war es immer so schön", „Nur nicht aus Liebe weinen",
„Frauen sind keine Engel" reicht. Auch um seinen Song
„Die Nacht ist nicht allein zum Schlafen da", den er für den
Gründgens-Auftritt im „Tanz auf dem Vulkan" schrieb, rankt
sich seit den Fünfzigern die Legende vom Subversiv-Auf-
müpfigen und Verbotenen. Der überwiegende Teil der Filme,
für die Mackeben komponierte, war auf gehobene Unterhal-
tung eingestimmt wie seine Musik: „Das große Abenteuer",
„Mach mich glücklich", „Bel ami", „Es war eine rauschende
Ballnacht"; andere wie „Ohm Krüger", „Patrioten", „Germa-
nin" waren nicht frei von NS-Tendenzen und platter Propa-
ganda.

Zur Hippler-Runde, in der über den optimistischen Schlagerton in düsteren Zeiten beraten wurde, gehörten neben den Komponisten auch die erfolgreichsten Songtexter jener Jahre. So auch Willy Dehmel (1909-1971). Er spielte in Tanzkapellen und Stummfilmkinos, bevor er 1933 als Texter mit seinem Vetter Franz Grothe zusammenarbeitete. Ein Team, das viele Schlager produzierte: „Ach, ich liebe alle Männer", „Ich warte auf dich", „So schön wie heut, so müßt es bleiben", „Ich möchte so gerne". Gespür für den sich mitunter rasch wechselnden Zeitgeschmack bewies er bereits Anfang der Dreißiger mit seinem von Willy Engel-Berger vertonten Text „Wir ziehen durch die Heimat mit Musik. Halte den Schritt, Kamerad!" Weitere Titel von Dehmel, der in den vierziger Jahren als Abteilungsleiter im Reichsrundfunk arbeitete: „Ich hör so gern Musik" (M: Kurt Drabek), „Nächtliche Gitarren" (M: Josef Rixner) und „Träumen von der Südsee" (M: Harold Kirchstein).

Auch Aldo von Pinelli (1912-1967) war unter den geladenen Gästen, die Goebbels kommen ließ, der Drehbuchautor und Texter für Berliner Kabaretts wie die „Katakombe", das „Tingel-Tangel" oder das „Kabarett der Komiker", der 1942 für den Musikfilm „Wir machen Musik" zu den Kompositionen von Adolf Steimel und Peter Igelhoff gleich vier hitverdächtige Texte geliefert hatte: „Ich hab dich und du hast mich", „Mein Herz hat heut Premiere", „Wir machen Musik, da geht uns der Hut hoch" und „Wann wirst du wieder bei mir sein". Erfolgreich waren auch eine Reihe anderer Verse, die er zur Musik von Jary („Durch dich wird diese Welt erst schön"), Profes („Lied vom bunten Luftballon"), Mackeben („Ja, wenn die Musik nicht wär"), Bochmann („Abends in der Taverne"), Funk („Es klopft mein Herz bum-bum") und Nick („Wunderschön ist es, verliebt zu sein") schrieb.

Die restlichen drei Textautoren hatten sich wie Pinelli beim Kabarett erste Sporen verdient, für das im Dritten Reich bald – wie für Zeitkritik, Ironie, Satire und unbotmäßige Pointen – kein Platz mehr war: Schwenn, Balz und Beckmann.

Günther Schwenn (1903-1991), einst Kabarettautor aus dem Kreis des literarischen „Küka"-Brettl, reagierte rasch auf den politischen Umschwung vom Januar 1933: er legte seinen Geburtsnamen Franzke ab, machte den Mädchennamen der Mutter zu seinem Pseudonym und wurde für ein Jahrzehnt Hausdichter des Berliner Metropol-Theaters. Von den Operetten „Ball der Nationen", „Maske in Blau", „Frauen im Metropol" und „Hochzeitsnacht im Paradies", die hier zur Aufführung kamen, ging eine Serie von Erfolgsschlagern aus, die sich bald vom Bühnengeschehen lösten und als Schallplatten-Hits selbständig machten: Raymond-Titel wie „Wer sich die Welt mit einem Donnerschlag erobern will", „Am Rio Negro", „Im Gegenteil", „Ja, das Temp'rament", „Die Juliska aus Budapest", Schmidseder-Titel wie „Tango Marina" und „Komm doch in meine Arme", Schröder-Titel wie „So stell ich mir die Liebe vor", „Ich spiel mit dir", „Es kommt auf die Sekunde an" und „Ein Glück, daß man sich so verlieben kann". Schwenn hat Lehár-Operetten umgearbeitet, neu betextet und fürs Regime wieder spielbar gemacht, ließ in Schmidseder-Operetten erneut den Ruf nach Kolonien laut werden, widmete Italiens Faschisten Propaganda-Songs wie „Komm mit mir nach Italien", textete Soldatenlieder wie „Mach dir um mich doch bitte keine Sorgen", „Bleibe meine gute Kameradin", „Der Marsch der 80 Millionen führt in die Zukunft hinein" und „Stoßtrupp voran!" Große Schwenn-Schlager klangen indes anders, nämlich so, wie er sie zur Musik Peter Kreuders textete: „Im Leben geht alles vorüber", „Wenn die Sonne hinter den Dächern versinkt", „Für eine Nacht voller Seligkeit" oder „Möwe, du fliegst in die Heimat" (M: Gerhard Winkler) und „Unter der roten Laterne von St. Pauli" (M: Ralph Maria Siegel).

Bruno Balz (1902-1988) und der Filmschlager gingen schon früh eine enge Verbindung ein einer der ersten Tonfilme war nach einem seiner Lieder benannt: „Dich hab ich geliebt". Wenig später stellten sich erste Erfolge ein, es waren Zeilen zu Doelles „An einem Tag im Frühling" und „Wie ein Wunder kam die Liebe über Nacht". In der Folge textete er dann für die meisten Schlagerkomponisten seiner Zeit, für Jim Cowler („Kleine Möwe flieg nach Helgoland"), Lothar Brühne („Der Wind hat mir ein Lied erzählt", „Kann denn Liebe Sünde sein", „Ich brech die Herzen der stolze_sten Frau'n", „Von der Puszta will ich träumen"), Leo Leux („Es leuchten die Sterne"), Werner Bochmann („Mir geht's gut", Du und ich im Mondenschein"), Gerhard Winkler („So wird's nie wieder sein"), vor allem aber für Michael Jary („Roter Mohn", „Das kann doch einen Seemann nicht erschüttern", „Sing, Nachtigall, sing", „Er heißt Waldemar", „Davon geht die Welt nicht unter", „Der kleine Liebesvogel", „Ich weiß, es wird einmal ein Wunder geschehn"). Aber auch Balz, wegen homosexueller Neigung während der Nazizeit besonders gefährdet, gelang es nicht, seine Schlagerwerkstatt vor Durchhalteschlagern wie „Wenn unser Berlin auch verdun_kelt ist" zu bewahren, auch nicht vor Soldatenliedern wie „Warte, mein Mädel, dort in der Heimat", „Wenn ein Kamerad auf Urlaub fuhr", „Ich soll dich grüßen, mein junger Kanonier", „Das waren die Soldaten" oder einer Hymne „Heiliges Vaterland" mit Textzeilen wie „Führer, wir folgen, wohin Du auch willst, was Du be_fiehlst, soll geschehn..."

Hans Fritz Beckmann (1909-1974) hatte sich als Conferencier und Kabarettautor für die Berliner „Musenschaukel" und das „Uhlandseck" einen Namen gemacht, bevor er sich 1934 als Schlagertexter beim Film versuchte. Bereits sein erster Wurf, das chansonhafte „So oder so ist das Leben", ließ ihn in die erste Autoren-Liga aufrücken. Er schrieb Texte mit eigener, unverwechselbarer Note für Mackeben („Bel ami", „Nur nicht aus Liebe weinen", „Bei dir war es immer so schön", „Frauen sind keine Engel"), für Kreuder („Auf dem Dach der Welt", „Eins, zwei, drei, vier, fünf, sechs, sieben", „Good bye, Jonny", „Ich brauche keine Millionen", „Du gehst durch all meine Träume") und Schröder („Ich tanze mit dir in den

Himmel hinein", „Ich werde jede Nacht von Ihnen träumen", „Laß die Frau, die dich liebt, niemals weinen", „Man müßte Klavier spielen können"). Aber auch Beckmann forderte das NS-Regime einige Gesinnungsverse ab, die ihn als Texter mehr als unterforderten: „75 Millionen ein Schlag" (M: P. Kreuder), „Panzerjäger vor!" (M: H. Carste), „Tag für Tag, Schlag für Schlag stählerne Vögel fliegen" (M: H. O. Borgmann) und den „Marsch der deutschen Jugend", das HJ-Lied „Fahren wir! Die Fahne weht voran!" mit der Musik von Werner Egk.

Es ist schon bemerkenswert, daß die deutschtümelnden Kulturideologen des Dritten Reiches mit ihren manischen Vorstellungen von einem „artgerechten" Reinheitsgebot bei den großen Interpreten der Schlagerbranche mit ihrem Rasse-Latein rasch am Ende waren. Mochten noch Lale Andersen (1905-1972) und Hans Albers (1891-1960) dem nordisch-germanischen Vorzeige-Typus der Nazis groß gewachsen, flachsblond und blauäugig weitgehend entsprochen haben, so ist nicht zu übersehen, daß die Mega-Stars der Unterhaltungsszene diesem Rasse-Ideal so gar nicht entgegen kamen und eher fürs Fremdländische, Unbekannte und Exotische standen. Schon den Stimmen, die da von der Leinwand herab, aus Radio und Grammophon zu hören waren, war anzumerken, daß die Protagonisten der Schlagerszene in einer Sprache agierten, spielten und sangen, die nicht die ihre war. Das gilt für die Schwedin Zarah Leander (1902-1981) und ihre melancholisch gefärbte, dunkle Stimmfärbung ebenso wie für die quirlig-agile Marika Rökk (1913-2004), die in Kairo geborene Ungarin aus Budapest, für Johannes Heesters (*1903), den Holländer aus Amersfoort und für die kapriös-exaltierte „chilenische Nachtigall" Rosita Serrano (1914-97) gleichermaßen. Allenfalls Ilse Werner (1921-2005), das blitzsaubere, dunkelhaarige, optimistisch gestimmte Mädel mit Pfiff, schien frei von fremdländischem Einfluß, wirkte, als ließen sich mit ihr Pferde stehlen und machte vergessen, daß sie aus dem fernen Batavia stammte und die Tochter eines Holländers war.

Nach dem Ende des Zweiten Weltkriegs zeigte sich, daß weder Schöpfer noch Interpreten der populären Musik im faschistischen Deutschland es der Mühe für wert hielten, einen Gedanken darauf zu verschwenden, in welcher Weise man selbst daran beteiligt war, ein Regime stabilisieren, das 50 Millionen Tote auf dem Gewissen hat. Stattdessen setzte eine wahre Flut von beschönigender Memoiren-Literatur ein, die uns weismachen will, man sei da naiv in eine böse Sache hineingeschlittert, die nicht zu durchschauen gewesen sei, man habe nichts gewußt und nicht einmal ahnen können, vor welchen Karren man sie da gespannt habe. Es wurde beschwichtigt und bekräftigt, abgestritten und versichert, geleugnet und gelogen. Die Erinnerungslücke wurde Programm. Mehr noch: es wurde an so mancher Widerstandslegende gestrickt, die die historische Wahrheit schlichtweg auf den Kopf stellte. Leute, die ihnen nur gar zu gern Glauben schenken mochten, wo ein ganzes Volk an den Pranger gestellt schien, gab es genug: Freunde, Förderer und Fans.

Es scheint, als habe der Schlager und seine Fähigkeit, die graue Wirklichkeit für einen Moment lang in einen allzuschönen Wunschtraum zu verwandeln, von den Schlagermachern Besitz ergriffen und sich ihrer bemächtigt. Man konnte nicht verstehen und wollte wohl auch nicht mehr, nun, da alles verdrängt war. Norbert Schultze hat mehrfach darüber berichtet, wie es zu seinem Ruf als „Bomben-Schultze" kommen konnte. Er hatte als Student Werbemusiken geschrieben und sich gefreut, wenn die Auftraggeber mit dem Ergebnis zufrieden waren. Dabei sei es geblieben, so Schultze, später habe er seine Aufträge eben von den Nazis erhalten. Als er nach 1945 seinen Onkel aus Amerika wiedertraf, sagte ihm der in väterlichem Ton: „Vergiß nicht, lieber Norbert. Du hast den Teufel am Hintern geküßt. Das wäscht dir keiner mehr ab." Norbert Schultze schüttelte verständnislos den Kopf: „Andere haben geschossen, ich habe nur Musik gemacht."

Auch das gehört zur Geschichte des deutschen Schlagers. Zu einem ihrer erregendsten, brisantesten und aufschlußreichsten Kapitel. Über Zeitmusik. Kleine Lieder mit großer Wirkung. *(Volker Kühn; mit freundlicher Genehmigung)*

Mit ohne

„Er versucht, mit Hilfe der Zwölftontechnik zu komponieren, als würde er es ohne sie tun."
(Theodor W. Adorno über Terry Riley)

Mit Pfiff

Im Groschenkeller, einem Jazzlokal der 1930er in der Kantstraße in Berlin, brodelte es jede Nacht. Filmschauspieler saßen neben Bierkutschern und Opernsängern. Swing wurde dort bis weit in den Krieg hinein gespielt. Um sich gegen das plötzliche Auftauchen von Kontrolleuren der Reichsmusikkammer, die schon von weitem an ihren Ledermänteln und Schlapphüten zu erkennen waren, abzusichern, standen immer zwei Studenten am Eingang und auf der Treppe. Bei Gefahr pfiffen sie, und die Band wechselte vom „Tiger Rag" zu „Rosamunde", wobei dann der ganze Saal lauthals mitsang.

M*nr s'in d'chon al*l s'bebi bla*u

„Viele Leute beschweren sich, weil islamische Muezzin auch in Deutschland vom Turm der Moschee die Gläubigen zum Gebet rufen. Und dann gehen dieselben zu einem Konzert von Herbert Grönemeyer!" *(Kommentar eines Kabarettisten, 2010)*

Möönsch!

„Mensch" von Herbert Grönemeyer war zumindest bis 2011 das erfolgreichste Album aller Zeiten in Deutschland.

Molto geilissimo

Ian Watson im LJO-Hessen über eine Stelle in der Tannhäuser-Ouvertüre.

Ein Mordsinstrument!

Auf Grund von Meinungsverschiedenheiten – und übermäßigem Alkoholkonsum – gingen Ben Webster und Don Byas einmal volltrunken bei Aufnahmen mit dem Messer aufeinander los.

Mozart läßt grüßen

„Vorgestern habe ich an einem Nachmittag das neue Hinterseer-Album geschrieben. Ich hatte einfach einen Lauf. In vier Stunden fertig mit der ganzen LP – das lernt man an keiner Universität." *(Jack White)*

Die Mucke

„Tanzmusiker hatten das soziale Prestige von Hilfskellnern." *(Heinz Strunk)*

Mückenplage – mal andersherum

Per Zufall entdeckten Techniker des saarländischen Privatsenders Salü ein anscheinend probates Mittel gegen Stechmücken. Beim Einpegeln des neuen Studiocomputers fielen bei einer Frequenz zwischen 16 und 22 Kilohertz sämtliche lästigen Insekten von den Fenstern.

Jetzt strahlt der Sender während seines gesamten Programms diesen für das menschliche Ohr nicht wahrnehmbaren Ton aus. Hörer berichteten, daß im Umkreis ihres Empfängers seitdem alle geflügelten Quälgeister Reißaus nähmen.

Museumsreif?

Rekordverdächtig ist die Laufzeit der Verfilmung des Musicals ‚The Rocky Horror Picture Show'. Bereits seit 1975 läuft der Film in den Münchener Museumslichtspielen ohne Unterbrechung.

Musik Meile Wien

Ein dem „Walk Of Fame" in Hollywood ähnliches Projekt nahm die Stadt Wien im Jahre 2000 in Angriff. Mit einer sog. „Musik Meile" – einer ca 1800 Meter langen Strecke zwischen dem zentralen Stephansplatz und dem Theater an der Wien – soll herausragenden Persönlichkeiten der klassischen Musik ein Denkmal gesetzt werden.

Musik und Sprache

Bei Kindern mit einer musikalischen Ausbildung ist bereits vor einiger Zeit eine verbesserte Sprachfähigkeit nachgewiesen worden. Eine zum Thema „Musikalische Tonfolgen und Sprache" erfolgte neuere Studie des Max-Planck-Institutes für neurophysiologische Forschung Leipzig, veröffentlicht 2001, belegte diesen Zusammenhang erneut mit Experimenten, bei denen Nichtmusikern Akkordfolgen mit falschen Tönen vorgespielt wurden; die gemessenen Gehirnwellen stimmten mit denen überein, die auch bei sprachlichen Fehlern festgestellt wurden. Grammatikfehler und falsche Töne einer Melodie werden demnach in der gleichen Gehirnregion, dem Brocaschen Sprachzentrum, verarbeitet.

Musik Wagen

Im Juni 2005 startete die Pianistin Juliane Sailer eine ungewöhnliche Tournee: sie verfrachtete einen Flügel auf einen Lastwagen und fuhr gen Süden, um in Dörfern und Städten „von oben herab" Konzerte zu geben. *(Harald Skorepa)*

Musikerkinder

„Als ich mit meinem Sohn das Zählen übte und ihn fragte:
‚Was kommt nach vier?‘‘‘, antwortete er: „Musik.‘‘
(Martha Wainwright)

Musiker mit „anderen" Mitteln

DJ Hell: „Ich bin ein Dieb. Ich greife auf das geistige Eigentum anderer zurück, aber ich verändere es auf eine Weise, daß eine neue Konstruktion entsteht.‘‘
Ralph Siegel: „Es gibt keine andere Musik, bei der die Urheberrechte so verletzt werden wie im Techno.‘‘
DJ Hell: „Das ist der sportliche Aspekt.‘‘
(DJ Hell und Ralph Siegel; gemeinsames Interview zur Love Parade 2001)

Muß heißen: „...mehr denn je!"

„Es gibt gute Pop- und Unterhaltungsmusik in den Staaten, gelegentlich auch großartige Filme, doch sie schwimmen auf einem Strom ausbeuterischer Schrottprodukte, die oberflächlich, voller Gewalt und plump verführerisch sind. Über die Bedeutung von Kunstwerken bestimmt heute nur noch der Dollar.‘‘ *(John H. Beck im Berliner Tagesspiegel)*

My Way

„To be is to do‘‘ *(Nietzsche)*.
„To do is to be‘‘ *(Sartre)*
„Dubidubidu‘‘ *(Sinatra)*
(Toilettenspruch aus den 1960er Jahren)

Nachwuchs-Stars

„Juliette und Daniel sind für die Produktion von Musi-kalben vorgesehen.‘‘
(Freudscher Trennungs-Fehler in einer Berliner Tageszeitung über die Restmitglieder von „Deutschland sucht den

Superstar"; Kalben ist u.a. bei Kühen der Vorgang, durch den der Nachwuchs auf sich gestellt bzw. an die Luft gesetzt wird. Getränke gibts frei Haus.)

Näh!

Auf die Frage, warum er sich bis ins hohe Alter in die Rassen- und andere Politik einmische, antwortete Harry Belafonte: „I Just Can't Let Them Win." („Ich kann sie einfach nicht gewinnen lassen.")

Na endlich!

„Zusammenhänge zwischen gespiegelten Gangsterklischees und realer Kriminalisierung in der weitgehend rechtsfreien Ghetto-Hood lassen sich zwar schwer beweisen, aber an einer Wechselwirkung wird indes kaum noch gezweifelt ... Der Traum vom Aufstieg hat sich nur für wenige erfüllt."
(Jörg Wunder im Berliner „Tagessspiegel" über die Entwicklung des Hip Hop und des Gangsta-Rap)

Ein Näschen in Ehren ...

„Wer sich an die 1980er Jahre erinnern kann, hat sie nicht erlebt." *(Falco)*

Ein Näschen zum Ehren

„Mein Daddy wurde eingeäschert, und ich konnte einfach nicht widerstehen, ihn mit ein bißchen Koks zu vermahlen. Es hätte ihm garnichts ausgemacht, es wäre ihm scheißegal gewesen. Ich habe schon viel schlimmeres geschnupft.
Ich war 10 Jahre die Numer eins auf der ‚Voraussichtlich bald tot-Liste'. Aber ich habe schon viele meiner Ärzte überlebt."
(Keith Richards)

Nahe dran

Der Jazz ist nicht tot, aber er riecht schlecht.*(Frank Zappa)*

Naja, dann ...

„Ich hatte bloß ein oder zwei Frauen – allerdings jede Nacht!"
(Bill Wyman über seine Zeit bei den Rolling Stones)

Der Name bürgt für Qualität oder
Charles Manson läßt grüßen

Nach den tödlichen Schüssen, die zwei Jugendliche am 20.
April 1999 in Littleton, Colorado auf ihre Mitschüler abge-
geben hatten, wurde der Schock-Rocker Marylin Manson in
Fresno, Californien zur unerwünschten Person erklärt. Bei
den 17- bzw. 18-jährigen waren CDs von Manson sowie an-
derer umstrittener Musiker gefunden worden.

Namen – mal anders

Ein Musiker will ein Zimmer mieten. Die Vermieterin lehnt
sofort ab: „Ich hatte schon einmal so einen wie Sie. Der kam
sehr beethövlich, dann wurde er bei meiner Tochter mozärt-
lich, brachte ihr einen Strauß mit, nahm sie beim Händel und
führte sie mit Liszt über den Bach in die Haydn. Voller Gluck
wurde er Reger und sagte: ‚Frisch gewagnert ist halb gewon-
nen.' Er konnte sich nicht brahmsen, zeigte ihr sein Humper-
dinck, und jetzt haben wir einen Mendelssohn, der aussieht
Vivaldi, und wissen nicht wo Hindemith."

Ne Molle zuviel?

„Sie hören nun die h-Meß-Molle, Verzeihung: die h-Moß-
Melle... ich bitte sehr um Entschuldigung... die h-Moll-Messe
von Johann Sebaldrian Bach – ICH HÄNG MICH AUF!!!"
(Ansage im Klassik-Radio Berlin)

Neidisch?

„Es ist doch bezeichnend, wenn jemand, der seit 15 Jahren keinen Treffer hatte und nicht einmal in den Singlecharts war, mit einer Nummer gewinnt, die wie von 1952 klingt."
(Dieter Bohlen über die deutsche Grand Prix-Vorauswahl und Ralph Siegel)

Nestbeschmutzer?

Sehr hart äußerte sich Sting 1997 in einem Interview über seine eigene Zunft. Musiker seien eigentlich das Allerletzte, nämlich „sexbesessener, drogensüchtiger Abschaum, der seine Frau verprügelt". Kreativität müsse nicht unbedingt aus dem Ansammeln negativer Erfahrungen und Unglücklichsein geschöpft werden, wie viele seiner Kollegen glaubten. Er selbst sei da auch keine Ausnahme gewesen. Mittlerweile reichten seine negativen Erinnerungen für den Rest seines Lebens. Die müsse er nicht wiederholen.

Neue Qualität?

„You can't fuck around like old Beethoven!" ("Man kann nicht ständig denselben Scheiß machen wie der alte Beethoven!") *(Miles Davis auf eine Frage nach dem Einsatz elektronischer Instrumente)*

Neues aus Dänemark

Die Sängerin Sanne Salomonsen ist 1996 mit 600.000 verkauften Alben erfolgreichste Musikerin aller Zeiten in Dänemark.

Die Newcomergruppe mit dem größten Publikum aller Zeiten

Das ist „Nunatak", eine „antarktische Gruppe", gegründet und aufgetreten „open air" bei minus 18 Grad an der englischen Forschungsstation „Rothera" zum Anlaß des Live

Earth-Konzertes am 7./8. Juli 2007. Als Vertreter des 7. Kontinents machten die 17 Kollegen des Forschungsteams die Sache wirklich weltumspannend und wurden von einem Milliardenpublikum gesehen.

Nicht anwesend sind ...

Ende 2008 eröffneten die Berliner Philharmoniker ihren Fans die Möglichkeit, ihre „Digital Concert Hall" über die Webseite „www.Berliner-philharmoniker.de" zu besuchen und für 9.90 Euro pro Konzert bzw. 149 Euro für die gesamte Saison die in Echtzeit im Internet übertragenen Konzerte auf ihrem Rechner zu Hause zu verfolgen. Zu diesem Zweck wurden diverse Kameras in der Berliner Philharmonie installiert, die die „echten" Besucher möglichst nicht stören sollen.
Live Is Dead! Online Is It! *(Harald Skorepa)*

Nicht bestätigt

Mick Jagger, erklärter Gegner des Irakkrieges, war im April 2006 nicht bereit, auf die für Juni 2006 gebuchte „Royal Suite" im Wiener Hotel „Imperial" zugunsten des US-amerikanischen Präsidenten George W. Bush zu verzichten, dessen Beauftragte versucht hatten, die gesamte Hoteletage für ein zur gleichen Zeit geplantes Gipfeltreffen der EU und den USA zu reservieren. Jagger reagierte mit einem seiner Songtitel: „You Can't Always Get What You Want". Eine Sprecherin des Hotels dementierte den Bericht, Mick Jagger nicht.

Nicht der nötige Ernst

Der Schweizer Jazzmusiker Teddy Stauffer spielte noch bis nach 1933 in Deutschland. Er wurde ausgewiesen, nachdem er das Horst-Wessel-Lied verjazzt hatte.

Nicht gesellschaftsfähig

„Es würde mir nicht im Traum einfallen, einem Club anzugehören, der bereit wäre, mich als Mitglied zu akzeptieren." *(Groucho Marx)*

Nicht nur Rock 'n' Roll

Im November 2003 unterbrach Carlos Santana sein Konzert vor 13.000 Fans in Hongkong nach 10 Titeln für eine Schweigeminute, um die Außenpolitik von US-Präsident George Bush zu verurteilen. Am Vortag äußerte sich Sting am selben Ort zum selben Thema, er sei nie für die Invasion im Irak gewesen.

Nicht nur Sushi

„Von dem Jingle für eine japanische Sportsendung allein kann ich mir jeden Tag ein Mittagessen kaufen." *(Wesley Plass)*

Nicht nur ein Plattentitel

Milagro heißt nicht nur ein CD-Titel von Carlos Santana, sondern auch die Stiftung, die er gemeinsam mit seiner Ehefrau Deborah für hilfsbedürftige Kinder gegründet hat.

Nicht nur im Dunkeln

„Wenn man die Augen schließt, denkt man, daß da ein Schwarzer singt." *(Ella Fitzgerald über Bill Ramsey)*

Nicht rundum beliebt

Angesichts der Tatsache, daß der Komponist Andrew Lloyd Webber bereits 2 Monate nach dem Tod von Lady Diana wieder am Notenpult saß, um deren öffentliches Privatleben zu vertonen, veranlaßte den deutschen Kabarettisten Helge Schneider zu der Bemerkung, der Mann sei „Andrer Leut Weber".

Nichts genutzt

Mit dem Song der Popgruppe ,Del Amitri' ,Dont Come Home Too Soon' reiste die schottische Fußballnationalmannschaft im Sommer 1998 zur Weltmeisterschaft nach Frankreich. Wie so häufig waren die Spieler jedoch früher zu Hause als ihre Postkarten.

Nie war es so wertlos wie heute ...

„Mit der Einführung der CD konnten wir alles, was wir verkauft hatten, noch einmal verkaufen. Die Implosion war da bereits vorgezeichnet. Aber wer hat die richtigen Schlüsse aus der MP3-Revolution gezogen? Apple, ein Computer-Hersteller. Nun überlassen wir es den anderen, das Geschäft mit der Musik zu machen. Apple bestimmt, daß ein Song nur noch den Wert von 99 Cent oder 1,25 Euro hat. Es ist noch nie so viel Musik konsumiert und so wenig dafür bezahlt worden. Eine ganze Generation – und als Vater von 3 Kindern weiß ich, wovon ich spreche – hat das Verständnis für geistiges Eigentum verloren. Die wissen überhaupt nicht, daß Leute Wochen, Monate, Jahre ihres Lebens hergeben, um ihre Kunst festzuhalten. Die Kids haben Handys, Klamotten... Vielleicht sollte ich mir auch angewöhnen, im Supermarkt an den Regalen entlangzulaufen und einfach zu entwenden, was mir gefällt." *(George Glueck im Berliner Tagesspiegel)*

Nietenjacke

Wer hat den Rock 'n' Roll zerstört? Vielleicht Gottschalk selbst!
„Wer hat mein Lied so zerstört, Ma?" Was uns die Folk-Sängerin Melanie in den 1970er Jahren mit diesem Song mitteilen wollte, wußten wir schon damals nicht so genau. Ihre Klage jedoch hat mit Thomas Gottschalk neue Aktualität bekommen. Wer hat meinen Rock 'n' Roll so zerstört, na?, fragt er uns seit Wochen, verbunden mit der Drohung,

selbst abzurocken. Seine Frage ist leicht zu beantworten. Zerstört hat den Rock 'n' Roll Thomas Gottschalk. Zumindest hat er kräftig mitgeholfen. Oder war es nicht etwa „Wetten, daß...?", Flaggschiff der deutschen Fernsehunterhaltung, wo sich italienische Schmusesänger, gepiercte Rapper, geschniegelte Boy-Groups und Retorten-Girlies zur Freude kreischender Fans immer wieder die Klinke in die Hand gaben? Anders als etwa bei Jürgen von der Lippes „Geld oder Liebe" (ARD), wo die Chart-Plazierung weit weniger zählt als die musikalische Qualität und wo bisweilen sogar Entdeckungen gelingen. Wenn Gottschalk, was man ihm durchaus abnimmt, die Korrektur der hanebüchenen Musikszene in den öffentlich-rechtlichen Programmen im Auge hat, dann wäre er an der richtigen Stelle. Er könnte jederzeit Einfluß nehmen. Rock-Opas aufzufrischen und lauthals der Nostalgie zu frönen, reicht da nicht. Außer den „Besorgten Vätern", wie Gottschalks klagende Spaßband hieß, gibt es genügend Söhne, die den Rock 'n' Roll neu und frisch interpretieren. Man muß ihnen nur die Chance einräumen, beispielsweise in der ZDF-Show.

Daß der Rächer des Rock 'n' Roll, Thomas Gottschalk, sich den Jux erlaubt und lieber selbst singt, ist verständlich. Gerade Nostalgiker Gottschalk, für den Günter Jauch jovial die Gesangsansage übernahm, braucht den Zuspruch des großen Publikums, das den 50-Jährigen seit seinen bayerischen Radiotagen begleitet. Doch so sehr sich seine Filmauftritte als Chaot, lange nach Uschi Glas und Werner Enkes ultimativem Spaßkommunen-Pamphlet „Zur Sache, Schätzchen", verspäteten, so verspätet kommt sein Ruf nach besserer Musik, der sich so recht nicht ernst nehmen läßt.

Einen Spaßfaktor konnte sein Rock-Debüt mit langhaarigen Gitarrenmännern im Nebel-Waber als Begleitung durchaus verbuchen. Mit Rock 'n' Roll aber hatte sein Trallala-Schlager nichts zu tun. Die Aufregung, etwa um eine Grand-Prix-Teilnahme, scheint im Nachhinein eher von Gottschalks

Management in Gang gebracht. Niemals hätte man sich der zu erwartenden Schmach ausgesetzt, daß „Thommi" gegen einen wie „Big-Brother-Sladdi" das Rennen um die Schlagerherrschaft verliert. So wilderte Gottschalk lieber im eigenen Haus, tauschte die Moderatorenweste gegen die Nietenjacke und ließ sich von erschreckend gealterten US-Stars wie Malibu-Nachbar Tony Curtis hofieren. Daß derartige Unterhaltung geboten wird wie das ewig lange notarielle Versiegeln von vorhergesagten Lottozahlen – die man irgendwann mal erfahren soll – ist man beim Promi-Treff von „Wetten, daß...?" ohnehin gewohnt. Daneben sieht man Menschen, die Klopapier essen – und das mit so viel Eifer, als benutzten sie es für den vorbestimmten Zweck. That's Rock 'n' Roll. Oder? *(Michael Burucker im Berliner Tagesspiegel)*

Nipplegate

„Aus dem Vorkommnis mit Janet machten sie einen mächtigen Skandal – und sind zugleich die größten Pornokonsumenten der Welt."
(Justin Timberlake zum Vorfall beim Superbowl 2005, als er Janet Jackson, seiner Äußerung nach versehentlich, die Bluse öffnete)

Noch ein Zentimeter ...

Nach der Umfrage eines amerikanischen Strumpfherstellers war Mariah Carey die Frau mit den schönsten Beinen 1998. Sicherlich nur wenige der Befragten wußten allerdings, daß sich die Sängerin für ihr letztes CD-Cover ihre Beine von einem Computer optisch um 12 cm verlängern ließ.

Notnagel in dreihundert Sprachen

Als der junge Hilfspriester Joseph Mohr am Nachmittag des Heiligen Abends im Jahre 1818 in der Nikolauskirche in Oberndorf bei Salzburg die Orgel ausprobierte, konnte er ihr nur ein kratzendes Pfeifen entlocken. Da aber ein Weihnachtsfest ohne Musik undenkbar war, mußte Ersatz her. Flugs schrieb der 26jährige ein neues Lied, das er an jenem Abend seinem Freund Franz Xaver Gruber in die Hand drückte, der darauf eine einfache eingängige Melodie für Chor und Gitarre komponierte. Ein paar Stunden später wurde ,Stille Nacht, heilige Nacht' uraufgeführt.

Das Lied ging allerdings beinahe verloren. 1819 wurde die Orgel repariert, und Mohr verließ Oberndorf. Weder er noch sein Freund Gruber hatten daran gedacht, daß Stück noch einmal vorzutragen. Ein paar Jahre später wurde die Orgel wegen ständiger Defekte wieder umgebaut. Zufällig entdeckte der Orgelbauer auf der Empore Verse und Noten. Er bat Gruber um eine Abschrift, die er daraufhin immer ständig auf seinen Reisen mitnahm. Tiroler Volksmusikanten, die durch Europa zogen, nahmen das Lied in ihr Repertoire auf. 1832 wurde es von einem Leipziger Verleger erstmals gedruckt. Die Urheberschaft wurde anfangs Joseph Haydn zugeschrieben; Mohr starb völlig mittellos. Erst viele Jahre später wurde der Streit mit Hilfe der Originalfassung beigelegt. Stille Nacht wurde bis heute in über dreihundert Sprachen und Dialekte übersetzt.

Nö, nö ...!

„Wir haben auch öfter einen durchgezogen, aber wir haben nie inhaliert."
(Otto Waalkes über seine Wohngemeinschaftszeit mit Udo Lindenberg und Marius Müller-Westernhagen)

Nua geträum'

„Die schlichte Ausdrucksweise gehört zu der Sängerin wie ihre konsequente Weigerung, ,T's an Wortenden mitzusprechen." *(Esther Kogelboom über Nena, März)*

Nun doch?

Nachdem sie ihren Videoclip zur Single „American Life" politisch entschärft und beteuert hatte, er sei nicht gegen den Irak-Krieg der Bush-Regierung gerichtet, äußerte Madonna, es sei schon ironisch, für die Demokratie im Irak zu kämpfen und zu Hause nicht demokratisch zu handeln. „Jeder, der etwas gegen den Golfkrieg, gegen den Präsidenten oder irgend etwas anderes sagt, wird bestraft. Das ist keine Demokratie."

Nur dreien gehts noch schlechter

„Ich schließe mich oft zu Hause ein und weine. Es macht mich alles ganz verrückt. Jeder will ein Stück von mir." Mit diesen Worten schilderte der Popstar Robbie Williams seinen aktuellen Zustand Anfang 2001. Nach eigenem Bekunden hat der englische Sänger damit zu kämpfen, in der Berühmtheitsskala des Landes an 4. Stelle zu stehen. „Das ist nicht einfach. Ich kann kein normales Leben führen, und das tut weh."

Nur ein Kampfstil

„Jiu-Jitsu-Musik."
(Louis Armstrong über die Spielweise des Bebop)

Nur frisch muß es sein!

Mit dem Jazz ist es wie mit Bananen. Man verzehrt sie am besten frisch und vor Ort. *(Jean-Paul Sartre)*

Nur'n paar Zahlen – das Einmaleins des Pop

Mit Sicherheit nur einige von vielen mehr:
– 1981 – Angebot an die Gruppe „Spotz!" vom Sender RIAS Berlin, für die Überlassung von Urheberrechten in Deutschland für das Senden der betreffenden Songs zu sorgen. Wurde von der Gruppe einstimmig abgelehnt.
– 1985 The Beatles – Songrechte an den Songs an Michael Jackson für 50 Millionen Dollar

– 2016 The Beatles, Lady Gaga, Taylor Swift und Bob Dylan
– Songrechte an Sony für eine unbekannte Summe
– 2020 Bob Dylan – Songrechte an Universal für geschätzte 300 Millionen Dollar
– 2020 Imagine Dragon – Songrechte an einen Fond für 100 Millionen Dollar
– Taylor Swift – ehemaliger Manager kaufte das Label der ersten 6 Alben für 300 Millionen Dollar.
– 2021 verkauften die „Red Hot Chili Peppers" ihre Songrechte für 140 Millionen Dollar an das englische Musaik-Investmentunternehmen Hipgnosis.
– Für geschätzte 150 Millionen Dollar ging Ende 2021 der gesamte Katalog der Veröffentlichungen der Gruppe „Mötley Crüe" an die Bertelsmann Music Group (BMG) über.
– Zuvor verkauften auch Mick Fleetwood und Debbie Harry ihre Songrechte.
– Anfang 2022 verkauften die Erben von David Bowie die Rechte an allen seinen Songs für 250 Millionen Dollar an Warner Bros.
– Spitzereiter ist nach wie vor Bob Dylan mit 300 Millionen Dollar.
Noch ein Dylan ...
Im November 2022 wurden zwischen 19957 und 1959 entstandene Liebesbirefe von Bob Dylan auf einer Auktion in Boston für 670.000 Dollar versteigert.
(November 2022)

Ode an die Freude – Weltweit

Zum Abschluß der Eröffnungsfeier der 28. Olympischen Winterspiele in Nagano (Japan), erklang der Schlußchor aus Beethovens 9. Sinfonie synchron aus 5 Kontinenten. In Kapstadt, New York, Peking, Sydney und Berlin hatten sich zu dieser Aktion Chöre eingefunden, die ihre Einsätze von dem in Nagano dirigierenden Seiji Ozawa per Fernsehmonitor erhielten. Die jeweilige Zeitverschiebung und damit Tonverzö-

gerung (Berlin – Nagano 2,6 sec für den ‚Ernst Senff Chor'
unter der Leitung von Sigurd Brauns) glich ein Computer aus.

Offenheit

Anläßlich einer Privataudienz Louis Armstrongs beim Papst
wollte dieser von dem Jazzmusiker wissen, ob er denn Kin-
der habe. „Nein, Eure Heiligkeit. Aber wir üben fleißig wei-
ter," antwortete Armstrong.

Oh!

Der Jazzmusiker Art Pepper starb 4 Wochen nach Fertigstel-
lung des Films „Art Pepper – Notes From A Jazz Survivor"
(‚Notizen eines Jazz-Überlebenden').

Oh, Boy!

„Ich fand es immer sehr freundlich, wenn mich fremde Men-
schen grüßten. Aber daß sie kreischten? Das erscheint mir
wirklich ein bißchen übertrieben." *(Charlie Watts)*

Oh Gottogott!

Zu Beginn eines Konzertes im Berliner Club „Quasimodo"
stellte Alphonse Mouzon die Mitglieder seiner Gruppe vor.
Sich selbst nahm er aus Bescheidenheit oder in Anbetracht
seiner Popularität aus. Nach dem Applaus für das letzte
Bandmitglied fragte ein Zuhörer in die Stille hinein: „And
who is on the drums?" (Und wer spielt Schlagzeug?). Das
Publikum hielt augenscheinlich den Atem an. Wer war da so
vermessen...? Mouzon schien leicht verärgert: „If You don't
know, go home!" (Wenn du das nicht weißt, solltest du nach
Hause gehen). *(Harald Skorepa)*

Oh Grusel!

Das Cover der 1969 veröffentlichten Beatles-Scheibe „Abbey Road", das die Gruppe beim Überqueren eines Zebrastreifens in der Abbey Road in London zeigt, veranlaßte diverse Rock-Mystiker, dort hineinzuinterpretieren, daß Paul McCartney tot sei, da er als einziger auf dem Foto keine Schuhe trug. Im Jahr 1993 veröffentlichte Paul McCartney sein Album „Paul Is Live" just an derselben Stelle, allein und... mit Schuhen!

Ohne Titel

Es ist nicht alles Bach, was fließt. *(Harald Skorepa)*

Ohne Worte I.

Musik sagt das Unsagbare. *(Friedrich Smetana)*

Ohne Worte II.

Musik drückt das aus, was nicht gesagt werden kann und worüber zu schweigen unmöglich ist. *(Victor Hugo)*

Old Farts

„Er ist der einzige Musiker der alten Garde, der mich wirklich beeinflußt hat."
(Punk-Musiker Johnny Rotten über Peter Hammill)

O nerve mio

Mindestens 150 Gondel-Serenaden müssen die Venezianer im Durchschnitt täglich ertragen; ein Zustand, der zu dem Antrag im Stadtparlament geführt hat, das Singen wenigstens nach 23.00 Uhr zu untersagen. Andere griffen bereits zur Selbsthilfe und beschallten die sangesfreudigen Gondoliere mit Techno-Versionen von „O sole mio".
Im September 2004 suchte Bürgermeister Paolo Costader von Venedig die Aktion zu erweitern und das traditionelle

Singen von „O sole mio" in den frühen Morgenstunden ganz zu verbieten, da die Gondoliere während des Berufsverkehrs of bis zu 20 Boote große Prozessionen bilden und den Berufsverkehr massiv behindern. Der Erfolg stand bei Redaktionsschluß noch aus.

Onkel Pö und seine Rentnerband ...

„Meine Methusalems aus der Frischhaltetüte."
(Udo Lindenberg im Oktober 2008 über sein altbewährtes Panikorchester)

Onkel Tom?

„Plantagenimage!"
(Dizzy Gillespie über die Wirkung von Louis Armstrong)

On-Line oder Der Wink mit der Prise

„Kokain ist Gottes Art und Weise, um dir mitzuteilen, daß du zuviel Geld hast." *(Sting)*

Oops...He really did it!

„Ich mag Frauen, die was im Hirn und schon was erlebt haben." Mit diesen Worten lehnte Eros Ramazotti es im Dezember 2000 ab, mit Britney Spears ein Duett zu singen und engagierte statt dessen Cher für sein neues Album.

Optimale Logistik

Ein Fachmann für organisatorische Abläufe untersuchte die Arbeitsweise eines Symphonieorchesters. Er kam zu folgendem Resultat:
Die Oboisten hatten während langer Zeitabschnitte nichts zu tun. Er empfahl, die Anzahl der Oboisten einzuschränken und die Arbeit gleichmäßiger über das ganze Konzert zu verteilen, um unnötige Belastungsspitzen zu vermeiden.

Weiter stellte er fest, daß alle zwölf ersten Violinen dieselben Noten spielten. Seiner Meinung nach war das überflüssig. Die Besetzung dieses Orchesterteils könnte drastisch verringert werden. Sollte es wichtig sein, ein großes Tonvolumen zu erreichen, empfehle sich der wirtschaftlichere Einsatz von elektronischen Verstärkern.

Störend auf eine gleichmäßige Auslastung der Orchesterkapazität wirkte sich die große Anzahl von Sechzehntelnoten, Zweiunddreißigstelnoten und Triolen aus. Dabei handelte es sich um eine überflüssige Verfeinerung, und der Organisationsfachmann empfahl, daß alle Noten zur nächsten Achtelnote aufgerundet werden sollten. Diese Maßnahme würde es ermöglichen, einen Großteil der teuren Orchestermitglieder durch angelernte Kräfte mit geringerem Lohn zu ersetzen.

Originalton

„... Sie müssen schon gleich beim Einsatz spielen, ich kann Sie schließlich nicht jedesmal vorglühen wie einen Diesel."

„... das können Sie keinem anbieten, auch nicht für 15 Mark – oder Sie müssen schon ein warmes Abendessen dazugeben."

„... es geht doch ! Man muß nur nett mit Ihnen reden."

„... langsam ähnelt das hier mehr einem Dressurakt als einer Orchesterprobe."

„... jetzt spielen wir das noch mal durch und ich sage kein Wort – wissen Sie wie schwer das ist ?"

„... ich darf Sie bitten, ab jetzt regelmäßig zur Probe zu erscheinen, weil ich in diesem Jahr keine Hausbesuche mache."

„... das zieht sich ja wie Gummi. Sie spielen wie das Werksorchester von Haribo."

„... das bricht zusammen wie Blätterteig."

Ein Klarinettenton kippt um ... „Keine Angst, da war keiner an der Tür."

Ein Luftballon platzt ... „Lassen Sie sich doch nicht aus dem Takt bringen, so wie Sie gerade gespielt haben, müssen Sie immer damit rechnen, daß das Publikum auf Sie schießt."

„... Ich geb hier doch nicht meinen Liederabend."

„...wenn ich mal für Sie komponiere, schreibe ich in G-Dur, das ist Ihre Tonart."

Das Orchester probt die Rienzi-Ouverture

„Das ist ja viel zu lahm. Das sind doch die Römer auf ihren Pferden. Sie spielen das, als wären es die Pferde der Römerbrauerei." *(Christoph Klöver, Leiter des Orchesters der Stadt Bergheim)*

Outing

Keith Butler aus Toronto war der Konzertbesucher, der 1966 beim legendären sog. „elektrischen" Konzert von Bob Dylan in Manchester „Judas" gerufen hatte, gut zu hören auf der Platte „Bob Dylan Live 1966". Im Februar 1999 gab er seine Identität preis.

Papst Goes Pop

Im März 1999 wurde die erste Musik-CD von Papst Johannes Paul II. mit Gebeten und Gesängen des Kirchenoberhauptes auf den Markt gebracht. ‚Abba Pater', komponiert von zwei italienischen Musikern, beinhaltet Sacro-Pop, d. h. Gesänge und Gebete des Papstes in Lateinisch, Englisch, Italienisch, Französisch und Spanisch, unterlegt mit zeitgenössischer und klassischer Musik. Bereits am ersten Tag ihres Erscheinens war sie restlos ausverkauft, in Rom innerhalb einer Stunde.

Parallelen

„Der Unterschied zwischen Spießbürgertum und Punk ist manchmal nur ‚ne Rhythmusfrage."
(Campino, Sänger der ‚Toten Hosen')

Parallelen II.

„In jedem Volksmusikanten steckt ein Rocker."
(Achim Mentzel)

Die Parallelwelt

Gott hat die Welt erschaffen, aber der Mensch hat sich eine zweite Welt geschaffen – die Kunst. *(Max Reinhardt)*

Pascha des Monats

Im Oktober 1975 wurde der deutsche Tenor Rene Kollo von der Frauenzeitschrift „Emma" zum ‚Pascha des Monats' gewählt.

Passionsfrüchte

„Die Weißen respektieren unsere Musik nicht, weil sie wissen, woher sie kommt. Nicht von Schwarzen, sondern von dem, was Schwarzen angetan wurde, und von dem Schmerz, den sie erleiden mußten." *(Charles Mingus)*

Paßt, wackelt und zieht Luft

Zur Charakterisierung von Nationalfaschisten gibt es eine passende Ungleichung. 3 Eigenschaften, von denen immer nur 2 zusammenpassen: ehrlich – intellegent – Nazi
– Wenn jemand Nazi und ehrlich ist, ist er nicht intelligent
– Wenn jemand intelligent und Nazi ist, ist er nicht ehrlich
– Wenn jemand ehrlich und intelligent ist, ist er kein Nazi
Beim Ausprobieren mit „Schlagersänger" mußte ich glucksen, ebenso bei „Astrologe".
Es gibt bestimmt noch mehr ... ich denke da unter anderem an eine Vielzahl Politiker oder religiöser Amtsbekleider.
(Harald Skorepa)

Der Pate

Alf Igel nennt sich der Schöpfer des Songs, mit dem der Schlagersänger Guildo Horn 1998 Deutschland beim Grand Prix d'Eurovision vertritt. Stephan Raab, so der richtige Name des Komponisten, gilt als Intimfeind des Münchner Produzenten und Schlagermachers Ralph Siegel, der zusammen mit seinem Texter Bernd Meinunger die deutschen Endausscheidungen für den Grand Prix d'Eurovision beinahe jahrzehntelang – oft mit mehreren Titeln gleichzeitig – wie ein Pate beherrschte. „Den übrigen hat man den Mund versiegelt", bekannte der Schlagersänger Bernhard Brink in Anspielung auf den Münchner in einem Fernsehinterview Anfang der 1990er Jahre.

Pawlow läßt grüßen

‚Die Leute sind so konditioniert, daß, wenn sie von einem Song den Refrain kennen, sie schon hören wollen, was als nächstes kommt.' *(Ringo Starr)*

Peinlich

In den 1970er Jahren stellte David Bowie fest, Hitler sei der größte Rockstar aller Zeiten gewesen.

Die perfekte Welle

„Die Musikindustrie hat aus dem ganzen „Neue Deutsche Welle"-Fiasko ab 1983 nichts gelernt, außer, wie man eine Jugendkultur bis zum Exitus auspressen kann."
(Hollow Skai in seinem Buch „Alles nur geträumt", 2009)

Phantom des Klatsches

Über die Entstehung von Lloyd Webbers ‚Phantom der Oper' kursiert die Geschichte, daß dieser als Antwort auf den damaligen Szeneklatsch, was denn wohl eine so hübsche Sängerin wie Sarah Brightman (sie war zu dieser Zeit seine Ehefrau) an so einem häßlichen Komponisten finde, ein Musical über einen häßlichen Komponisten schrieb, der sich in eine hübsche Sängerin verliebt. Die Hauptrolle bekam Sarah Brightman.

Plagiative Konsequenz

Nicht nur der musikalische Anspruch, sondern scheinbar auch die Musik sind und waren ein Plagiat. Augenscheinlich wurde der Titel ‚Piep, piep, piep, Guildo hat Euch lieb‘ des Schlagersängers Guildo Horn, geschrieben von Alf Igel, von einem Zweizeiler des österreichischen Poeten Andreas Okopenko aus dem Jahre 1992 entlehnt: ‚Cheep, cheep, cheep ich hab' Dich nämlich lieb‘.

Play Your Own Thing

„Niemand kann spielen wie Charlie Parker. Du mußt deine eigene Stimme finden." *(Jan Garbarek)*

Plündern nach Noten

Teil der Kriegsbeute schwedischer Söldner im dreißigjährigen Krieg waren Manuskripte deutscher Musik des Frühbarock, die somit vor den Folgen späterer Kriege bewahrt wurden. Gustav Düben sammelte die Handschriften; 1732 wurden sie der Universität Upsala vermacht. Heute stellen sie eine wichtige Quelle für die deutsche Musik des 17. Jahrhunderts dar.

Polarisierung

„Wer ihn nicht ausstehen kann, weiß jetzt, warum, und wer ihn mag, wird ihn jetzt wohl noch mehr lieben."
(Kritik zum Roy Black-Filmportrait „Zum Beispiel Roy Black" von 1969)

Das Pop-Geschäft

„Jeder, der ein fertiger Mensch ist, ist hier falsch. Jeder muß bereit sein, sich formen zu lassen. Er muß an sich einen bestimmten Typ darstellen, den andere Personen und Leute als erstrebenswert, interessant und positiv empfinden. Das geht eben letztendlich bei der Haarfarbe los bis zur Schuhgröße hin." *(Ein Verantwortlicher für das Casting von Gruppen wie „No Angels", August 2001)*

Pop Goes Soccer

Erstmals in der Geschichte der Popmusik sponsorte im Juni 1999 eine Plattenfirma eine Fußballmannschaft. Skint Records, bei denen u.a. Fatboy Slim unter Vertrag steht, unterstützt seitdem die drittklassige Mannschaft von „Brighton And Hove Albion".

Posthumes Schweigen

Der Rap-Sänger Ibrahim Kashush war für das syrische Regime eine mißliebige Person. Er wurde 2011 ermordet. Danach schnitt man ihm die Stimbänder heraus.

Potemkinsche Dörfer

Ende Dezember 2005 warb die Telefonauskunft 11880 damit, daß ein Hilfesuchender einige Töne der Arie der „Königin der Nacht" vorsingt, um zu erfahren, wo dieses Stück in Berlin gespielt wird. Die freundliche Auskunft erkennt es sofort, gibt ihm die nötige Information und stellt gleich eine Verbindung mit der entsprechenden Theaterkasse her.

Mein Test ergab folgendes:

„Guten Abend. Ich hätte gerne gewußt, wo dieses Stück von Mozart – da da da daaa, da da da daaa (Beethovens 5. Symphonie!) – in Berlin aufgeführt wird."

„Kleinen Moment, ich verbinde Sie."

Eine weitere Person: „Guten Abend, hier 11880. Was kann ich für Sie tun?"

„Ich hätte gerne gewußt, wo dieses Stück von Mozart – ich bin Gast in Berlin in den nächsten Tagen – da da da daaa, da da da daaa (nochmal Beethovens 5. Symphonie) – aufgeführt wird."

„Kleinen Moment bitte." – „Hallo, guten Abend, hier ist das Theater am Potsdamer Platz. Was kann ich für Sie tun?" ... Ich habe erklärt, mich entschuldigt und nicht weiter nachgehakt. Prost Neujahr!

Ein zweiter Anruf mit dem Versuch, eine Händel-Oper zu finden – ebenfalls mit Beethoven – ergab das gleiche Resultat. Auch der nächste Gesprächspartner wußte nichts, sondern kannte nur die Werbung: „Wir können ja auch nicht alles wissen; bei der Zauberflöte hätte ich Ihnen weiterhelfen können!"

Machen Sie, liebe 11880, bitte nicht so eine unanständige Werbung, wo suggeriert wird, daß Sie genau das alles wissen!
(Harald Skorepa)

Präferenzen

„Die Deutschen sind mir die zweitliebsten Leute der Welt. Die liebsten sind alle anderen."
(Kinky Friedman, Enfant-Terrible der amerikanischen Country-Szene)

Praktisch, klappt!

Hans Reichel erfand die Klappgitarre für unterwegs.

Privatkonzert

Greg Thomas, US-amerikanischer Millionär, flog für 20.000 Dollar zusammen mit seiner Frau laut „Mail On Sunday" von Californien nach England zu einem einstündigen Privatkonzert direkt ins Wohnzimmer von Peter Doherty. Da der Musiker zu betrunken für einen Auftritt war, mußte das Paar 7 Stunden geduldig warten. Um 3 Uhr morgens fand dann die Show statt.

Privileg

Ende der 1990er Jahre öffnete Nora Guthrie, Tochter Woody Guthries, dem englischen Sänger Billy Bragg die Archive des Folk- und Politsängers mit rund 2.500 Texten.

Pro ‚Bumm' 1 Euro

16 Geiger des Bonner Beethovenorchesters reichten im März 2004 beim Amtsgericht Bonn Klage um mehr Geld für ihre Arbeit ein: als Violinisten hätten sie pro Konzert und Minute viel mehr Töne zu spielen als ihre Kollegen an den Hörnern, Flöten oder Posaunen. Ein positives Urteil wäre einmalig in der Musikgeschichte und dürfte, so nicht ein reziproker Zusammenhang zwischen der Zahl der gespielten Noten und dem Schrumpfen des gesunden Menschenverstands nachgewiesen wird, vor allem die Männer an Kesselpauke und Triangel äußerst nervös machen. Dann sind Sonder- oder Nebenarbeiten gefragt, wie jüngst die eines Schlagzeugers, der eine Extravergütung erstritt, weil er in einer modernen Komposition ein „Hi-Hat" zu bedienen hatte, das seiner Auffassung nach zu den „ungewöhnlichen Instrumenten" zählte. Weiterführende Vorschläge:

– Schlagzeuger betreten nur für ihre – einzeln bezahlten – Schläge die Bühne und sind in der restlichen Zeit des Konzerts als Toilettenpersonal beschäftigt, entlohnt nach Urinat pro Minute.

– Bläser werden universell auf alle Blasinstrumente – möglichst zwei oder auch mehrere gleichzeitig – angelernt; das spart Personal und Kosten und gewährleistet eine nahezu durchgehende Beschäftigung, wobei zugleich erzeugte Querflöten- und Posaunentöne natürlich doppelt berechnet werden dürfen.

– Bratscher erhalten zukünftig nur die Hälfte der von den Violinisten geforderten Entlohnung; das entspräche endlich ihrem Ruf. Der elementare Vorwurf der Violinisten, ein lang anhaltender Bratschenton habe nicht denselben Wert wie die von ihnen gleichzeitig gespielten Melodiebögen, Triolen etc., wird derzeit noch untersucht.

– Pianisten und Harfinisten haben den natürlichen Vorteil von mehr Saiten, können somit mehr Töne/Minute erzeugen und dürfen deshalb nicht bevorzugt werden. So sollte, gemessen an den vier Saiten eines Violinisten, die Bewertung eines Pianisten geviertelt werden, in schweren Fällen (Bösendorfer-Flügel) sogar gefünftelt, oder, bei schlechtem Spiel, in etwa gezehntelt, bezogen auf die doppelt und dreifache Bespannung in der Flügel-Mittellage und im Diskant. Diese „Rote Karte" sollte generell für alle Instrumentalisten und Dirigenten eingeführt werden; zu überlegen wäre auch, jeden falschen Ton prozentual vom Gehalt abzuziehen.

– Dirigenten neu zu bewerten stellte sich als äußerst schwierig dar: große Beweglichkeit kann der Musik gut tun, Sparsamkeit aber manchmal noch mehr. Das zunächst vorgesehene Kriterium „Taktstockausschläge in Zentimetern/Minute" greift deshalb nicht wirklich und wird vorläufig hintangestellt. *(Harald Skorepa)*

Nachsatz:

„Als Posaunist habe ich pro Konzert nur wenige Töne zu spielen, die aber über den ganzen Abend verteilt sind. Darum fordere ich, alle Töne am Anfang des Stückes sofort hintereinander spielen zu dürfen, und dann gehe ich nach Hause."

(Kommentar von Christhard Gössling, Posaunist bei den Berliner Philharmonikern und Rektor der Berliner Hochschule für Musik Hanns Eisler)

Promotion For Ever

Alan Freed, Radio-Moderator, ist bei Chuck Berrys erstem Hit „Maybelline" als Co-Autor aufgeführt, weil sich die Firma Chess davon eine bessere Promotion versprach.

Prompte Verbindung

Durch einen Telefonanruf bei Marcus Miller wurde Miles Davis 1987 auf den Bassisten Foley aufmerksam. Bei Miller lief gerade das Demoband Foleys, das Davis dann per Telefon mithörte. Tags darauf stand Foley bereits mit Miles Davis im Studio und war bis zu Davis' Tod 1991 Mitglied seiner Band.

Qualität statt Quantität

„Was im Leben zählt, ist die Intensität des Lebens, nicht seine Dauer." *(Jacques Brel)*

Qualvoll

„Die Klarinette ist ein Folterinstrument, die von einer Person mit Wattebäuschen in den Ohren bedient wird. Es gibt zwei Instrumente, die schlimmer sind als eine Klarinette – zwei Klarinetten!" *(Ambrose Bierce, 1911)*

Quell der Wohltätigkeit

400.000 Dollar (ca 720.000 DM) erbrachte im Februar 1998 in Los Angeles die Versteigerung des drei Seiten starken, von den Autoren Elton John und Bernie Taupin signierten Originalmanuskriptes von ‚Candle In The Wind'. Das ursprünglich Marilyn Monroe gewidmete Lied wurde von Taupin umgeschrieben und von Elton John zur Trauerfeier von Lady Di 1997 in der St. Paul's Cathedral in London vorgetragen. Die kurz darauf veröffentlichte Single war bereits nach einer Woche die meistverkaufte der Welt. Der Erlös der Auktion kommt dem Kinderkrankenhaus von Los Angeles zugute.

Quelle der Inspiration

„Ein Komponist, der keine Maler als Freunde hat, ist eigentlich zu bedauern." *(Morton Feldman)*

Der Raab der Nation

„Stefan Raab, die Galionsfigur eines neuen Exhibitionismus, agiert und kassiert nach dem Motto: Ich entblöße für Deutschland!" *(Rundfunkkommentar 2000 zum Hit-Titel „Maschendrahtzaun")*

Raum ist in der kleinsten Hütte

„Ich bin stolz, daß wir genug Platz in Liams Gehirn einnehmen, um ihn zum Ablästern zu reizen."
(Ricky Wilson, Sänger der „Kaiser Chiefs", über die Kritik von Liam Gallagher an seinen Konkurrenten.

Rebellion und die Sache mit dem „Cash"

1968 traf Johnny Cash mit seinen Freunden Willie Nelson, Kris Kristofferson und Waylon Jennings eine unbequeme Entscheidung. „Wir haben damals der Monetenmaschine Nashville mit ihren zuckersüßen Country-Püppchen und abgehalfterten schmierigen Helden den Krieg erklärt und schließlich den Rücken gekehrt."
Trotzdem sah sich Cash gezwungen, aus finanziellen Gründen zum Teil wie am Fließband zu produzieren. „Von meinen über hundert Alben kann ich im besten Fall ein Zehntel empfehlen. Können Sie erahnen, was das für Leid bedeutet?"

Die Rechnung ohne den Wirt

Im Juli 2000 verpaßte die Gruppe „Blur" mit ihrer neuen Single „Coffee & TV" auf Grund eines Computerfehlers die Top Ten. Das Gerät, das die aktuellen britischen Charts berechnet, ließ ca 40% der Single-Verkäufe unberücksichtigt.

Rechts-Rock

1997 machte der „Spiegel" die Feststellung, daß rechtsradikale Rockmusik boomte wie selten zuvor. Gruppen und Verleger ließen CDs zu Zehntausenden im Ausland, vor allem in Tschechien und neuerdings auch in den USA, herstellen. Laut Verfassungsschutz hatte sich in Deutschland die Zahl der Konzerte der ca 66 rechtsextremen Bands von 35 auf 70 verdoppelt.

Im Juni 2003 brachte der Generalbundesanwalt erstmals in der bundesdeutschen Justizgeschichte eine rechtsextreme Rockgruppe vor Gericht.

Anmerkung der Autoren:

Gruppen und Musiker, vor allem aktive, die bekanntermaßen der rechtsextremen Szene angehören und gewaltverherrlichende, menschenverachtende und rassistische Texte verbreiten, werden in diesem Lexikon ohne Umschweife als solche gekennzeichnet.

Musiker und Interpreten, die – beabsichtigt oder unbeabsichtigt – vom Nationalfaschismus profitiert haben, wie Orff, Strauss, Karajan, Furtwängler, Elisabeth Schwarzkopf u.a., die im Wortsinn „Geschichte" sind, d.h. musikgeschichtlich eine Rolle spielen, sind davon nicht ausgenommen.

In diesem Zusammenhang möchten die Autoren auf das Buch „Im Griff der rechten Szene – ostdeutsche Städte in Angst" des Schriftstellers Burkhard Schröder verweisen, das im Oktober 1997 erschienen ist, sowie „Musik im NS-Staat" von Fred K. Prieberg.

Reif für die Insel oder Die Nervensäge

„Daniel Küblböck ist 24 Stunden am Tag hyperaktiv; wie oft habe ich mich wegen dem auf eine einsame Insel gewünscht." *(Judith Lefeber)*

Reihenfolge

„Die Schwäne singen, bevor sie sterben. Es wäre kein schlechter Gedanke, wenn manche Leute sterben würden, bevor sie singen." *(Samuel Coleridge)*

Rein in die Charts, raus aus den Charts

Gracia, Vertreterin Deutschlands beim Grand Prix 2005 in Kiew, und die estnische Gruppe „Vanilla Ninja", nominiert für die Schweiz, mußten sich im April 2005 den Vorwurf gefallen lassen, durch gezielte Tonträgerkäufe ihre Chartsposition manipuliert zu haben. Ein wohl nicht einmaliger Fall, in diesem aber böse aufgefallen.

Der (R)einfall

Bei einem Konzert der Gruppe „City" zusammen mit Bryan Adams in Berlin Weißensee gab es die staatliche Auflage, das Lied „Ich will nicht vergessen" nicht zu spielen. Tony Krahl: „Liebes Publikum, wir dürfen diese Lied leider nicht spielen, deswegen lese ich euch den Text jetzt vor, ganz ohne Musik....!"

Relationen – Die Erste

Zwei Beispiele für Verhältnisse, über die das Nachdenken sich lohnt:
Ein großer Opernauftrag an einen Komponisten wird nicht besser bezahlt als die Dekoration für einen Auftritt der „Drei Tenöre";
Ein Stargast in „Wetten daß..." kostet so viel wie die gesamten „Donaueschinger Musiktage".

Relationen – Die Zweite

„Warum ist eigentlich die ganze Welt wegen zweier Türme traurig? Zehntausende Frauen wurden in Bosnien vergewaltigt, in Zaire wurden Menschen mit Macheten massakriert, in Haiti auf Reifen verbrannt, die Taliban ermordeten Frauen im Stadion, aber wegen zweier Türme werden die Menschen wach, alles andere wird vergessen. Das erschüttert mich."
(Khaled, algerischer Rai-Sänger)

Relationen – Die Dritte

„Viele Frauen sagen sich: Wozu die Brust vergrößern – soll er sich doch seine Hände verkleinern lassen."
(Mark McGrath, Rocksänger)

Relativ klasse

„Ein erstklassiger Komponist zweitklassiger Musik."
(nicht Bekannter über Richard Strauss)

Rep-Rap-Reaktionen

Als Kommentar auf den Rechtsextremismus in Deutschland veröffentlichten die Punk-Rocker ‚Die Toten Hosen' Anfang 1993 die Benefiz-Single „Sascha, ein aufrechter Deutscher". In dem Song heißt es u. a.: „Der Sascha ist ein deutscher Rep. (...) Jetzt läßt er die Sau raus und geht zum Asylantenhaus. Dort schmeißt er eine Scheibe ein, denn jeder Neger ist ein Schwein; dann zündet er die Bombe an, ein jeder tut halt, was er kann".

Wegen Beleidigung und Volksverhetzung hatte der Vorsitzende des Kreisverbandes der rechtsradikalen Republikaner daraufhin die Band angezeigt. „Wir freuen uns, daß der Text aufmerksam durchgelesen und anscheinend auch verstanden worden ist", kommentierte der Sänger Campino die Anzeige, die im übrigen von der Staatsanwaltschaft abgeschmettert wurde.

Requiem

„Die Schallplattenindustrie ist wirtschaftlich längst in die Grube gefahren, und der Rest der Hochkultur hängt am Tropf einer massenmedial ver(bl)ödenden Gesellschaft!"
(Christine Lemke-Matwey über die Kulturlandschaft von Bach bis Wagner)

Retour

Nebst der Tatsache, daß Roger Waters die Musik des Komponisten Andrew Lloyd Webber ganz generell nicht mag, beschuldigt er diesen, einen Teil seiner Komposition gestohlen zu haben. Die ersten Noten der Ouvertüre zu Lloyd Webbers „Phantom der Oper" sind einem Part aus Waters „Echoes" verdächtig ähnlich. Dafür rächt er sich auf seine eigene Weise: Im Titel „It's A Miracle" auf „Amused To Death" singt er genüßlich:

Lloyd Webber's awful stuff	Lloyd Webber's fürchterliches Zeug
Runs for years and years and years...	Läuft Jahre und Jahre und Jahre...
An Earthquake hits the theatre	Ein Erdbeben erschüttert das Theater
But the operetta lingers	Aber die Operette schleppt sich weiter
Then the piano lid comes down	Doch dann saust der Klavierdeckel nieder
And breaks his fucking fingers	Und bricht seine verdammten Finger.

Retourkutsche – Neue Welt, Neue Musik

„200 Jahre lang haben die Europäer uns ihre Opern geschickt, jetzt schicke ich sie ihnen zurück."
(John Cage über seine „Europeras", die aus Einzelelementen von Opern europäischer Komponisten nach dem Zufallsprinzip zusammengesetzt sind)

Rettende Idee

Dem Schweizer Jazzmusiker Teddy Stauffer gelang es wiederholt, mit List einer drohenden Abschiebung während des Nationalfaschismus aus Deutschland zu entgehen.

Als bei einem Konzert das Delphi in Berlin von der SS gestürmt wurde, fragte ihn ein SS-Offizier: „Haben Sie nicht das Plakat ‚Swingmusik und Swingtanzen verboten' gesehen?" „Nein", antwortete Stauffer, „aber spielen wir wirklich Swing? Was ist Swing?" Der SS-Offizier antwortete verlegen: „Spielen Sie keine deutsche Tanzmusik?" Da ließ Stauffer seine „Teddies" den „Bugle Call Rag" intonieren, unterlegt mit Motiven aus dem Horst-Wessel-Marsch.

Das Rezept

„Seit rund dreißig Jahren leben Sie ein ziemlich wildes Leben. Wie haben Sie es geschafft, all die Jahre zu überstehen?" „Ganz einfach: Ich bin einfach nicht gestorben. Das ist mein Überlebens-Geheimnis: Einfach nicht zu sterben."
(Lemmy Kilmister)

Rezeptpflichtig?

Wagners „Parsifal" ist eines der wirksamsten Barbiturate, ein Schlafmittel erster Ordnung wie Luminal und Veronal.
(Hans Weigel)

Reziprok

„Bei Lou Reed hat es nie ein Versprechen, eine Glitzerphantasie gegeben. Er hat uns daran erinnert, daß man verdammt betrunken sein muß, um so nüchtern zu werden."
(Rüdiger Schaper)

Rhythmosin

„Groove ist der Treibstoff, der die Seele zum Fliegen bringt."
(Statement afrikanischer Jazzmusiker)

Der richtige Ansatz

„Musik ist Gefühl und Spaß. Wenn sie auch anderen gefällt, um so besser. Dann gibt's nämlich noch Knete drauf."
(Harald Skorepa, 2011)

Richtigstellung

„Ich bin ein Musiker, der im KZ war, und kein KZler, der Musik macht.'" *(Jazz-Gitarrist Coco Schumann)*

Roadie-Latein

Bei Auftritten von Klaus Schultze stand der große Moog wie eine Schrankwand an der Rückseite der Bühne. Der Manager Klaus D. Müller hatte die Idee, an der Seite dieses Monstrums einen ganz normalen Wasserhahn anzubappen (warum die Nummer stimmt? Er hat mir erklärt, wie er ihn angebappt hat).
Nach dem Auftritt kam Publikum: „Wieso ist da am Synthi ein Wasserhahn?"

„Na klar, der ist dafür, um nach dem Auftritt das Kühlwasser abzulassen."
Staunen.

Der Rock hat seine Seele verkauft

In den späten 1970er Jahren wurde er dazu gezwungen, in den 1980er Jahren tat er es freiwillig, in den 1990er Jahren wurde er nicht mehr gefragt. Die allgemeine Form von Anbiederung u.a. für Werbejingles und Soundtrack-Beiträge für Filme war nur noch peinlich und ab 2000 schlichtweg Standard. Nichts mehr von seinem Ursprung ist übrig, nur noch Pop-Gepupse. *(Harald Skorepa)*

Rock mit Biß

Nach seinem Ausscheiden bei ‚Black Sabbath' startete Ozzy Osborne Ende der 1970er Jahre eine Solokarriere und machte durch spektakuläre Bühnenshows von sich reden. Unter anderem biß er bei einem Auftritt einer Taube den Kopf ab ….

Die Rock 'n' Roll-Pizza

Eindeutiger Klau von Songmaterial. Pizza-Werbung und Rock 'n' Roll-TV-Werbung für Schnellbackpizza 1980er Jahre.
Harmonischer Ablauf der gleiche, Songaufbau (St, St, Ref, Str. Bridge(!), St etc) völlig identisch, ebenso Gesangsmelodie. Allein die Bridge so zu platzieren ist ungewöhnlich.
Keine Hilfe von der GEMA!
Siehe auch Rietfeldt.

Rock pur

Im Jahre 2003 war „Pur" Deutschlands erfolgreichste Rockband.

Rucker gegen Rapper

„Ihr mißhandelt die Mikrophone und die Musik, eure schlechten Beispiele verbauen die Zukunft meiner Kinder!" – Mit diesen Worten und der Feststellung, die Stars der Rap-Szene seien mit ihrem verantwortungslosen Lebensstilein ein miserables und gefährliches Vorbild für Kinder, wendete sich Ursula Rucker im Jahr 2001 gegen gewaltverliebte Hip Hop-Musiker.

Rüstige Band

Bei seinem Einstieg in die Gruppe ‚Genesis‘ 1997 war der Sänger Ray Wilson mit 28 Jahren genau 4 Jahre jünger als die Band selbst, rechnet man die Formation ‚Anon‘, den Vorläufer von ‚Genesis‘, dazu.

Rüstiger Herr

Der Ragtime-Pianist Eubie Blake, der 1972 mit 88 Jahren ein großes Comeback feierte, kündigte seine Auftritte gelegentlich mit „I wrote this piece 1899" (ich habe dieses Stück 1899 geschrieben) an. Das war zwei Jahre vor der Geburt Louis Armstrongs.

Rufmord

Die Abfolge der Ereignisse bei dem von der Presse hoch dramatisierten Berliner Waldbühnenkonzert der Rolling Stones am 15. September 1965 war nach Berichten von Konzertbesuchern wesentlich anders als die damalige – und heutige (2003!) – Berichterstattung glauben macht.

Entgegen den bundesweit verbreiteten Meldungen, die von einem notwendigen Polizeieinsatz auf Grund der durch die Musik aufgeputschten randalierenden Jugendlichen sprachen, rollten von den beiden seitlich der Bühne liegenden Zufahrten Wasserwerfer und Einsatzgruppen der Bereitschaftspolizei in die Arena, wo einige der Konzertbesucher vor der Bühne ein kleines Feuer entzündet hatten und „Party" machten. Nur Sekunden nach der Aufforderung per Megaphon, das gesamte Areal innerhalb von 5 Minuten zu räumen (die gefüllte Waldbühne faßt 20.000 Zuschauer, der amphitheaterartig angelegte Zuschauerraum hat mehr als 20 Ränge und eine Gesamthöhe von über 30 Metern; alle Ausgänge befinden sich oben), wurden die Wasserwerfer in Betrieb gesetzt, die Beamten griffen zu den Schlagstöcken und trieben die Menge vor sich her, die panikartig flüchtete und an Stelle der schnell überfüllten schmalen Aufstiegswege die hölzernen Sitze als Treppe benutzte, welche dieser Belastung natürlich nicht standhielten. *(Elke Skorepa, Konzertbesucherin)* „Wo sich die Polizei zurückhielt, waren die Beatfans zurückhaltend wie Volksmusikpublikum." *(Kommentar 2005, ARD-Monitor)*

Rufmord – Die Zweite

Der gewaltsame Tod des 18-jährigen schwarzen Drogendealers Meredith Hunter beim Konzert der Rolling Stones am 6. Dezember 1969 in Altamont, USA, den einer der als Ordner angeheuerten „Hells Angels"-Rocker direkt vor der Bühne erstach, als er eine Schußwaffe zog, wurde von den Medien weidlich ausgeschlachtet und als Munition, zum größten Teil durch absichtliches Ignorieren von Fakten – in einer Videoaufnahme des Geschehens ist alles deutlich zu erkennen – gegen die Band und vor allem gegen die Rock- und Hippie-Szene überhaupt verwandt.

Auch die Abfolge der Ereignisse bei dem von der Presse hoch dramatisierten Berliner Waldbühnenkonzert der Rolling Stones Mitte der 1960er Jahre war nach Berichten von Konzertbesuchern wesentlich anders als die damalige – und heutige! (2003) – Berichterstattung glauben macht.

Rufmord – Die Dritte –
Ein Rausch(en) zittert durch den Blättchenwald

Der Tenor in der Wochenzeitschrift „Bunte Illustrierte" war eindeutig: „Drei Tage Hasch und Matsch!", strotzend vor Häme und – im Wortsinne – „In-den-Dreck-ziehen".

Zitate aus dem reich bebilderten Artikel vom August 1969: „Die Orgie war eine Pleite", „Daß der junge Mann sich nackt auf das Scheinwerfergerüst stellte, zeugt nicht gerade von Pietät" (Hä? Das ist keine Beerdigung, Herr Preute!), „Sogar der Dreck sah angeblich im Rausch ganz schön aus".

(Claus Preute, „Bunte Illustrierte", August 1969)

Das einzige Positive, was berichtet wurde, war die Anzahl der Festivalbesucher. Da kam man wohl nicht drum herum. Und aus den drei Toten konnte auch keine Schreckensvision gestrickt werden: ein vom Gerüst gestürzter, ein Traktor verunfallter (Roadies leben von jeher gefährlich) und ein Blinddarm durchgebrochener. Nichts mit „Siehste-wohl!"-Drogenopfern oder Rauschmorden ... leider 8 Fehlgeburten (aktuell weltweit 44 ebensolche pro Minute – nur mal so ...), aber 3 erfolgreiche. Was mit den über 5000 konstatierten Fällen von Drogenmißbrauch gemeint ist, bleibt wohl Definitionssache. Das war's schon mit dem für erwähnenswert gehaltenen. Über die Musik kein Wort! Ein eher absichtliches als versehentliches Übergehen.

Immer schon, wenn das Establishment drohte in seinen Grundfesten erschüttert zu werden, reagierte es mit Verunglimpfung und Malediktion, in vielen Fällen notfalls auch mit brutaler Gewalt und Zerstörung. Und es gab, im Nachhinein gesehen – außer der Tatsache, daß Woodstock bis dahin und bis dato mit 500.000 Besuchern das größte und friedfertigste Festival aller Zeiten war – tatsächlich ein Erbeben der verkrusteten gesellschaftlichen Strukturen, das lange nachwirkte, die mittlerweile aber bereits wieder erschreckend starr geworden sind.

Wenn man richtig kramen würde, stieße man mit Sicherheit noch auf irgend eine christliche Postille, die, wenn es überhaupt berichtet worden wäre, den Regen als Strafe Gottes postuliert hat.

P.S.: Rein musikalisch betrachtet war es, neben dem Vergnügen von mehr als einer halben Million Menschen, Auftritte von Stars wie Joan Baez, Janis Joplin, The Who und Jimi Hendrix für 28 Dollar zu erleben, der Beginn von großen Karrieren wie der von Joe Cocker und Santana. Und noch nie wurde eine Nationalhymne zeitgemäßer interpretiert.

Und im übrigen zur Erinnerung, Herr Preute, apropos friedfertig: Polemik kommt vom griechischen „polemos" und bedeutet „Krieg".

Dann noch eine schöne bunte Restwoche!

(Harald Skorepa, 2021)

Rundumschlag

Als Elton John in den 1970er Jahren in seinem Londoner Büro anrief, um seine Hitparadenplätze zu erfragen, nahm dort niemand ab. Kurz entschlossen entließ er alle Angestellten.

Runter kommen sie immer

„Was trinken Lemminge, bevor sie sich in den Abgrund stürzen?"

„Einen Absacker!"

(Georgette Dee, 2008)

Rush-Hour

Anläßlich ihres 25-jährigen Bühnenjubiläums trat die britische Gruppe Status Quo innerhalb von 11 Stunden in vier verschiedenen britischen Großstädten auf. Diese Aktion brachte ihnen einen Eintrag ins Guinness Buch der Rekorde.

Saat der Gewalt

Im Song „Die Kugel ist für dich" von der Anfang 2001 veröffentlichten CD „Noten des Hasses" der Gruppe „White Aryan Rebels" werden namentlich genannte Polizisten, Politiker und andere Personen des öffentlichen Lebens mit dem Tode bedroht. Weitere Texte verunglimpfen Schwarze und Juden und verherrlichen nationalfaschistische Gewalttaten.

Die Sache mit dem Wegstecken

George Harrison ließ im Dezember 1997 verlauten, man möge doch bezüglich eines Vergleichs der Gruppe ‚Oasis' mit den ‚Beatles' noch eine Weile warten. Schließlich hätten die ‚Beatles' einige Alben mehr herausgebracht. Im Januar 1998 ergab es sich, daß Noel Gallagher (Oasis) und Harrisons Sohn zusammen im Flugzeug saßen. Ob Gallaghers Verhalten, den Halbwüchsigen mit 13 Cocktails völlig betrunken zu machen und ihn zum Schluß mit 4 brennenden Zigaretten zwischen den Lippen seinem ihn erwartenden Vater zu präsentieren, eine Reaktion auf die Äußerung Harrisons war, bleibt offen.

Sachkundiges Publikum

Die neu formierte Band des Österreichers Joe Zawinul hatte gerade eine Europatournee beendet und wollte zurück in die Staaten, als das Angebot für einen letzten Auftritt in Stuttgart einlief. In aller Eile konnten die Flüge umgebucht und ein Termin angehängt werden. Auf dem Pariser Airport stieg Schlagzeuger Paco Sery jedoch in die falsche Maschine, und schneller Ersatz war nötig. Der Zufall wollte es, daß David Haynes, neuer Drummer bei Prince, als Gast im Publikum saß. Umgehend wurde er für das Konzert verpflichtet. Zawinul gab ihm mit dirigentischen Gesten klare Anweisungen, und David Haynes reagierte fantastisch.

Sachzwänge

Mit „Ich habe einen Steuerbescheid erhalten, der so groß ist wie das verdammte Kanada" begründete Shaun Ryder das Wiederaufleben seiner Gruppe „Happy Mondays".

Sängerin mit Engagement

Mit einer eigens herausgegebenen Kreditkarte, bei deren Nutzung jedes Mal ein geringer Teil des betreffenden Kontos an die Christina Foundation überwiesen wird, die kranken, obdachlosen oder mißbrauchten Kindern hilft, betätigt sich die Sängerin Christina Aguilera erfolgreich im Bereich der sozialen Mißstände. Dafür wurde sie im Jahre 2000 mit einem Preis geehrt.

Sag zum Abschied leise Servus

Die jüdischen Textdichter waren ab 1933 in Deutschland, später auch in Österreich und in den von der Wehrmacht besetzten Gebieten zum Freiwild erklärt worden. Und sie waren rechtlos. Kamen ihre Werke wie im Fall der Lehár-Operetten zur Aufführung, blieb ihr Name im Programmzettel unerwähnt, sie erhielten keine Tantieme und konnten sich auch nicht einmal gegen sogenannte „Pro-forma-Bearbeitungen" zur Wehr setzen. Wie man sich in jenen Jahren an Textdichtern und Librettisten bereicherte, sich an ihrem geistigen Eigentum vergriff, veranschaulicht die Geschichte, die sich um die Entstehung des Heurigen-Schlagers „Sag zum Abschied leise Servus" rankt. Sie spielt im Frühjahr 1935 in Wien, wo Willi Forst mit Peter Kreuder beim Heurigen über die Musik zu seinem Film „Burgtheater" fachsimpelt. Als der Komponist während des Gesprächs einen musikalischen Einfall hat, ihn seinem Regisseur vorsummt und laut über einen Text nachdenkt, tritt ein Unbekannter an sie heran, stellt sich als Harry Hilm vor und bietet seine Mithilfe an. Er gibt vor, nur zuhause schreiben zu können, geht und kommt nach einer Weile mit dem fertigen Text zurück. Der aber stammte gar nicht von Hilm, der nur als Strohmann fungierte, sondern von den mit ihm befreundeten jüdischen Autoren Hans Lengsfelder und Siegfried Tisch, deren musikalische Komödie „Warum lügst du, Chérie" seinerzeit ein Bühnen-Hit war. Als Hans Moser das „Servus"-Lied wenig später unter die Leute brachte und zum Evergreen machte, ahnte niemand, wem die melancholischen Zeilen dazu eingefallen waren, die bald in mehr als zwanzig Sprachen übersetzt wurden. Auf dem Plattenetikett stand jeweils der Name des Strohmanns verzeichnet, von dem Kreuder behauptet, er habe später die unberechtigten Einnahmen nie abgerechnet.

(Volker Kühn; mit freundlicher Genehmigung)

Sag's mit der Keule!

„Du hast alles, was wir nicht brauchen!"
(Dieter Bohlen, Jurymitglied beim Casting für den deutschen Superstar 2002, zu einem Bewerber)

Saisonarbeiter

In einer einzigen Saison von 26 Wochen verdiente der amerikanische Pianist Liberace ca 5,8 Millionen DM. 550.000 DM erhielt er 1954 für einen Abend im Madison Square Garden in New York.

Schandmale

„Der Klingelton demonstriert Liebe zum Zwang, er ist eine zwanghafte Selbstvergewisserung, so wie die Tätowierung."
(Diedrich Diederichsen am 15. August 2008 im Berliner Tagesspiegel)
„... oder das Markensetzen von Hunden und Sprayern."
(Harald Skorepa, August 2008)

Die Schandtat

„Ich kam frühmorgens von einer Feier nach Hause und habe mit besoffenem Kopf vom Balkon heruntergepinkelt. Unglücklicherweise kamen ein paar Schulkinder vorbei und haben es ihren Eltern erzählt." 1967 exerzierte die Bild-Zeitung an dem blutjungen „Marmor, Stein und Eisen"-Helden Drafi Deutscher eine damals beispiellose Vorverurteilung: Er galt fortan als Sittenstrolch und hat bei manchen Menschen der älteren Generation seinen schlechten Ruf bis heute gehalten. Es spielte auch keine Rolle, daß er im Nachhinein lediglich wegen Erregung öffentlichen Ärgernisses verurteilt wurde. Seine Lieder verschwanden aus den Programmen.
(Harald Skorepa)

Schau nicht zurück!

„1985 haben sich die Leute auf CDs gestürzt, weil sie etwas neues haben wollten, und das haben sie auch bekommen. Aber eigentlich wollten sie auch etwas besseres haben als das alte. Das haben sie nicht bekommen." *(Platten-Pedro, Berlin)*

Scheele Blicke

„Tom Waits guckt so stark in die Notenblätter Kurt Weills hinüber, daß seine Musik zu schielen beginnt."
(Ulrich Amling im November 2000 über Robert Wilsons und Tom Waits' „Woyzeck")

Schein und Sein

„In der Liebe halten die Bassisten das, was die Tenöre versprechen." *(Nellie Melba)*

Schelte vom Chef

Einen Rüffel der bayerischen Kirchenleitung kassierte im Februar 1998 der evangelische Pfarrer Ernst Cran, Mitglied der Rockgruppe „Die Groben Popen", für seine Äußerung, die

Kirche sei „Angstmacherin im Namen Gottes". Einen Monat später wurde ihm die Umwandlung seines bisherigen Status' „Pfarrer zur Anstellung" in ein Pfarrdienstverhältnis auf Lebenszeit verweigert.

Schelte vom Meister

Zum „Pestival der 1920er Jahre" erklärte Friedrich Hollaender in den 1960er Jahren die musikalischen Aktivitäten der deutschen Schlagerstars.

Der schiefe Turm von PISA

Entsprechend der PISA-Studie über den Stand der Bildung und Schulbildung in Deutschland drückte sich auch der Bedeutungsverlust des Musikunterrichts an deutschen Schulen Anfang des neuen Jahrtausends in konkreten Zahlen aus. Danach vermitteln lediglich 15 bis 20 Prozent der Grund- und 37 Prozent der Realschulen sowie 67 Prozent der Gymnasien noch einen geregelten Musikunterricht.

Das war das Ergebnis der 24. Bundesschulmusikwoche am 3. April 2002 in Halle.

Schieß dich schlank!

„In Orlando, Florida sind wir an Disney World vorbeigefahren, ich hätte kotzen können. Die Menge an fetten Monsterkindern, die ich dort gesehen habe, hat mir das Herz gebrochen. Unsere Fettleibigkeit ist widerlich, sie ist ein Barometer für den Überfluß." *(Ted Nugent, Rockmusiker und seit 1995 im Vorstand der Waffenlobby „National Rifle Association")*

Schlafe, mein Prinzchen, schlaf ein

Wie israelische Forscher 2004 in einer Studie an 15 Neugeborenen auf einer Intensivstation feststellten, läßt ein Schlaflied Babys ruhiger und fester schlafen. Zudem hatten sie einen langsameren Puls.

Eine Sängerin sang ihnen, von einem Instrument begleitet, ein einfaches Schlaflied vor, während die Kontrollgruppe entweder keine Musik oder aufgenommene Musik zu hören bekam. Das Resultat: der Gesang hatte einen deutlichen Einfluß auf den Schlaf der Kinder. Nach 30 Minuten noch war er meßbar tiefer, die Herzfrequenz niedriger.

Schlag nach im Internet

„Wikipedia wird von engagierten Laien erstellt, da kann es schon einmal vorkommen, daß nicht alle Informationen zutreffen." *(Michael Menges, Verlagssprecher von „Brockhaus", im Jahre 2005 anläßlich des 250-jährigen Jubiläums der Enzyklopädie über das Internet-Lexikon www.wikipedia. de)*

Schlagabtausch

„Er ist ein talentierter MC, aber mich beunruhigt es, daß er Homophobie und Misogynie in seinen Texten glorifiziert – besonders wenn man bedenkt, daß seine Zielgruppe zum größten Teil sehr beeinflußbare Zehnjährige sind", äußerte sich Moby im April 2002 in einem Interview über den Hip Hop-Star Eminem. Auf dessen im Mai erschienenen Single „Without Me" beschimpfte dieser Moby postwendend als „36-jährige glatzköpfige Schwuchtel". Der Kommentar des derart Geehrten: „I'm amused."

Schlecht gewürzt

Bei der Deutschland-Premiere des autobiographischen Films ‚Spiceworld' der englischen Mädchengruppe ‚Spice Girls' in Düsseldorf im Dezember 1997 teilte das Publikum die Meinung des anwesenden Regisseurs Peter Kern: „Ich kannte die ‚Spice Girls' vorher nicht. Und nach dem Film will ich sie auch nicht kennenlernen!"

Schlechte Flanke – Eigentor!

2005 untersagten die „Rolling Stones" der CDU, den Song „Angie" im Wahlkampf für Angela Merkel zu spielen. Hätten sich die Parteistrategen vorher einmal den keineswegs positiven Text angesehen, wäre diese Idee wahrscheinlich verworfen und das aufsehenerregende Verbot vermieden worden. Oder verließ man sich auf das schlechte Abschneiden der Deutschen in der PISA-Studie auch hinsichtlich ihrer Englischkenntnisse? *(Harald Skorepa)*

Schlechte Manieren

Zu einem beispiellosen Skandal kam es beim ersten Konzert der Abschiedstournee von Harald Juhnke am 13. Oktober 1999 im Berliner Friedrichstadt-Palast. Als nach einer knappen Stunde Juhnke-Entertainment sein Stargast, die farbige Jazz-Sängerin Jocelyn B. Smith, die auf den Veranstaltungsplakaten mit ihrem eigenem Programm „Blue Light & Nylons" angekündigt war, die Bühne betrat, gab es bereits vereinzelte Unmutsbekundungen. Der Unwillen des Publikums nahm während der ersten Gesangstitel derart zu – Zwischenrufe wie „Harald! Harald!" usw., die an Deutlichkeit nichts zu wünschen übrig ließen – daß die Sängerin irritiert ihr Programm vorzeitig beendete und die Bühne verließ.

Ein fassungsloser und tief enttäuschter Juhnke brach nun mit den Worten „Ich bin sehr traurig!" angesichts eines Publikums, das ihm bis dahin wahre „Nibelungentreue" entgegengebracht hatte und jetzt plötzlich ein rüdes „Ballermann-Benehmen" (Juhnke) an den Tag legte, das Konzert ab. Zusammen mit Jocelyn B. Smith sang er noch einen letzten Titel, dann zogen sich die Künstler zurück.

Schlechter Stil

Dem Kontrabassisten Gerd Reinke wurde 1997 von seinem Arbeitgeber, der Deutschen Oper Berlin, fristlos gekündigt.

Auf einer Tournee in Israel hatte er eine Hotelrechnung mit
‚Adolf Hitler' unterschrieben.

Schleierhaft

Zur Uraufführung von Verdis ‚Messa da Requiem' am 22.
Mai 1874 in der Kirche San Marco zu Mailand wurden die
Sängerinnen des Chors hinter Gesichtsschleiern und sogar
hinter einem Kirchengitter versteckt, um die päpstliche Ver-
ordnung, die die Anwesenheit weiblicher Chormitglieder
verbot, zu umgehen.

Schmalhans

Die moderne Popküche – aka Rap, Hip Hop u.a. – kreiert
wenig anderes als einen mit in der digitalen Mikrowelle
aufgewärmten, gut abgehangenen Musikkonserven ange-
reicherten, zusammengekochten Fast Food-Brei, der dann
marktschreierisch wie ein aus frischen Zutaten bereitetes,
immer einzigartiges Feinschmeckermenü angepriesen wird.
(Harald Skorepa)

Schnäppchen

Für eine Komposition von letztlich 4 Sekunden Länge, als
Jingle für die Weltausstellung Expo 2000 in Hannover in
Auftrag gegeben, erhielt die deutsche Gruppe Kraftwerk die
Summe von 400.000 DM.

Schnäppchenjäger

„Warum soll ich irgendwo hingehen, wo nur ein einziger
Mensch spielt, wenn ich nebenan für das gleiche Geld hun-
dert hören kann?" *(anonym)*

Schnelles Geld

Für einen einzigen Auftritt, am 26. Mai 1983 beim US Fes-
tival im Glen Helen Regional Park in Californien, erhielt der

Pop-Musiker David Bowie 1,5 Millionen Dollar (zu jener Zeit ca. 3,63 Millionen DM).

Schnupfenmusik oder Hochziehen kann jeder...

Wie war das damals schön, als Pop-Sänger und -Sängerinnen den Ton noch direkt trafen, ohne jede Schleife... Die übrigen sortierten sich ganz von selbst aus. *(Harald Skorepa)*

Schockbehandlung

Der Rapper Coolio stand Anfang 1999 wiederum vor Gericht (siehe auch ‚Uncool‘). Er wurde unter anderem wegen wiederholten unerlaubten Waffenbesitzes zu einer Haftstrafe sowie 40 Stunden Sozialarbeit verurteilt. Zusätzlich ordnete der Richter an, daß Coolio einer achtstündigen Obduktion eines Schußwaffenopfers beiwohnen solle.

Schön wär's!

Wo man singt, da laß dich nieder, böse Menschen haben keine Lieder. *(Volksmund)*

Schöne Aussichten

„Wenn ich die 1980er Jahre sehe, z. B. die Musik von Lachenmann, so erkenne ich als Endpunkt der Klangerzeugung das Geräusch als letzte mögliche Station des Klanges. Aber Geräusch ist irgendwann einmal grau, da führt kein Weg mehr weiter. Etwas größeres als das Universum läßt sich nicht denken. Kleiner als unendlich klein ist unmöglich, und Geräusch läßt sich ebenfalls nicht steigern."
(Der Komponist Michael Obst)

Schöne Neue Welt

Die japanische Sängerin Kyoto Date wurde 1997 im Alter von 17 Jahren geboren. Sie ist kein Mensch, sondern eine virtuelle Person, ein Computerprogramm. Mit dem Titel „Love Communication" stand sie seit März 1997 wochenlang in den japanischen Hitparaden; ihre Single war ausverkauft. Das Programm erhielt Berge von Verehrerpost.

Schöne Neue Welt die Zweite – „Hey Puppe!"

Der dänische Spielwarenhersteller Mattell, der 1998 die Gruppe ‚Aqua‘ wegen des Songs ‚Barbie Girl‘ verklagt hatte und abgewiesen wurde, verkündete kurze Zeit später, Barbie wolle sich nun selbst ins Musikgeschäft wagen. Die Spielzeugpuppe habe einen Plattenvertrag mit Sony unterzeichnet. Noch im selben Jahr solle sie als Leadgitarristin zusammen mit ihren Freundinnen Christie und Teresa auftreten.

Schöne Neue Welt die Dritte

Auch Deutschland hat seinen virtuellen Popstar. E-Cyas, die Person, die es gar nicht gibt, strebte Anfang 2000 mit der Single „Are You Real" in die Charts. Das weibliche Gegenstück zu E-Cyas ist Kyoto Date in Japan.

Schöne Neue Welt die Vierte

Unter der Voraussetzung einer sich an der Ausmerzung von Erbkrankheiten (Genfehler) orientierenden Geburtenregelung, wie sie nach dem Jahrtausendwechsel im Zuge der nunmehr angeblich endgültigen Entschlüsselung des menschlichen Erbmaterial als mögliche Zukunftsperspektive prognostiziert wurde, hätte es – u.a. – keinen Frederic Chopin gegeben. Er litt und starb an Mukoviszidose, einer erblich bedingten Verschleimung der Lungen. Was wäre mit Gustav Mahler (Schizophrenie?) Und Robert Schumann (Depression?) Und Michel Petrucciani (Glasknochenkrankheit?)

Vielleicht entdeckt man auch bald – ganz zufällig – eine erbliche Disposition für Drogenabusus. Vorbeugend wären dann „entfernt" worden: Chet Baker, Joe Cocker, Jimi Hendrix, Billie Holiday, Brian Jones, Janis Joplin, Harald Juhnke, Kurt Cobain, Jon Lord, Jim Morrison, Charlie Parker, Max Reger, Keith Richards, Ike Turner, Konstantin Wecker u.v.a. Es lebe die Ignoranz der sozialen Hintergründe! *(Harald Skorepa)*

Schöne Neue Welt die Fünfte

Quick 'n' Dirty heißt die erste virtuelle Mädchen-Popgruppe, die seit Mitte 2001 im Internet präsentiert wurde. Für die Bühnenpräsenz der in Arbeit befindlichen Live-Karriere der drei Computergeschöpfe konnten sich in einem im Juli 2001 angelaufenen Casting „reale" Popstar-Aspirantinnen bewerben.

Eine weitere virtuelle Gruppe mit Namen „Gorillaz" wurde bereits zuvor von gestandenen Pop-Größen wie Blur-Mitglied Damon Albarn mit realem Leben versehen.

Schööön!

„Selbst der Vampirbiß ist zu hören, wenn sich die dissonant gezackte Erste Geige in die pulsierende Grundbewegung beißt." *(Jörg Königsdorf in „Ticket", Berlin, über die Filmmusik von Philip Glass zu Bela Lugosis „Dracula")*

Schpock

Stefan Raab präsentiert mit seinem „Bundesvision Song Contest" seit 3 Jahren eine Mischung aus Schlager, Pop und Rock, die den bundesdeutschen Musikalltag gut wiederspiegelt und mit dem Begriff „Schpock" eine umfassend passende Bezeichnung erhalten sollte. *(Harald Skorepa)*

Der Schreck

Am Morgen ihres Hochzeitstages saßen Erwin Bootz und seine angehende Frau Ellie zusammen und spielten Karten. Plötzlich sprang Erwin Bootz auf, rief: „Mein Gott, wir heiraten ja gleich!", und rannte wie von Furien getrieben aus dem Haus. Seine Verlobte konnte sich des Eindrucks nicht erwehren, Bootz habe es angesichts der bevorstehenden Hochzeit mit der Angst zu tun bekommen: ‚So, das war's also!' Aber schon kurze Zeit später kehrte er zurück mit einem Rosenstrauß und den Worten: „Es sind nicht die schönsten, aber die einzigen, die ich kriegen konnte. Und nun mal los, der Pastor wartet."

Schrumpfprozeß

„Die vier sind zu klein geworden für die Nische, die sie erfunden haben."
(Esther Kogelboom über die Gruppe U 2 und das Album „How To Dismantle An Atomic Bomb", 2004)

Schuld eigene

‚Wer sein Kind zu einem Konzert eines Interpreten gehen läßt, der sich selbst der Gangster-Rapper-Szene zugehörig zählt, könne nicht mit Interpreten von Heimatmusik oder aus dem Kirchenchor rechnen'.
So lautete die Begründung eines Freispruches in einem Prozess gegen den Rapper Coolio. Dieser hatte seine Fans in einem Konzert gefragt, wie sie ohne Geld seine neue CD erhalten könnten. Erwartungsgemäß riefen sie zurück: „Wir stehlen sie!" Zwei Polizisten hatten dies zur Anzeige gebracht. Mainzer Richter sprachen Coolio im Juni 1999 frei.

Schuster, bleib bei deinen Leisten!

Bei einem Auftritt der Wolfgang Stielow Band im Weißen Haus lieh sich Bill Clinton Stielows Saxophon. „Wie war ich?", fragte der Präsident den Musiker danach. Der antwortete ehrlich: „Besser ist, Sie regieren..."

Schutzschalter

„Ich fühlte, daß mir die Welt zu Füßen lag, aber es war nicht das, was meine Seele wollte."
(Sänger und Songwriter Joshua Kadison zu seinem Ausstieg aus dem Musikgeschäft)

Schwarz-Weiß

„Schlagersänger fördern eine verbrecherische Volksverdummung."
(Peter Rühmkorf über den Schlager)
„Ohne jemandem wehzutun möglichst viele erheitern."
(Thomas Gottschalk über den Schlager)

Schwarz, schwarz, schwarz sind alle meine Schafe

Der pensionierte Flottillenarzt Otto Skorepa, geboren in Mähren, führte seit 1985 eine gut laufende Musikschule in Thyrnau/Zwecking bei Passau und spielte jeden Sonntag (und an Feiertagen) in der Thyrnauer Kirche die Orgel. Unentgeltlich! Als er 2005 ein einziges Mal mit Spielen in einer evangelischen Kirche aushalf, wies ihm daraufhin der katholische Pfarrer Wagmann mit den Worten: „Sie dürfen meine Kirche nicht mehr betreten" die Tür. Mit den Worten von Michael Mittermaier über bayerische Logik, leicht abgewandelt: „Ein Auswärtiger ist ein Auswärtiger, weil er ein Auswärtiger ist!"
(Harald Skorepa)

Sechsschüsser

„This Machine Kills Fascists" (Diese Maschine tötet Faschisten). *(Aufschrift auf der Gitarre des amerikanischen Folk- und Protestsängers Woody Guthrie)*

Der Segen des Meisters

„May Your Song Always Be Sung."
(Kommentar von Bob Dylan zu Wolfgang Niedeckens 1995er Album „Leopardefell" mit eingekölschten Bob Dylan-Songs)

Der Seher

„Die elektrische Musik ist die Musik der Zukunft."
(Oskar Sala)

Sein oder Nichtsein

„Ich gehe raus auf die Bühne und schreie für's Publikum. In mir sehen sie genau das, was sie sehen wollen. Manche sagen ‚Lyzard King', was immer das bedeutet, oder manche ‚schwarzlederner Dämon', was immer das bedeutet. Eigentlich halte ich mich selbst für ein sensibles, intelligentes menschliches Wesen, aber mit der Seele eine Clowns, die mich jedesmal dazu zwingt, im entscheidenden Moment alles kaputtzumachen.
Ich bin ein falscher Held. Ein Scherz, den sich die Götter mit mir machen." *(Jim Morrison)*

Sektfrühstück ade

Zum Aufruf von anfangs 1500 Urhebern im Mai 2012, sich gegen die Verschleuderung von Geistes- und Kreativarbeit im Internet zu wehren.

Der Text der Kampagne

„Wir sind die Urheber! Gegen den Diebstahl geistigen Eigentums
Mit Sorge und Unverständnis verfolgen wir als Autoren und Künstler die öffentlichen Angriffe gegen das Urheberrecht.

Das Urheberrecht ist eine historische Errungenschaft bürgerlicher Freiheit gegen feudale Abhängigkeit, und es garantiert die materielle Basis für individuelles geistiges Schaffen.

Der in diesem Zusammenhang behauptete Interessengegensatz zwischen Urhebern und „Verwertern" entwirft ein abwegiges Bild unserer Arbeitsrealität.

In einer arbeitsteiligen Gesellschaft geben Künstler die Vermarktung ihrer Werke in die Hände von Verlagen, Galerien, Produzenten oder Verwertungsgesellschaften, wenn diese ihre Interessen bestmöglich vertreten und verteidigen. Die neuen Realitäten der Digitalisierung und des Internets sind kein Grund, den profanen Diebstahl geistigen Eigentums zu rechtfertigen oder gar seine Legalisierung zu fordern.

Im Gegenteil: Es gilt, den Schutz des Urheberrechts zu stärken und den heutigen Bedingungen des schnellen und massenhaften Zugangs zu den Produkten geistiger Arbeit anzupassen.

Das Urheberrecht ermöglicht, daß wir Künstler und Autoren von unserer Arbeit leben können und schützt uns alle, auch vor global agierenden Internetkonzernen, deren Geschäftsmodell die Entrechtung von Künstlern und Autoren in Kauf nimmt. Die alltägliche Präsenz und der Nutzen des Internets in unserem Leben kann keinen Diebstahl rechtfertigen und ist keine Entschuldigung für Gier oder Geiz."

Zusammen mit meiner Unterschrift mein Kommentar:

Ich bin Komponist, Texter und Buchautor und auch schon bestohlen worden. Ich unterzeichne den Aufruf gerne und unterstütze die Initiative.

Vielleicht kann den „Piraten", vor allem aber ihren Wählern und Sympathisanten, mal öffentlich deutlich gemacht werden, welche besinnungslos dumme, geschichtslose und nicht zuletzt auch populistische Einstellung hinsichtlich Urheberrecht da vertreten wird.

Das Urheberrecht wurde erkämpft. Jetzt muß die Demontage verhindert werden. Auch das wird gelingen.

Vorneweg zur Sache als wohl erster Kommentarist Herr Gerhard Diez im „Spiegel" (Auszüge):

„Sie klingen vage und humorlos, sie verbreiten Angst: Die 1500 Unterzeichner des Aufrufs ‚Wir sind die Urheber' arbeiten mit dem Mittel der platten Vereinfachung. Die alte Kultur-Elite macht die Piratenpartei zum Sündenbock – dabei sollte sie ihr besser dankbar sein.

1500 Autoren protestieren. Aber diese 1500 Autoren protestieren nicht gegen die Verletzung der Menschenrechte in China. Diese 1500 Autoren protestieren nicht gegen die Demokratievernichtungsmaschine EU...

Nein, wenn 1500 Autoren protestieren, dann denken sie an ihr eigenes Frühstück...

Denn an wen richtet sich dieser Aufruf, der mit einem Täterätä beginnt: „Wir sind die Urheber! Gegen den Diebstahl geistigen Eigentums"? Richtet er sich also an die Diebe, das wäre ja naheliegend. Aber die Diebe, die Diebe sind ja so schwer zu fassen, die Diebe sind du und ich, die Diebe will man auch nicht verschrecken, sie könnten ja am Ende doch mal ein Buch kaufen und nicht nur runterladen...

Es geht nicht um die reale Praxis des Downloadens, es geht um die symbolische Diskussion...

Die „51 ‚Tatort'-Autoren", die im März schon mal einen ähnlichen „offenen Brief" geschrieben hatten – ausgerechnet „Tatort-Autoren", die ja nicht gerade zum Latte-Macchiato-Prekariat gehören, und ausgerechnet 51 davon –, diese „51 ‚Tatort'-Autoren" also haben damals wenigstens gesagt, an wen sie sich richten: „Liebe Grüne, liebe Piraten, liebe Linke". Ach, wäre es doch so einfach. Die „51 ‚Tatort'-Autoren" hatten sich auch noch an die „Netzgemeinde" gewandt, wer auch immer das sein soll, du und ich wahrscheinlich, jedes Mal, wenn wir den Computer zum Gottesdienst einschalten. Es war ein groteskes, trauriges Weltbild, das aus diesem „offenen Brief" sprach, die „51 ‚Tatort'-Autoren" warfen der „Netzgemeinde", also dir und mir, Demagogie vor, sie entlarvten, sagten sie, unsere Lebenslügen und verglichen das, was die Drehbuchautoren so machen, mit dem Angebot von Bus und Bahn – warum sonst sprachen sie am Ende von berechtigten Strafen gegen Schwarzfahrer?

Aber das passiert eben, wenn Künstler Klientelpolitik machen, wenn Literaten zu Lobbyisten werden: Sie klingen hohl und humorlos, sie verbreiten Angst und Vernebelung, wo ihr Geschäft doch die Aufklärung ist. „1500 Autoren gegen Gier und Geiz", so war die Schlagzeile zum neuesten Lobby-Coup hier auf SPIEGEL ONLINE – und wenn das mehr wie ein Protest gegen Media-Markt klingt als nach geistigem Leben, dann kann man das nicht den Redakteuren vorwerfen, die die Schlagzeile gemacht haben: „Gier" und „Geiz", das sind zwei Schlüsselworte aus dem Autoren-Aufruf, der die Wirklichkeit einigermaßen banalisiert.

Geht es um eine ethische Diskussion oder um eine politische? Wollen sich die Autoren für bessere Menschen engagieren oder für bessere Rechte? Aber selbst die Piraten, die ja gerade als Sündenbock für alles herhalten müssen, was sich technologisch, gesellschaftlich, ökonomisch ändert, diskutieren erst mal nur über eine Reform des Urheberrechts, sie bereiten also nicht das Ende der bürgerlichen Gesellschaft vor...

Woher kommt also diese Häme und diese Hetze? Wie kommt zum Beispiel jemand wie Henryk M. Broder dazu, so einen Unsinn zu schreiben: „Im Mittelalter blieben nur die Henker im Schutz der Anonymität, sie verrichteten ihren Job zwar öffentlich, aber mit einer Maske über dem Kopf. Heute wollen die Piraten unerkannt im Netz Urteile vollstrecken"?

Schon die Summe der Angriffe spricht inzwischen für die Piraten, schon die Schlichtheit der Vorwürfe. Die Piraten haben es geschafft, daß sich die Widersprüche und Unsicherheiten unserer Zeit eindrucksvoll offenbaren. Sie sind damit schon performativ eine Kraft der Aufklärung. Sie zeigen Fortschritt und Veränderung, ohne daß sie selbst Fortschritt und Veränderung sein müssen. Sie formulieren ein Problem, sie müssen deshalb noch keine Antwort haben, was natürlich für professionelle Antworthaber, die besonders gern „offene Briefe" und so weiter schreiben, schwer zu ertragen ist.

Und der „1500 Autoren"-Titel „Wir sind die Urheber" zeigt ja, wie hier gedacht wird: Es ist eine Geste des Angstmachens und des Einschüchterns, eine Geste der Ab- und der Ausgrenzung. „Wir" wissen, wie es geht, „wir" schreiben Bücher und machen Kunst, „wir" sind nicht ihr. Das wirkt ein wenig wie früher auf dem Pausenhof: Klassenkeile für den Neuling und die Raucherecke nur für Oberstufenschüler."

Resonanz

An die Adresse von Anonymus – Mein Online-Kommentar an die „Anonymus"-Seite

„Die Art und Weise der Reaktion auf den Aufruf „wir-sind-die-urheber" sagt wesentliches über die Einstellung zur Meinungsfreiheit und damit über das Demokratieverständnis der Beteiligten aus. Grob gesagt stellt die Aktion eine Form von und eine Aufforderung zu „Lynchjustiz-Light" dar. Wie anonym ihr auch seid, bei einem Restfunken von Anstand sollte es jedem nur peinlich sein. Verborgen hinterm Datenzaun läßt sich gut „Kuckuck" rufen.

Urheberrecht ist keine Zensur, sondern Schutz vor Übervorteilung! Es ist natürlich nicht perfekt und muß in manchen Bereichen – Verteilungsschlüssel u.a. – nachjustiert werden. Was auch geschieht. Welcher „Juser" macht sich schon Gedanken über die Arbeit, die sich hinter kreativem Schaffen angehäuft hat. Geht doch mal Straßenfegen, Busfahren, Sozialarbeiten, Programmieren, Chirurgieren, Layouten, Fotografieren oder einfach beim Supermarkt an die Kasse und bekommt dann am Abend zu hören: „Lohn? Nee. Das Geschaffene/Ergebnis soll ja allen zugute kommen und ist damit allgemeines Eigentum." Wie absurd! Ihr habt ein gefährlich undifferenziertes Verhältnis zum Internet. In dieser Form der Umsetzung und angesichts des beabsichtigten Effektes – heißt ja wohl auf neudeutsch „Shit Storm" bzw. doch einfach nur „Zuscheißen" – schlicht faschistoid!"

Harald Skorepa

An Herrn Dietz – Mein Online-Kommentar auf der „Spiegel"-Seite

Ähnlicher Text wie oben – wurde nicht veröffentlicht.

Fazit

Ich finde diesen „Spiegel"-Artikel deshalb bemerkenswert, weil er wohl der erste war und an Dummschwatz und Arroganz sicherlich von niemandem mehr überboten werden wird. Borniertheit ist ein Kind beschränkten Wissens und ichverliebter Weltsicht.

Auch Gehirn- und Kreativschweiß ist Arbeitsschweiß. Dies nicht zu vergüten ist ganz simpel, ohne es mit Marx sagen zu müssen, AUSBEUTUNG. Oder noch deutlicher: AUSRÄUBEREI! Auf Straßentiefstdeutsch wohl „ABZIEHEN".

Es geht für viele Musiker wirklich oft nur um ein normales Frühstück, auch ohne Brötchen.

Da die meisten Journalisten ihre Artikel verkaufen, wie wohl auch Herr Diez, hat das Problem für ihn auch keine persönliche Relevanz. Die Angst, kopiert zu werden, muß der Autor damit nicht haben. Aber so kommt man ins Gerede, nö?

Welch eine dumme und besinnungslose Schmähschrift.

Geschichtsignoranter Meinungssurfer!

Resumee

Laut C.R., einem führenden GEMA-Mitglied, hat sich Herr Dietz für seine kompakt aufgeschäumte Suffisanz im Rahmen seiner Unwissenheit und Ignoranz entschuldigt.

Dann doch bitte auch öffentlich!

Zur Erinnerung

Die geschätzte Anzahl der Musiker weltweit – es gibt keine empirischen Zahlen, aber ich kann gut schätzen, und viele Fachkenner haben mich bestätigt – die von ihrem Klangwerk nicht leben können, liegt bei ca 90 bis 95%. Musikfreunde liegen in der Regel niedriger, aber sämtlich immer noch weit über 50%. *(Harald Skorepa)*

Selbst schuld oder Wer bekommt die Gage?

Bei der Komposition ‚Auf den Wellen eines Meeres von Beziehungen' für Tuba und Liveelektronik von Franz Martin Olbrisch gibt es keine Passivität. Die Partitur wird erst im Augenblick der Aufführung erstellt, indem Sensoren die Reaktionen des Publikums registrieren und diese dem Solisten auf einem Monitor anzeigen. Werden die Zuhörer unruhig, so verändert sich auch das Spielen der Tuba entsprechend der Veränderung der Partitur auf dem Bildschirm, wird bewegter und abwechslungsreicher. Ein ruhigeres Publikum erlebt einen ruhigeren Klangverlauf. So ist der Zuhörer letztlich selbst dafür verantwortlich, wie ihm die Aufführung gefällt bzw. ist mitbestimmend für das, was er hört.

Selbstbewußtsein

Beim Monterey Pop-Festival waren sich die Gruppen über die Reihenfolge des Auftretens uneinig. Als die Gespräche in Streitereien ausarteten, stieg Jimi Hendrix auf einen Stuhl und stellte, zu Janis Joplin, den „Who" und anderen gewandt, fest: „Wenn ihr nach mir spielt, wird man euch zuhören. Wenn ihr vor mir spielt, seid ihr vergessen!"

Selbstverbrennung

„Janis Joplin starb an einer Überdosis Janis."
(Eric Burdon zum Drogentod von Janis Joplin)

Shit!!

Nicht Mick Jagger habe ihn, wie scheinbar allgemein angenommen werde, sondern er habe Mick Jagger zum erstmaligen Haschisch-Konsum gebracht, eröffnete Paul McCartney in seiner 1997 erschienenen Biographie. Er selbst sei von Bob Dylan 1964 in einem New Yorker Hotelzimmer eingeführt worden, worauf die Beatles laut McCartney sehr stolz gewesen seien. 2 Jahre später habe er dann in London Jagger mit Haschisch in Berührung gebracht.

Show gestohlen

Während eines Auftrittes der britischen Gruppe ‚Hawkwind' geriet der Gitarrist während eines Solo dermaßen in Fahrt, daß er, wahrscheinlich auch auf den Show-Effekt bedacht, seine Gitarre vom Gurt riß, sie auf die Bühne warf und andächtig der Rückkopplungsklänge lauschte. In diesem Moment huschte ein Roadie auf die Bühne, hob die Gitarre auf und reichte sie dem Musiker zurück. Wenn Blicke töten könnten, wäre der unbedarfte Roadie wahrscheinlich auf der Stelle tot umgefallen. *(Harald Skorepa)*

The Show Must Go on

„1980 wars, da hatten sich die Adler endgültig zum Horst gemacht. Die Credits ihres Live-Albums lasen sich wie der Abspann eines Films. Die Eagles dankten unter anderem 15 Managern, 6 Promotern, 3 Agenten und 5 Rechtsanwälten." *(Ralph Geisenhannslüke zum neuen Album der „Eagles" am 7. Dezember 2007 im Berliner Tagesspiegel)*

Sie kann's nicht lassen

Bei Strafandrohung in sechsstelliger Dollarhöhe wurde dem US-Bürger Ry Cooder, Initiator der weltweiten Begeisterungswelle für die kubanische Musik seit der Veröffentlichung von „Buena Vista Social Club" 1997, von der US-amerikanischen Regierung verboten, noch einmal nach Kuba zurückzukehren.

Singe, auch wem nicht gegeben ...

Wissenschaftler der Universität Braunschweig fanden heraus, daß Singen das Gehirn, die Sprache, die Stimme und sogar das Immunsystem anregt. Auch „nicht begnadete" Eltern sollten mit ihren Kindern frühzeitig singen und sie nicht tadeln, wenn es schief klinge. Einer anderen Studie zufolge

(Universität Münster) können Kinder, die häufig singen, sich besser ausdrücken und stärker in andere Kinder einfühlen. *(Berliner Tagesspiegel, Mai 2010)*

Slowhand Goes Nuts

Alkohol und Kokain hatten ihn zu dieser Zeit ziemlich fest im Griff. Anders konnte sich Eric Clapton seinen „Ausfall" bei einem Konzert in Birmingham 1976 nicht erklären. Von der Bühne rief er dazu auf, einen rechtsradikalen englischen Politiker zu wählen. Er redete sich in dann Rage und forderte schließlich, England müsse wieder „weiß" werden.

Nach einer Entschuldigung konstatierte er: „Ich war ein Halb-Rassist, was überhaupt keinen Sinn ergab. Die Hälfte meiner Freunde sind Schwarze. Ich war mit einer schwarzen Frau zusammen und ich habe schwarze Musik gespielt."

Smoke On The Water

Die Entstehung des Titels „Smoke on the Water" schilderte Ritchie Blackmore, der Gitarrist der Gruppe „Deep Purple" folgendermaßen. „Wir waren in einem Hotel auf der anderen Seite des Sees, und Zappa spielte in Montreux. Plötzlich bedeckte Rauch die Wasseroberfläche, und Feuer schlug in den Himmel. Der Konzertsaal hatte während des Zappa-Auftritts Feuer gefangen und ging in Flammen auf (ein Konzertbesucher hatte eine Feuerwerksrakete gegen die Decke abgefeuert). Es war ein unglaublicher Anblick."

(Die Intensität des Titels spricht dafür. D. Verfasser)

Ob seiner beispiellosen Hilfeleistung bei der Evakuierung wird der Manager Claude Nobs im Text als „Funky Claude" erwähnt.

Sodom und Gomorrha – Die Strafe Gottes

Dana International, israelische Sängerin, nach einer Geschlechtsumwandlung 1994 Frau, wurde nach ihrer Nominierung für den „Grand Prix d'Eurovision 1998" in ihrem Lande auf extremste Weise attackiert. Nach Meinung ultrareligiöser Politiker solle sie unter keinen Umständen Israel vertreten, da „sie ein Greuel ist, eine Kreatur, wie es sie schlimmer nicht einmal in Sodom gab." Mit taktischen Finessen versuchten israelische Politiker ihre Ausreise nach England zu verhindern. – Sie siegte, und der nächste „Grand Prix" fand 1999 in Israel statt!

Something Stupid

Seinen größten Hit verdankt Percy Sledge einem Irrtum. Wie der Sänger im Jahre 2000 mitteilte, schrieb er 1965 „When A Man Loves A Woman" in dem sicheren Glauben, seine Freundin habe ihn wegen eines anderen Mannes verlassen. Als er sich Jahre später von den Tantiemen ein Auto leisten konnte, sei er ihr nach New York nachgefahren, um herauszufinden, daß sie lediglich wegen eines besseren Jobs in die Großstadt gezogen war.

Sonderanfertigung für Rechtsradikale

Im Münchner Verlag Deutscher Buchdienst, dessen Geschäftsführer der Chef der rechtsextremistischen Deutschen Volksunion (DVU) Gerhard Frey ist, werden nach Angaben des ARD-Magazins Report seit fast 10 Jahren Musiccassetten von Heino vertrieben.

Die Cassetten „Lieder der Heimat" und „Das Deutschlandlied" seien eine Sonderanfertigung, die ein Freund Heinos bei EMI ELECTROLA in Auftrag gab. Es seien auch Lieder dabei, die vor der Nazizeit entstanden, aber dann von den Nazis mißbraucht wurden. Neben der ersten Strophe des Deutschlandliedes betreffe dies auch ein Weihelied der SS-Rekruten. Heino wies die Vorwürfe zurück. Es sei Schwachsinn zu behaupten, die Nazis hätten die Lieder bevorzugt. EMI ELECTROLA distanzierte sich von der Verwendung der Cassette und stellte die Produktion ein.

(Meldung der Deutschen Presseagentur)

So, so ...!

Peter Kraus, Jugendidol der 1950er und Anfang der 1960er Jahre, äußerte sich Ende der 1990er Jahre in einem Interview: „Ich habe mit Rock 'n' Roll nie etwas am Hut gehabt. ,Ich war nie ein echter Rocker. Mir hat die Musik gefallen. Das rebellische Lebensgefühl des Rock 'n' Roll war nicht meins." 2006 kam seine CD heraus mit dem Titel „I Love Rock 'n' Roll". *(Peter Kraus, der über Jahrzehnte hinweg als der deutsche Elvis galt)*

Sound ist alles

„Es hat den Klang einer selbstmordgefährdeten Hummel"
(Lenard Hofftstaedter in der Serie „Big Bang Theory" über seine „große Liebe", das Cello)

Space-Jam

Im Juli 1999 fand, ausgehend vom aktuell stattfindenden Jazzfest in Montreux, ein erster öffentlicher Internet-Live-Mix zwischen den Städten Montreux, Berlin, Kapstadt und Athen statt. Der New Yorker DJ Spooky schickte seine Sounds von Montreux nach Berlin, wo die ‚Psychonauts' ihre Mixturen beisteuerten. Parallel schalteten sich DJs aus Athen und Kapstadt hinzu.

Spacy

Eine bemannte britische Raumfähre namens Beagle Two soll im Jahre 2003 zum Mars fliegen und zu wissenschaftlichen Zwecken Songs der Gruppe Blur zur Erde senden.

Späßeken

Insider wollen wissen, daß sich Oskar Peterson und Ray Brown den Tourneestreß vom Leibe hielten, indem sie sich gegenseitig kleine Streiche spielten. Während Peterson den Baß von Brown kurz vor dem Auftritt zu verstimmen pflegte, revanchierte sich dieser mit dem Verkleben der Pianotasten mit weißem Klebeband, und zwar an der Unterseite, wo es nicht gleich zu sehen war.

Spaßgesellschaft

„Eine solche private Hemmungslosigkeit ist allemal würdevoller als die dumpfe und möglichst auf heftige und kurze Aufmerksamkeit ausgerichtete Effekthascherei in der Spaßgesellschaft, die sich im deutschen Musikbetrieb breitgemacht hat und einen nur mehr Kotzen macht!"
(Die Gruppe „Tomte" 2001 zum den Stellenwert ihres neuen Albums)

Spiel mir das Lied vom Tod

Simon Bikindi, erfolgreichster Popmusiker Ruandas, wurde 2001 in einem Asylbewerberheim in Leiden in Holland verhaftet, um nach Tansania abgeschoben zu werden, wo ihn ein UN-Tribunal wegen Verschwörung, Völkermord, Aufforderung zum Völkermord und Verbrechen gegen die Menschlichkeit erwartete. Bikindis Song „Nanga Abahutu" ("Ich hasse Hutu") war nach seinem eigenen Bekunden gar nicht so gemeint, sondern nur auf einige wenige Hutu bezogen, diente aber den Machthabern zum Aufputschen der Massen, u.a. als der ruandische Diktator Juvénal Habyarimana am 6. April 1994 einem Attentat zum Opfer fiel, indem es wochenlang im Radio gespielt wurde; Tausende kamen im Bürgerkrieg um. Ungewollt fällt dieses Lied somit in die Kategorie Hate-Songs.

Spiel mit dem Feuer

Die Gruppe ‚Rammstein‘, deren Name immer wieder zu öffentlichen Spekulationen über einen Zusammenhang mit dem 1985 auf dem gleichnamigen Luftwaffenstützpunkt bei einer Flugschau stattgefundenen schweren Unglück Anlaß gibt, bei dem ca 80 Menschen verbrannten oder schwer verletzt wurden, wurde auf einer Pressekonferenz im Herbst 1997 von ihrer Plattenfirma unter dem Motto „Brennend Aktuell" präsentiert. Die Musiker betonen jedoch, daß mit ‚Rammstein‘ nichts weiter als ein Straßenkantstein gemeint sei.

Spiel nicht mit den Schmuddelkindern!

„Das sind doch nur Mittelstandskinder, die sich ständig überlegen, welche Turnschuhe sie als nächstes kaufen müssen."
(der britische Popstar Tricky über seine Kollegen von ‚Massive Attack‘)

Spitzengruppe

Nach einer Studie wurde die Gruppe „Oasis" schneller zum Großverdiener als die „Beatles". Seit Veröffentlichung ihrer ersten Single „Supersonic" 1994 nahm die Band bis 1997 bereits 108 Millionen Mark ein.

Spitzenposition

„Ich bin nun mal der Hansi Last, und wenn ich schreibe, was ich fühle, bin ich nur mir selbst verantwortlich – wie Gott!"
(Bandleader James Last)

Sprap?

„Rapper sind doch ziemliche Spießer. Wenn du nicht deren Dresscode (zu deutsch: Kleiderordnung) erfüllst, wirst du auch nicht akzeptiert."
(Prinz Pi, Rapper im Berliner Tagesspiegel)

SSDSDSSWEMUGABRTLAD

„Anti"-Sendung von Stefan Raab um 2007 mit Zielrichtung „DSDS". Eine Abkürzung für „Stefan sucht den Superstar, der singen soll was er möchte und gerne auch bei RTL auftreten darf".

Stand Still ... und sei still!

„Stand By Your Man" ist ein toller Song. Gut gemacht, trifft er einen spezifischen Nerv. Aber nicht meine Musik. So, als ob eine mannshörige Hausfrau verträumt ihrem Wäschetrockner beim Verrichten zuschaut. *Harald Skorepa)*

Standpunkt

„Politik und Rock ist wie ein Schiff auf dem Trockenen", bemerkte der amerikanische Rocksänger Meat Loaf 1999.

Star ohne Allüren

John Mayall ist sich nicht zu schade, mit seinen Musikern vor und nach Auftritten die Verstärker- und Musikanlagen selbst auf- und abzubauen. „Wir sind für die Musik verantwortlich und wollen daher auch alles im Griff haben. Das garantiert uns auch eine größere Unabhängigkeit gerade angesichts der steigenden Kosten, die bei einer Tournee anfallen.“

Starker Ton

Bei Schallplattenaufnahmen mit der King Oliver's Creole Jazz Band im Jahre 1923 war die Musik des jungen Louis Armstrong bereits so kraftvoll, daß er fünf Meter hinter den anderen stehen mußte, um die Klangbalance zu wahren.

Der Status

„Ist Dieter Bohlen Ihr Freund?“
„Nicht wirklich.“
„Zählt er zu den ersten hundert?“
„Das reicht nicht.“
„Zu den ersten tausend?“
„Machen Sie mal weiter...!“
(Johannes B. Kerner und Thomas Anders, Sänger von „Modern Talking“)

Steigbügelhalter

Als die Rolling Stones 1964 das „Chess-Studio“ in Chicago besuchten, half ihnen ein Schwarzer beim Ausladen der Instrumente. Er war ganz in Weiß gekleidet, hatte Farbspuren im Gesicht und war damit beschäftigt, die Decke zu streichen. Dieser Mann, tatsächlich Muddy Waters, mußte sich als Hilfsarbeiter durchschlagen, weil er keine Platten mehr verkaufte. Nach seinem Song „Rolling Stone Blues“ hatte sich die Band benannt.

Steigen aus! Maschine brennt!

Dies ist nicht die letzte Meldung, sondern ein Buchtitel des französischen Philosophen und Autors Antoine de Saint-Exupery, begeisterter Flieger und Kampfpilot im 2. Weltkrieg.

Bis dato (März 2008) galt er auf einem Feindflug am 31. Juli 1944 verschollen; niemand wußte, was mit ihm geschehen war. Jetzt meldete sich der Bruder von Iwan Rebroff, Horst Rippert (88), ebenfalls ehemaliger Flieger, und verkündete, seinen – und von vielen seiner Offizierskameraden geschätzten – Lieblingsautor versehentlich abgeschossen zu haben: „Ich war über ihm. Na, da werd ich doch mal draufschießen." … „Ich wußte nicht, wie er aussieht, aber wenn ich ihn erkannt hätte, hätte ich niemals geschossen." *(Berliner Tagesspiegel)*

Sternstunde der Percussion

Mit einer einzigen Trommel, einer Fahrradfelge und einem Eisenstab machte ein Blackie Alarm wie ein ganzes Schlagzeug. Der Gag bei afrikanischen Rhythmen ist, daß man immer die Eins fühlt und zu hören glaubt. Sie wird aber gar nicht wirklich gespielt.

Zum Schluß, nachdem einige Urlauberinnen erfolgreich zum Mittanzen gefordert worden waren, griffen sich die bösen, bösen Schwarzen die Freundin von Klaus, dem Sänger der Gruppe „Erste Allgemeine Verunsicherung", und schleppten sie auf den Schultern weg.

Die schweizerische Poptruppe kam gerade von einer Tournee, und die Jungs waren noch ca 5 Tage lang ziemlich grün im Gesicht. Das gab sich dann und entwickelte sich über ein leckeres Grüngrau zu einem passablen Braun.

(Harald Skorepa)

Stillstand

„Das Auflösen von bestehenden musikalischen Strukturen führte in jeder Epoche der Musikgeschichte zu neuen Formen. Seit den späten 1980er Jahren allerdings versinkt die Kreativität der populären Musikkultur im Treibsand der Belanglosigkeit." *(Harald Skorepa)*

Die Stimme aus dem Jenseits

Findige Techniker löschten aus alten Konzertfilmen von Elvis Presley auf der Tonspur jegliche Musik heraus, bis nur noch die Stimme des Meisters übrigblieb. Mit der Rockshow „Elvis – The Concert" und dieser Konserve, garniert mit Live-Bildern von Elvis auf einer übergroßen Video-Leinwand, gingen 1999 die Originalmitglieder seiner ehemaligen Band auf Tour.

Stipendium

„Der Beginn einer Karriere ist ein Geschenk der Götter. Der Rest ist harte Arbeit." *(Fritzi Massary)*

Strafbare Handlung

Im Dezember 2000 verbot die Stadtverwaltung von Madrid das nächtliche Singen auf der Straße. Hobbytenöre, die auf dem Weg nach Hause ein Lied anstimmen, müssen zukünftig mit einer gesalzenen Strafe von umgerechnet 588 DM rechnen. Eine Sondereinheit soll Lärm von über 55 Dezibel aufspüren.

Strafbarer Gesang

Weil sie bei einem Fußballspiel die Nationalhymne falsch gesungen hatte, ermittelte im November 2004 die mexikanische Polizei gegen Guadalupe Madrigal. Das Innenministerium teilte mit, daß sie bei einem Schuldspruch mit einer Geldstrafe von umgerechnet 700 Euro oder 36 Tagen Gefängnis rechnen müsse. Nur die strenge Anwendung des Gesetzes stelle sicher, daß dieses patriotische Symbol für künftige Generationen erhalten bleibt.

Fundstücke bei Musikjournalisten und -kritikern, notiert, nachdem es mir nach mehreren Jahren Recherchen reichte, nicht nur über Schreibfehler, sondern vor allem über solche zu stolpern, die das wesentliche entstellen...

„Wenn es schon keine Lektoren mehr gibt, auf die Sie sich bisher verlassen konnten, dürfen Sie nicht mehr – wie bisher – ‚unbedenklich‘ so viele Fehler machen!"

Vorweg eine Bemerkung zu den Zeitungsbeilagen von diversen Großanbietern wie „Schaulandt", „Saturn", „Mediamarkt", „Karstadt" und anderen: Die Beschreibungen unter den Abbildungen der angebotenen CDs, DVDs u.a. spotten vielfach jeglicher Identität von Wort und Bild!

Nur ein Beispiel? – Jennifer Lopez: The Reel Me! – Auch in Englisch werden Sie geholfen.

Schon immer? Nein, aber immer öfter.

Dann hatten wir zeitweilig keine Lust mehr, weil es nicht nachließ... aber ...

Teilweise grob ...

„Neben Carreras erhielten zahlreiche weitere Weltstarts der Klassik einen Echo..." *(*Berliner Tagesspiegel, 20. Oktober 2008)

Demeter Schostakowitsch??

„...Brahms... Christine Schäfer, die wunderbare Sängerin im „Deutschen Requiem", ist bei den „Vier letzten Liedern" des Garmischer Meisters..." (Konzertkritik im Berliner Tagesspiegel vom 2004; die „Vier letzten Lieder" stammen von Richard Strauss, und der lebte tatsächlich in Garmisch) (Berliner Tagesspiegel, Juli 2007)

„Mit Mussorgskij, Smetana und Jean Sibelius föhnen sie der Mollust." (Bilduntertitel im Berliner Tagesspiegel vom 16. November 2007 zu Herbert Feuersteins Konzertreihe „Mollust")

Pit Kyas (Gesang, Gitarre, Harfe) – Bluesklassiker

Das hatten wir doch schon einmal??!
(Tagestipps im Berliner Tagesspiegel vom 8. Januar 2006)
„...vereine ich durch einen einzigen Bordon-Ton...“
(Berliner Morgenpost vom 4. August 2005, Feature über Camille; das findet man so in keinem Lexikon. Das Ding heißt „Bordun“ oder Bourdon“.)
Bilduntertitel: „Terry Riley auf der Sri Sunshine Ranch.“
Dann im Text: „Sri Moonshine Ranch“.
(Berliner Tagesspiegel, Artikel über Terry Riley, 24.Juni 2005)

Wer nämlich mit h schreibt ist dämlich
„M.M. Westernhagen – „Nahaufnamen“ – ein nachdenkliches Album“
(Der Mann heißt nicht Marius Müller Westernhagen, sondern Marius Müller-Westernhagen, und das Album „Nahaufnahme“; nicht mehr nachdenklich machende Zeitungsbeilage von Media Markt im Berliner Tagesspiegel, 2005)
Unerhörte Musik: Frank Abbinanti (Klavier); Werke von Fran Abbinati, u.a.
(Berliner Tagesspiegel, „Tagestipps“, 31.Mai 2005)

Nichma abschreiben könnense
„Von Katzen und Trauben, Dächern und Händen“
(Das Album von „Kettcar“, auf dem Cover darüber deutlich lesbar, heißt „Von Spatzen und Tauben, Dächern und Händen“; Zeitungsbeilage von Karstadt im Berliner Tagesspiegel, März 2005)
Olga Neuwirth, Roberto Paci Dalo, Donna Molinari, Theremin Vox, Burkhard Stangl.
(Aufzählung von Akteuren bei der Berliner „MaerzMusik 2005“. Das „Theremin-Vox“ ist ein elektronisches Instrument!!! – Berliner Tagesspiegel vom 8. März 2005)

Nichma abschreiben könnense die Zweite

„AC/DC – Stiff Upper Up Live" + „Mike Oldfield – Tabular Bells"

(Die beiden „Kult"-Alben, auf dem Cover darüber deutlich lesbar, heißen „Stiff Upper Lip Live" bzw. „Tubular Bells"; Zeitungsbeilage von Karstadt im Berliner Tagesspiegel, Februar 2005)

Im gleichen Artikel einmal Iris Gruttmann und Iris Guttmann (Bilduntertitel)

(Berliner Tagesspiegel vom 6. Januar 2005)

...und gleich zwei nebeneinander

„No Doubt – The Singles 1993-2003" / „Bon Jovi – The left feels right"

(Zeitungsbeilage des „Mediamarkts" vom November 2004; auf den darüber abgebildeten Covers stand deutlich „1992" bzw. „This left")

„Ein Sproß des Stammbaus Mendelssohn ist der britische Cellist Steven Isserlis."

(Bilduntertitel in der Berliner Morgenpost vom 11. November 2004; Fuchs, du hast das ‚m' gestohlen...)

„Land des Lächelns – Koreanische Musik"

(Titel im Berliner Tagesspiegel vom 11. November 2004; das ist doch wohl immer noch China, oder?)

„Am 12. November 2004 wird es (das „Teatro La Fenice" in Venedig) mit Verdis vor genau 150 Jahren an diesem Hause uraufgeführter La Traviata wieder in Betrieb genommen."

(Berliner Tagesspiegel vom 11. November 2004; die Uraufführung war nicht am 12. November 1854, sondern am 6. März 1853. Das nennt man Effekthascherei!)

„Rollins Dennis beim Jazzfest Berlin"

(Bilduntertitel im Berliner Tagesspiegel November 2004; das sieht man doch mit bloßem Auge, daß der Mann mit Vornamen Dennis heißt!)

„John Lord – Beyond The Notes"
(Zeitungsbeilage „CD-Top-Seller" von Karstadt Oktober
2004; auf dem abgebildeten Cover war deutlich „Jon" zu er-
kennen)
Bob als Billy. 1972 spielte Dylan in ‚Pat Garry and Billy the
Kid'.
(Bildunterschrift im Berliner Tagesspiegel, Oktober 2004 –
Bob Dylan spielte nicht Billy, sondern einen Outlaw namens
Alias, der Film heißt ‚Pat Garrett jagt Billy The Kid' und kam
1973 heraus)
„Im Elektra-Uraufführungsjahr 1809 hatte Richard Strauss
persönlich am Pult des neu eröffneten Opernhauses (Chem-
nitz) gestanden."
(„BerlinLive" – Kulturbeilage der „Berliner Morgenpost",
September 2004 – „Mein lieber Journalist, da war wohl noch
nicht mal seine Mutter geboren. Es muß heißen 1909.")
„Von den Reformen, die Deutschland braucht, war die Recht-
schreibreform wirklich die letzte."
(Thomas Gottschalk, September 2004)

Nicht mal ne Oper!
Angekündigt wurde die erste Oper von Elliott Carter „Of
Rewaking", geschrieben 1998, als Uraufführung unter Dani-
el Barenboim an der Berliner Staatsoper. Zwei Zeilen weiter
hob Barenboim, auch Auftraggeber des Werks, dieses in Chi-
cago aus der Taufe. Weiter unten dann konstatierte man für
den 5. September 2004 die deutsche Erstaufführung.
Fakt ist jedoch: „Of Rewaking" ist – erstens – keine Oper,
sondern ein 2002 entstandener Liederzyklus, – zweitens –
von der Royal Philharmonic Society of London in Auftrag
gegeben und ein Geschenk an Daniel Barenboin, der – drit-
tens – die Uraufführung am 23. Mai 2003 in Chicago leitete.
(Kultur-Beilage „BerlinLive" der Berliner Morgenpost, Sep-
tember 2004)
Bilduntertitel: „Sakis Rouvas wird ... am Samstag unmittel-
bar vor Max auftreten."

Textauszug:"... die niederländische Gruppe Re-Union, die im Finale unmittelbar vor Max starten wird."
(Berliner Tagesspiegel vom 14.5.2004 zum Grand Prix d'Eurovision 2004)

„Blondes Glück – Ein Herz für Nerz: Doris Days wird 80"
(Titelzeile im Berliner Tagesspiegel, 3. April 2004)

„Wirbel um die Grammys – USA weisen alten Buena Vista-Sänger wegen Terrorgesetz zurück – ...verweigern dem legendären Pianisten Ibrahim Ferrer die Einreise...
(Berliner Tagesspiegel vom 7. Februar 2004; man sollte sich schon auf ein Instrument einigen)

„...Brahms... Christine Schäfer, die wunderbare Sängerin im „Deutschen Requiem", ist bei den „Vier letzten Liedern" des Garmischer Meisters..."
(Konzertkritik im Berliner Tagesspiegel vom 2004; die „Vier letzten Lieder" stammen von Richard Strauss, und der lebte tatsächlich in Garmisch)

„... die Sho, eine 4.000 Jahre alte japanische Mundorgel, und ihre chinesische Tochter, die Sheng".
(Konzertkritik im Berliner Tagesspiegel
 vom 30. Januar 2004; Die Generationenfolge ist umgekehrt, und auf 4.000 Jahre wagen sich nicht einmal Musiklexika wie der „Riemann" festzulegen; die älteste erhaltene Sheng stammt aus dem 6. Jahrhundert)

„Die Geierin und der Pianist..."
(Konzertankündigung im Berliner Tagesspiegel vom 21 November 2003; Arabella Steinbacher wird nicht sehr erbaut gewesen sein)

„Sonny Boy Williams Tour: Paul Orta (Gesang/Harfe), Peter Krause (Gitarre/Harfe/Gesang), Paul Mass (Schlagzeug)"
(Konzertankündigung in einer Berliner Tageszeitung vom April 2003; man sollte wissen, daß Sunnyboy Williams (Na, gemerkt? Eigentlich heißt dieser Bluesmusiker Sonny Boy Williamson) Mundharmonika spielte und in einem solchen Fall das englische „harp" mit „Mundharmonika" zu übersetzen ist)

„Jimmy Page, der Bassist von „Led Zeppelin", spielte am liebst auf ihr ... Ein ebenso begnadeter Bassist wie Page war Anton Strohmayer ..."
(Berliner Tagesspiegel, Ticket von 16. bis 23. September 2010; Jimmy Page ist tatsächlich einer der maßgebenden Gitarristen in der Geschichte des Rock)

Freudsche Fehlleistung oder Fließbandproduktion ohne Ende
„Juliette und Daniel sind für die Produktion von Musi-kalben vorgesehen."
(Verdeutlichender Trennungs-Fehler in einer Berliner Tageszeitung vom 11. März 2003 über die Restmitglieder von „Deutschland sucht den Superstar")

Konzertrezension
„...Begin Bartoks „Vier Orchesterstücke,,,"
(der Mann heißt Bela Bartok; Tageszeitung März 2003)

Programmankündigung
...Wu Wie, Sheng, Lusheng (Erhu), Burkhard Schmidt (Saxophon)...
(der Musiker heißt Wu Wei, seine Instrumente, und nicht Mitmusiker, sind Sheng, Lusheng und Erhu – Tageszeitung Dezember 2002)

Ankündigung
Sieger im „Bundeswettbewerb Gesang" waren u.a. Adreana Julia Kraschweski....
(die Sängerin heißt Adreana Julia Kraschewski – Tageszeitung Dezember 2002)

Plattenrezensionen
Tori Amos – „Scarlet's Way"
(auf dem darüber plazierten Cover war deutlich „Scarlet's Walk" zu lesen – Tageszeitung November 2002)

Interview mit John Corbett

„... Ken Vadermarks transatlantische ‚Territory Band'..."
Der Musiker heißt tatsächlich Ken Vandermark.
(Tageszeitung Oktober 2002)

Konzertkritik

„...Instrumentalwerke des Briten Jonathan Hurvey..."
weiter unten im selben Artikel „...Jonathan Harvey..."
(Tageszeitung Oktober 2002)

Plattenrezension

G.P. Telemann – Trauer-Actus mit dem Ensemble Concerto Cölln
(auf dem darüber plazierten Cover war deutlich „Ensemble Cantus Cölln" zu lesen – Tageszeitung Oktober 2002)

Konzertankündigung

Werke von Friedrich II, von Preuße, C.P.E. Bach etc.
(richtig wäre: Friedrich II. von Preußen, C.P.E. Bach, etc –
Tageszeitung Oktober 2002)

Telefonauskunft 11880 September 2002

– „Ich hätte gerne die neue Nummer der Musikalienhandlung „Sound & Drumland", in Berlin."
– „Zaunt und Drammländ, ja. Wie schreibt man Drammländ?"
– „Sagen Sie, können Sie kein Englisch?"
– (spitz) „Das brauchen wir hier nicht!"
– nach 1x Buchstabieren und 2x einer Weile: „Die Nummer ist 884 30 30; eine neue gibt es nicht."
– ... es gab natürlich doch eine neue!

... und weiter ...

„Der ‚Praemium Imperiale', japanischer ‚Nobelpreis der Künste' ist mit 128.000 Euro dotiert."
(Tageszeitung 18. September 2002)

„Der ‚Praemium Imperiale', japanischer ‚Nobelpreis der Künste' ist mit 129.000 Euro dotiert."
(die gleiche Tageszeitung 19. September 2002)
„Vorhang auf für Jacques Offenbachs „La Prichole"
(richtig wäre: „La Perichole" – TV-Zeitung September 2002)
„Bizarre Küste, einsames Bergland – Westlich von Hanoi"
(ORB-Reportage im September 2002 über Vietnam; der Titel war unterlegt mit Musik der südamerikanischen Andenbewohner)
„Eased alis Frank Delle, Ear alias Demba Nabe."
(Tageszeitung 3. September 2002)
„Mit dabei sind „Remo & Scholz", Walter Frankello und Astrid Harzbecker."
(richtig wäre: Remo Frankello und Walter Scholz – TV-Zeitung August 2002)
„Nikolaus Harnon Court"
(richtig wäre: Nikolaus Harnoncourt – Tageszeitung 31. August 2002)
Reel Big Fish – Real Big Fish
(Tageszeitung 31. August 2002 auf derselben Seite im Feature und in der Ankündigung der Gruppe)
„Als Gäste sind für Peaches Berlin-Konzert Mignon, Taylor Sawy, Mignon.... angekündigt."
(Tageszeitung 29. August 2002)
„Ted Herold ist fast 50 Jahre alt."
In der Ankündigung einer Sendung mit dem Titel „Zum 60. Geburtstag von Ted Herold"
(TV-Zeitung August 2002)
Im Dezember 1999 kündigte eine führende Berliner Tageszeitung in ihren Tagestips den Dirigenten Hans Hilsdorf mit diversen Aufführungen an. Hans Hilsdorf war bereits am 17. November gestorben.
Noch'n paar weitere ...?

Schlag nach im Internet

„Wikipedia wird von engagierten Laien erstellt, da kann es schon einmal vorkommen, daß nicht alle Informationen zutreffen."

(Michael Menges, Verlagssprecher von „Brockhaus", im Jahre 2005 anläßlich des 250-jährigen Jubiläums der Enzyklopädie über das Internet-Lexikon www.wikipedia.de)

„Buhhandel verzeichnet erstmals seit drei Jahren wieder ein Plus."

(Titelzeile auf der Kulturseite des Berliner Tagesspiegel vom 7. Januar 2005)

Im Microsoft-Weltatlas Version 1998 liegt das Ruhrgebiet als ein Bergmassiv im Sauerland zwischen Meschede und Lippstadt.

Swinging Vatikan

Nachdem Papst Johannes Paul II. im Herbst 1997 die Öffnung der Kirche hin zur populären Musik durch ein Konzert mit den Musikern Bob Dylan, Adriano Celentano und Andrea Bocelli eingeleitet hatte, wobei er öffentlich über Dylans Song „The Answer Is Blowing In The Wind" philosophierte, und im Dezember bei einem Auftritt von B.B. King im Vatikan von diesem seine berühmte Gitarre ‚Lucille' als Geschenk erhielt, ist er nun selbst auf CD zu hören. Zwei italienische Musiker (u.a. Andrea Mariotti) haben Predigten, lateinische Gebete und Ansprachen des Papstes mit Mönchsgesängen, Gitarrenklängen und Schlagzeugrhythmen kombiniert. Einschließlich der Pop-Version des ‚Vater unser' sollte das Album im Herbst 1998 auf den Markt kommen. Berichten zufolge war Radio Vatikan von den Aufnahmen bis auf Kleinigkeiten sehr angetan.

Symphonie der Massen

Mit der Teilnahme von 330 professionellen Musikern, 2.000 Glockenspielern aus dem Publikum, zwei Feuerwehrautos, der 22. Königlichen Regimentskapelle sowie 19 der renommiertesten kanadischen Komponisten an Konzeption und Durchführung war die Aufführung der 90-minütigen kanadischen Milleniums-Symphonie im Juni 2000 in Montreal rekordverdächtig.

Der Talentscout

Georg Brunner-Schwer, Chef des MPS-Labels, stöberte 1970 den Geiger Stephane Grappelli als Hotel-Pianisten in Paris auf und holte ihn aus einem Knebelvertrag mit einer Plattenfirma heraus.

Tatort Schlagzeug

Den originalen Schlagzeugpart der Titelmelodie der deutschen Krimiserie „Tatort", komponiert von Klaus Doldinger, spielte der spätere Rocksänger Udo Lindenberg.

Tausche Haus gegen Geige

Um seinem Sohn den Wunsch nach einer 760.000 DM teuren Violine zu erfüllen, verkaufte K.Y. Wong in Singapur kurzerhand seine Eigentumswohnung. Jetzt habe er zwar kein Zuhause mehr, wurde der stolze Vater zitiert, aber Yuuki Wong, das 18-jährige Geigentalent, kann nun das 218 Jahre alte Instrument des italienischen Geigenbauers Lorenzo Storioni in die Seminare am Wiener Konservatorium mitbringen.

Tea For Two-Thousand

„Meine Tochter kann überhaupt nichts, und schön ist sie auch nicht. Aber sie hat die Begabung, 2.500 Leuten einzureden, daß sie bei ihr zum Tee eingeladen sind. Und damit wird sie wohl ihren Weg machen."

(Eduard Künneke 1928 über seine damals 17-jährige Tochter Evelyn)

Technische Kompetenz

Jens-Dieter war ein ganz lieber Typ mit einem Herzen aus Gold. Er war Sänger, Komponist und Texter im Bereich Shanty, Schlager und Pop und verschaffte mir als Produzent unter anderem einen Titel für Dorthe Kollo und „Jimi & Rene".

Irgendwann rief er mich völlig entgeistert an: „Das Masterband, was du mir geschickt hast, ist ja ganz dumpf und verrauscht. Das kann ich nicht verwenden." Nun kommt es vor, daß Tonfraddel im Studio die Spulen andersherum wickeln. Aber eigentlich sieht man, wo die Musik spielt (eine glänzende und eine matte Seite des Bandes).Das erklärte ich ihm, und er war beruhigt: „Das klingt ja doch ordentlich."

Einmal besuchte ich ihn in Flensburg. Wie ich entsetzt feststellte, lagerte er mehrere Masterbänder direkt auf seinen Lautsprecherboxen. Geht's noch???

Jens-Dieter aß für sein Leben gern und war so breit wie hoch. Daran ist er auch gestorben. Aber die 5 Treppen in die Dachwohnung in der Schlüterstraße schaffte er mit kaum wahrnehmbaren Schnaufen.

Teufel auch!

Während eines ausverkauften Konzertes von Eric Clapton in London rief ein Fan: „Clapton ist Gott!". Clapton darauf: „Ich bin nicht Gott. Ich bin nur der beste Gitarrist der Welt."

Teufelswerk

Zeitschriften wie „Christ und Welt" konnten auch vor dem Hintergrund des real existierenden Katholizismus' Jugendlichen der 1960er Jahre Dinge trotz alles Bemühungen nicht wirklich nahebringen:

„Die Töne des Basses können den menschlichen Körper als Resonanzboden aktivieren, ihn physisch ergreifen, sodaß, wer die Kontrolle über sich selbst ohnehin nicht hat, sich diesen Tönen wehrlos ausliefert, mit ihnen sich bewegt oder zuckt, um in hilflosen Bewegungen zu enden sowie einer Katerstimmung völligen Erschöpftseins."

(Zeitschrift „Christ und Welt", um 1966)

In eigener Sache

Ein gewichtiger Gegner der seelischen und moralischen Befreiung war jedoch, zur Unterstützung dieser abstrusen Voll-Danebenheiten, ein ganz anderer: die Allgemeine Wehrpflicht. Diese Episode tat Elvis Presley wahrlich nicht gut, und Vietnam war für Jimi Hendrix auch nicht wirklich aufbauend. Ansonsten waren die USA angesichts der Unzahl von Musikgruppen relativ unauffällig. Wieviele Bands in der BRD durch die Bundeswehr als Kollateralschäden auf der Strecke blieben, ist schwer abzuschätzen, aber es waren sicherlich einige. „Die Arbeiter, die nach dem Wehrdienst zu uns kommen, passen sich am besten an und machen die wenigsten Schwierigkeiten." (TV-Interview eines Kfz.-Meisters bei VW, 1960er Jahre)

Auch bei mir griff das Vaterland gnadenlos zu, und „Upperseption" war Geschichte, nachdem schon die Vorläufergruppe durch Gitarren-, Baß- und Schlagzeugverlust verendete. Bis dahin aber war unser bunt-fröhledelischer, antigrauer Bandbus die anarchistische Sensation in den dörflich-frömmelnden Gegebenheiten. Nicht verwunderlich, denn im Sauerland sind selbst die Fische und Vögel katholisch-grau.

(Harald Skorepa)

Teure Ansichtssache

1980 wurde bei Sotheby Parke Bernet in New York ein Steinway-Flügel aus dem Jahre 1888 für umgerechnet 769.470 DM von einem Nicht-Klavierspieler erworben.

This Land Is My Land oder Schöne Aussichten

„Ich war eine Frau mit schwarzer Haut, in einem Land, wo man allein aufgrund dieser Tatsache umgebracht werden konnte." *(Nina Simone)*

Tierisch

„Liebkosung eines Leoparden."
(Julio Cortazer über die Improvisationen von Louis Armstrong in den Gruppen „Hot Five" und „Hot Seven")

Tiger im Tank

„Man kann Tom Jones, den Tiger, auf jeden Hit loslassen. Er wird ihn so interpretieren, als hätte es nie ein Original gegeben." *Johanna Adorjan)*

Tisch und Bett

„Ich war jetzt über ein Jahr mit ihr im Bett. Da dachte ich mir, es wäre nur angebracht, wenn ich auch mit ihr singe."
(Robbie Williams über seine Zusammenarbeit mit Kylie Minogue)

Todesahnung

„Wenn man Musik hört... wenn sie zu Ende ist, löst sie sich in Luft auf, man kann sie nie mehr einfangen."
(Fragment am Ende eines Aufnahmebandes des letzten Albums von Eric Dolphy „Last Date", aufgenommen im niederländischen Hilversum. Kurze Zeit später starb Eric Dolphy in Berlin.)

Tomaten A-Gogo

Laut Empfehlung des britischen Tomatenzüchterverbandes wachsen Tomaten besser, wenn sie mit rockigen Klängen beschallt werden. Sogar Züchter, die ansonsten eher Klassik einschalten, geben zu, daß vor allem Schlagzeug und Bässe von Nutzen sind.

Tonleiter in Dur, Pause in Moll

„Wir haben die Tonleiter bei der GEMA angemeldet und eine Datenbankwerkenummer erhalten. Als wir dann auch noch die Pause anmeldeten, haben sie es gemerkt."
(Hugo Egon Balder)

Too Young To Die ...

„Für uns wäre es eine schöne Vorstellung, daß wir mit sechzig als Opas auf die Bühne kommen und dann immer noch total die Post abgeht. Aus'm Altersheim, aber immer noch voll auf Punk. Vorher noch so richtig Baldrian eingelöffelt bekommen, die Ärzte hängen dann in der Gegend und zittern mit." *(Campino, Sänger der ‚Toten Hosen')*

Top Speed – Historischer Rekord

Die „Arctic Monkeys" verkauften ihr Debut-Album 2006 per Internet am ersten Tag des Erscheinens genau 118.501 Mal.

Toploader

Sieben Tage (fast) hintereinander spielte das Berliner Duo Rosenstolz im November 2002 in der ausverkauften Columbiahalle.

Torn In The USA

„Jeder will bei uns frei sein, aber in den USA darf man gar nichts mehr sagen." *(Randy Newman, 2012)*

Torschlußpanik

„Können wir bald anfangen? Sonst stirbt noch einer von uns!"
(Gordon Haskell, ehemals „King Crimson", vor einem Auftritt seiner Band in Berlin,)

Totale Präsenz

Am 4. April 1964 belegten die ‚Beatles' die ersten 5 Plätze der amerikanischen Hot 100 und waren gleichzeitig mit weiteren 7 Titeln in den Charts vertreten.

Tough

„Soul ist eine Lebensart. Aber es ist immer die harte Art zu leben." *(Ray Charles)*

Tri- und andere -logien

Rockmusiker – Club 27
Jimi Hendrix – 18. September 1970
Janis Joplin – 4. Oktober 1970
Jim Morrison – 3. Juli 1971
Kurt Cobain – 8. April 1994
Amy Winehouse – 23. Juli 2011

Liedermacher
Franz-Josef Degenhardt – 14. November 2011
Georg Kreisler – 22. November 2011
Ludwig Hirsch – 24. November 2011

Maschine brennt ...
Big Bopper – 3. Februar 1959
Buddy Holly – 3. Februar 1959
Richie Valens – 3. Februar 1959
Lynnyrd Skynnyrd – 20. Oktober 1977 (Großteil der Band)
Reba McEntire & Band – 16. März 1991 (gesamte Band)

Klassiker
Am 16. Oktober 1944 verließen mit dem Transport „Er 949" zum KZ Auschwitz 5 Musiker das KZ Theresienstadt:
Pavel Haas starb am 17.Oktober 1944 im KZ Auschwitz

Victor Ullmann starb am 18.Oktober 1944 im KZ Auschwitz
Rafael Schächter starb am 18.Oktober 1944 im KZ Auschwitz
Gideon Klein starb 1944 im KZ Auschwitz
Hans Krasa starb 1944 im KZ Auschwitz
Ilse Weber starb bereits am 6. Oktober 1944 im KZ Auschwitz

Tribiläum 2013 plus 1

50 Jahre Rolling Stones
50 Jahre Tonbandcassette
50 Jahre Deutsch-Französische Freundschaft
50 Jahre ZDF

Trostpflaster

Nachdem die britische Mädchengruppe ‚Spice Girls' bei den ‚Brit-Awards 1997' noch in den beiden wichtigen Kategorien ‚Beste Single' und ‚Bestes Video' gesiegt hatten, gingen sie 1998 völlig leer aus. Das spärliche Trostpflaster war ein Sonderpreis der Industrie für ihren weltweiten Erfolg.

Try A Walk On The Wild Side

„Wir sind nur eine Popgruppe mit Marshallverstärkern. Wir versuchen zu rocken, schaffen es aber immer nur halb."
(Pat Wilson, Schlagzeuger der Gruppe „Weezer")

Tücke des Objekts

Dies ist eine Geschichte, die so manchem Musiker bei Aufnahmen passiert. Das folgende Beispiel steht nur für eines von vielen.
Peter Maffay kam abends ins Studio, um die Gesangsspur für einen ansonsten bereits fertig aufgenommenen Titel einzusingen. Nach dem ersten Durchgang hörte er sich das Resultat an und äußerte sein Mißfallen: „Das war nicht gut. Ich

mache das nochmal." Auch an der zweiten Aufnahme gab es etwas auszusetzen. Es folgten Take auf Take, Maffay wurde immer unzufriedener, und die Arbeit zog sich bis in den Morgen hin. Gegen 5 Uhr in der Frühe, nach ungezählten Versuchen, spielte ihm der Toningenieur versehentlich (?) anstelle des letzten Takes die allererste Aufnahme vom vorigen Abend zum Abhören auf die Kopfhörer. Maffay: „Die nehmen wir. Endlich paßt's!"

Tut weh!

„Viele Textdichter sind nichts weiter als Au-Toren."
(Harald Skorepa)

Tuut Buße!

Für Sprüche von Dieter Bohlen in der Sendung „DSDS" wie „Den ganzen Nachmittag hatte ich das Gefühl, am Abgrund zu stehen. Mit Dir sind wir einen Schritt weiter", „Du guckst wie ich beim Kacken" oder „Jeder Specht im Wald hat mehr Taktgefühl als Du" mußte der Sender RTL wegen Verstoßes gegen den Jugendschutz im Sommer 2008 100.000 Euro Bußgeld zahlen. Die Begründung war, daß beleidigende Äußerungen und antisoziales Verhalten bei „DSDS" als Normalität dargestellt würden. *(Berliner Tagesspiegel)*

Über Blasen

Meine Mundharmonika „Chromonika" war kaputt. 10 Jahre in der Schublade, 2 Töne (blasen) resp. 4 (saugen) waren nicht mehr sauber. Also neue? Na ja ... Ich hatte Anfang der 1990 Jahre ca 90 DM dafür hingelegt, eine neue kostet jetzt 190,- Euro! Gehts noch?
Trotzdem rief ich bei Hohner an. Eine kompetente Service-Dame sagte mir, daß man auch mit Ausklopfen und Abwischen im Prinzip nichts gegen das Verschmutzen der Ventile machen könne. Eine Reparatur koste ca 100,- Euro. Akzep-

tabel. Ich fragte, ob man schonmal ein Döner in den Ventilen gefunden hätte. Sie verneinte, sagte aber, bei allem, was sie schon gesehen habe, ein Boulettenstück mit Senf auch schon vorgekommen sei. Ich habe mir zwar vor dem Spielen nicht die Zähne geputzt, aber das? Hammer! *(Harald Skorepa)*

Über Revivals

‚Die Untoten der Pop-Kultur kehren immer wieder zurück aus dem Reich des Schweigens und der Irrelevanz.'
(Claudius Seidl)

Überinterpretiert?

„Was immer uns immer wieder als wahnsinnig kreative Errungenschaft ausgelegt wird , war oft in Wirklichkeit aus der Not geboren", erzählte Blixa Bargeld von den ‚Einstürzenden Neubauten'. „So ergab es sich, daß unser Schlagzeuger sein Instrument verkaufen mußte, um seine Miete zahlen zu können. Da hat er sich eben aus alten Metallteilen ein neues zusammengebaut."

Überraschung!

„Musikunterricht ist wie Psychoanalyse: Fünf Jahre lang merkt man keinen Fortschritt, aber plötzlich kann man Klavier spielen." *(Woody Allen)*

Überstrapaziert

„Es ist die Länge der Gesänge zu lang für meines Ohres Länge." *(Wilhelm Busch)*

Über Wasser gehalten

In den 1970er Jahren gab es in Berlin-Kreuzberg relativ günstige Proberäume, allzu oft „vom Feinsten"! Eine befreundete Band hatte einen solchen, ziemlich feuchten gemietet, d.h.

das Wasser stand fingerhoch, und um sich vor lebensgefählichen Stromschlägen zu schützen, hatten sie den gesamten Boden mit Europaletten ausgelegt. Unser eigener Proberaum war lang, wurde nur von einem oft nicht funktionierenden Ölofen beheizt und nicht ganz so naß. Als wir allerdings einen der zur Geräuschdämmung angebrachten Teppiche abnahmen, da er mittlerweile extrem muffelte, entdeckten wir eine Pilzkultur, die uns wohl alle eine Woche lang ernährt hätte. *(Harald Skorepa)*

Übler Geruch
„Auch wenn sie nicht schlecht klingen, sie stinken nach Strom und die Tasten sind rutschig."
(Jazzpianist Uli Lenz über E-Pianos)

Unbedarft
„Früher besaß ich absolut nichts. Und heute habe ich immer noch keine Ahnung von Geld." *(Mariah Carey)*

Der unbekannte Musiklehrer
Ein Dankeschön an die ungezählten anonymen Musikpädagogen, die sich seit Hunderten von Jahren Tausenden von Schülern widmen, ihnen den Zugang zur Musik ermöglichen, sie fördern, ausbilden und ihre eigenen Hoffnungen in den Erhalt und auch den Fortschritt des Genres in Hände und Geist der nächsten Generation zu legen versuchen, womit sie für die Kontinuität dessen sorgen, was nicht nur Kunst, sondern Allgemeingut ist: die Musik. *(Harald Skorepa)*

Uncool
Aus einer Boutique in Böblingen stahlen „Gangsta-Rapper" Coolio und seine Gruppe im November 1997 Kleidungstücke im Wert von 3.500,- DM. Als sich ihm die Besitzerin in den Weg stellte, schlug Coolio ihr die Faust in den Magen. Am

nächsten Tag stellte er sich der Polizei. Coolio gab an, Differenzen mit der Boutiquebesitzerin zu haben, die ihm eine vorausgegangene Autogrammstunde nicht genügend honoriert habe. Vom Böblinger Amtsgericht wurde er im Dezember 1998 zu einer Freiheitsstrafe von 6 Monaten auf Bewährung und zusätzlich zur Zahlung einer Summe von 30.000 DM, zahlbar an eine gemeinnützige Organisation, verurteilt.

Und dann kam Thor mit der Axt

2004 veröffentlichte ein britisch- belgisches Ärzteteam in der Fachzeitschrift „Thorax" eine Untersuchung bei vier jungen Männern, die einen Pneumothorax erlitten hatten, während sie extrem lauter Musik ausgesetzt waren. (Pneumothorax entsteht durch sich ansammelnde Luft zwischen Lungeflügel und Lungenfell, die die Lunge zusammenfallen läßt).
Bei den Probanten war ein Teil der Lunge kollabiert, weil durch Geweberisse Luft in diesen Zwischenraum eingedrungen war.

... und Coca Cola

Mit der gründlich mißverstandenen Feststellung, die Beatles seien mittlerweile bekannter als Jesus, löste John Lennon in der zweiten Hälfte der 1960er Jahre eine Protestwelle gegen die Gruppe aus, die in den USA sogar zu Plattenverbrennungen führte.

... und dann nie wieder

Im Juli 1999 veranstaltete der Dirigent Christian von Borries ein ‚Ultimatives Wunschkonzert'. Unter dem Motto „Welche Musik möchten Sie 1999 zum letzten Mal hören und dann nie wieder" hatte er zuvor Postkarten verschickt und die Empfänger nach ihren diesbezüglichen Wünschen gefragt. Von 89 Antworten wurden die 27 grausamsten in den Berliner Sophiensälen präsentiert. Jeder Zuhörer hatte zwei Karten er-

halten, eine grüne und eine rote, mit denen er „Bitte weiter"
bzw. „Sofort aufhören" signalisieren konnte. Kaum einer der
Beiträge, unter denen sich Titel wie „Sieben Brücken" (Peter
Maffay), „No Woman, No Cry" (Bob Marley), „O sole mio"
(gesungen von Luciano Pavarotti), Mahlers 9. Sinfonie und
„Für Elise" (gespielt von der kleinen Schwester) befanden,
hielt sich länger als 5 Sekunden.
Von der deutschen Presseagentur, die von Borries nach jedem
Titel darüber informierte, wenn wieder ein Stück zum letz-
ten Mal aufgeführt worden war, kam nur ein lakonisches Fax
zurück: „Ich möchte, daß so ein Wunschkonzert 1999 zum
letzten Mal stattfindet und dann nie wieder!"

Die unendliche Tonleiter

Dieses Instrument wird auch ‚Shepard-Skala‘ genannt. Es
wurde 1964 von dem Psychologen Roger Newland Shepard
vorgestellt. Die Psychologie-Professorin Diana Deutsch hat
dazu weiter geforscht.
Das Instrument besteht aus zwölf Tasten, die im Kreis ange-
ordnet sind. Mit jeder Taste kann man einen Ton erzeugen.
Insgesamt ergibt sich eine chromatische Tonleiter – also die
sieben Töne von c bis h sowie die fünf Halbtöne.
Drückt man auf die Taste c, dann ertönt ein c. Eine Taste wei-
ter im Uhrzeigersinn erklingt das höhere cis. Und noch eine
Taste weiter liegt das d, das noch höher klingt. Die zwölfte
und letzte Taste ist das h, das wiederum höher klingt als die
elfte Taste mit dem ais. Wenn man nach der zwölften Tas-
te mit dem hohen h wieder die erste Taste mit dem tiefen c
spielt, sollte man vermuten, daß man einen Tonsprung nach
unten hört. Das tut man aber nicht, und das funktioniert so:
Die Töne sind keine einzelnen, reinen Töne (wie zum Bei-
spiel ein elektronisch erzeugtes a mit einer Frequenz von 440
Hertz), sondern aus jeweils zwei Tönen zusammengesetzt.
Das menschliche Gehör kann das jedoch nicht unterscheiden.
Wenn zwei Töne gleichzeitig erklingen, hört man sie als ein-

zelnen Ton, insbesondere, wenn zwischen den beiden Tönen ein Abstand von einer Oktave ist.

Bei jedem einzelnen Ton aus der unendlichen Tonleiter sind mehrere Sinustöne im Oktavabstand überlagert. Damit alleine kann man den erstaunlichen Effekt aber noch nicht erzeugen.

Zusätzlich muss man die Lautstärke der jeweiligen Töne anpassen: Den Effekt kann man sich am besten klar machen, wenn man die unendliche Tonleiter mit nur zwei Tönen gleichzeitig spielt. Dabei spielt man einmal die Tonleiter vom zweigestrichenen zum dreigestrichenen c und wird dabei immer leiser. Gleichzeitig spielt man vom eingestrichenen zum zweigestrichenen c und wird dabei immer lauter. Man hört also immer einen Ton, der aus zwei Tönen zusammengesetzt ist: beim ersten Ton zum Beispiel das laute zweigestrichene c zusammen mit dem leisen eingestrichenen c. Der Ton zum Schluss ist aus dem lauten zweigestrichenen c und dem leisen dreigestrichenen c zusammengesetzt. Während in der Mitte der Tonleiter ein mittellautes eingestrichenes f oder g zusammen mit einem mittellauten zweigestrichenen f oder g zusammen gespielt werden.

Mit dieser Vorgehensweise landet man also am Ende der Tonleiter fast wieder am Anfang: Genau wie beim ersten Ton wird nämlich das zweigestrichene c laut gespielt. Der Unterschied liegt nur in dem zweiten Ton, der gleichzeitig gespielt wird und zwar in beiden Fällen sehr leise. Beim ersten Ton ist es das eingestrichene c und beim letzten Ton das dreigestrichene c.

Diese geschickte Kombination führt zu der akustischen Täuschung der unendlichen Tonleiter.

Unerreicht

Mit 20 Nr.1-Plazierungen führen die „Beatles" die Siegerliste der US-Charts für Singles an, ebenso mit 17 ersten Plätzen die der US-Charts für Alben.

Unheilige Allianz oder Alles meins

Nach einem Urteil des Oberlandesgerichts München vom 25. November 1999 darf sich die Hip Hop-Gruppe „Die Allianz" nicht mehr mit dem Namen des gleichnamigen Versicherungskonzerns präsentieren. Der Name des Unternehmens sei auch ohne die Gefahr einer Verwechslung geschützt. Die Band habe damit Aufmerksamkeit erheischen wollen.

United Colours

‚Ich bin halb schwarzer Mann, gelber Mann, halb gelb, weder gelb noch weiß genug, um für etwas anderes als schwarz gehalten zu werden und nicht hell genug, um weiß genannt zu werden.' *(Bassist Charles Mingus, dessen Vater halb schwarz, halb Schwede und dessen Mutter halb schwarz und halb Chinesin war)*

Unsichere Kandidatin?

Von der Anglikanischen Kirche Englands wurde Britney Spears im Dezember 2000 als „große Botschafterin der Jungfräulichkeit" gefeiert. Die Kirchenzeitung „Celebrate" lobte sie für ihren Entschluß, bis zur Eheschließung keinen Sex zu haben. Kurz zuvor allerdings war ein anderes Gelöbnis der Sängerin, keinen Alkohol und keine Drogen zu nehmen, durch Berichte erschüttert worden, die sie volltrunken auf einer Party schilderten.

Unter dem Radar

Russe, unser Trommler, vollkommen blau, fuhr nach dem Auftritt den Bully, Bassist Fliege auf dem Beifahrersitz. Polizeikontrolle. „Haben Sie was getrunken?,, Daraufhin stieg Russe aus und ging zur Beifahrerseite. Fliege, vollkommen nüchtern, aber ohne Führerschein, rutschte rüber, lehnte sich aus dem Fenster und fragte: „Wat wollten Sie?,, Das Problem

des Bullen: er war allein. Seit diesem historischen Ereignis gibt es auch im Sauerland nur noch Doppelstreifen.
(Harald Skorepa, 1969)

Unter die Haut

„Riffs sind Tätowierungen des Ohrs."
(Thomas Steinfeld über die rhythmisch und melodisch markanten zwei- oder viertaktigen Tonfolgen im Jazz u.a.)

Untergreifender Eifer

Bei einem Konzert von Art Blakeys „Jazz Messengers", bei dem wie gewohnt einige junge und unbekannte Musiker Mitglieder der Band waren, spielte ein Sopransaxophonist ein Solo, in das er sich mit Hilfe eines enthusiastischen Publikums immer weiter hineinsteigerte. Die Improvisation gelangte in immer höhere Kadenzen, um kurz vor dem Ende noch einmal, wie zu einem Anlauf, in den Baßbereich hinabzusteigen, tiefer und tiefer. Da war allerdings zu irgendeinem Zeitpunkt kein Saxophon mehr, und die Hand griff ins Leere. Während der Spieler verdutzt sein Instrument ansah, das ihm seine Ambitionen aus physikalischen Gründen nicht nachsah, bat ein fröhlich lachender Blakley um Applaus, der frenetisch gewährt wurde. *(Harald Skorepa)*

Urgestein

„Ich bin ein Rhythm & Blues-Sänger und habe Glamrock, Disco und viele andere Trends überlebt. Warum sollte ich also jetzt ein Hip Hop-Album machen?" *(Joe Cocker)*

Uups!

Bei der Berliner Premiere der ‚Harlem Gospel Singers' mit Queen Ester Marrow im Januar 1998 trat einer der Sänger ans Mikrophon und grüßte fröhlich: „Good Evening Frankfurt!"

Vavoum!

Für den Titel „The Many And The Few" bat Matthew Herbert Freunde und Bekannte weltweit, ihre örtlichen Telefonbücher auf den Boden zu werfen. Das von ca 10 Millionen Menschen dabei verursachte Geräusch ist in „The Many And The Few" eingegangen.

Verborgene Qualitäten

Die Oper „Hans Sachs" von Albert Lortzing war Grundlage von Wagners „Meistersingern", ohne daß letzterer jemals die Quelle nannte.

Verdruß

„Musik wird oft nicht schön empfunden, weil sie stets mit Geräusch verbunden." *(Wilhelm Busch)*

Vergangenheitsbewältigung

1997 stellte die Firma Decca eine CD-Reihe unter dem Namen ‚Entartete Musik‘ vor. Der Begriff umfaßt in sarkastischer Umkehrung all jene Musik, die unter dem nationalfaschistischen Regime verboten bzw. nie aufgeführt wurde.

Vergeigt! Auch Götter können irren

Bei ihrem offiziell letzten Auftritt als Gruppe im Rockpalast 1985 vergriff sich der Bassist der Who, John Entwistle, ausgerechnet beim allerletzten Ton der über 20jährigen Bandgeschichte.

Verrat

„Das Singen von ‚Cup Of Life‘ ist dasselbe wie das Harfespielen beim Niederbrennen Roms". Mit dieser Äußerung erboste sich Robi Draco Rosa, Songwriter von Ricky Martin, über dessen Zusage, bei der Party zur Amtseinführung des neu gewählten amerikanischen Präsidenten George W. Bush aufzutreten. Es handele sich um einen Präsidenten, der „Leute in seinem Kabinett haben wird, die die Ausübung von Menschenrechten, das Recht zu wählen, das Recht, ohne Waffengewalt zu leben und das Recht auf eine saubere Umwelt behindern werden. Ein Verrat an allem, wofür ein Puertoricaner stehen sollte."

Versprecher

– „Sie hören nun die Nußkackersuite von Peter Scheißkowsky." *(nicht belegt)*
– „Sie hören jetzt das Südwestchen mit dem Morgenständer." *(Ansage der Sendung „Morgenständchen" im Südwestfunk, Mitte der 1970er Jahre)*
– „Sie hören nun die h-Meß-Molle, Verzeihung: die h-Moß-Melle... ich bitte sehr um Entschuldigung... die h-Moll-Messe von Johann Sebaldrian Bach – ICH HÄNG MICH AUF!!!" *(Ansage im Klassik-Radio Berlin)*

Vertan, vertan, sprach der Hahn

Man geht nicht kaputt an den Schlägen, die man einsteckt, sondern an denen, die man nicht austeilt. *(Wolf Biermann)*

Vertrautes Terrain

Die Schließung der Berliner ‚Deutschlandhalle' im Jahre 1997 sowie deren geplanter Abriß stieß auch 1998 auf eine immer breitere Front der Ablehnung. So kündigte auch Rockstar Eric Clapton im Februar an, er werde auf seiner für November geplanten Deutschland-Tournee diesmal nicht in Berlin auftreten. Nach Meinung des Konzertveranstalters Fritz Rau habe hier eine Rolle gespielt, daß Clapton die anderen Hallen nicht kenne. In die ‚Deutschlandhalle' wäre er sicher gekommen. Rau betonte auch, daß für die ‚Max Schmeling-Halle' und das ‚Velodrom' weitaus mehr technischer Aufwand für die Beschallung und Beleuchtung betrieben werden müsse. Die Schließung der ‚Deutschlandhalle' nannte er eine ‚Kulturschande'.

Vice Versa – Die Erste

Nicht immer sind an einem Mißerfolg die Künstler schuld. Manchmal ist es auch das Publikum, das durchfällt.
(Leonie Rysaneck)

Eine Frage der Perspektive

Einige der Streitpunkte, die die Musikwelt nicht zur Ruhe kommen lassen:
– „Lucy In The Sky With Diamonds" (John Lennon / Paul McCartney)
Angedichtet wird den Beatles, hier eine Drogenerfahrung zu beschreiben; Lennon selbst äußerte sich dazu, daß es um ein Bild gehe, das seine kleine Nichte Lucy gemalt habe.

– „Hey Joe" (Song von Jimi Hendrix)

Keinesfalls ist da irgend ein Freund namens Joe gemeint; in Vietnam, wo Hendrix stationiert war, wurden auf diese Weise die Neuankömmlinge begrüßt.

– „Foxy Lady" (ebenfalls ein Jimi Hendrix-Song)

Viele hören raus, daß er „Fuck The Lady" singt. Unterstellt werden darf zweifellos, daß Hendrix diese Anspielung bewußt provoziert hat und das „o" eher wie ein „a" gesungen hat.

– „No Woman No Cry" (Bob Marley)

Auf die Zeichensetzung kommt es an. Die Vertreter der Ansicht, daß Reggaemusiker sämtlichst Machos sind, sehen Bob Marleys Song so: „No Woman, No Cry" (Keine Frau, kein Geschrei).

Die anderen eher „No, Woman, No Cry" (Nein, Frau, weine nicht).

– „Great Balls Of Fire" (Jerry Lee Lewis)

Keinesfalls meine er damit die Oberweite seiner Frau, wie Lewis beteuerte und ihm ständig unterstellt wird, sondern seine große Angst vor einer Atombombe.

– „Puff, The Magic Dragon" (Peter, Paul & Mary)

Ein „Kinderlied", dem nach wie vor das Genießen eines guten Joints untergeschoben wird.

– „Born In The USA" (Bob Springsteen)

Das ist keineswegs ein patriotisches Lied nach dem Geschmack besinnungsloser „America First"-Anhänger, sondern eine wütende Hommage an die im eigenen Land so schmählich behandelten Vietnam-Veteranen.

Einige dieser kontroversen Sichtweisen kursieren – so oder so – als Fakten, andere werden hochgradig emotional vertreten. Aber warum sollte z.B. Bob Marleys Zeile nicht in – tatsächlich stattfindenden – Symposien heiß diskutiert werden, wenn es andererseits sogar Elfmeterschießen-Forscher gibt?

– Wie viele DDR-Interpreten und Textdichter ihre Werke mit dem verbalen Anschein von Staatskonformität versahen, um an der Zensur der Kulturkontrolleure vorbeizukommen, sodaß doch mindestens jeder Zweite trotzdem den wahren Inhalt zwischen den Zeilen zumindest beschmunzelte, ist kaum zu ermessen.

– Auf die ungezählten eindeutigen Doppeldeutigkeiten wie z.B. in Veronikas Lenz, wo der Spargel wächst, oder Mike Krügers Vorschlag, den Nippel durch die Lasche zu ziehen, muß getrost nicht weiter eingegangen werden.
(Mai 2022)

Vierhundert Jahre Groove

Beinahe vierhundert Jahre bringen die fünf Musiker der kubanischen Gruppe ‚Vieja Trova Santiaguerra‘ gemeinsam auf die Bühne. Sie treten seit 40 Jahren in dieser Formation auf.

Volksmund

Travolta is’ ‚ne Folta!
(Toilettenspruch Ende der 1970er Jahre)

Voll daneben ist auch vorbei

Als „armenische Musik" empfand Meret Becker die Klänge, die entstanden, als sie einmal sämtliche Knöpfe eines elektronischen Gitarren-Stimmgerätes verdrehte.
(Erzählt von ihr selbst anläßlich der Übernahme der Patenschaft für das armenische „Serenade Symphony Orchestra" beim Young Euro Classic-Festival Berlin)

Voll krass – Spitzenplass

Die ‚Bundesprüfstelle für jugendgefährdende Medien‘ setzte seit den 1990er Jahren rund 34 CDs auf den Index; davon kommen mehr als 30 aus Berlin. Allein 10 indizierte Alben des Jahres 2007 (!) wurden von Berliner Künstlern aufgenommen.

Text-Kostprobe aus dem Titel „Fick die Cops" der Rapper-Crew „DeinEltan":
„Ein guter Cop ist ein Cop,
dessen Kopf über den Asphalt rollt
gib ihm mit dem Teleskop
Totschläger
Schädelbruch.
Ein Cop ist ein guter Cop
blutet er die Straße voll.
Tritt ihn, bis er Zähne spuckt."
(Harald Skorepa)

Voll verplant

Als bei einem Konzert von Ryan Adams 2002 jemand aus dem Publikum rief: „Play Summer of ‚69", gab der Sänger nicht eher Ruhe, bis er herausbekommen hatte, wer der Störenfried war, sprang von der Bühne, drückte dem „Ignoranten" 30 Dollar in die Hand und warf ihn hinaus: ‚andernfalls sei dieses Konzert an dieser Stelle beendet'. Der Bedauernswerte hatte den Künstler absichtlich oder unabsichtlich mit Bryan Adams verwechselt.

Volle Pulle

„Wir spielen wie wir Auto fahren, nicht besonders gut, aber immer so schnell wie möglich."
(Campino, Sänger der „Toten Hosen")

Vom Plattenputzer zum Plattenmillionär

Bevor der amerikanische Rocksänger Jon Bon Jovi ein Star wurde, putzte er als Raumpfleger die Plattenstudios von Los Angeles. Ab und zu spendierte ihm einer der aufnehmenden Musiker eine Pizza.

Vom Sockel gestürzt

Bei einem Konzert der Rockgruppe ‚Deep Purple' gegen Ende der 1960er Jahre in der deutschen Provinz ließ sich der Sänger Ian Gillan wegen einer Halsentzündung entschuldigen, während sich der offensichtlich alkoholisierte Organist Jon Lord mit dem ebenfalls nicht ganz nüchtern erscheinenden Gitarristen Ritchie Blackmore mehr schlecht als recht Klangduelle auf der Bühne lieferte. Das Publikum geriet in Anbetracht der teuren Eintrittskarten in solche Wut, daß das Konzert in einem Fiasko endete. Die Musikanlage der Gruppe wurde vollständig zertrümmert und nicht wenige Besucher trugen stolz Beutestücke wie Lautsprecher oder Instrumententeile nach Hause. *(Harald Skorepa)*

Vom Tellerwäscher zum Pensionär

„Früher dachte ich immer, im Showgeschäft wird man schön und reich und berühmt. Heute weiß ich, ich hatte recht".
(Pe Werner, 2015)

Von oben herab

Mit der Single „Scream/Childhood" erreichte Michael Jackson auf Anhieb Platz 5 der „Billboard Hot 100" und liegt damit vor den Beatles, die 1970 mit „Let It Be" bei Platz 6 in die Charts einstiegen.

Vorankündigung

„Hope I die before I get old."
(Keith Moon, Schlagzeuger der „Who")

Vorbei

„I'm too old and too fat!" ('Ich bin zu alt und zu fett!')
(Bill Frisell 2001 auf einen Zuruf aus dem Publikum, ein bißchen Punk zu spielen)

Vorbeugen

„Wir nannten uns „Die Toten Hosen", damit keiner sein Eintrittsgeld zurückverlangt, wenn wir wirklich unerträglich schlecht sind." *(Sänger Campino)*

Das Vorbild

Wegen unerlaubten Waffenbesitzes und der Drohung mit einer Waffe ist der amerikanische Sänger Eminem im April 2001 in Detroit zu einer zweijährigen Bewährungsstrafe sowie ca 16.000 DM Geldstrafe verurteilt worden. Der Musiker hatte im Juni 2000 einen Mann bedroht, der Eminems Frau, Kimberly Mathers, geküßt hatte.

Vorschußlorbeeren

Ehe sich 1991 der Vorhang zur Premiere des Musicals „Miss Saigon" zum ersten Male hob, waren im Vorverkauf bereits Karten für 36 Millionen Dollar (ca 61 Millionen DM) über den Tisch gegangen.

Wahlverwandtschaften

2005 trat die Kölner Gruppe „Klee" beim „Bundesvision Song Contest" für das Saarland an und begründete ihren Einsatz damit, daß eine Bekannte des Bassisten dort ein Praktikum gemacht habe.
2007 erklärte die 8-köpfige Berliner Gruppe „Virginia Jetzt!" ihr Engagement für Brandenburg mit der Tatsache, daß 3 ihrer Mitglieder aus diesem Bundesland stammten.

Wahr oder nicht wahr

„Wirklich, ich bin ein großer Schauspieler – der einzige Unterschied zwischen mir und diesen Typen in Hollywood ist, daß ich mein eigenes Script schreibe." *(Jimi Hendrix)*

Warte nur, auch du ...!

„An Tina Turner und Mick Jagger sieht man, daß man solange auf der Bühne stehen kann, bis der Sargdeckel zufällt."
(Popsängerin Blümchen über den sog. ,Club der Showstars über 50').

Warum Musiker Frauen anziehen

Die Musik ist ein Weib, und Musiker können nicht ohne leben. Ihr Leben lang kämpfen sie darum, sie zu verstehen, finden aber Zugang nur in ihren selbstlosesten Momenten.
(Harald Skorepa)

Warum Musiker Frauen anziehen – wissenschaftlich

Nach der „Handicap-Theorie" der Evolutionsbiologen kann der Pfau potenzielle Partnerinnen dadurch beeindrucken, daß er es sich leisten kann, nutzloses Gefieder mit sich herumzuschleppen. Das zeigt, wie fit er ist. Nach Manfred Spitzer, Psychiater und Hirnforscher, könnte es für den Homo sapiens ebenfalls einen Fortpflanzungsvorteil bringen, etwas so Nutzloses zu machen wie Musik.
,Die Region der Großhirnrinde, die die Hände repräsentiert, nimmt bei Musikern besonders viel Platz ein, ein „drastischer

Fall von heftigem Lernen". Eine katalanische Studie bewies, daß Kinder tatsächlich intelligenter werden, wenn sie Mozart hören.' *(Harald Skorepa)*

Warum nicht gleich so!

Gerüchten zufolge wird Popsängerin Britney Spears, seit Ende der 1990er Jahre im Geschäft, in ihrer Heimatstadt Kentwood, Louisiana im Jahre 2000 mit einem Museum geehrt.

Was heißt hier alt?

63 Jahre alt war Louis Armstrong, als er 1964 mit dem Album „Hello Dolly" die Beatles von Platz 1 der US-Charts verdrängte.

Was lange währt ...

Fast 20 Jahre lang kämpfte der amerikanische Sänger und Gitarrist John Fogerty, ehemaliger Kopf der Gruppe „Creedence Clearwater Revival", um die Rechte an seinen Titeln – die Tantiemen für Welthits wie „Proud Mary", „Born On The Bajou", „Green River", „Bad Moon Rising" usw. strichen andere ein – bevor er im Jahre 1997 endlich wieder darüber verfügen konnte

Was man nicht sieht

„Über Nacht wird man nur berühmt, wenn man tagsüber hart arbeitet." *(Howard Carpendale)*

Was nicht jeder Puber tät

Mit 13 Jahren schrieb Ed Sheeran sein erstes Album. Es hieß "Spinning Man" und wurde mit einer Auflage von 20 Exemplaren für den Eigenbedarf produziert. Eines dieser Alben wurde Ende 2004 für 50.000 Pfund versteigert.

Was versäumt?

„Inzwischen gibt es tatsächlich Drogen, die ich noch nicht genommen habe!"
(Marianne Faithfull, englische Popsängerin)

Was zuviel ist, ist zuviel ...

„Amerikanische Jazzer swingen zuviel, europäische denken zuviel." *(Keith Jarrett)*

Wa(h)re Kunst

„Es ist einer der wenigen Glücksfälle in der Geschichte des Rock 'n' Roll, der ständig falsche Götzen auswirft, daß Jimi Hendrix zum Klassiker wurde." *(Lothar Brandt)*

Wa(h)re Worte

„It takes a real man to fill my shoes." (Es braucht schon einen richtigen Mann, um meinen Platz einzunehmen).
(Madonna beim MTV Music Video Award 1999 angesichts dreier Drag-Queens, die jeweils genau so zurechtgemacht waren wie sie selbst in den jeweiligen Phasen ihrer Karriere)

Der Weg ist das Ziel

„Proben sind etwas sehr Schönes. Ich bin immer ganz traurig, wenn der Tag der Premiere da ist." *(Conny Froboess)*

Weg vom Fenster

„Wer sich für Werbung hergibt, dem glaube ich nie wieder, was er singt." *(Björk, 2011)*

Weitreichende Entscheidung

„Ich konnte entweder mit den Beatles oder mit Joko Ono verheiratet sein." *(John Lennon in einem Interview)*

Weißer Schimmel?

„Eine Band ist erst eine Band, wenn sie eine Band ist."
(Smudo als Gastdozent an der Popakademie Baden-Württemberg)

Welten

Während eines Essens, das zu Ehren Louis Armstrongs anläßlich seines Gastspiels in der Schweiz im Rahmen seiner Europatournee Anfang der 1960er Jahre gegeben wurde, fragte ein Teilnehmer den Musiker: „Wie fühlen Sie sich denn hier in der Schweiz so als Neger?" Armstrong antwortete: „Hier bin ich Louis Armstrong aus den USA. Der Neger bin ich drüben."

Weltmusik

„Ethno- und Weltmusik sind Begriffe, die sich Kritiker ausgedacht haben, um dich in eine Schublade stecken zu können. Sind AC/DC Weltmusiker, weil sie aus Australien stammen? Der einzige Weltmusiker, den ich kenne, ist Bob Marley. Seine Musik wird in allen Ghettos der Welt akzeptiert."
(Manu Chao)

Weltoffen und tolerant – Die definitive Ansage

„Was macht ihr hier für Musik?"
„Oh, wir haben hier beide Arten: Country und Western."
(Besitzerin von „Joe's Country Bunker" in dem Film „Blues Brothers")

Weltrekord

Das Album „The Fat Of The Land" der Gruppe ‚The Prodigy' stieg 1997 in 22 Ländern von Null auf Platz 1 der Verkaufshitparaden.

Weltrekord im Synchronspielen

239 Pianisten aus zahlreichen Ländern im Alter zwischen 8 und 85 Jahren spielten am 18. Juni 2000 in einer Krefelder Lagerhalle auf insgesamt 150 Klavieren und Flügeln synchron den „Radetzky-Marsch" von Strauß, Elgars „Pomp And Circumstances" und andere Titel. Damit verfehlten sie zwar die symbolische Zahl von 300 zum 300-jährigen Jubiläum des Klaviers, übertrafen jedoch den erst im selben Jahr in Braunschweig aufgestellten Rekord von 200 Klavieren und 100 Pianisten.

Welt-Rekord!

Zwischen 1953 und 1996 verkauften sich Elvis Presleys Platten weltweit über 1 Milliarde mal.

Wembley – Ein Sommermärchen

1987 spielte die Gruppe „Genesis" viermal (in Worten: 4) hintereinander im ausverkauften Wembley Stadion in London.

Die Wende

1998 wurde in den USA zum ersten Mal mehr Hip Hop- als Country-Musik verkauft.

Weniger ist mehr

„Musik ist angenehm zu hören,
doch ewig braucht sie nicht zu währen."
(Wilhelm Busch)

Wenn er König von Deutschland wär'

Eine Sekunde erstarren die Zuhörer am Sonnabend im Kon-
zert der Berliner Philharmoniker: Zwischen den Sätzen von
Mark Anthony Turnages „Blood On The Floor" klingelt ein
Handy. Der neue Chefdirigent Simon Rattle dreht sich um –
und zeigt mit dem gewinnendsten Lächeln der Welt die Geste
des Halsabschneidens.
(Carsten Niemann im Berliner Tagesspiegel)

Wer bin ich?

Musikgruppen sollten in ihren Namen nicht auszudrücken versuchen, wie gut und hingebungsvoll sie spielen, sondern einfach wer/wie/was sie sind. Und um Gottes Willen nicht so pathetisch, fahrlässig mißachtet besonders im Punk- bis Ganz-Dark-Bereich. Und bitte auch nicht so verzwängt lustig. *(Harald Skorepa, 2012)*

Wer hat's hier nötig?

Der bulgarische Komponist Atanas Atanassow bezichtigte 1997 Michael Jackson des geistigen Diebstahls und verlangte, die Ausstrahlung des Songs ‚Blood On The Dance Floor' in Bulgarien zu untersagen, bis die Gerichte über seine Klage entschieden hätten. Eines seiner Lieder sei in Rhythmus und Melodie kopiert worden. „Ich weiß, man wird mich für verrückt halten, aber ich kann nicht auf mein Urheberrecht verzichten", stellte Atanassow fest.

Wer ist hier doof?

„Es ist immer wieder erstaunlich, mit was für einem Scheiß man die Leute zum Applaudieren bringt", bemerkte 1996 Olli Dittrich von den „Doofen".

Wer ist schon Gott!

Auf die Frage eines Journalisten, ob Oasis wichtiger als Gott seien, antwortete Noel Gallagher: „Hat Gott in letzter Zeit in Knebworth gespielt?"

Wer's braucht ...

„Ich bin nicht wie Courtney Love, die sich auf jedes Cover drängelt und die noch zur Eröffnung einer Bierflasche gehen würde".
(Dolores O'Riordan zum Rückzug ihrer Gruppe „The Cranberries" Mitte der 1990er Jahre)

Wider die Physik!

„Das funktioniert wie bei der Hummel, die kann eigentlich gar nicht fliegen, weil sie viel zu schwer ist und ihre Flügel zu klein sind. Da sie es aber nicht weiß, fliegt sie trotzdem." (Jiggs Whigham über seine Hoffnung, dem Jazz in Berlin wieder zu dem Stellenwert zu verhelfen, den er in den 1920er Jahren hatte)

Wie aus dem Gesicht geschnitten

Elf Jahre nach seinem Kinofilmdebut will Michael Jackson in dem Film „The Nightmare Of Edgar Allan Poe" die Rolle des berühmtesten Gruselautors übernehmen.

Wie der Herr, so's Gescherr

„Auf die grenzenlose Dämlichkeit des Publikums ist immer Verlaß." *(Dieter Bohlen in seiner Biographie)*

Wie die Marktweiber!

Er liefere nur noch Abgesänge für Blondinen, bemerkte der Stones-Gitarrist Keith Richards zum großen Medienspektakel Elton Johns um Prinzessin Diana, eingedenk der Tatsache, daß der Song ‚Candle In The Wind' ursprünglich Marilyn Monroe gewidmet war. Richards sei „ein arthritischer Affe, der sich bemüht, auf der Bühne jung auszusehen", giftete dieser zurück.

Wie du dir, so ich mir

„Die Klarinette ist ein sicherer Stimmungstöter, ein Turn Down, das Gegenteil von Sex."
(Regisseur Woody Allen, passionierter Klarinettenspieler)

Wie du dir, so ich mir II.

„Geld ist besser als Armut – wenn auch nur aus rein finanziellen Gründen." *(Woody Allen)*

Wie ein Licht in dunkler Nacht

„Erinnert ihr euch an den Tag, als der komplette Strom ausfiel und Stevie Wonder der einzige war, der den Weg aus dem Studio nach draußen fand?"
(The Funk Brothers, Hausband beim Soul-Label Tamla Motown und Begleitgruppe Dutzender Stars in den 1960er Jahren)

Wie im alten Rom

Wer in den Klan des 3p-Labelchefs Moses Pelham aufgenommen wird, bekommt einen dicken Armreifen verpaßt, dessen Verschluß sich nicht mehr öffnen läßt.
(Entnommen der Tagespresse)

Wie immer mit Biß

„Heute Abend konnte niemand für sein eigenes Land abstimmen. Aber es ist gut abstimmen zu können. Und es ist gut, eine Wahl zu haben."
(Anke Engelke vor 120 Millionen Zuschauern bei der Moderation des „Grand Prix 2012" in Aserbeidschan und mit Blickrichtung auf die von der Regierung vorenthaltenen Menschenrechte)

Wieder die Chinesen

Die ‚Gelbe Glocke' in der chinesischen Tempelmusik hatte schon im 3. Jahrtausend v.Chr. einen immer gleichen, festgelegten Ton.

Wie Schach, nur ohne Würfel

In Sachen Joe Pearcos ./. Nijms van Anderen

Einen Musiker kennzeichnet, daß er in der Lage ist, Töne ins Verhältnis zueinander zu setzen, ob produzierend oder reproduzierend. Wie sagte Mozart: „Komponieren ist ganz leicht.

Die Noten sind allesamt da. Man muß sie nur noch in die richtige Reihenfolge bringen." Ich erweitere mal ganz unverfroren: „Musizieren ist ganz leicht. Die Töne sind allesamt da. Man muß sie nur noch in der richtigen Reihenfolge spielen."

Also geht es bei beidem um das Hervorbringen von Tönen und nicht um das Kombinieren fertiger Klangbilder. Insofern sind DJs keine Musiker. Wenn überhaupt, dann Arrangeure und/oder qualifizierte Hineinhörer. Aber, wie schon an anderer Stelle minimal freundlicher gesagt: auch eine Hyäne kann hören. Djs drehen Schallplatten und Knöpfe und addieren gestohlene, passend gemachte Fremdklänge. Sie bedienen sich schamlos, fast immer folgenlos und sehr profitabel an den oft mühsam und zeitraubend errungenen Arbeitsresultaten anderer. Auch ein Gas-Wasser-Scheiße-Monteur dreht, solange, bis es paßt ... oft nur ein Klogebilde an die richtige Stelle. Und ein Bäcker dreht seine Brote und Brötchen. Bloß denen hört keiner zu. Auch sie nehmen Zutaten, die von anderen hergestellt worden sind.

Aber sie bezahlen dafür!

Nachschlag

Ursprünglich war Plattenauflegen und nebenbei ein bißchen Reinquatschen ein Job beim Rundfunk. „Plattenaufleger" war etwas unhandlich und traf es nicht genau, sodaß der englische Begriff „DJ" schnell rüberschwappte. Zu der Zeit dann, als sich die Tanzschuppen und Tanzcafes allmählich zu Discos mauserten, wurden die Jungs und – seltener – Mädels auch dort immer wichtiger. Von Anfang an umgab sie der mystische Hauch der großen weiten Welt. Unvergleichbar gestern und heute allerdings war die Entlohnung. Damals gab es Gagen von 30 bis 50 DM. Am Abend! Dann wurden sie allmählich zu Trittbrettfahrern; sie begannen Fingerübungen zu machen, Ausschnitte zu kombinieren und nannten sich bald Künstler und/oder Musiker mit „enteigneten" Versatzstücksken-Veröffentlichungen. Ein gefragter DJ hatte schon Ende der 1990er Jahre so locker seine 10.000 EUR pro Nacht. Die Tonträger begannen die Hitparaden zu durchsetzen.

Na, GEMA, STEMRA und diverse andere Urheberschutzgesellschaften, wo bleibt ihr? Sonst meckert ihr bei den kleinsten Blödsinnigkeiten!. Und die Urheber selber? Geklaut wird bevorzugt und ganz bewußt meist bereits hitgesegnetes Material – das ist schon die halbe Miete – jedoch meist bei Musikern, die es nicht mehr nötig haben zu meckern.

Na ja, auch der Begriff Pop hatte mal einen anderes Geschmäckle, war definitiv individueller und vielfältiger. Kaum aufzählbar, welche Rock-, Soul-, Blues- und Folk-Größen damals gute Arbeit geleistet haben. *(Harald Skorepa)*

Wieviel dB haben Kanonen?

Die Warnung des Manic Street Preachers-Bassisten Nicky Wire an Fidel Castro anläßlich eines bevorstehenden Konzertes in Havanna/Kuba, es werde recht laut, parierte dieser mit den Worten: „Aber bestimmt nicht so laut wie der Krieg." Nach der Veranstaltung nahm Castro seine Äußerung zurück: „Es war doch lauter!"

Wieviel dB haben Kanonen? – Die Zweite

„Ich war in Monte Cassino, als die Amerikaner das Ding plattmachten, und ich war in El Alamein, als wir Rommel mit unserem Trommelfeuer zurückschlugen, aber so etwas Lautes wie das hier habe ich noch nie gehört!"
(Mr. Young, Vater des AC/DC-Gitarristen Angus Young, nach einem Konzert)

Wir nicht!

Das Label Edel Company wirbt auf dem 1998 erschienenen Sampler „Neue deutsche Härte", wohl in Anspielung auf den Boom neofaschistischer Rockgruppen 1997, mit dem Aufdruck 100% faschofrei.

Der Wirtschaftswaise

„Natürlich verdiene ich gerne unheimlich viel Geld. Und ich hoffe, daß das jeder in Deutschland tut. Dann haben wir nämlich keine Sorgen mehr. Dann haben wir keine Arbeitslosen mehr. Dann haben wir ‚ne super Finanzsituation."
(Dieter Bohlen in der TV-Show „Wetten, daß...")

Die Wissenden

„Dylanologen erkennt man an rechthaberischer Textexegese und an der verbissenen Lust, einander achtkantig zu exkommunizieren." *(Wiglaf Droste über Bob Dylan-Fans)*

Wölfchen

Wolfgang Schwarz ist ein guter Freund und ein saugguter Gitarrist, der mir bei der Komposition meiner Symphonie wichtige Impulse gab. Außerdem Diplomphysiker und Lehrer. Ich habe, da ich von jeher an diesem Thema interessiert bin, auch seine Doktorarbeit über Schwarze Löcher genossen.
Wolfgang und seine hochschwangere Frau hatten bei Magdeburg einen schweren Autounfall. Die Kiste schlitterte auf dem offenen Dach über den Asphalt, und Wolfgang, in der Absicht, seine Frau zu schützen, versuchte mit der Hand auf der Straße die Sache zu bremsen. Er verlor drei Finger seiner linken Hand. Der linken! Und spielte weiter. Später, bei einem Auftritt in Ungarn mit seiner Heavy-Band, gratulierten ihm diverse Leute zu seinem Spiel. Er saß am Tresen, und dann schnallte er seine Prothesen ab. Die Musiker und andere schnallten dann auch ab.
Meine Frau Elke lernte ihn als Anhalter kennen und nahm ihn mit, weil er in seinen bunten Spielhöschen völlig ungefährlich aussah. Isser auch, und er hat einen schönen, staubtrockenen, fast englisch-schwarzen Humor. Na ja, eben so.
(2006)

Wohl behütet

Der Rocksänger Udo Lindenberg, dessen Markenzeichen ein großer Schlapphut ist, den er niemals abnimmt, gab an, in ungefähr 70 Hotels auf der ganzen Welt Hutdeponien eingerichtet zu haben. Er hasse es, mit Hutschachteln herumzureisen.

Wohl wahr! – Die Zweite

„Freedom Is Just Another Word For Nothing Left To Lose."
„Freiheit ist nur ein anderes Wort dafür, wenn nichts mehr übrig ist, das man verlieren kann."
(Songzeile aus „Me And Bobby McGee" von Kris Kristofferson, gesungen von Janis Joplin)

Wohliger Schauder

„Ich sah die Sex Pistols. Sie waren schauderhaft. Ich fand sie großartig. Ich wollte aufstehen und auch schauderhaft sein."
(Bernard Sumner, Sänger und Gitarrist der Gruppe New Order)

Wolf im Wolfspelz

Arbeiterinnen in Honduras warfen dem Rap-Star P. Diddy im Oktober 2003 vor, Designer-Shirts seiner Linie „Sean John" in einem schlimmen Ausbeuterbetrieb herstellen zu lassen. Die Näherinnen müssen sich nach deren Bekundungen zwangsweisen Schwangerschaftstests unterziehen und würden sofort gefeuert, wenn sich diese als positiv erwiesen, so eine Äußerung der US-Hilfsorganisation National Labor Committee nach Angaben der New York Times. Der Stundenlohn in dem „Sweatshop" betrage 90 US-Cents, während die T-Shirts in den USA für 40 Dollar pro Stück verkauft würden.

The Womanizer

„Wenn ich eine Tochter hätte, würde ich ihr nicht erlauben, mit mir auszugehen." *(Robbie Williams)*

Das Wort Gottes

Mit der Ansprache eines Pfarrers via ARD 5 Minuten vor Beginn des Grand Prix d'Eurovision am 9. Mai 1998 erreichte die Hysterie über die Nominierung Guildo Horns zu diesem Wettbewerb in Deutschland einen vorläufigen Höhepunkt, nachdem bereits in weiten Teilen des Landes die Lieblingsspeise des Meisters, nämlich Nußecken, als Meisterecken angeboten wurden. Pfarrer Erwin Albrecht will sich mit dem Phänomen auseinandersetzen. Zentrales Thema seiner Erläuterungen soll die Botschaft Guildos ‚Piep, Piep, Piep Guildo hat euch lieb' sein, die ja eine fundamental christliche sei.

Wortspiele – Die Erste

„Seh ich die beiden Moppel dort, denk ich sofort an Doppelmord."
(Formel 1-Moderator über die Wildecker Herzbuben)

Wortspiele – Die Zweite

„Man kann mit einem Butterkuchen noch lange keinen Kutter buchen." *(Achim Reichel)*

Wühlarbeit

Im Jargon des Backstagepersonals werden Ausweise, die die Musiker von Gruppen bei Konzerten vor allem gerne an Mädchen verteilen, „Baggerpässe" genannt. Sie ‚berechtigen' zum Besuch der sich dem Auftritt anschließenden Privatparty im Hotel.

Würg, Quetsch

„Was nicht basst, wird bassend gemacht." *(Duo Tubbe)*

Wunsch und Wirklichkeit

Leben ist, was dir zustößt, während du damit beschäftigt bist, andere Pläne zu machen. *(John Lennon)*

Wunst

Kunst kommt nicht von Wollen, sondern von Können, sonst hieße es Wunst. *(unbekannt)*

Die Zeiten ändern sich

Seinen Titel ,The Times They Are A-Changing', ein Song, der eine ganze Generation zum Aufbruch bewegte, überließ der ehemalige Rebell Bob Dylan der „Bank Of Montreal" als Werbe-Jingle.

Zeitreisen

Ebenso wie Phil Collins, der 1985 beim großen „Life-Aid for Africa"-Konzert beiderseits des Atlantiks zuerst in London auftrat, daraufhin in einen Jet stieg und vier Stunden später in New York, nach Ortszeit gemessen, früher als in London auf der Bühne stand, plante Michael Jackson zum Jahreswechsel 1999/2000 ein Doppelkonzert zu veranstalten. Um Mitternacht des 31. Dezembers 1999 wollte er ein Konzert in Sydney geben und dann mit einem Jet nach Honolulu weiterfliegen, wo er aufgrund der Zeitverschiebung von 22 Stunden noch einmal am 31. Dezember auftreten sollte. Nachdem ein Hauptsponsor abgesprungen war, gab Jackson dieses Vorhaben im Oktober auf.

Zentrum der Macht

„Der Baß ist das schlagende Herz eines Orchesters." *(Ray Brown, Jazz-Bassist)*

Zu Tode geritten

„Wenn dein Pferd stirbt – steig ab!" *(Kinky Friedman, Enfant-Terrible der amerikanischen Country-Szene, zu seinem Ausstieg aus der Country-Musik)*

Zu bunt

„Die Weißen schicken die Schwarzen in einen Krieg gegen die Gelben für ein Land, das sie den Roten gestohlen haben!"
(Statement aus dem Musical ‚Hair')

Zu den Waffen, Bürger

Nachdem im November 2005 in den Vorstädten von Paris nach langem Schwelen ein offenes Feuer ausbrach und kurz darauf im ganzen Land Unruhen entstanden, war die Schuldfrage für Frankreichs konservative politische Klasse bald geklärt.

Tausende Jugendliche hatten innerhalb weniger Tage unzählige Autos angezündet, um gegen die Zustände in den sogenannten „Banlieus" zu prostestieren. Die Unterdrückung und Vernachlässigung der Einwanderer war für Frankreich zum Problem geworden, der nationale Notstand wurde ausgerufen. Schon um 1990 herum hatten die Rapper aus den düsteren Vororten auf ihre Lebenssituation – Arbeitslosigkeit, Hoffnungslosigkeit, Gewalt, Aggressivität – aufmerksam gemacht („Wir müssen uns die Freiheit erkämpfen, sie wird uns nicht geschenkt.")

Ihnen wurde nun die Verantwortung für die „Aufstände" zugeschoben. Die Lieder seien Aufruf zur Gewalt; wie bereits 1996 wurden die Musiker Munro Lopes und Didier Morville zu sechs Monaten Haft verurteilt, drei davon auf Bewährung. Der Abgeordnete Francois Grosdidier stellte Strafabzeige gegen Gruppen wie „Lunatic", „113", „Ministère Amer" sowie die Musiker Smala, Fabe, Salif und Monsieur R und machte sie damit direkt für die Gewaltaktionen verantwortlich. Selbst der Tageszeitung „Le Monde" war dies zu durchsichtig; bissig bemerkte sie, daß der brutalste französische Song schon aus dem Jahr 1792 stammt: die Marseillaise.

Zu dünn

Sinngemäß ließ Bob Dylan 1966 verlauten, bei dem Briten Donovan sei „die Suppe wohl nicht besonders dick angerührt".

Zu viel Bums!

Beim Aufnahmedebut der King Oliver's Creole Jazz Band im Jahre 1923 mußte der Bassist Bill Johnson ein Banjo spielen, da der Baß die Nadel des Aufnahmegerätes aus der Rille warf.

Zu weit aus dem Fenster gelehnt

„Wer heute noch eine Gitarre in die Hand nimmt, begeht einen nostalgischen Akt." *Gruppe „Kraftwerk")*

Zubrot

Im Geschäftsjahr 1996/97 erzielte Sony im Unterhaltungsbereich einen Umsatzrekord von 1 Billion Yen (entspricht ca 15 Milliarden DM); das bedeutete ein Plus von 24,3 %. Besonders trug dazu das Album „Falling Into You" der kanadischen Sängerin Celine Dion bei.

Zuflucht

„Nur am Klavier war ich vor seinen Fäusten sicher."
(Brian Wilson über seinen Vater)

Zukunftspläne

„Wenn wir erstmal 40 Jahre alt sind, werden wir nicht mehr Bands spielen, sondern nur noch Filmstars sein."
(Rockmusikerin Courtney Love)

Zunge verbrannt

Eine kritische und unverblümte Äußerung des amerikanischen Gesangstars Eartha Kitt gegenüber der damaligen First-Lady Bird Johnson über den Vietnamkrieg hatte für die Musikerin einen 10-jährigen Bühnenboykott in den Vereinigten Staaten zur Folge.

Zunge verbrannt – Die Zweite

Wegen ihrer politischen Bemerkungen bei einem Auftritt in Las Vegas im Juli 2004 wurde Linda Ronstadt aus dem „Aladdin-Casino" hinausgeworfen. Vor 5.000 Zuschauern hatte sie ihre Unterstützung für Michael Moores Film „Fahrenheit 9/11" ausgedrückt, in dem der US-Präsident George W. Bush kritisiert wird.

Zurück in die Zukunft

„Wo wärst du jetzt am liebsten?"
„Unter der Erde!"
(Sex Pistols-Bassist Sid Vicious in seinem letzten Interview)

Zuviel des Guten

„Ich habe beim letzten Mal bei Guildo Horn gesagt, es tut den Deutschen eigentlich ganz gut, wenn sie im Ausland zeigen, daß sie auch Humor haben. Nur „Wadde hadde dudde da" ist jetzt natürlich langsam ein bißchen geistesgestört." – Mit diesen Worten kritisierte Dieter Thomas Heck im Januar 2000 die Bewerbung des „TV Total"-Moderators Stefan Raab für den Grand Prix d'Eurovision.

Zuviel für einen allein

Obwohl er mit einigen seiner politischen Forderungen wie Wahlrecht ab 18, ganztägige Öffnungszeiten für Kneipen und kommerzielles Radio erfolgreich war, litt der Urvater des Schock-Rocks, Screaming Lord Sutch, seit längerer Zeit an Depressionen und erhängte sich schließlich am 16. Juni 1999 in seinem Haus in London. Der Gründer der Partei „Official Monster Raging Loonies Part" trat außerdem für die Abschaffung der Monate Januar und Februar und die Umwandlung der Butterberge in Skipisten ein.

Zwei kleine Worte

„Nagasaki und Hiroshima. Entweder ihr seid auf unserer Seite, oder wir schmelzen euch ein!"
(Ted Nugent über Sicherheit und Frieden auf seinem Weg zum Gouverneursposten in Michigan)

Zweideutig?

„When I Want Sax, I Call Candy."
(Popmusiker Prince über die holländische Saxophonistin Candy Dulfer)

Zweitschlag

Der vielfach ausgezeichnete britische Künstler Damien Hirst hat die Anschläge vom 11. September 2001 als „böse" und

„Kunstwerk" zugleich bezeichnet. Man müsse den Terroristen gratulieren, sie hätten auf einer künstlerischen Ebene etwas erreicht, „was niemand jemals für möglich gehalten hätte". Siehe dazu auch das „Stockhausen-Zitat".
(Zitiert im Londoner „Guardian")

Zwischenbemerkung

Musik mit mehr schwarzen Tasten ist meist feiner gesponnen.
(Harald Skorepa)

Zynismus

„Jede Gesellschaft, die einem Lou Reed oder mir zujubelt, muß ziemlich am Ende sein."
(David Bowie nach der erfolgreichen Produktion des Lou-Reed-Albums ,Transformer')

****

II. KLASSIKER

Der Abkanzler

Anläßlich Brahms' einziger persönliche Begegnung mit Richard Wagner im Hause des Barons von Rochow in Wien, bei der Brahms Bachs Toccata in F-Dur und seine eigenen Variationen und Fuge über ein Thema von Händel op.24 vortrug, bedachte Wagner dessen Spiel angeblich mit den Worten „affektierter Enthusiasmus für mittelalterliche Schnitzereien". Brahms selbst bezeichnete er als „Wächter der musikalischen Keuschheit" und „hölzernen Johannes".

Abonniert

„Es ist der Vorteil eines Dirigenten, daß er selbst bei ausverkauftem Haus immerhin einen Stehplatz hat."
(Sir Thomas Beecham)

Der Absturz

„Was da geschehen ist, ist – jetzt müssen Sie alle Ihr Gehirn umstellen – das größte Kunstwerk, das es je gegeben hat. Daß Geister in einem Akt etwas vollbringen, was wir in der Musik nicht träumen könnten, daß Leute zehn Jahre üben wie verrückt, total fanatisch für ein Konzert und dann sterben. Das ist das größte Kunstwerk, das es überhaupt gibt für den ganzen Kosmos. Da sind also Leute, die sind so konzentriert auf eine Aufführung, und dann werden 5000 Leute in die Auferstehung gejagt, in einem Moment. Das könnte ich nicht. Dagegen sind wir gar nichts, als Komponisten."
Auf die Nachfrage eines Journalisten, ob er Kunst und Verbrechen gleichsetze, antwortete Stockhausen: „Ein Verbrechen ist es deshalb, weil die Menschen nicht einverstanden waren. Die sind nicht in das ,Konzert' gekommen."

Mit der Bemerkung, er habe nur „an die Rolle der Zerstörung in der Kunst erinnern wollen", widerrief der Musiker einen Tag später seine Äußerung.
(Karlheinz Stockhausen 2001 zum Terroranschlag auf das World Trade Center)

Ab und zu

Auf die Frage, ob er auch komponiere, antwortete ein junger Musiker Hans von Bülow: „Ja, ab und zu schreibe ich auch mal etwas." „Wie", entgegnete Bülow, „zu auch...?"

Alles so schön bunt hier ...

„Farbe ist alles, musikalisches Denken nichts".
(Eduard Hanslick in seinem Urteil über Strauss' „Don Juan")

Alles wurscht?

In Hamburg tauchte die „Jean Baptiste Vuillaume"-Violine im Wert von ca 200.000 DM aus dem Jahre 1820 wieder auf, die ein Mitglied des Norwegischen Sinfonieorchesters an einem Würstchenstand in Salzburg liegenließ.

Alpha + Omega

Für ein Orchester gibt es zwei goldene Regeln: zusammen anfangen und zusammen aufhören. Was dazwischen passiert, interessiert die Zuhörer kein bißchen. *(Sir Thomas Beecham)*

Also sprach Zarathustra...

„Und nun fragt Euch selber, ihr Geschlechter jetzt lebender Menschen!
Ward dies für Euch gedichtet?
Habt hr den Mut, mit eurer Hand auf die Sterne dieses Himmelsgewölbes von Schönheit und Güte zu zeigen und zu sagen: es ist unser Leben, das Wagner unter die Sterne versetzt hat?" *(Friedrich Nietzsche 1876 über Richard Wagner)*

Alte Bekannte

Ein junger Komponist bat den Dirigenten Hans von Bülow um die Beurteilung seiner ersten Sinfonie. Nach einigen Tagen suchte er den Meister erneut auf und fragte: „Sehr verehrter Herr von Bülow, hat Ihnen mein Werk gefallen?" Bülow, auf die diversen in dem Oeuvre vorkommenden Plagiate anspielend, antwortete: „Natürlich, mein Lieber, schon von jeher."

Alternative

„Jeder Dirigent ist ein verkappter Diktator, der sich glücklicherweise mit der Musik begnügt." *(Sergiu Celibidache)*

Am Arsch vorbei

Angeblich soll sich Rossini eines Tages mit dem Hintern auf die Klaviertastatur gesetzt und dabei gesagt haben: „So klingt Wagner für mich."

Andacht

„Applaus kann jeder haben. Aber die Stille vor und während dem Spiel – das ist das Größte." *(Vladimir Horowitz)*

Der Andere

„Abends das ‚Requiem' von Verdi, worüber weiter nicht zu sprechen entschieden das Beste ist."
(Tagebucheintragung Cosima Wagners vom November 1875, kennzeichnend für die musikalischen Differenzen zwischen Richard Wagner und Giuseppe Verdi)

Andere Massen

Nach einer Aufführung von Jules Massenets Oper ‚Manon Lescaut' bemerkte der Wiener Geiger Joseph Hellmesberger trocken: „In dieser Oper von Massenet ist eine Masse net von Massenet!"

Anders herum

„Nicht ich habe den Kredit verspielt; das Publikum hat den seinen bei mir verspielt." *(Friedrich Gulda)*

Das Anliegen

„Ich bitte Sie, bleiben Sie zusammen! Das geht nicht, daß einige Leute weggehen. Sie zerschlagen einen der edelsten Klangkörper."
(Otmar Suitner anläßlich eines Gastauftritts der Dresdner Staatskapelle bei den Salzburger Festspielen Anfang der 1960er Jahre. Das Orchester kam geschlossen zurück.)

Anrüchig

„Ein für mich schwer erträgliches Parfüm lastet über dem Orchesterklang der Musik Richard Wagners. Ich kann dieses Parfüm kaum ertragen." *(Hans Werner Henze)*

Die Ansage

Angesichts des „Dienstes", den ihm die Profis der Bamberger Symphoniker bei seinem Dirigat 2007 ablieferten, bemerkte Yoel Gamzou: „Wer keine Lust hat, Musik zu machen, kann gerne nach Hause gehen!" Es ging keiner, jedoch eingeladen wurde er auch nicht wieder.

Armleuchter!

Bei der Aufführung eines seiner Klavierkonzerte, das er vom Klavierhocker aus gleichzeitig dirigierte, riß Beethoven beim ersten Tutti-Einsatz der Musiker so begeistert die Arme nach oben, daß er beide Kerzenleuchter vom Flügel fegte. Es mußte neu angesetzt werden; Chorknaben hielten ihm die Kandelaber. Aber auch jetzt wurde der Komponist vom Elan seiner eigenen Musik überwältigt. Er fuhr hoch – und verpaßte einem der Jungen, der sich allzu neugierig über die Noten gebeugt hatte, eine kräftige Maulschelle; der andere konnte sich gerade noch rechtzeitig wegbücken. Es gab ein Riesengelächter im Saal, und Beethoven war über alle Maßen sauer.

Arsch zu und durch!

„Das ist das krasse Gegenteil von geistlicher Musik, bei der man eine Haselnuß zwischen den Arschbacken halten muß!"
(Simon Rattle im Programmheft der 1999er Salzburger Festspiele über Philippe Rameaus „Les Boreades")

Asche zu Asche

Bei der Nachlaßversteigerung der Operndiva Maria Callas ersteigerte die Stiftung Athenäum Büstenhalter, Höschen und andere Dessous, um sie zu verbrennen und damit die Privatsphäre der Verstorbenen für immer zu wahren. Die Asche soll, wie auch die der Sopranistin, ins Mittelmeer gestreut werden. Allerdings konnte die finanzschwache Organisation nicht bei allen Artikeln weit genug bieten.

Auch eine Lösung

Louis Marchand, französischer Orgelvirtuose, entzog sich 1717 in Dresden einem Orgelwettstreit mit Johann Sebastian Bach durch die Flucht.

Auch nur ein Mensch

Daß auch Maria Callas selbst bei wohlvertrauten Rollen von heftigem Lampenfieber befallen wurde, machte sie einmal vor einem Auftritt als Norma an der New Yorker Metropolitan Opera deutlich: „75.000 Dollar Abendkasse, wenn das nicht Lampenfieber verursacht".

Auf der Suche nach Gott

Albert Einstein erlebte 1929 das Konzert der Berliner Philharmoniker mit dem damals 12-jährigen Yehudi Menuhin, stürmte in dessen Garderobe und drückte ihn mit den Worten „Jetzt weiß ich, daß es einen Gott gibt!" an seine Brust.

Aus allen Rohren

Als „symphonische Riesenschlange" und „wüsten Traum eines durch 20 Tristan-Proben überreizten Orchestermusikers" bezeichnete der österreichische Kritiker und erklärte Anton Bruckner-Gegner Eduard Hanslick dessen 7. Symphonie anläßlich ihrer Wiener Erstaufführung 1886.

Ausgewogene Kost

Auf die Frage seiner Schüler, wie sie ihr Spiel verbessern könnten, antwortete Johannes Brahms: „Übt eine Stunde weniger am Tag und lest dafür ein gutes Buch."

Bahnhof Lohengrin, Gleis 1

Als Leo Slezak bei einer Lohengrin-Vorstellung den Schwan verpaßte, der ihn von der Bühne tragen sollte, fügte er seinem Part souverän eine neue Zeile hinzu: „Wann geht der nächste Schwan?"

Balanceakt

„Die Oper ist ein Zirkus, und wir Tenöre sind für den Drahtseilakt zuständig." *(Rene Kollo)*

Bedingter Erfolg

Das Wichtigste, was das Publikum von einem Komponisten verlangt, ist, daß er tot ist. *(Arthur Honegger)*

Bedrängnis

„Kunst kommt nicht von Können, sondern von Müssen."
(Arnold Schönberg)

Beet10000ven

Jedes Jahr findet im Dezember in der japanischen Stadt Osaka in der Sportarena „Castle Hall" ein Beethovenkonzert mit 10.000 Sängern und 14.000 Zuhörern statt.

Begegnung der besonderen Art

Mit den Worten: „Meister, ich habe den Ozean überquert, um Sie zu hören!" beglückwünschte John F. Kennedy jr. den Dirigenten Riccardo Muti zu seiner umjubelten Saisoneröffnung 1997 an der Mailänder Scala. „Ich habe jahrelang in Philadelphia gearbeitet. Sie hätten mich dort hören können", erwiderte dieser trocken.

Begluckend

Die französische Opernsängerin Magdaleine Sophie Arnould feierte noch in einem Alter Triumphe, in dem andere bereits den Höhepunkt längst überschritten hatten. Obwohl ihre Stimme schon merklich nachließ, war die Ausstrahlung ihrer Persönlichkeit so stark, daß ihre Vortragskunst und Rollengestaltung das Publikum nach wie vor faszinierten. Bei einer Aufführung von Glucks ‚Orpheus und Eurydike' wurde der Komponist nach seinem Urteil über die Sängerin gefragt. Gluck antwortete: „Sie ist hinreißend. Sie hat das schönste Asthma, das ich in meinem Leben gehört habe."

Beim Namen genannt

Der Schweizer Dirigent Volkmar Andreae, ein großer Bruckner-Interpret, der gelegentlich auch komponierte, war mit Max Reger befreundet. Anläßlich einer Besuches von Reger in Bern wandte sich Andreae schelmisch lächelnd an Reger: „Lieber Max, Deine Musik regt mich aber gar nicht mehr so auf!" Darauf der Angesprochene: „Lieber Volkmar, wenn ich Deine Musik höre, denke ich immer gleich an ‚andreae'!"

Bereits aufgebraucht

„Sie brauchen gar nicht mehr hinzusehen, das habe ich alles schon wegkomponiert."
(Gustav Mahler zu Bruno Walter angesichts von dessen Entzücktheit über die landschaftliche Schönheit des Attersees)

Bescheiden

„Ich bin kein Genie. Ich habe nichts geschaffen. Ich spiele nur die Musik anderer Leute." *(Arturo Toscanini)*

Das beste Mittel

„Bei den Damen kommt man mit Chopin viel weiter als mit Mozart." *(Artur Rubinstein)*

Bezahlt und quittiert

Franz Liszt wurde einmal zu einem Diner eingeladen, das nicht allzu reichlich ausfiel. Als die Tafel aufgehoben war, bat die Dame des Hauses ihn mit ziemlich deutlichen Worten, so als ob sie nach dem freundlich gespendeten Diner Anspruch darauf hätte, an den Flügel.

Liszt folgte der Aufforderung, strich mit dem Daumen der rechten Hand ein Glissando über die Tastatur, sagte: „Madame, das Diner ist bezahlt!" und verließ das Haus.

Bilanz

Artur Schnabel sollte bei einem Festival mit drei weiteren prominenten Solisten einen Zyklus mit Kammermusik von Johannes Brahms aufführen. Da man sich über die Verteilung der Gage nicht einigen konnte, machte der geschäftstüchtige Pianist zur Verblüffung seiner Partner den Vorschlag: „Teilen wir doch die Gage in fünfunddreißig gleiche Teile."

„Warum denn fünfunddreißig?", fragten verwundert die anderen.

„Ganz einfach: Wir haben insgesamt dreizehn Stücke für Klavier und Streicher zu spielen, nämlich drei Trios, drei Quartette, drei Violin-, zwei Bratschen- und zwei Cellosonaten; das sind zusammen fünfunddreißig Instrumentalpartien. In allen dreizehn Stücken ist das Klavier beteiligt, also erhalte ich dreizehn Fünfunddreißigstel. Dem Geiger werden selbstverständlich die beiden Bratschen- und die beiden Cellosonaten abgezogen, so daß er neun Fünfunddreißigstel erhält. Der Bratsche stehen fünf und dem Cello acht Fünfunddreißigstel zu. Das wäre die gerechteste Lösung des Honorarproblems, wenn wir nicht die Anzahl der von jedem zu spielenden Noten zur Grundlage unserer Berechnung machen wollen."

Nach kurzer Sprachlosigkeit gab es ein allgemeines zustimmendes Gelächter.

Die Bildplatte läßt grüßen

„Wenn du deine Ziele erreichst, hast du sie zu niedrig gesteckt."

(Herbert von Karajan; die avisierte Veröffentlichung seines gesamten Lebenswerkes bei Sony war wegen des mangelnden Käuferinteresses ein vollkommener Reinfall)

Biologisches

„Der Elefant ist ein gefährliches Tier, denn aus seinen Stoßzähnen werden Klaviertasten gemacht." *(Johannes Brahms)*

Bitteres Resume

„Ein Frauenzimmer soll nicht componieren wollen."
(Clara Schumann)

Blödiane?

„Ich bin Bariton. Im unteren Bereich habe ich den Charakter eines Basses, im oberen bin ich nicht so blöd wie ein Tenor."

Brennend interessiert

Ein junger Komponist ersuchte Max Reger um die Beurteilung eines seiner Werke. Er schrieb dazu: „Sollte Ihnen meine Komposition nicht gefallen, habe ich noch einige Eisen im Feuer." Regers Antwort: „Das ist sehr gut. Dann nehmen Sie doch die Eisen heraus und werfen dafür diese Komposition ins Feuer!"

Das Credo

„Alle Geräusche sind Musik."
(Karlheinz Stockhausen, Pate des sog. „Krautrock")

Da capo

„Bringen Sie mir bitte zwei Stunden lang Beefsteak!"
(Vielesser Max Reger nach einem Konzert zu einem Kellner)

Darf's ein bißchen mehr sein ...

Anläßlich eines Festkonzertes in Wien fragte Fürst Metternich den Komponisten Hector Berlioz: „Sie sind es wohl, Herr Berlioz, der Musikstücke für fünfhundert Musiker komponiert?" Darauf Berlioz: „Nicht immer, Durchlaucht, manchmal auch für vierhundertfünfzig."
(Entnommen den Memoiren des Komponisten)

Dem Reinen isrt alle rein

Im Wesen der Musik liegt es, Freude zu machen.
(Aristoteles, griechischer Philosoph)

Denkste!

In seinem Dresdener Konzert 1996 spielte der Geiger Kolja Lessing nach dem Vortrag von 12 Phantasien Telemanns eine 13. Das Publikum tippte auf Vivaldi. Es war seine eigene!

Die deutsche Revolution

Albert Lortzing war 1846 der erste, der mit „Regina" Arbeiter als Agierende auf die Bühne der Oper brachte.

Devotionalien – Franz Liszt und die kreischenden Teenies

Zu tumultartigen Szenen kam es, als Franz Liszt nach einem Konzert im Berliner Schauspielhaus am Gendarmenmarkt einen seiner seidenen Handschuhe fallen ließ und sich die ersten Reihen komplett auf das begehrte Stück stürzten.

Der Durchbruch

Auf öffentlichen Druck aus dem In- und Ausland hin beschlossen im Jahre 1997 die ‚Wiener Philharmoniker', endlich auch Frauen in ihre Reihen aufzunehmen. Das erste weibliche Wesen in dem renommierten Orchester ist die französische Harfinistin Julie Palloc.

Die mit den Wölfen heulen

1933, kurz nach der Machtübernahme der Nationalfaschisten, teilte Max von Schillings, damals Präsident der Berliner Akademie der Künste und bereits zuvor mit antisemitischen Äußerungen in Erscheinung getreten, dem Komponisten Arnold Schönberg mit, daß der Minister für Wissenschaft, Kunst und Volksbildung „diejenigen nichtarischen Mitglieder der Akademie, die unter die genannte (rassische) Bestimmung fallen, als nicht zur Akademie gehörig betrachtet."

Diesseits der Stille

„Als ob die äußeren Stürme den Menschen mehr in sein Inneres treiben – ein Gegengewicht gegen das von außen so furchtbar Hereinbrechende."
(Robert Schumann über die Romantik)

Dirigat aus dem Jenseits

Im Dezember 1999 kündigte eine führende Berliner Tageszeitung in ihren Tagestipps den Dirigenten Hans Hilsdorf mit diversen Aufführungen an. Hans Hilsdorf war bereits am 17. November gestorben.

Doch so schlimm!

„Psalmen-Pumpe", „Halleluja-Vergaser" oder „Seelenbeschleuniger" sind die spöttelnden Bezeichnungen für das Harmonium in Anspielung auf dessen ätherisch-säuselnden Klang.

Doppelsinn

Eine Ehrung besonderer Art wurde Franz Liszt, nachdem er berühmt geworden war, durch ein ungarisches Pandurenregiment zuteil. Eine Abordnung überreichte dem Komponisten und Pianisten einen kunstvoll gearbeiteten Ehrensäbel mit den Worten, das Regiment sähe in ihm den größten „Flügelmann" der Zeit.

Doppelt hält endlich?

Gleich zweimal – im Abstand von 100 Jahren – wurde die Frankfurter Alte Oper von demselben Baubetrieb errichtet: beim Neubau 1873 bis 1878 zeichnete die Firma Holzmann ebenso verantwortlich wie beim Wiederaufbau in den 1970er Jahren.

Die Drohung

„Übt schön, sonst müßt ihr Dirigent werden!"
(A. Klaue, Leiter des VHS-Orchester Hamburg-Farmsen)

Echt besorgt

Von Hans von Bülow wird erzählt, er habe zwei seiner Orchestermitglieder absolut nicht leiden können. Dies war allgemein bekannt, und so teilte man dem Maestro eines Tages mit, daß einer der beiden urplötzlich verstorben sei. Darauf von Bülow kurz und knapp: „Und von dem anderen hört man gar nichts?"

Echt geil!

„These motherfuckers can play!"
(Lob des Geigers Nigel Kennedy im Februar 2000 für seine „Bach-Band", das „Philharmonische Bach Collegium Berlin".)

Eckpunkte

‚Klavierspiel besteht aus Vernunft, Herz und technischen Mitteln. Alles sollte gleichermaßen entwickelt sein. Ohne Vernunft sind Sie ein Fiasko, ohne Technik ein Amateur, ohne Herz eine Maschine." *(Vladimir Horowitz)*

Egal wie

Ein Schüler, der sich eines Morgens zum Unterricht bei Gioacchino Rossini einfand, hörte diesen am Klavier mit vielen Mißklängen die Ouvertüre von Wagners ‚Tannhäuser‘ entstellen. Überrascht stellte er fest, daß die Noten des Klavierauszuges auf den Kopf standen, und machte den Meister darauf aufmerksam. „Ich weiß", entgegnete dieser, „ich habe es andersherum schon probiert, aber da klingt es auch nicht besser!"

Ehrenrettung

„Wofern das ganze Accompagnement nicht mangelhaft seyn soll, muß ein Bratschist ebenso geschickt sein als ein zweyter Violinist." *(Johann Joachim Quantz)*

Ehrerbietung

Franz Liszt spielte in einem Hofkonzert. Während seines Vortrags beugte sich der Fürst zu der neben ihm sitzenden Dame und begann mit ihr eine Unterhaltung. Liszt beobachtete das und hörte sofort zu spielen auf.
Als der Fürst nach dem Grund des plötzlichen Verstummens fragte, antwortete Liszt: „Wenn Fürsten sprechen, haben die Diener zu schweigen!"

Einsamer Wolf

„Er war ein Einzelgänger, der seinem eigenen, unkonventionellen Weg folgte, entsprechend einem inneren Drang, der ihm keine Ruhe ließ."
(Darius Milhaud über seinen Schüler Dave Brubeck)

1 X 1 = 0

„Wer nur von Musik was versteht, versteht auch von der nichts." *(Hanns Eisler)*

1 : 1 = 2

Glück ist das einzige, was sich verdoppelt, wenn man es teilt.
(Albert Schweitzer)

Einvernehmlich

Ein Cellist, der von Hellmesberger gebeten wurde, in sein Quartett einzutreten, beschied Hellmesberger mit einer negativen Antwort. „Nun, auch nicht so schlimm, daß er mir absagt", äußerte sich darauf der Maestro, „in Wahrheit hat er mir ja noch nie zugesagt!"

Der Entdecker

„Die erste Weltumseglung im Reiche der Kunst!"
(So bezeichnete Friedrich Nietzsche 1876 Richard Wagners Gedanken über die ersten Bayreuther Festspiele)

Entscheidender Vorteil

Ein angehender Pianist fragte einmal Max Reger um Rat, wessen Büste er in seinem Musikzimmer aufstellen solle. Er könne sich nicht zwischen Beethoven und Mozart entscheiden. Reger, der von dem Spiel des jungen Musikers nicht sonderlich begeistert war, antwortete: „Nehmen Sie Beethoven, der war taub!"

Der Eremit

„Ich war von der Welt abgesondert – niemand in meiner Nähe konnte mich an mir selbst irre machen – und so mußte ich original werden." *(Joseph Haydn)*

Er ist schuld

„Kinder, macht's Neues!"
(Aufruf Richard Wagners an junge Komponisten)

Erfahrung

„Orchester machen den Fehler immer an der gleichen Stelle."
(Herbert von Karajan)

Erfolgreiche Marke

„Angela Gheorghiu ist das bestangezogenste Stück Seife Roms."
(Frederik Hanssen in seiner Kritik zu Benoit Jacquots Puccini-Film „Tosca")

Erprobte Aversion

Von den französischen Komponisten Camille Saint-Saens und Jules Massenet war bekannt, daß sie sich nicht sonderlich schätzten. Einmal von einem Journalisten befragt, charakterisierte Saint-Saens Massenet als einen äußerst liebenswerten Kollegen, aber schlechten Komponisten. Auf die gleiche Frage antwortete Massenet demselben Journalisten: „Ein äußerst unsympathischer Mensch, aber zweifellos der bedeutendste französische Komponist". Mit der abfälligen Äußerung Saint-Saens konfrontiert, gestand Massenet lächelnd: „Ja, wissen Sie denn nicht, daß wir beide immer das Gegenteil von dem sagen, was wir wirklich voneinander halten?"

Eselsbrücke

„Bei Fünferrhythmen muß man sich innerlich ‚Lollobrigida' vorsprechen, bei Siebenerrhythmen ‚Gina Lollobrigida'."
(Ratschlag von John Carewe an Nachwuchsdirigenten für schwierige Taktarten)

Feierliche) oder auch freie Assoziation

„Er ist der liebe Gott!"
(Sängerin Christa Ludwig auf die Frage nach einer Charakterisierung Herbert von Karajans)

Fisch ohne Fahrrad

Einmal wollte der Dirigent George Szell ein deutsches Orchester auf die amerikanische Art des Dirigierens (der Einsatz kommt hier gleichzeitig mit der Handbewegung des Dirigenten anstatt, wie bei der deutschen Art, danach) einstellen. Es klappte nicht so recht, und schließlich erklang, nach einer langen Probe, beim Auftaktschlag des Dirigenten kein einziger Ton. Da stand der Konzertmeister auf und erklärte: „Meister, wir wollten Ihnen nur einmal zeigen, wie ein Dirigent ohne Orchester klingt."

Fortschritt anstatt!

„Tradition ist Schlamperei." *(Gustav Mahler)*

Eine Frage des Alters

Der Pianist Wilhelm Backhaus, der schon sehr jung öffentlich aufgetreten war, gab noch als 80-jähriger Konzerte. Verwundert äußerte er sich einmal über die Kritiken: „Es ist wieder genauso wie am Anfang meiner Karriere. Schon damals schrieben die Zeitungen: ‚Ganz erstaunlich für sein Alter'!"

Eine Frage des Volumens

„Primatonnen" war Hans von Bülows scherzhafte Bezeichnung für beleibte Opernsängerinnen.

Fraglos

„Merkwürdig, wenn ich Musik höre – auch während des Dirigierens – höre ich oft ganz bestimmte Antworten auf alle meine Fragen, und ich bin vollständig klar und sicher. Oder eigentlich, ich empfinde ganz deutlich, daß es gar keine Fragen sind." *(Gustav Mahler 1909 in einem Brief an Bruno Walter)*

Eine freche Ohrfeige

Trotz seiner Ankündigung, bei seiner Israel-Tournee keine Musik von Richard Wagner zu spielen, beendete Daniel Barenboim sein Schlußkonzert im Juli 2001 in Jerusalem mit dem „Tristan"-Vorspiel.

Reaktionen aus der Politik

– „Es ist zu früh, Wagner in Israel zu spielen. Es gibt im Land noch viele Leute, denen es schwerfällt, seine Musik zu hören."
(Ministerpräsident Ariel Scharon)

– „Barenboim hat die Übereinkunft mit der Festival-Leitung umgangen." (Staatspräsident Mosche Katzav)

– Festivaldirektor Yossi Tal-Gan will es sich gut überlegen, „Barenboim in Zukunft noch einzuladen".

– Kulturminister Matan Vilnai bezeichnete Barenboims Vorgehen als „Überrumpelung".

– „Ohne Zweifel ist Barenboim ein großer Musiker, aber er ist auch ein kleiner Mensch." *(Oberbürgermeister von Jerusalem Ehud Olmert)*

– „Barenboim und das Berliner Orchester haben die Erinnerung an die Shoa verletzt und erteilten dem Staat Israel eine freche Ohrfeige." *(Abgeordneter Schaul Yahalom)*

– „Manipulation an Betrug grenzend." *(Koalitionschef Zeev Boim)*

– „Barenboim hat sich bei den Holocaust-Überlebenden zu entschuldigen." *(Vizeministerin Naomi Blumenthal)*

– „Daniel Barenboim boykottieren!" *(Titel der Zeitung „Yedioth Ahronoth)*

– „Barenboim hat in aller Öffentlichkeit eine kulturelle Vergewaltigung verübt." *(Ephraim Zuroff, „Simon Wiesenthal"-Zentrum)*

– Ein 67-jähriger Holocaust-Überlebender hat wegen der Verletzung seiner Gefühle Klage gegen Barenboim eingereicht.

Reaktionen aus der Kunst

– „Ich bin absolut dafür, daß man in Israel in Zukunft Wagner spielt. Daniel will es machen, er ist israelischer Staatsbürger, er soll es machen." *(Zubin Mehta, Chefdirigent des Israel Philharmonic Orchestra)*
– „Eine mutige Aktion." *(Matthias Glander, Orchestervorstand der Staatskapelle Berlin)*
– „Barenboim ist in dieser Sache der beste Anwalt." *(Udo Zimmermann, Intendant der Deutschen Oper Berlin)*

Fremde Federn

Mozarts Requiem war ein Auftragswerk. Der geheimnisvolle graue Bote, der ihn in seinem letzten Lebensjahr aufsuchte und gleich eine stattliche Anzahlung mitbrachte, stellte sich letztlich als Abgesandter des Grafen Franz Walsegg-Stuppach (und nicht Salieris!) heraus. Zu dessen Vorlieben gehörte es, Kompositionen anonym zu bestellen und sie dann unter eigenem Namen aufführen zu lassen. Das Requiem wurde – vollendet von Franz Xaver Süßmayr, da Mozart zwischenzeitlich starb – dann auch als ‚Requiem Composto del Conte Walsegg' im Dezember 1793 aufgeführt. Bemerkenswert ist, daß es bereits einen Monat später, nämlich im Januar 1794, in Wien unter dem Namen seines wahren Schöpfers zu hören war.

Funkenflug

Vor den Augen der königlichen Familie ohrfeigten sich die beiden Primadonnen Faustina Bordoni und Francesca Cuzzoni auf offener Bühne und entfachten so eine Saalschlacht unter ihren Anhängern.

Der Gärtner aus Leidenschaft

„Mit dem idealen Orchesterklang ist es wie mit dem englischen Rasen: wenn du ihn kaufst, hat er noch nicht den letzten Schliff, da mußt du jahrelang zwei Mal am Tag sprengen und wöchentlich mähen."
(Herbert von Karajan zu Simon Rattle)

Ganz deutlich

„Ich habe niemals den Unterschied zwischen ‚ernster' und ‚leichter' Musik anerkannt. Es gibt nur gute und schlechte Musik." *(Kurt Weill)*

Gefragt

„Das schönste Denkmal für einen Komponisten ist, wenn er im Spielplan bleibt." *(Carl Orff)*

Gegensätze

Klassische Musik ist die Bändigung,
Rock, Soul u.a. die Entfesselung der Seele.
(Harald Skorepa)

Geheime Zeichen

Johann Sebastian Bach neigte in seinen Werken mitunter ganz bewußt zur Zahlenakrobatik. Ganz besonders hatten es ihm die zu seiner Zeit weit verbreiteten Paragramme (Zahlenalphabete) angetan. So spielt z. B. die Quersumme des Namens Bach (2+1+3+8=14) an vielen zentralen Stellen seiner geistlichen Komposition eine wichtige Rolle. Die Zahlenäquivalente der Monogramme seiner Vornamen J. S. hinzuaddiert, ergibt sich die reziproke Zahl 41.

Geht doch!

Auf seine Ausführungen, wie eine Hornpassage zu spielen sei, bekam der Dirigent Hans Richter einmal vom Solisten erwidert: „Das geht nicht, Herr Doktor!"
Kurzerhand nahm Richter das Horn und spielte die Passage selber vor, woraufhin sich das Orchester unbehaglich zu fragen begann, welche Instrumente der Maestro wohl noch beherrsche.

Gemeinsamkeiten

Gluck, der am liebsten im strahlenden Sonnenschein komponierte, erhielt eines Tages den Besuch eines Grafen, eines der einflußreichsten Diplomaten seines Landes, der mit ihm ein Stündchen plaudern wollte. Da erschien am Gartenzaun ein Töpfermeister, um nun mit unaufhörlichem Rufen das Geschirr auf seinem Wägelchen anzubieten. Der Graf, der sich auf die Unterhaltung mit Gluck schon lange gefreut hatte, empörte sich über die Belästigung und rief über den Zaun, der Töpfermeister möge sich zum Teufel scheren. Gluck fiel ihm ins Wort: „Warum so hitzig, teurer Graf? Sind wir nicht Kunstverwandte, Sie, jener Töpfermeister und ich?" Als der Graf fragend die Stirn runzelte, fügte Gluck hinzu: „Ja, es ist schon so. Brauchen nicht wir drei, der Diplomat, der Töpfermeister und der Musiker eines vor allem: den guten Ton?"

Geniale Dilettanten

„Am gefährlichsten sind die Kritiker, die nichts von der Sache verstehen, aber gut schreiben." *(Leopold Stokowski)*

Gestern, Heute, Morgen

„Wer sich in Deutschland als Deutscher bekennt, wird vorerst als unzeitgemäß national gebrandmarkt." *(Hans Pfitzner)*

Gewißheit

„Ohne Musik wäre das Leben ein Irrtum."
(Friedrich Nietzsche)

Die Götz-Variante

„Egk mich am Orff!" *(Hans Pfitzner)*

Der größte Konzertsaal der Welt

Das Philharmonische Staatsorchester Hamburg unter seiner Generalmusikdirektorin Simone Young veranstalteten am 2. März 2009 in der Hamburger Innenstadt an 50 Orten mit 1.000 Musikern eine Aufführung der 2. Symphonie von Johannes Brahms. Die Musiker befanden sich in Geschäftsräumen, Privatwohnungen und auf Plätzen. Die Dirigentin stand in 108 Meter Höhe auf dem Turm der St. Michaelis-Kirche an ihrem Pult.

Der große Erfolg

Franz Schubert, der auch eine Reihe von Opern und Singspielen geschrieben hatte, saß bei der Aufführung „Die Zwillingsbrüder" im Kaiserlich-Königlichen Hoftheater am Kärntner Tor mit einem Freund auf der obersten Galerie. Sowohl das Vorspiel als auch die ganze Oper wurde mit lautem Jubel und großem Applaus aufgenommen, und Schubert strahlte. Nun hätte er zum Schlußapplaus hinuntereilen müssen, um Hand in Hand mit den Sängern vor dem Vorhang die Ovationen des Publikums entgegenzunehmen. Eigentlich wollte er auch hinunter, konnte sich aber doch nicht richtig entschließen. Der Freund nahm ihn am Arm und schob ihn über die Stiege vor sich her. Schubert wehrte sich; er habe ja nur einen alten schäbigen Gehrock an, darin könne er sich nicht sehen lassen. „Schnell, zieh ihn aus", riet der Freund, „und nimm meinen!" Er bot ihm mit diesen Worten seinen tadellosen neuen Frack an. Jedoch dauerte es bei Schubert alles einfach zu lange. Immer wieder sagte er: „Das geht doch nicht...laß mich lieber aus...es hat ja keinen Sinn...vielleicht werden sie mich gar auslachen...auf den ersten Blick sieht doch jeder, daß ich deinen Frack anhabe...", er wollte und wollte auch wieder nicht. Als sie endlich an der Bühne ankamen, sagte gerade der Spielleiter vor dem Vorhang: „Der Komponist, Herr Franz Schubert, ist leider nicht im Hause." Es gab einen erneuten Applaus, der jedoch dann schnell erstarb. Schubert, der wieder einmal zu spät gekommen war, lächelte: „Ja, da war's halt wieder mal nix mit dem großen Erfolg. Hab' i's net glei g'sagt...?"

Große Gage

Ignacy Jan Paderewski, polnischer Pianist und Ministerpräsident 1919/20, sammelte ein Vermögen von ca 21 Millionen DM an; allein in der Saison 1922/23 verdiente er 2,1 Millionen DM.

Große Stimme – Große Gagen

Das Vermögen des Tenors Enrico Caruso wurde damals auf 9 Millionen Dollar geschätzt; das waren nach damaliger Umrechnung ca 37,8 Millionen Goldmark.

Großveranstaltung

Aus Anlaß des Weltfriedensjubiläums fand 1872 in Boston, USA ein Konzert statt, bei dem der Komponist Johann Strauß (Sohn) ein Orchester mit 987 Mitwirkenden sowie einen Chor von 20.000 Sängern dirigierte. Allein die 1. Geigen waren mit 400 Musikern besetzt.

Grundlegend

„Wer hohe Türme bauen will, muß lange beim Fundament verweilen." *(Anton Bruckner)*

Gschamig

„Wenn ich ein eigenes Werk aufführe, fühle ich mich wie ein 16-jähriges Mädchen, das sich vor alten Lüstlingen ausziehen muß." *(Wilhelm Furtwängler)*

Der gute Hirte

„Die wirkliche Aufgabe eines Kapellmeisters besteht darin, sich augenscheinlich überflüssig zu machen und mit seiner Funktion möglichst zu verschwinden. Wir Kapellmeister sind Steuermänner und keine Ruderknechte". *(Franz Liszt)*

Ein gutes Jahr

1783 schrieb Mozart seine Krönungsmesse, die Brüder Mongolfier brachten mit ihrem Ballon zum ersten Mal einen Menschen in die Luft, und England entließ die Vereinigten Staaten von Amerika in die Unabhängigkeit.

Händel mit Händel

Auf einer seiner Reisen, die er von London aus unternahm, geriet der junge Händel in einen Streit, der ihn beinahe das Leben gekostet hätte. Während seines Aufenthalts in Hamburg, wo eben die erste deutsche Oper aufblühte, kam eines seiner Werke zur Aufführung. Hier wirkte Johann Mattheson, der zunächst Sänger war, später Cembalist, Komponist und sich dann zu einem der bedeutendsten Musikschriftsteller seiner Zeit entwickelte.

Es wurde von Mattheson eine Oper gespielt, in der er selbst die Tenorrolle sang. In den Szenen, in denen er nicht auf der Bühne zu tun hatte, ging er ins Orchester hinab und dirigierte seine Oper selbst. Wenn Mattheson seinen römischen Feldherrn sang, vertrat Händel ihn unten am Cembalo. Da Mattheson jedoch ein eitler und aufdringlicher Zeitgenosse war, hatte Händels Freundschaft zu ihm sich allmählich in krasse Abneigung gewandelt. Als dieser nun eines Abends wieder unten im Orchester am Cembalo saß und dirigierte, erschien Mattheson nach Abgesang einer Arie, um zu übernehmen. Jedoch machte Händel keinerlei Anstalten, vom Kapellmeisterplatz abzutreten. Zunächst versuchte es Mattheson mit Ermahnungen und Drohungen, jedoch tat Händel so, als höre er nichts, und dirigierte ruhig weiter. So begann Mattheson allmählich, laut zu schimpfen. Der Streit wurde auch im Zuschauerraum bemerkt, ohne jedoch allzu große Überraschung auszulösen, denn solche Zwischenfälle kamen damals nicht selten vor. Schließlich hörten die Musiker auf zu spielen, die Sänger traten an die Rampe und die Zuschauer drängten sich an den Orchesterraum heran. Alle waren neugierig, wie der Streit wohl ausgehen würde.

Nun ging es recht übel weiter, denn Mattheson und Händel zogen ihre Degen. Im letzten Augenblick wurden die beiden aus dem Orchesterraum hinausgezogen. Sie verließen das Gebäude, und alle Zuhörer, Musiker und Sänger folgten ihnen auf den Platz vor dem Theater, wo es zu einem Duell nach allen Regeln der Kunst kam.

Mattheson nun erwies sich als der bessere Fechter; weil Händel nicht beizeiten parieren konnte, gelang ersterem ein Stoß in Richtung seines Herzens. Jedoch verhinderte ein kleiner unscheinbarer Knopf an Händels Rock den frühen Tod des großen Meisters; der Degen Matthesons traf ihn und zersplitterte.

Handwerk

„Dirigenten sind Facharbeiter, die zwanzig Jahre Berufsausbildung benötigen." *(Herbert von Karajan)*

Handwerker

„Beethoven mauert, selbst wenn er träumt, und Schubert träumt, selbst wenn er ausnahmsweise einmal mauert."
(Alfred Brendel über den Unterschied zwischen Tondichtern und Klangarchitekten)

Hausmarke

1931 unterschrieb der Geiger Yehudi Menuhin einen Vertrag bei der Gramophone Company, der heutigen EMI. Bis 1998 waren das 67 Jahre, einzigartig in der Geschichte der Schallplatte. Nicht weit davon entfernt lag die 50jährige Vertragsdauer zwischen dem Dirigenten Sir Georg Solti und dem Hause Decca.

Heißer gekocht als gegessen

„Seine Musik ist besser, als man sie spielen kann."
(Artur Schnabel über den Komponisten Elliott Carter)

Historische Starallüren oder ‚Die Potsdamer Seifenoper'

Die Begegnung zwischen Friedrich II., dem Alten Fritz, und der Sängerin Elisabeth Schmehling d.h. war eine der ganz besonderen Art. Während Friedrich sich zuvor mit den Worten: „Lieber lasse ich ein Pferd auf der Bühne wiehern als eine deutsche Sängerin auftreten" 1771 geweigert hatte, die 22jährige Sängerin anzuhören, beeindruckte ihn später nicht nur ihr Gesang, sondern auch ihre Persönlichkeit derart, daß er sie für 3000 Taler im Jahr engagierte. Später erhöhte er diese Gage auf 6000 Taler, ein Betrag, der sich durchaus mit den heutigen Gagen von Luciano Pavarotti u. a. vergleichen läßt. Immanuel Kant, zu jener Zeit Schloßbibliothekar, erhielt jährlich 62, später als Professor 220 Taler!
In Rheinsberg lernte Elisabeth den Cellisten Baptist Mara kennen. Bald wurden Heiratspläne geschmiedet. Doch Friedrich hatte große Bedenken. Was wäre, wenn Elisabeth wäh-

rend der Saison schwanger würde? Auch Friedrichs jüngster Bruder Heinrich war verstimmt, nannten die Klatschweiber am Hof Mara doch seine ‚Leibgeige'.

Zum ersten Eklat kam es, als Friedrich Mara verhaften ließ. Dieser hatte säckeweise Kaffee nach Mecklenburg eingeschmuggelt. Daraufhin weigerte sich Elisabeth zu singen. Friedrich gab nach, Mara kam frei und Elisabeth sang. Die Heirat schließlich verweigerte Friedrich; daraufhin drohte Elisabeth, ihren Vertrag nicht zu verlängern. Die Heiratserlaubnis wurde erteilt und Elisabeth verlängerte.

An der Lindenoper gab es zunehmend schlechte Stimmung. Elisabeths Forderung, ihre Lieblingsarie, mit denen sie glänzen konnte, mit ins Programm aufzunehmen, führte häufig zum Krach mit dem Kapellmeister. Mara brach sogar eine Schlägerei vom Zaum. Auf Elisabeths schriftlicher Beschwerde an den König hin äußerte sich dieser in seiner eben eigenen Art. Sie solle singen und nicht schreiben. Den Schluß der Affäre bildete die Flucht von Elisabeth und Mara nach Paris und später nach London, der Beginn ihrer europäischen Karriere, die sie später auch nach Moskau führte.

Hitler – eine Unterbrechung

Am 23. September 1939 spielte der polnische Pianist Wladyslaw Szpilman Chopins Nocturne cis-moll im Warschauer Radio. Es war die letzte Sendung vor dem Überfall der deutschen Wehrmacht auf Polen. Danach wurde der Sender geschlossen. Nach dem Krieg eröffnete Szpilman den Warschauer Rundfunk mit demselben Werk.

Hochstaplerisches Machwerk

Über den Komponisten Franz Schubert wird gesagt, daß er wenig geschickt darin war, sich Protektion zu verschaffen oder sich durchzusetzen, d.h., im heutigen Sinne, seine Kompositionen erfolgreich zu vermarkten. Da er Schwierigkeiten hatte, für seine Musik einen Verleger zu finden, wurde er häufig von Freunden unterstützt. So geschah es, daß Schuberts Komposition über Goethes Gedicht „Erlkönig", eingesandt an den Leipziger Verlag ‚Breitkopf und Hertel', dem Mitglied der Hofkapelle und Komponisten von Kirchenmusik Franz Anton Schubert vorgelegt wurde, mit der Bitte um Auskunft, ob dieses Werk von ihm stamme, da ein anderer Schubert bis dato gänzlich unbekannt war. Aufgebracht wies der Dresdner Namensvetter die Vermutung zurück und versicherte, er werde zu erfahren versuchen, „wer dergleichen Machwerk übersandt hat" und alles unternehmen, „diesen Kerl, der Mißbrauch mit meinem Namen trieb, zu entdecken."

Höhere Wesen
„Nicht alle Musiker glauben an Gott, aber sie alle glauben an Johann Sebastian Bach." *(Mauricio Kagel)*

Ich Chef, du nix!
„Wo das hohe C liegt, bestimme ich." *(Placido Domingo)*

Im falschen Film
„Was machen Sie eigentlich hauptberuflich?"
(Karl Böhm zu einem Hornisten, der mehrmals falsch spielte)

Immer höflich
Einmal verabschiedete sich Brahms von einer Gesellschaft mit den Worten: „Sollte noch jemand hier sein, den ich zu beleidigen vergessen habe, bitte ich um Entschuldigung."

Inder, hört die Signale!
2021 sagte der indische Transportminister Nitin Gadkari dem großen Verkehrslärm auf Indiens Straßen den Kampf an. Er plane ein Gesetz, nachdem nur traditionelle indische Musik als Geräusch für Autohupen zugelassen sei. Auch überlege

er, die Sirenen von Krankenwagen und Polizeifahrzeugen durch nettere Klänge zu ersetzen, damit sich die Menschen besser fühlten. Eine Klangvorstellung blieb der Minister schuldig.

Bereits ein Jahr zuvor war die indische Polizei mit einer ähnlich ungewöhnlichen Maßnahme erfolgreich. Um das übliche ungeduldige Hupen einzudämmen, wurden an belebten Kreuzungen die Ampeln mit Meßgeräten gekoppelt, die bei einem Pegel von über 85 Dezibel die Rot-Phasen verlängerten.

P.S.

Bleibt zu hoffen, die Sitar taugt wirklich als eine ganz laute. Vielleicht wäre aber zunächst eine Shruti-Orgel zu empfehlen, deren Klang von allen indischen Möglichkeiten dem einer Autohupe am nächsten kommt, damit die Veränderung nicht zu radikal wird. Bedauerlicherweise kann man aber eine Kakophonie nur vermeiden, jedoch nicht verschönern.

Mein Vorschlag: jeder Autohupe wird ein einzelner Instrumententon zugeordnet, sodaß sich bei einem Konzert ein Vielklang ergibt. Das Ergebnis wird in der Regel zwar gruselig mißtönig sein, aber nach dem Gesetz des Zufalls kann sich durchaus einmal eine wohlklingende Harmonie ergeben, die je nach Standort oder Bewegung im Geräuschewald tonal variiert. Oh Vishnu, was gäbe es da für Möglichkeiten: Zwei-, Drei-, Vier-, Vielklänge, Läufe, Glissandi. Oder gar nur ein einziger gleicher Ton!

Der Haken an der Sache ist hier jedoch, daß wahrscheinlich vermehrt „getönt" werden wird, um genau das zu erleben.

P.P.S.

In Bayern sollen anonymen Quellen zufolge demnächst Feldversuche mit Zither und Jodler unternommen werden. Die Zuständigen in der Schweiz liebäugeln schon seit langem mit dem Alphorn. *(Der Verfasser)*

In den Stiefeln gestorben

Das Musikstück ‚Finale mit Kammerensemble' von Mauricio Kagel, angefüllt mit Todessymbolen, endet damit, daß die Musik in eine Kakophonie der Großstadt mündet und schließlich auch der Dirigent am Pult zusammenbricht.

Indiskretion

Anläßlich eines Interviews äußerte sich der Dirigent Celibidache über den mit ihm befreundeten Pianisten Benedetti Michelangeli, er sei ein zurückhaltender und schüchterner Mensch. Daraufhin kündigte ihm Benedetti die Freundschaft mit der Begründung, Celibidache habe Intimitäten ausgeplaudert.

Innere Werte

Nach einem Konzert fragte ein Journalist den Dirigenten Otto Klemperer, auf sein Dirigieren nach Noten anspielend: „Wissen Sie, daß die meisten Ihrer Kollegen dieses Konzert auswendig kennen?" „Auswendig ja, aber kennen sie es auch inwendig?", entgegnete der Künstler.

Die Insel

„Nur wenn ich spiele, zweifle ich nicht. Sonst zweifle ich immer. Das ist meine Spezialität." *(Martha Argerich)*

Ins rechte Licht gerückt

Während eines festlichen Abendessens im Hause eines großen Musikverlegers beklagte sich der Gastgeber bei dem Pianisten und Komponisten Johann Nepomuk Hummel lang und wortreich darüber, daß dessen Honorarvorstellungen für sein neuestes Werk zu hoch seien, da der Geschäftsgang so schlecht wäre. Als Hummel jedoch von seiner Forderung nicht abwich, wurde der Gastgeber ärgerlich: „Ihr Komponisten seid alle größtenwahnsinnig und wollt uns Verleger an den Bettelstab bringen." Nun empörte sich Hummel: „Ihr reichen Verleger, wie könntet ihr solche Festessen veranstalten, wenn wir armen Komponisten nicht wären!"

Inspiration

Der englische Komponist Peter Maxwell Davies faßte 1997 den Entschluß, in der Antarktis zu überwintern, um die nötigen Eindrücke für die von ihm geplante Fortsetzung der berühmten ‚Sinfonia Antartica' seines Landsmannes Ralph Vaughan Williams zu sammeln.

Is' eh wurscht!

Mit einer angebissenen, original fränkischen Bratwurst dirigierte Daniel Barenboim 1996 eine Zugabe beim Open Air-Konzert in Marktschorgast am Rande der Wagner-Festspiele von Bayreuth, nachdem er vom gemütlichen Teil des Abends noch einmal zur Pflicht gerufen wurde.

Janus-Kopf

„Vor dem Komponisten Strauss ziehe ich den Hut. Vor dem Menschen Strauss setze ich ihn wieder auf."
(Arturo Toscanini)

Jedem das Seine

„Wenn das Orchester seine Instrumente stimmt, fängt das Publikum an, seine Katarrhe zu stimmen." *(Hermann Prey)*

Journalistische Sorgfalt

1. In der Januarausgabe 2000 eines führenden deutschen Musikmagazins war ein Photo Leonard Bernsteins mit Herbert von Karajan untertitelt. Bemerkenswert deshalb, weil diverse Leserbriefe in derselben Ausgabe abgedruckt waren, die darauf hinwiesen, daß im Heft zuvor fälschlicherweise u.a.

Leontyne Price als „Madame Butterfly" (richtig ist „Tosca")
und Renata Tebaldi als „Turandot" (in Wirklichkeit „Desde-
mona") bezeichnet waren.

Jungbrunnen

„Warum Dirigenten und Generäle so alt werden? Vielleicht
liegt es am Vergnügen, anderen seinen Willen aufzuzwin-
gen." *(Leopold Stokowski)*

Der Kandidat hat 100 Punkte!

Einer Dame, die bei der Uraufführung von Maurice Ravels
„Bolero" „Hilfe, ein Wahnsinniger!" gerufen hatte, soll der
Komponist geantwortet haben: „Sie allein hat das Werk ver-
standen."

Kein Aroma

„Auf der Platte ist alles drauf, nur das Wesentliche nicht."
(Sergiu Celibidache)

Kein Blatt vor den Mund

„Es ist ein großes Verdienst von Claudio Abbado, daß er Ka-
rajan vergessen gemacht hat". *(Simon Rattle im August 2002)*

Kein Ding

„Es ist ganz einfach. Die Noten sind alle da, ich muß sie nur
noch in die richtige Reihenfolge bringen."
(Mozart zugeschrieben)

Keine Grauzone

„Entweder glaubt man das, was man macht, oder nicht. Der
Musik muß man sich völlig hingeben, man kann sie nicht
auf- und zudrehen wie einen Wasserhahn." *(Pablo Casals)*

Klangvolle Tätigkeit

Max Reger, im Begriff, sich beim Besuch eines Musikfestivals in die Gästeliste des Hotels einzutragen, fand hinter den Namen völlig unbedeutender Teilnehmer Berufsbezeichnungen wie Hofkomponist, Tondichter, Musikdirektor, Musikästhetiker und ähnliches mehr. Zugleich belustigt und empört, trug er hinter seinem Namen ein: „Akkordarbeiter".

Klare Absage

„In Deutschland gibt es für mich keine Position, die ich annehmen könnte, ohne nachgesagt zu bekommen, jetzt steigt er ab, er wird alt", bemerkte Kurt Masur, 73-jähriger Chefdirigent der New Yorker Philharmoniker im Jahre 2001 auf die Frage, ob er sich eine berufliche Rückkehr in die Heimat vorstellen könne. Zudem habe die deutsche Kultur keinen großen Stellenwert mehr in der Politik.

Klarer Standpunkt

Während eines Wiener Gastspiels wurde Wilhelm Furtwängler gefragt, ob er nicht das für den Nachmittag angesetzte Konzert des Wiener Ärzteorchesters besuchen wolle.
„Nein," entgegnete Furtwängler, „da laß ich mir lieber von meinen Philharmonikern der Blinddarm herausnehmen."

Klassische Wirkung

Seitdem die englische Stadt Newcastle damit begonnen hat, über die Lautsprecheranlagen ihrer U-Bahnhöfe anstelle von Pop- und Rockrhythmen klassische Musik erklingen zu lassen, sind Vandalismus und Rowdytum im Netz der öffentlichen Verkehrsbetriebe radikal zurückgegangen. Die Schadensbilanz reduzierte sich um jährlich 500.000 Pfund (1,4 Mill. DM).
Polizeichef Allan Curry äußerte sich zufrieden: „Es scheint, als könnten die Jugendlichen diese Musik einfach nicht aus-

stehen. Sie hören eine Weile zu und gehen dann woanders hin." Bevorzugt gespielt werden u. a. sinfonische Dichtungen von Frederick Delius.

Mit Klassikberieselung – ob Beethoven oder Bach – startete 1999 auch die niederländische Stadt Heerlen, allerdings gegen Drogensüchtige. Versuche der Hamburger U-Bahnbetriebe im selben Jahr seien ermutigend verlaufen.

Klingende Münze

Sergej Rachmaninow wurde von Vladimir Horowitz, der in Providence (US-Bundesstaat Rhode Island) ein Konzert geben sollte, gefragt, ob die Akustik dort gut sei. Rachmaninow antwortete: „Wenn der Scheck stimmt, ist auch die Akustik gut."

Kollegiales Wohlwollen

Der Schweizer Guido Baumann stellte im Schweizer Fernsehen des öfteren Personen aus gleichen Berufsgruppen gegenüber. So auch einmal die Geiger Helmut Zacharias und Yehudi Menuhin. Im Verlaufe der Sendung spielten die beiden gemeinsam einen Teil des Doppelkonzertes von Johann Sebastian Bach. Nach Ende des Stückes bemerkte Menuhin, zu Zacharias gewandt: „Interessant, daß man das auch so spielen kann." Zacharias entgegnete: „Sie waren aber auch nicht schlecht!"

Kommerz oder Kunst?

Einen Millionenrechtsstreit zwischen den „Drei Tenören" (Pavarotti, Carreras und Domingo) und der deutschen Verwertungsgesellschaft GEMA 1997 hat letztere nach dem Spruch der Schiedsstelle des Münchner Patentamtes, die Konzerte seien wegen ihres „Schau-Charakters und ihres Umfanges" der unterhaltenden Musik (U-Musik) zuzurechnen, für sich entschieden. Die „Vermarktung der Musik" habe im Vordergrund gestanden und nicht „der Gedanke des Musikgenusses und der Musikverbreitung" wie bei der ernsten Musik (E-Musik). Für die Aufführungen müssen die drei Tenöre demnach vorerst statt nur 40.000 DM nun ca 1.500.000 DM an Tantiemen an die GEMA zahlen.

Kosmisch
„Das Pianissimo ist die größte Kraft auf der Welt."
(Maurice Ravel)

Kosmopolit und Geldbürger
„Für mich existiert das Volk erst in dem Moment, wo es Publikum wird. Ob dasselbe aus Chinesen, Oberbayern, Neuseeländern oder Berlinern besteht, ist mir ganz gleichgültig, wenn die Leute nur den vollen Kassapreis bezahlt haben."
(Richard Strauss an Stefan Zweig)

Der Krämerspiegel
In diesem Werk machte Strauss mit Hilfe der satirischen Feder Alfred Kerrs seinem Ärger über den Berliner Verlag Bote & Bock Luft, der einen ihm vertraglich zustehenden Liederzyklus gerichtlich eingeklagt hatte und ihn nun in Form einer Verlegersatire präsentiert bekam. Bereits das Inhaltsverzeichnis enthielt so verdächtige Titel wie „Einst kam der Bock als Bote" und „Unser Feind ist, großer Gott, wie der Brite so der Schott", daß die Herren Bote, Bock, Hase und Schott den „Krämerspiegel" ablehnten. Schließlich fand Strauss sie mit Ophelia- und Goethe-Liedern nach dem „Westöstlichen Diwan" ab.

Kultur des Widerstandes
In den Jahren 1942 bis 1944 führte der Komponist Hans Krasa mit mehr als 100 Kindern seine Oper ‚Brundibar' über 55 mal im KZ Theresienstadt auf, bevor er – wie die meisten

Mitwirkenden – nach Auschwitz deportiert und ermordet wurde. Krasa schuf mit dieser Oper ein Symbol der Hoffnung und des Überlebenswillens für die KZ-Häftlinge.

Künstler und Mensch

Im hohen Alter gab der Dirigent Karl Böhm einmal zu bedenken: „Jeder ist erstaunt darüber, daß ich in meinem Alter noch dirigiere, aber wie ich morgens in die Hose komme, danach fragt kein Mensch."

Kurz und schmerzhaft

Beethoven ungeduldig zu einem selbstbewußten jungen Mann, der sein Schüler werden wollte: „Ich habe nicht soviel Zeit, um Sie so lange zu unterrichten, bis Sie einsehen, daß Sie nichts können!"

Landsleute

Der italienische Pianist Benedetti Michelangeli war in Italien an einem Musikverlag beteiligt, jedoch nur als stiller, unwesentlicher Teilhaber. Als der Verlag Konkurs machte und die beiden Verlagseigentümer das Weite gesucht und gefunden hatten, hielt sich die italienische Justiz an Michelangeli schadlos und pfändete sein ganzes Vermögen. Darauf verließ der Pianist verbittert Italien: „Ich habe jahrelang an den Konservatorien Gratisunterricht gegeben!" Bei einem späteren Konzert in London machte er zur Bedingung, daß kein Italiener unter den Zuhörern sei.

Lebenshilfe der anderen Art IV – Und noch eine

Dem Bariton Thomas Quasthoff – einer der ersten Conterganfälle in der Bundesrepublik Deutschland und mittlerweile international einer der gefragtesten Lied- und Oratoriensänger – wurde die Aufnahme an der Musikhochschule Hannover mit dem Argument verweigert, daß er ja mit seinen Händen und ohne Arme kein Klavier spielen könne.

Leider nicht von mir!

Eine junge Dame ersuchte Johannes Brahms, sie zu einem Konzert von Johann Strauß zu begleiten, das der Komponist selbst dirigierte, und bat ihn, ihr seine Meinung über die Musik mitzuteilen. Nach Ende der Aufführung kommentierte Brahms seinen Eindruck auf dem Fächer der Dame: „Leider nicht von mir!"

Leitlinien

Der italienische Tenor Pavarotti lüftete 1997 ein Geheimnis: er kann keine Noten lesen. Nach den Äußerungen des Pianisten Leone Magiera, der den Star seit 40 Jahren begleitet, zeichnet sich Pavarotti die Melodielinien der Arien auf. Er betrachte dies nicht als ein Handicap, leide allerdings ein wenig darunter, zu einem richtigen Musikstudium keine Gelegenheit gehabt zu haben.

Liebe Live

Im Mai 1997 unterbrach der Pianist Wibi Soerjada sein Solokonzert in Amsterdam vor vollbesetztem Hause mit der nicht programmgemäßen Intonation des Hochzeitsmarsches; darauf kniete er neben dem Flügel nieder und fragte: „Marjon, willst du mich heiraten"? Das erstaunte Publikum bat er, leise zu sein, um die aus der Loge ertönende Antwort: „Ja, ich will!" hören zu können. Dann setzte er sich wieder an den Flügel und spielte die Lieblingsmelodie seiner Verlobten, einen Nocturne von Chopin, welche nach den letzten Klängen auf die Bühne stürmte und ihn umarmte. Unter tosendem Beifall und Hochrufen des begeisterten Publikums verließ das Paar das Podium.

Lieber umgekehrt

Einem jungen Komponisten, der ihm einen dem Tode von Cherubini gewidmeten Trauermarsch vorspielte, beschied

Gioacchino Rossini: „Unglücklicher! Hätte lieber Cherubini den Trauermarsch geschrieben und Sie wären gestorben!"

Das Lied von der Erde

„Was glauben Sie? Ist das überhaupt zum aushalten? Werden sich die Menschen nicht danach umbringen?"
(Gustav Mahler zu Bruno Walter über sein Werk)

Logische Folge

„Wo die Sprache aufhört, fängt die Musik an."
(E.T.A. Hoffmann)

Lotte konnte?

„Mir tut jeder Komponist leid, dessen Frau Noten lesen kann." *(Kurt Weill)*

Macho-Tradition

„Ich möchte der Welt durch meine Kenntnisse der Künste der Musik den eitlen Wahn der Männer zeigen, die sich selber so sehr als Meister des oberen Intellektes betrachten, daß sie meinen, daß diese Gabe nicht ehrlich mit Frauen geteilt werden könne." *(Vorwort des von Maddalena Casulana 1568 herausgegebenen Madrigalbuches)*

Macht der Muse

Der spanische Cellist Pablo Casals, weltweit gefeierter Musiker und einer der größten Meister seines Instruments, weigerte sich, nach Errichtung der Franco-Diktatur weiterhin in seinem Heimatland aufzutreten.

Magere Kost

Zeitgenössische Musik: „Eine Wüste mit ein paar ausgespuckten Dattelkernen hier und da." *(Pablo Casals)*

Marktwert

Herbert von Karajan gab während der Salzburger Osterfestspiele eine Autogrammstunde. Einen jungen Mann, der mit einem Autogramm nicht zufrieden war und unbedingt ein zweites haben wollte, fragte Karajan: „Das ist wohl für Ihre Freundin!" Offenherzig entgegnete dieser: „Nein, zum Tauschen. Denn für 2 Karajans bekomme ich einen Bernstein."

Marsch ohne Namen

Der amerikanische Komponist John Philip Sousa hatte die Angewohnheit, einem komponierten Marsch erst nach der (erfolgreichen) Uraufführung einen Titel und damit die „Legitimation" zu geben. Ein Marsch aus dem Jahr 1930 blieb jedoch unvollendet und ohne Titel; er wurde erst 1988 durch den Sousa-Schüler Loras Schissel entdeckt und 1990 als „Untitled March" durch das „Stockholm Symphonic Wind Orchestra" unter Keith Brion uraufgeführt.

Die Masche des Meisters

Ein großer Sänger meldet in Bayreuth seine Indisposition mit folgenden Worten: „Schlimmer schlammiger Schleim schließt mir den schlüpfrigen Schlund."
(anmaßend alberne Anspielung auf den wildwogenden Wortwahn Wagners; nicht nachgewiesen)

Meisterklasse

„Das Dirigieren braucht man nicht zu lernen; entweder man kann es oder nicht." *(Hans Richter)*

Misstöne

Eine „gefühlvolle Jauche" nannte Richard Strauss die Musik Sergeij Rachmaninows.

Mit einem Griff

Der Pianist Sergej Rachmaninow war in der Lage, mit seiner linken Hand den gesamten Akkord c-es-g-c-g (eine Duodezime) anzuschlagen; eine Spanne von mehr als 1 1/2 Oktaven, d.h. ca 26 cm.

Mit halbem Ohr

Auf einer von Mozarts vielen Reisen wurde ihm zu Ehren eine große Gesellschaft gegeben, deren geheimes Ziel es offenbar war, dem berühmten Musiker eine junge Pianistin vorzustellen. Diese wurde nun von der Hausherrin ans Klavier gebeten, um eine Sonate ihres Lehrers zu spielen, die erst vor wenigen Tagen fertiggeworden war und die Mozart von daher auf keinen Fall gehört haben konnte. Zudem wurde ihm angedeutet, der Künstlerin und auch dem Komponisten läge sehr viel an seinem Urteil.

Während des nun folgenden Vortrags wußte Mozart nichts besseres zu tun als sich im Kreise hübscher junger Damen mit Späßen und Albernheiten zu vergnügen. Die junge Künstlerin bemerkte dies sehr wohl, brachte aber ihr Stück in aller Ruhe zu Ende, worauf Mozart zu ihr eilte und sie sowohl zu ihrem Spiel als auch zu der gelungenen Komposition beglückwünschte.

Sichtlich gekränkt entgegnete diese, daß die lobenden Worte zwar sehr schön seien, sie sie aber nicht auf sich beziehen könne, da seine Aufmerksamkeit sich wohl ganz anderen Dingen zugewandt hatte.

Der nunmehr betroffene Mozart gedachte sich zuerst zu entschuldigen, wurde sich aber schnell darüber klar, daß hier mit Worten nichts zu erreichen wäre. Also setzte er sich ans Klavier und spielte die eben zum ersten Mal anscheinend nur beiläufig mit halbem Ohr gehörte Sonate Ton für Ton, Takt für Takt und so brillant nach, daß es den Zuhörern den Atem verschlug. Als die junge Pianistin nun ihrerseits einige Worte der Entschuldigung an Mozart richten wollte, war dieser bereits wieder mit seinen Späßen und Albernheiten beschäftigt.

Mit mir nicht!

„Meinen Frack habe ich weggeworfen. Ich bin doch kein Trottel und laufe herum wie im 19. Jahrhundert."
(Friedrich Gulda)

Mit sicherem Gespür

„Ick habe ja den Strauss janz jerne. Aber die „Salome" hätte er besser nicht schreiben sollen. Dat wird ihm scheußlich schaden." *(Kaiser Wilhelm nach der Uraufführung 1905)*
„Und von dem Schaden hab i mir mei Villa in Garmisch baut." *(Richard Strauss später zu diesem Thema)*

Mit Speck fängt man Mäuse

Zu einer Zeit, als man den Namen Franz Liszt noch nicht überall gehört hatte, gab dieser einmal ein Konzert in einer kleinen Stadt. Wegen der geringen Zuhörerzahl – es mochten wohl weniger als 100 gewesen sein – wollte sich aber eine echte Stimmung nicht einstellen. So brach Liszt kurzerhand seinen Vortrag ab und lud die Anwesenden zum Abendbrot in den besten Gasthof der Stadt ein, ein Angebot, das alle freudig annahmen und den Pianisten unterm Strich die stolze Summe von 1.200 Franken kostete.
Natürlich sprach sich das besondere Ereignis am nächsten Tag schnell herum, um so war der Konzertsaal am Abend bis auf den letzten Platz besetzt, wobei nicht ganz deutlich wurde, ob die Mehrheit wegen der Musik oder des eventuell in Aussicht stehenden kostenlosen Abendbrotes gekommen war. Liszt gab ein glänzendes Konzert und verließ danach mit einer Einnahme von 3.000 Franken, die trotz der Kosten vom Abend zuvor einen ansehnlichen Gewinn bedeutete, die Stadt so schnell wie möglich.

Mißverständnis

„Tradition heißt nicht Anbeten von Asche, sondern Weiterreichen des Feuers." *(Gustav Mahler)*

Moments Musicaux

Von dem italienischen Komponisten Rossini war bekannt, daß er Wagner nicht sonderlich mochte. So äußerte sich einmal über den ‚Lohengrin': „Diese Oper hat schöne Augenblicke, aber böse Viertelstunden!"

Monogam

„Im Grunde ist meine einzige Geliebte die Musik."
(Maurice Ravel)

Musikalisches Esperanto

„Meine Sprache versteht man durch die ganze Welt."
(Joseph Haydn)

Musikalisches Opfer

„Lieber Gott. Hiermit liegt meine arme kleine Messe nun fertig vor. Ist das geistliche Musik (musique sacrée) oder habe ich die Musik geopfert (sacrée musique)? Du weißt, ich wurde für die Opera buffa geboren. Ein bißchen Handwerk, ein bißchen Empfindung, das ist alles. Sei gepriesen und gewähre mir einen Platz im Paradies." *(Postscriptum der „Petite messe solonnelle" von Gioacchino Rossini)*

Muß i denn, muß i denn...zum Halse heraus

„Das hohe C verließ ihre Kehle, ihren Körper und ging hinaus in das Unendliche."
(Opernsängerin Mary Garden über ihre australische Kollegin Nellie Melba)

Nachbesserung

Mit dem Versprechen, das Konzert gratis zu wiederholen, entschuldigte sich Luciano Pavarotti im November 2000 in Atlantic City, New Jersey für einen mißlungenen Auftritt im Taj-Mahal-Casino. Es sei ihm erst das zweite Mal in seiner 40-jährigen Karriere passiert, daß ihm zum Schluß die Stimme völlig versage. Zuvor hatte ihn Milliardär und Hausherr Donald Trump aufgefordert, einen Teil seiner Gage zurückzugeben.

Nachgeschmack

„Für mich stellt sich sich die Wirkung ein, wenn die Wirkung nicht mehr gesucht wird."
(Günter Wand über Interpretationen)

Nachtjacke!

„Es scheint, auf seine somnambule Fähigkeit verläßt sich der Kritiker mehr, als auf die Ausführung. Er traut dem Autor weder mit dem Aug noch mit dem Ohr, sondern lediglich mit dem schlafwandlerischen Geist."

(Antwort Arnold Schönbergs in der Zeitschrift „Pan" auf den Verriß seiner „Orchesterstücke op.16" durch den Berliner Kritiker Leopold Schmidt)

Näher, mein Gott, zu Dir

„Ich bin nicht elitär, ich bin superelitär."
(Herbert von Karajan)

Nase weiß!

Mozart und Haydn, die einander sehr achteten, stellten sich einmal gegenseitig eine musikalische Aufgabe: ein jeder sollte die Komposition des anderen auf dem Piano spielen. Nachdem Haydn Mozarts schwieriges Musikstück mit Bravour vorgetragen hatte, wartete auf Mozart, der Haydns Komposition ebenfalls mühelos spielte, am Ende des Stückes eine scheinbar unlösbare Aufgabe: die drei Töne des Schlußakkordes lagen so weit auseinander – einer links in den Bässen, einer im Diskant und einer in der Mitte – daß sie mit zwei Händen unmöglich zu spielen waren. Mozart entledigte sich des Problems, indem er den mittleren mit der Nase bediente!

Na und!!

Auf Grund eines Streiks der Orchestermusiker der Mailänder Scala drohte eine Opernaufführung unter der Leitung des Dirigenten Riccardo Muti zu platzen. Kurz entschlossen legte der Meister selbst Hand an und begleitete die Darsteller auf der Bühne durch die gesamte Oper am Flügel. Der Abend war gerettet.

Nicht die richtige Branche

Der Komponist Arnold Schönberg, der in den 1930er Jahren vor den Nationalfaschisten in die USA imigriert war, wurde einmal zu einer der in Hollywood üblichen Partys eingeladen. Da er ansonsten sehr zurückgezogen lebte und ein durchaus zurückhaltender Mensch war, irritierte ihn das oberflächliche Geplauder und Geplänkel, das sich mehr um Geld, Mode und Stars denn um Musik drehte, über alle Maßen. Eine Managerin wurde auf ihn aufmerksam und sprach ihn an: „Mister Schönberg, so heißen Sie doch, nicht wahr? Ich hörte, Sie sind Komponist. Was war denn Ihr letzter Hit? Ach, spielen Sie uns doch einen Ihrer Songs!" Fluchtartig verließ der Schöpfer der Zwölftonmusik die Party.

Nicht erste Sahne

Verheerende Kritik einer Wiener Zeitung über das Werk „Schlagobers" (= Schlagrahm) von Richard Strauss: „Wenn Richard, dann Wagner. Wenn Strauss, dann Johann. Und wenn Schlagobers, dann von Sacher."

Nicht jugendfrei

Bei einer Probe der Berliner Philharmoniker mit dem damals zwölfjährigen Geiger Yehudi Menuhin ließen es die Musiker nach Meinung des Dirigenten Bruno Walter an Expressivität mangeln. Walter: „Meine Herren, bitte mehr Ausdruck! Denken Sie dabei an eine schöne Frau, die Sie gerade leidenschaftlich lieben." Walter bemerkte den erstaunten Blick des Zwölfjährigen und fügte hinzu: „Du, mein Junge, spielst gefälligst nach Noten!"

Nicht von Pappe

Anläßlich seines 250. Todestages wurde am 4. Januar 2000 in Leipzig ein überdimensionales Portrait von Johann Sebastian Bach errichtet. Die von dem Schweizer Künstler Silvan

Baer geschaffene Werk besteht aus 3000 Plastiktüten, die an einem 54 mal 54 Meter großen Netz befestigt sind. Die gesamte „Plastik" ist 79 Meter hoch.

Nichts Besonderes

Zu Ehren von Richard Strauss spielte die Wiener Hoch- und Deutschmeisterkapelle an seinem fünfzigsten Geburtstag den Walzer aus dem ‚Rosenkavalier'. Strauss bedankte sich: „Das haben Sie wirklich großartig gemacht." „Vielen Dank, Meister", strahlte der Kapellmeister, „schreiben kann's ja a jeder, aber spielen, dös is a Sauarbeit!"

Nichts als die Wahrheit

Bei einer Aufnahme Anfang der 1970er Jahre sang der Tenor Luciano Pavarotti so herzergreifend, daß Herbert von Karajan beim Dirigieren die Tränen kamen. Nach dem Ende der Arie drehte sich Karajan zu dem Sänger um und fragte: „Du singst wie ein Gott. Aber warum bist du so dick?" Der Italiener lächelte und antwortete: „Spaghetti, Maestro, Spaghetti!"

Nochmal mit Gefühl

„Wenn Musik zu einem Denksport ausartet, verleugnet sie ihr eigentliches Wesen." *(Werner Egk)*

Notruf

Der Dirigent Hans von Bülow probte ein Weihnachtsoratorium, aber es klappte rein gar nichts. Nachdem er zum vierten Male abgeklopft hatte, wandte er sich an den Konzertmeister und sagte: „Holen Sie sofort die Polizei, Herr Kollege. Ich bin hier unter lauter Falschspielern."

Not-Wendigkeiten

Bei seiner bundesweiten Hilfsaktion „Gemeinsam gegen Kälte" hat der Cellist Thomas Beckmann zusammen mit seiner Frau, der Pianistin Kayoko, im Jahre 2000 rund 380.000 DM eingespielt. Der Erlös der bereits vierten Tournee in Sachen Obdachlosigkeit durch 31 Städte kommt 58 Projekten wie z.B. Notunterkünften zugute.

Nun nicht mehr!

Dem Mailänder Konservatorium, das ihn als Schüler abgewiesen hatte, verwehrte es der greise Giuseppe Verdi, sich mit seinem Namen zu schmücken.

Nur einmal als Profi

Den Gedanken an den Tod hatte der französische Komponist Francois Auber immer wieder von sich gewiesen. Darauf angesprochen, daß auch für ihn das letzte Stündlein schlagen werde, entgegnete er: „Ich werde es einfach überhören."
Francois Auber wurde fast 90 Jahre alt. Erst in diesem Alter schien der Tod für ihn keinen Schrecken mehr zu haben. So meinte er während einer Beerdigung eines Freundes: „Ich glaube, das ist das letzte Mal, daß sich so etwas als Amateur miterlebe."

Nur erste Wahl

Alma Schindler, Gattin von Gustav Mahler, Walter Gropius, Franz Werfel und selbst künstlerisch ambitioniert, soll einen Heiratsantrag von Bruno Walter mit der Begründung abgelehnt haben, sie heirate keine nachschöpfenden Künstler.

Ökonomie

Die Hochzeitsreise mit seiner vierten Frau führte den Komponisten Eugen d'Albert unter anderem nach Wien. Dort lud er einige Freunde ein, um ihnen seine Gemahlin vorzustellen. Johannes Brahms, darauf angesprochen, warum er nicht zum Empfang gehen wolle, antwortete kurz angebunden und in der sicheren Gewißheit, dies nicht zum letzten Male zu erleben: „Die vierte überspringe ich!"

Ohne Schweiß kein Preis

„Ich habe fleißig sein müssen; wer ebenso fleißig ist, der wird es ebenso weit bringen." *(Johann Sebastian Bach)*

Oh, was für ein schönes Blau!

Als Franz Liszt Kapellmeister in Weimar wurde, verblüffte er sein Orchester mit Spielanweisungen eigener Art: „O bitte, meine Herren, ein bißchen blauer, wenn es gefällt!" und, an anderer Stelle „Das ist ein tiefes Violett, ich bitte, sich danach zu richten! Nicht so rosa!"

Old Shatterhand Goes Rhythm

Es lernte Orgel, Klavier und Violine, sang im Chor und blies im Gefangenenensemble in der Strafanstalt Schloß Oberstein Althorn. Als Komponist und Texter schrieb Karl May zahlreiche Lieder sowie ein Singspiel. Lange vor seinen ersten Bucherfolgen schrieb er als 20-jähriger: „Ich stelle die Musik hoch über die Dichtkunst."

Der Olymp

„Musik ist höhere Offenbarung als alle Weisheit und Philosophie." *(Ludwig van Beethoven)*

Das Omen

Eine Geschichte, die sich in Ingolstadt zugetragen haben soll, wird über Giacomo Puccini kolportiert.
Auf einer seiner vielen Reisen nahm Pucchini dort sein Mittagsmahl ein und verschluckte sich beim Verzehr eines Gänsebratens an einem Knochen, der erst mit Hilfe eines Arztes wieder aus seinem Kehlkopf entfernt werden konnte. Bereits lange zuvor an einem Kehlkopfleiden erkrankt, machte sich der abergläubische Komponist nun bittere Vorwürfe, daß ihm dies ausgerechnet in einer Stadt passiert war, aus deren Namen er nichts anderes heraushören konnte als „In gola sta",

was auf Italienisch soviel heißt wie „Es steckt in der Kehle".
Zwei Jahre nach diesem Ereignis starb Puccini an Kehlkopf-
krebs.

Ovationissimo

Der Tenor Placido Domingo erhielt 1983 für seine Darbie-
tung der Hauptpartie in Puccinis „La Boheme" in der Wiener
Staatsoper 83 Vorhänge und 90 Minuten lang Beifall.

Perfekte Operette (1) – Die Lebemänner

Auf die Frage, wie die Operetten ihres Bruders eigentlich
entstehen, antwortete Emmerich Kalmans jüngere Schwes-
ter einmal: „Mein Bruder und seine Mitarbeiter, die Herren
Brammer und Grünwald, kommen täglich zusammen. Sie
trinken einige Liter schwarzen Kaffee, rauchen eine Unmen-
ge Zigarren und Zigaretten, erzählen sich Witze, sprechen
vom Wetter, von schönen Frauen, von der Wirtschaftslage,
sie politisieren, beschimpfen sich gegenseitig, lachen, zanken
und brüllen. So geht das von Tag zu Tag, viele Monate lang
… und auf einmal ist die Operette fertig!"

Perfekte Operette (2) – Die Schwerarbeiter

Um seine Ehre zu retten, relativierte Emmerich Kalman
die Einschätzung seiner Schwester (siehe „Die Lebemän-
ner") gründlich und meinte: „Aber ganz so einfach ist die
Sache wieder nicht … es gehören auch einige tausend Stun-
den schwerer Arbeit dazu. Wir – alle drei – sind nämlich
‚Schwerarbeiter. Wir entschließen uns ‚schwer zu einer Ar-
beit, wir entschließen uns schwer, uns zum Schreibtisch zu
setzen, wir entschließen uns schwer, die Feder in die Tinte
zu tunken – deshalb arbeiten wir auch alle drei mit Bleistif-
ten; wir entschließen uns schwer, ein Stück aus der Hand zu
geben – deshalb feilen wir oft monatelang an einer fertigen
Arbeit; wir entschließen uns schwer, einen neuen Vertrag zu

unterschreiben – deshalb schreiben wir auch nur in jedem zweiten Jahr ein Stück; wir entschließen uns schwer zu einem neuen Stoffe – deshalb muß der Stoff stark und wetterfest sein; wir entschließen uns schwer, von einem Theater wegzugehen – deshalb muß das Theater, in dem wir aufgeführt werden, das beste sein; wir leiden schwer, wenn unsere Stücke vom Repertoire abgesetzt werden – deshalb müssen wir solche Stücke schreiben, die lange gespielt werden ... Aber am schwersten war es doch, nach der ‚Gräfin Mariza' eine neue Operette zu schreiben".

Persönliche Vorliebe

„Wenn mir eine hübsche Melodie einfällt, ist mir das lieber als ein Leopoldsorden." *(Johannes Brahms)*

Ein Phänomen?

Sie wurde in der ausverkauften Carnegie Hall vom Publikum mit stehenden Ovationen gefeiert, obwohl – oder trotzdem? – sie eine gesangstechnische Lachnummer war, angstfrei, voller Überzeugung und mit veritablem Selbstbewußtsein meist neben den Tönen liegend, die jedem einigermaßen musikalischen Menschen sofort im Ohr zerplatzten. Und alle spielten das „Theater" mit.

Jedoch konnte Florence Foster Jenkins gut bis hervorragend Klavier spielen. Das geht eigentlich nicht ohne ein geschultes Gehör. Wie konnte sie ihren Gesang dann nicht beurteilen?

Die Antwort liegt in der Vermutung, daß hier ein massiv eingeschränktes und nicht mehr entwicklungsfähiges Hören vorlag, verursacht wahrscheinlich durch ihre frühe Erkrankung an Syphilis und der damit einhergehenden Behandlungsmethoden, die zu einer irreparablen Schädigung des Gehörs und des zentralen Nervensystems führten. Hätte sie anstelle des Gesangs die Violine gewählt, so wäre dies ebenso schnell deutlich geworden und wohl schneller beendet gewesen. Das Klavier gibt den exakten Ton vor, die Violine nicht.

Ihr Begleiter, der Konzertpianist und Komponist Cosme Mc-Moon, hat nie vorher und auch niemals danach wieder in der Carnegie Hall gespielt. *(Harald Skorepa, 2021)*

Der Pharisäer

„Rienzi ist Meyerbeers beste Oper!" – Mit diesen Worten karikierte Hans von Bülow die Tatsache, daß Richard Wagner zunächst von den Neuerungen solcher Komponisten wie Giacomo Meyerbeer im Bereich der Oper ausnehmend profitierte, um dann später auf schmähliche Weise über seinen einstigen Gönner herzuziehen, besonders in seinem Pamphlet „Das Judentum in der Musik" von 1850.

Plädoyer

„Die Musik spricht für sich allein. Vorausgesetzt, wir geben ihr eine Chance." *(Yehudi Menuhin)*

Positionierung

„Nach dem Stimmen des Flügels für Alfred Brendel im Jahre 1990 fragte ich den Pianisten, ob ich beim Einspielen im Saal bleiben dürfe. Er bejahte dies. Wir stellten dann beide fest, daß beim Spielen eines höheren Fis ein Klirren zu hören war. Lag das nun am Instrument oder am Spieler? Nun, die Musikhalle in Hamburg hat ein Glasdach, und bei dieser Frequenz ergab sich eine Resonanz. Die Lösung war, das Instrument eine Kleinigkeit nach vorn zu schieben, und der Effekt war verschwunden." *(Hans-Jürgen Uchdorf)*

Präferenz

„Warum geht man, wenn man erkältet ist, lieber ins Konzert oder ins Theater statt zum Arzt?" *(Hermann Prey)*

Primus inter pares

Anläßlich einer Europareise suchte der amerikanische Komponist George Gershwin neben anderen europäischen Kollegen auch Maurice Ravel auf und bat ihn darum, von ihm unterrichtet zu werden. Dieser soll Gershwins Bitte mit folgenden Worten abgeschlagen haben: „Warum wollen Sie denn ein zweitrangiger Ravel werden, wo Sie doch ein erstrangiger Gershwin sind?"

Prioritäten

Der Pianist und Liedbegleiter Gerald Moore erkrankte kurz vor einem Liederabend mit Dietrich Fischer-Dieskau, sodaß schneller Ersatz gefunden werden mußte. Die Wahl traf einen jungen Pianisten, der dann beim Konzert so wuchtig in die Tasten griff, daß er den Gesang fast übertönte. Nach der Darbietung schüttelte Fischer-Dieskau dem Musiker die Hand und erklärte: „Ich danke Ihnen, junger Mann, daß ich die Ehre hatte, Ihren äußerst eindrucksvollen Klaviervortrag mit einigen Liedern begleiten zu dürfen."

Profan

Von Johann Strauß ist es verbürgt, daß er viele seiner unsterblichen Walzermelodien in zunehmendem Maße auf dem Harmonium komponierte. Die Violine benutzte er in späteren Jahren immer seltener, und auch der Flügel wurde kaum noch geöffnet.

Progression

Der Komponist Paul Graener hatte das Schauspiel „Prinz Friedrich von Homburg" von Heinrich von Kleist zum Thema seiner neuen Oper gemacht. Als das Werk in Gegenwart von Hans Pfitzner lobend erwähnt wurde, bemerkte dieser trocken: „Die Steigerung von Kleist ist Kleister."

Proporz

„Das Zubehör eines Sängers: ein großer Brustkorb, ein gro-
ßer Mund, neunzig Prozent Gedächtnis, zehn Prozent Intel-
ligenz, sehr viel schwere Arbeit und ein gewisses Etwas im
Herzen." *(Enrico Caruso)*

Pssst!

„Ich spiele so gern Klavier, daß ich es auch umsonst tun wür-
de. Gott sei Dank wissen das meine Konzertagenten nicht."
(Artur Rubinstein)

Quadratur des Kreises – Die Erste

„Um zu komponieren, braucht man sich nur an eine Melodie
erinnern, die noch niemandem eingefallen ist."
(Robert Schumann)

Quadratur des Kreises – Die Zweite

Parallel zur Schaffung der neunten arbeitete Beethoven zwi-
schen 1822 und 1825 an seiner zehnten Symphonie, von der
sich allem Anschein nach nichts erhalten hatte. Der englische
Musikwissenschaftler Barry Cooper, der sich mit Beethovens
Schaffensprozeß befaßte, trug in den 1980er Jahren fünfzig
nahezu unleserliche und unbezeichnete Skizzen aus verschie-
denen Notizbüchern und Einzelblättern von eben dieser Sym-
phonie zusammen und brachte sie in eine aufführbare Form.
Der 1. Satz wurde 1988 uraufgeführt.
Ein zweiter Versuch 2021 ging gründlich schief. Die von der
deutschen Telekom beauftragten „Musiktechniker" fütterten
auf der Basis der originalen 300 Takte eine „künstliche Intel-
ligenz" mit Beethoven-gemäßen Motiven und ernteten eine
Aneinanderreihung von Klischees.
Erst ein Experte für Beethoven-Interpretationen, Jan Caey-
ers, brachte im Oktober desselben Jahres erneut etwas An-
hörbares zustande.Er montierte die von Beethoven skizzier-

ten Gedankensplitter zu einer Collage und versuchte nicht, mit ihm in Konkurrenz zu treten.

Qual der Wahl

„Es ist nicht schwer zu komponieren. Aber es ist fabelhaft schwer, die überflüssigen Noten unter den Tisch fallen zu lassen." *(Johannes Brahms)*

Raben flogen durch die Luft

„Wir wissen von zwei Dirigenten, daß sie in der gleichen Pause im dritten Akt des „Tristan" starben, gleich nachdem Tristan aufwacht. In diesem Moment, unmittelbar bevor man anfängt, ist der Streß am intensivsten." *(Herbert von Karajan)*

Randfiguren

„Hör nicht auf die Kritiker. Keinem Kritiker ist jemals ein Denkmal errichtet worden." *(Jean Sibelius)*

Ratschlag

Vom Komponisten Max Reger war bekannt, daß er gerne, viel und auch häufig trank, was ihm besonders von mißgünstigen Berufskollegen vorgeworfen wurde. Bei Gelegenheit einer erfolgreichen Aufführung eines neuen Werkes trat einer dieser Neider zu Reger und schmeichelte scheinheilig: „Der Wein scheint Sie wieder einmal göttlich inspiriert zu haben!" Darauf Reger unberührt: „Na, dann saufens doch auch!"

Reanimation?

Die von der Deutschen Grammophon legitimierte Leichenfledderei bei Herbert von Karajan durch Moritz von Ostwald und Carl Craig wird wohl nicht der Kunst, sondern eher dem Kommerz dienen. „Re-Composed" sollte eher „Re-Kompostiert" heißen – ein Düngemittel für den Umsatz.
(Harald Skorepa zur Veröffentlichung der Bearbeitung des „Bolero" u.a., Oktober 2008)

Rechte

„Wenn man nach islamischem Recht Dieben die Hand abschlagen würde, gäbe es unter den Komponisten viele Einarmige." *(Leonard Bernstein)*

Recycling

Auf den harschen Verriß eines seiner Werkes antwortete Max Reger dem Kritiker auf einer Postkarte: „Ich sitze gerade auf dem stillen Örtchen meines Hauses. Ich habe Ihre Kritik vor mir, aber bald werde ich sie hinter mir haben!"
Nicht belegte Antwort des Kritikers an Max Reger: „Wenn Sie das öfters machen, ist Ihr Hintern bald gescheiter als Ihr Kopf!"

Rehabilitation

Einem Gerücht zufolge, dessen Entstehung und Verbreitung seinem Rivalen Richard Wagner zugeschrieben wird, war Johannes Brahms ein bösartiger Tierquäler. Der Komponist soll mit einem Bogen, der normalerweise für das Töten von Spatzen verwendet wurde, vom Fenster seiner Wiener Wohnung aus auf Katzen geschossen und diese dann mit einer Leine zu sich hereingezogen haben, um sich vom Todesgejammer der sterbenden Tiere für seine Musik inspirieren zu lassen.

Der britische Brahms-Experte Calum McDonald stellte diese ungeheuerliche Verleumdung, die vor allem in Büchern über Katzen ständig wiedergegeben wird, im Jahre 2001 endlich richtig, indem er darauf hinwies, daß zum einen Brahms' Wohnung mehrere Stockwerke hochgelegen habe, er somit eine äußerst lange Leine benötigt hätte, und zum anderen Katzen beim Sterben kaum einen Laut von sich gäben.

Reifeprozeß

Bei Bruckner, heißt es, werden die Interpretationen um so besser, je älter der Dirigent ist. *(nicht bekannt)*

Reine Nervensache

„Lieber am Abend ein bißchen zittern als jeden Tag sechs Stunden üben." *(Arthur Rubinstein)*

Relativitätstheorie

„Genie, das ist 99 Prozent Transpiration und ein Prozent Inspiration." *(Albert Einstein)*

Resonanz oder Echo?

Der englische Dirigent Sir Thomas Beecham, nicht nur bekannt für seinen beißenden Spott, sondern auch für seine Ablehnung moderner Musik, riet jungen avantgardistischen Komponisten, ihre Werke unbedingt in der Royal Albert Hall

– der Konzertsaal hat vor allem wegen eines sehr störenden Echos eine schlechte Akustik – uraufzuführen. Dies sei nämlich die einzige Chance für sie, ihre Werke zweimal zu hören.

Restposten

Bei einer Probe war der Dirigent Otto Klemperer mit der Leistung des Tenors unzufrieden. Nach diversen Wiederholungen erklärte jener seelenruhig: „Sehr verehrter Meister, mir bleiben nur noch zwei hohe Cs. Wollen Sie die jetzt hören oder lieber heute Abend in der Vorstellung?"

Richtig betont

Friedrich der Große hatte sich einmal sehr über seinen Flötenlehrer Quantz geärgert. Er nahm ein Blatt Papier zur Hand, notierte „Quantz ist ein Esel" darauf und unterschrieb: Friedrich II. Nun befahl er den hereingekommenen Quantz, den Brief vorzulesen. Quantz gehorchte und las: „Quantz ist ein Esel. Friedrich der zweite."

Die richtige Perspektive

„Nicht ich bin es, der eine Karriere verpaßt hat, der Musikbetrieb hat mich verpaßt." *(Günter Wand in einem Interview)*

Rückschau

„Wir sind in der Singerei auf der Bühne durch eine ziemlich schlimme Krise gegangen in den letzten 25 Jahren: es wurde alles immer lauter, die Feinheiten gingen dahin."
(Hermann Prey)

Der Ruhm von morgen

„Muß man denn in Wien immer erst tot sein, damit sie einen leben lassen?" *(Gustav Mahler)*

Rumpelstilz

Jean-Baptiste Lully, dessen Dirigierstil bekanntermaßen sehr heftig war, rammte sich aus Wut, daß sein König, Ludwig XIV., nicht zur Aufführung seines „Te Deums" erschienen war, den Dirigentenstab derart heftig in den Fuß, daß er Wochen später an den Folgen dieser Verletzung, einer Blutvergiftung, starb.

Rüstige Dame

Über 90 Jahre lang aktiv war die Pianistin Elsie Hall; ihr letztes Konzert gab sie 1974 im Alter von 97 Jahren.

Sag's mit Musik – Abschiedssinfonie

In der Zeit, als der junge Joseph Haydn als Kapellmeister im Dienste des Hauses Esterházy stand, pflegte Fürst Nikolaus während des Sommers für 6 Monate mit dem gesamten Hof von Eisenstadt in das neugebaute Schloß Esterháza am Neusiedler See überzusiedeln. Auch die Hofkapelle, die vorwiegend aus jungen Männern bestand, mußte mit. Diese zählten natürlich die Tage bis zur Rückkehr zu ihren Familien. Als sich Nikolaus einmal entschloß, den Aufenthalt um 2 Monate zu verlängern, bestürmten die Musiker ihren Kapellmeister, den Fürsten zur Abreise zu bewegen. Da das direkte Vorbringen einer solchen Bitte damals unter Umständen einen ungnädigen Ausgang hätte haben können, wählte Haydn eine ihm gemäße Form.

Beim nächsten Hofkonzert stand plötzlich ein Musiker von seinem Platz auf und verließ das Podium, während das Orchester weitermusizierte. Ein zweiter folgte, dann ein dritter, vierter, bis auch der letzte sein Instrument absetzte und sich zurückzog. Der Fürst begriff die Anspielung und gestattete der Kapelle die Heimreise. Jene einfallsreiche Komposition Haydns wird deshalb ‚Abschiedssymphonie' genannt.

Sag's mit Musik – Die Zweite

Als eine unmißverständliche Warnung der Berliner Philharmoniker an den Senat der Stadt und dessen Kulturpolitik war im Juni 2001 die Aufführung von Haydns ‚Abschiedssymphonie' zu verstehen, bei der – vor einem leeren Dirigentenpult – ein Musiker nach dem anderen das Podium verläßt, bis zum Schluß das zwischenzeitlich immer schwächer gewordene Licht verlöscht. Die stille Hoffnung: bereits die Uraufführung des berühmten Stückes setzte mit Erfolg ein Zeichen! (Der designierte Nachfolger von Claudio Abbado, Simon Rattle, wurde vom Orchester bereits im Juni 1999 mit überwältigender Mehrheit zum Chefdirigenten gewählt, hatte aber bis 2002 noch keinen Vertrag.)

Der Schatten

„Du hast keinen Begriff davon, wie es unsereinem zumute ist, wenn er immer so einen Riesen hinter sich marschieren hört." *(Johannes Brahms zum Dirigenten Hermann Levi über das sinfonische Genie Beethoven)*

Schindluder

Als berühmter Komponist wurde Gioacchino Rossini häufig zu Gesellschaften eingeladen, bei denen es vorkam, daß Damen dieser besseren Kreise, von denen zumindest einige ihr Talent weit überschätzten, die Anwesenden mit einem Gesangsvortrag unterhielten. Anläßlich eines Festessens in einem Pariser Salon wurde nun Rossinis Tischdame, von der bekannt war, daß sie gerne, aber schlecht sang, gebeten, etwas vorzutragen. Nachdem sie sich eine Weile geziert hatte, kündigte sie eine Arie von Rossini an und raunte, kurz bevor sie zum Flügel ging, dem Komponisten zu: „Ich habe ja solche Angst." „Und ich erst", konstatierte dieser trocken.

Der Schlüssel

Auf den Vorschlag seines Musikverlegers Willy Strecker, für den jungen, außergewöhnlich begabten amerikanischen Geiger Samuel Dushkin ein Konzert zu schreiben, reagierte Igor Strawinsky zunächst zögerlich, da er glaubte, nicht genug über dieses Instrument zu wissen. Schließlich sagte er zu, eingedenk des Rates seines Freundes Paul Hindemith, daß Unerfahrenheit sich möglicherweise als Segen erweisen könne, da sie eventuell „Ideen freisetze, die nicht von den gewohnten Fingerbewegungen beeinflußt seien". Nach gründlichem Studium der großen Konzerte des klassischen Violinrepertoires traf sich Strawinsky Anfang 1931 mit Dushkin und legte ihm einen Akkord vor, der über mehrere Oktaven ging. Dushkin verneinte zunächst die Frage, ob dieser Akkord spielbar sei. Später, beim Ausprobieren auf der Violine, stellte er sehr wohl fest, daß er ihn greifen konnte, und teilte Strawinsky die gute Nachricht mit. Im fertigen Konzert – Konzert für Violine und Orchester D-Dur – fand Dushkin dann diesen Akkord am Anfang jedes Satzes vor. Strawinsky nannte ihn den „Schlüssel" zur Komposition, die dann 1931 im Haus des Rundfunks unter dem Dirigat des Komponisten mit Samuel Dushkin uraufgeführt wurde.

Schweigen ist Gold

Nachdem von Gioacchino Rossini jahrelang kein neues Werk erschienen war, wurde in den Theaterkreisen von Italien und Frankreich weidlich darüber geklatscht. Auf die wohl tausendste Wiederholung der Frage, warum er nichts mehr komponiere, kam dann die spöttische Antwort: „Warum sollte ich denn? Daß ich nichts mehr komponiere, macht ja mehr Lärm als alles, was ich früher je komponiert habe!"

Seid verschlungen Millionen!

Seit 2016 beschäftigt sich Professor Martin Tröndle von der Zeppelin-Universität in Friedrichshafen mit Publikumsforschung. Jetzt hat er den Berliner Dramaturg und Konzertdesigner Folkert Uhde, das „Max Planck-Institut für Empirische Ethik", die TU Dortmund und den „Universitären Psychiatrischen Dienst Bern" mit in ein Projekt eingebunden, das sich „Experimental Concert Research" nennt; mit Millionengeldern gefördert, wurde allein zu diesem Zweck eine Technik zum wissenschaftlichen Nachweis menschlicher Gefühle bei einem Konzertbesuch entwickelt, die valide Belege dafür erbringen soll, welche Faktoren für einen gelungenen Veranstaltungsabend wichtig sind. Neben Befragungen und Interviews vor und nach dem Ereignis zu Alter, Erfahrung, Vorkenntnissen und Erwartungen messen Sensoren die Herzfrequenz und die Hautleitfähigkeit während des Konzerts. Die 1200 Probanden sind sowohl Personen, die progressiv eingestellt sind als auch wertkonservative Musikfreunde. Ihnen wird stets das gleiche Programm mit Werken von Ludwig van Beethoven, Johannes Brahms und Brett Dean dargeboten, allerdings in wechselnder Reihenfolge sowie mal mit Beleuchtungseffekten, Videozuspielungen, Moderation oder Dolby-Surround-Klang.
(Berliner Tagesspiegel, 25. März 2022)

Nun, dann mal gleich in die Vollen und mit der Tür ins Luftschloß ...
Man kann die Qualität von Gefühlen, „Gefallen" oder Stimmungen an sich nicht berechnen und den Erfolg eines Konzertes somit nicht mathematisch genau vorausplanen. Dazu sind Gefühle zu vielschichtig. Ein Frischverliebter nimmt Musik anders wahr als jemand, dessen Mutter einen Monat zuvor gestorben ist.
Ich bestreite, daß Herz-, Pulsfrequenz oder Hautleitfähigkeit eine relevante Äquivalenz zur Qualität von Gefühlen darstel-

len können. Glück oder Traurigkeit lassen sich mit diesem Setting nur quantitativ bestimmen. Anspannung ist meßbar, aber ob positive oder negative Gefühle dahinter stecken, wohl kaum. Selbst das Registrieren von Gehirnströmen – nach dem heutigen Stand der Neurowissenschaft – und deren Interpretation würde dem ambitionierten Anspruch des Projekts nicht annähernd die gewünschten Ergebnisse liefern.

„Habe ich den Herd ausgemacht?" – „Hab' ich die Haustür abgeschlossen?" – „Morgen muß ich beim Finanzamt anrufen" – „Kultur hat er ja. Hoffentlich nicht im Bett". Und so fort.

„Die Gedanken sind frei
man kann sie nicht lesen,
sie schweben vorbei
wie flüchtige Wesen.
Kein Mensch kann sie wissen
kein User sie leasen.
Noch bleibt es dabei,
die Gedanken sind frei.
Und Telepathie
erreicht ihr so nie."
Die blaue Blume wird noch lange im Verborgenen blühen.

Abhilfe hin zu einem Konzerterfolg wäre geschaffen, wenn solches in Publikumsbefragungen und Interviews zuvor abgeklärt und das Publikum entsprechend vorsortiert, d.h. möglichst homogen zusammengestellt würde. Selbst dann ist es wahrscheinlich, daß das jeweilige Konzertsetting, das Drumherum, auf verschiedene Individuen verschieden wirkt. Jedoch ginge all dies weit über Bevormundung hinaus in Richtung einer diktatorischen Klassifizierung. Ich erinnere an Eugen Kogons Ausspruch über den Faschismus und an die Mär von der wertfreien und damit per se unpolitischen Wissenschaft. Der Name Nobel ist in dieser Streitfrage eigentlich Dynamit genug. Der ausnutzbare politische Effekt einer solchen bereits wissenschaftlich höchst fragwürdigen Untersuchung wäre, durch Klassifizierung und Katalogisierung die Steuerbarkeit des Individuums zu optimieren, nach dem altbewährten römischen Konzept „Panem et Circenses": Der konsumbefriedigte Mensch ist ein leicht lenkbares Massenpartikel. Das wahre Ziel? Hier geht es nicht um den Menschen, er steht nicht im Mittelpunkt des Interesses. Es zählt allein die lukrative Optimierung eines erfolgreichen Geschäftsmodells.

Da ist noch ein „X-Faktor", der zu berechnen wäre: wie entwickelt sich der Abend, wenn die Musiker mal keinen guten Tag haben? Wenn das Ensemble morgens erfahren hat, daß der Etat für das Orchester gekürzt wurde. Wenn das angesagte Catering ausfällt. Wenn der Dirigent miserable Laune hat, weil ihn die Frau abends zuvor mal wieder nicht rangelassen hat. Da heißt es dann wohl auch all diese zu befragen und zu verkabeln.

Man kann sich die Interviews aber auch sparen. Ein Joint, ein bißchen Extasy oder Koks für alle (alle!) tut es auch. Und nach dem Konzert einen schönen heißen Kamillentee. Empfehlenswert wäre auch der Versuch mit einer Variante des so genannten „Lachometers", mit dem Harold Lloyd bei Voraufführungen seiner Filme die Reaktion des Publikums testete. Dieses Gerät trug sicherlich einiges zum Erfolg bei. Das Patent dürfte nach rund 100 Jahren ausgelaufen sein.

Mit diesen Millionengeldern – ich gehe mal von mindestens drei aus – könnte man 100 Musiklehrer ein Jahr lang beschäftigen. Ebenso wäre das Geld in Proberäume für Musiker, von denen es schon immer zu wenig gab, in Musikschulen oder eben in den Musikunterricht an staatlichen Schulen hervorragend investiert. Das würde Gefühle bei den „Beschenkten" auslösen, die man nicht messen muß. Man würde sie förmlich spüren, sehen und vor allem hören können.

Es ist im Übrigen eine altbekannte Tatsache in der psychologischen Forschung, daß die Anwesenheit und Wahrnehmung von Beobachtenden sowie von Testapparaturen durch die Testpersonen bei diesen eine wesentliche, nicht mehr objektivierbare Veränderung der Testresultate ergeben (können). Ein nicht berechenbarer Parameter.

Nachklang

Da Berlin in seinem Haushalt 2022/23 möglichst viele Millionen einsparen will, wurden u.a. die Mittel für kulturelle Bildung drastisch gekürzt. 6 Berliner Schulprojekten im Bereich Musik, Theater und Tanz strich man sämtliche Zuwendungen ersatzlos. Sie waren mit der astronomischen Summe von insgesamt 323.000 EUR gefördert worden.

(Berliner Tagesspiegel, 3. April 2022)

P.S.

Wissenschaftlich belegt ist tatsächlich, daß Kinder und Jugendliche, die sich musisch betätigen, besser lernen können und zu größerer Ausschöpfung ihres IQ neigen. Die Entwicklung von Empathie und Sozialkompetenz gibts gratis obendrauf. Es steht fest, daß Heranwachsende, die sich auf diese Weise erleben können, sämtlich Gewinner sind, bei den jährlich zehntausenden Ruhmsüchtigen der TV-Casting Gesang- und Tanzshows hingegen alle bis auf einen einzigen verlieren, und von diesen schaffen es die wenigsten, als kurzfristiger Goldesel zu funktionieren und nicht als Ausschuß zu enden. Ein frustrierter Ausschuß, wie in der Politik: einer Gruppe von Menschen gelingt es nicht, ihre Ziele zu erreichen.

Nicht von ungefähr schreit mich das förmlich an: „Schau hin!" Da reißt einem sogar die dicke E-Saite. Millionen von Steuergeldern versus „Peanuts" für Zukunftsinvestitutionen in die Bildung werden da verrechnet. Dies ist mit Sicherheit weder das erste noch das letzte Beispiel, und, wie in so manchem anderen falschen Film, ein „Running Gag".

Selbst-Erkenntnis

„Inzwischen wissen wir, daß die angeblich unendlichen Möglichkeiten der elektronischen Musik nur leere Worte sind." *(Luciano Berio)*

Die Sexte

Der Komponist Eugene d'Albert befand sich auf seiner sechsten Hochzeitsreise. „Hoffentlich bleiben wir allein im Abteil.", flüsterte die junge Frau. „Du kannst da ganz unbesorgt sein" erwiderte der Ehemann, „die Schaffner wissen nämlich schon, daß ich auf meinen Hochzeitsreisen allein bleiben möchte."

Der sexte Sinn

„Leute, die nicht zu schmusen verstehen, werden auch in der Musik keinen Ohrenschmaus finden." *(Gioacchino Rossini)*

Sinfonie der Tausend

Den Beinamen „Sinfonie der Tausend" erhielt Mahlers Sinfonie Nr.8 durch die 1910 in München stattgefundene Uraufführung, an der ca 1.000 Musiker mitwirkten.

Small-Talk

Der Cellist Rostropowitsch hielt während eines Konzertes plötzlich mitten im Spielen inne. „Ich bin gerne bereit, das gesamte Konzert noch einmal von vorne zu spielen, sofern diese beiden Damen" – er deutete auf zwei Besucherinnen, die bis dahin in der ersten Reihe angeregt getuschelt hatten – „vorher den Saal verlassen." Hochroten Kopfes folgten diese der Aufforderung, und der Cellist begann von neuem.

So alt wie die Musik

Auch Mozart wurde bereits von den finanziellen Sorgen eines freischaffenden Künstlers geplagt. Neben der Tatsache, als Wiener Hofkomponist in der Nachfolge Willibald Glucks statt wie dieser 2000 nur 800 Gulden Jahressolär zu erhalten, wurde er vom Wiener Hof nicht gerade mit zusätzlichen Aufträgen verwöhnt. Zu seinem Einkommen befragt, notierte er einmal: „Zu viel für das, was ich leiste, zu wenig für das, was ich leisten könnte."

So oder so

„Wenn ein Orchesterdirigent eine Sängerin zu laut begleiten läßt, dann ist er entweder boshaft oder barmherzig." *(Arturo Toscanini)*

Soviel zur Moderne

„Sie ist, fürchte ich, melodiös, wohlklingend und bietet für Ohren, die über das 19. Jahrhundert hinausgewachsen sind, leider keinerlei Probleme." *(Richard Strauss über seine Musik zur Oper „Die ägyptische Helena")*

Sphären

„Musik ist ein Teil des schwingenden Weltalls." *(Ferrucio Busoni)*

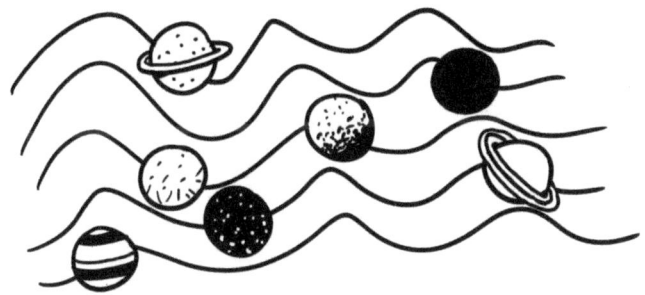

Späte Tränen

„Ich habe die ganze Zeit geweint."
(Isaac Stern im Rückblick auf die weltweite Übertragung des ersten Auftritts von Vladimir Horowitz nach fast 60 Jahren in Moskau am 20. April 1986)

Spieglein, Spieglein an der Wand ...

„Die Oper soll eine Scheinwelt schaffen, die das Leben entweder in einem Zauberspiegel oder in einem Lachspiegel reflektiert; die bewußt das geben will, was im wirklichen Leben nicht zu finden ist." *(Ferruccio Busoni)*

Spitze Bemerkung

„Luftzerteiler!"
(Hans Werner Henze über Dirigenten)

Spott?

„Puccini ist der Verdi des kleinen Mannes und dem kleinen Mann sein Puccini ist Lehar." *(Kurt Tucholsky)*

Stabstatist

Um sein Urteil über einen jungen Gastdirigenten gebeten, teilte der Konzertmeister der Wiener Philharmoniker nach dem Konzert mit: „Es war angenehm, mit ihm zu arbeiten. Er hat den Einsatz gegeben und dann keinen nennenswerten Widerstand mehr geleistet."

Stellenpolitik

Eine der schönsten Fehleinschätzungen in der Musikgeschichte führte zur Anstellung des „alten Bach" als Leipziger Thomaskantor.
Bei seiner Bewerbung um den Posten stand er als Nachfolger für Johann Kuhnau keineswegs an erster Stelle. Die

Stadtväter hofften auf den Musikunternehmer Georg Philipp Telemann, der jedoch absagte. Auch um Johann Christoph Graupner, Darmstädter Hofkapellmeister, bemühte man sich. Schließlich einigte man sich: „Da man die Besten nicht bekommen könne, müsse man mittlere nehmen."

Strategien

Zu den historisch bereits etablierten Bronchialmonologen und dem Knistern von Bonbonpapier gesellte sich im Laufe der 1990er Jahre ein neues Störelement für Künstler und Zuhörer in Konzert und Theater: das Handy! Immer, wenn der Moment höchster Spannung erreicht ist, zerreißt garantiert ein ohrenbetäubendes Klingeln die Stille. Die Methoden, sich dieses Problems zu erwehren, sind vielfältig.

Seit 2001 strahlen z. B. in der Berliner Philharmonie Projektoren die Aufforderung, alle Handys auszuschalten, in englisch und deutsch an die Wände des Saals (knisterfrei verpackte Hustenbonbons liegen sowieso im Foyer aus).

Das Deutsche Theater in Berlin, das Hamburger Thalia Theater, die Wiener Volksoper und das Kölner Opernhaus lassen kurz vor der Aufführung über Lautsprecher ein Handyklingeln ertönen. Besucher greifen dann erschrocken in ihre Taschen, um das eigene Gerät auszuschalten.

In der Berliner Schaubühne und am Deutschen National Theater Weimar integrieren die Regisseure die Aufforderung, Handys auszustellen, in ihre Inszenierung, und zwar in Gestalt eines Nummerngirls, das eine Papptafel mit der Aufschrift „Handys bitte abschalten" über die Bühne trägt.

Das Württembergische Staatstheater in Stuttgart ist gegen diese Probleme gefeit; hier ist der Handyempfang äußerst schlecht.

Bühnen wie das Leipziger Gewandhaus setzen auf das Schamgefühl der Handybesitzer und ihre Angst vor den strafenden Blicken der anderen, wirklich Gestörten. Das Bonbonverteilen dagegen hat Leipzig eingestellt. Zu viele hätten sich die Taschen vollgestopft, um die Drops mit nach Hause zu nehmen.

In Frankreich sollte ab Sommer 2002 der Einsatz von Störsendern gegen Handyempfang in Theatern, Konzertsälen und Opernhäusern erlaubt werden.

Die Strauss-Novelle

Für die Dresdner Uraufführung der Oper „Die schweigsame Frau" im Jahre 1935 – zu der Adolf Hitler diesmal nicht kam – setzte der Komponist Richard Strauss durch, daß der Name seines Librettisten, des ‚rasseverfolgten' und bereits geächteten Schriftstellers und Dichters Stefan Zweig, auf dem Theaterzettel erschien. Die Aufführung wurde bald verboten.

Strauss, der froh war, nach dem Tode Hugo von Hofmannsthals endlich einen neuen Librettisten gefunden zu haben, zudem ständig schwankte zwischen Verbeugungen vor dem Regime und der Angst um seine ‚jüdisch versippten' Enkel, bot Zweig an, im Geheimen, sozusagen für die Zukunft, weiterhin zusammenzuarbeiten. Zweig lehnte ab. Später schrieb er im Exil: „Ein Richard Strauss darf sich jedes Recht öffentlich nehmen und nichts heimlich tun, niemand soll sagen dürfen, Sie hätten eine Verantwortung gescheut..." „Sacro egoismo des Künstlers." Und weiter: „seine neue Oper war durch mich belastet."

Mit dieser Sache wie auch mit anderen Dingen konnte der schwermütige Dichter bald nicht mehr leben.

Subjektiv – Eine Sache der Empfindung

Die schlimmste Warteschleifen-Telephonmusik aller Zeiten hören Sie unter der Nummer 0180-5333 222; direkt dahinter plaziert sich die Verhunzung von Mozarts „Kleiner Nachtmusik" im „Sinus-Zweiton-Verfahren", zu genießen u.a. bei diversen deutschen Behörden. *(Harald Skorepa)*

Tack-tack-tack ... pling!

„Viele der heutigen Pianisten bearbeiten den Flügel wie eine Schreibmaschine." *(Vladimir Horowitz, 1986)*

Taktgefühl

Justus Frantz, Dirigent und Pianist, der mit Christoph Eschenbach, Gerhard Oppitz und dem ehemaligen deutschen Bundeskanzler Helmut Schmidt zusammen mehrere Klavierkonzerte aufgenommen hatte, wurde von einem Reporter nach der Rolle bzw. den künstlerischen Qualitäten Schmidts befragt. Frantz antwortete: „Das war leicht. Das hätten Sie auch spielen können."

Taktlos

Wie sauer wird liebliche Musik, wenn sie das rechte Maß der Zeit verfehlt. *(Goethe zugeschrieben)*

Tattoo Trara – Die Geschichte vom Splitter und dem Balken

Dem zu den Bayreuther Wagnerfestspielen 2012 eingeladenen russischen Sänger Evgeny Nikitin wurde unmißverständlich nahegelegt, von seinem Vertrag zurückzutreten, als öffentlich wurde, daß er Tattoos von Runen und nationalfaschistischen Symbolen auf Brust und Armen trägt, die er sich im Alter von 16 Jahren hatte machen lassen.

Angestoßen durch einige ansonsten unerhörte Mahner erinnerte man sich nun wieder kollektiv daran, daß die gleichen Brandmale in den Köpfen der Wagnerfamilie doch noch relativ unverbraucht sind und das Festival selbst über Jahrzehnte hinweg unziemlich völkisch geprägt war. Die klare Zusage der Festspielchefin Katharina Wagner, das Privatarchiv ihres Vaters Wolfgang Wagner der Öffentlichkeit zugänglich zu machen, wurde zumindest bis Mitte 2012 nicht eingelöst. Von Aufarbeitung der braunen Vorsehung also bis dato keine

Spur. Schleicht „Onkel Wolf" noch immer durch den nibe-
lungenverhangenen Kulissenwald?

Doch Frischauf! Stellen wir uns auf die Seite der „Guten"
und zeigen, daß unsere Vergangenheit überwunden ist, indem
wir andere anprangern und auf sie einschlagen, selbst wenn
es nur eine Jugendünde war.

Evgeny Nikitin trat von seinem Vertrag zurück.

(Harald Skorepa)

Teuflisch gut

Eine der erfolgreichsten Opern des 19. Jahrhunderts war
„Robert le Diable" von Giacomo Meyerbeer, uraufgeführt
am 21. November 1831 in Paris. Bis 1893 fanden allein in
Paris über 750 Aufführungen statt. Drei Jahre nach ihrer Ur-
aufführung wurde sie bereits an 77 Opernhäusern in 11 Län-
dern weltweit inszeniert. Meyerbeer selbst mußte mit dem
jeweiligen Direktor ringen, um seine neuen Opern gegen den
Dauerbrenner im Repertoire zu behaupten.

Der Thron des Meisters

Hans Knappertsbusch und Herbert von Karajan dirigierten
einmal gleichzeitig während einer Festspielsaison in Bay-
reuth. Da fand Knappertsbusch an einer Toilettentür ein
Schild mit der Aufschrift: „Reserviert für Herrn von Kara-
jan." Kurz entschlossen besorgte er sich Kreide und schrieb
auf die nächste Tür: „Reserviert für die übrigen Arschlöcher!"

Tod durch Erkältung

Diese Verballhornung veranstalteten böse Zungen mit Ri-
chard Strauss' Tondichtung ‚Tod und Verklärung'.

Todesurteil

Nach der Wiener Erstaufführung von Richard Wagners „Tris-
tan" wurde der gefürchtete Kritiker Hanslick gefragt, wie es

ihm gefallen habe. Harmlos antwortete dieser: „Teilweise hat es mir gefallen, teilweise aber auch nicht." Auf die Frage, was genau ihm denn zum Beispiel nicht gefallen habe, holte der passionierte Wagner- und Brahms-Gegner zum vermeintlich vernichtenden Schlag gegen das Werk aus: „Nicht gefallen hat mir zum Beispiel – die Musik!"

Tönender Pfannkuchen

Als solchen verspottete der Dirigent Sergiu Celibidache die Schallplatte und die CD. Seine Ablehnung begründete er mit fehlenden Obertonschwingungen und dem für ihn unwiederholbaren Live-Konzerteindruck.

Treffer – versenkt!

Mit einem spektakulären Akt beendete der französische Pianist Francois-Rene Duchable seine erfolgreiche Karriere. Nachdem er zum letzten Mal sein Lieblingswerk, Beethovens 3. Klavierkonzert, gespielt hatte, klappte er den Flügel zu und ließ das Instrument in der Nähe von Nizza von einem Hubschrauber in einen See werfen. 30 Jahre lang als Pianist durch die Welt zu touren sei genug.

Über Interpretation

„Jede Interpretation ist für mich ein weiterer Schritt, dem Willen des Komponisten noch besser gerecht zu werden. Denn allein darauf kommt es an, nicht auf irgendeine Selbstdarstellung des Interpreten. Die Individualität kommt so oder so heraus, wozu also noch irgendwelchen Zirkus veranstalten? Wer sich unbedingt als kreativ ausstellen will, soll lieber selbst komponieren." *(Violinistin Ida Haendel)*

Umsonst

„Als Turandot singt man sich den Arsch auf, und den ganzen Beifall kriegt dann doch die Liu."
(Opernsängerin Gabriele Schnaut)

Und der Esel, der bist ...

Als der damals noch unbekannte junge Komponist Giacomo Puccini einen zu jener Zeit erfolgreichen Bühnenschriftsteller um ein Libretto für eine Oper bat, antwortete ihm dieser hochmütig: „Ich bin nicht bereit, mit Ihnen zusammenzuarbeiten, denn man kann ein Pferd und einen Esel nicht vor den gleichen Wagen spannen". Puccini antwortete schlagfertig: „Ich habe dafür Verständnis, daß Sie für einen Neuling kein Libretto schreiben wollen. Aber das gibt Ihnen noch lange nicht das Recht, mich ein Pferd zu nennen!"

... und nichts als die Wahrheit

Musik ist die einzige Sprache, in der nicht gelogen werden kann. *(Yehudi Menuhin)*

Uns geht's ja noch gold!

Für rund 327.000 bzw. 855.000 Euro wurden am 6. Dezember 2002 im Londoner Auktionshaus Sotheby's das handschriftliche Libretto von Wagners „Tristan und Isolde" sowie eine Niederschrift der „Wesendonck-Lieder" an private Käufer versteigert.

Unterm Strich

Franz Liszt wurde von einem jungen Komponisten um sein Urteil über ein neues Werk gebeten. Liszt hörte sich das Stück an und sagte: „Da ist viel Schönes und Neues drin. Leider ist das Schöne nicht neu und das Neue nicht schön."

Das Urteil

„Oper ist eine gräßliche Korruption der immateriellsten aller Künste, der Musik." *(Samuel Beckett)*

Varianten

Als der Wiener Komponist Robert Fuchs einmal seinem Freund Joseph Hellmerberger die Partitur seiner neuesten Sinfonie vorlegte, sah dieser das Werk konzentriert durch und bemerkte anschließend: „Fuchs, die hast Du ganz gestohlen!"

Verehrung

„Wenn ich mir bei Bach immer nur ihn selber an der Orgel spielend vorstelle, so denke ich bei Ihnen immer mehr an eine tastende Cäcilia ... so reine Harmonien, so immer reiner und verklärter schreibt niemand weiter."
(Robert Schumann zu Felix Mendelssohn Bartholdy)

Vergeudete Fähigkeiten

Der Tenor Leo Slezak begann nach seinem Abschied von der Bühne eine zweite, sehr erfolgreiche Karriere als Charakterkomiker beim Film. Nach einer glanzvollen Premiere sprach ihn ein Besucher an: „Köstlich, Herr Slezak, und die Trottel vom Theater haben Sie, weiß ich wie lange, Opern singen lassen!"

Verkannt

Der heute als Klavier-Legende gefeierte Vladimir Horowitz wurde noch gegen Ende der 1970er Jahre von Kritikern als unmusikalisch bezeichnet.

Vielleicht

‚Eigentlich gab es niemals ein Besserwerden in der Geschichte. Aber wenn es keine Hoffnung darauf gäbe, gäbe es kein Leben.' *(Komponist Alfred Schnittke)*

4 – 3 – 2 – 1

Die diversen Ehen von Eugen d'Albert waren häufig Anlaß von bissigen Kommentaren. So schrieb ein Kritiker nach einem Konzert von Teresa Carreno: „Die vierte Frau des Komponisten d'Albert spielte den dritten Satz aus dessen Klaviersonate im zweiten Philharmonischen Konzert der Saison als erste Zugabe."

Von Geburt an

„Das Herz adelt den Menschen."
(Wolfgang Amadeus Mozart)

Von hoher Geburt

„Wollte man auf diesen Walzer tanzen, so müßte die Hälfte der Tänzerinnen Gräfinnen sein."
(Robert Schumann über die Musik Frederic Chopins)

Von unten nach oben

Erich Wolfgang Korngold galt als Wunderkind. Er wurde als Zehnjähriger von Zemlinsky 18 Monate lang unterrichtet, der danach glaubte, ihm alles beigebracht zu haben. Als er dann erfuhr, daß Korngold noch bei Hermann Graedener Unterricht in Kontrapunkt nahm, schrieb er seinem ehemaligen Schüler: „Lieber Erich, ich höre, Du studierst bei Graedener. Macht er Fortschritte?"

Voreilig

Nach der Uraufführung von Franz Schuberts Streichquartett d-moll soll sich der 1. Geiger Ignaz Schupanzigh gegenüber dem Komponisten geäußert haben: „Brüderl, das ist nichts, das laß gut sein, bleib bei deinen Liedern".
Als „Der Tod und das Mädchen" zählt dieses Werk heute zu den großen Schöpfungen der Kammermusik.

War nicht so gemeint!

„Der große Erfolg ist oft nur ein künstlerisches Mißverständnis." *(Darius Milhaud)*

Warten auf ...

Der berühmtesten Violine des Geigenbauers Stradivari – der ‚Messias'- gab der Violinist Delphin Alard ihren Namen. Als im 19. Jahrhundert der damalige Besitzer Luigi Tarisio mit dem Instrument prahlte, wollte Alard es sehen, was ihm verweigert wurde. Daraufhin spottete er: „Die Violine ist wie der Messias – er wird ständig erwartet, aber er erscheint nie."

Warum sind die Blechbläser im Orchester immer hinten platziert?

Säßen sie vorne, würde man die Streicher nicht mehr hören – und jeder Dirigent – und nicht nur Karajan – hätte eine Fönfrisur.

Was nun?

Der Komponist Hugo Wolf schätzte die Musik von Johannes Brahms nicht sonderlich. Da er auch als Musikkritiker tätig war, äußerte er sich bei jeder sich bietenden Gelegenheit abfällig über dessen Werke. Als er einmal in dieser Eigenschaft der Aufführung eines Orchesterwerkes von Brahms beiwohnte, begann er nach einer Weile so unruhig auf seinem Stuhlsitz hin und her zu rutschen, daß ihn sein Nachbar besorgt fragte, ob es ihm gut ginge. Sichtlich ratlos und völlig irritiert antwortete Wolf: „Stellen Sie sich vor, es gefällt mir!"

Was sich liebt ...

Zur Rückkehr des gefürchteten Wiener Kritikers Eduard Hanslick von einer Karlsbader Kur bemerkte der Dirigent Joseph Hellmesberger in seiner üblichen trockenen Art: „Hanslick fuhr leberleidend nach Karlsbad und kam leider lebend zurück!"

Wein, Weib und Gesang

„Essen und singen, lieben und verdauen, das sind die vier Akte der Opera Buffa – die man gemeinhin das Leben nennt – und das vergeht wie Champagnerschaum auf der Zunge. Wer es dahinschwinden läßt, ohne es genossen zu haben, ist ein Erznarr!" *(Gioacchino Rossini)*

Der Weltbürger

„Ich spiele ein italienisches Cello mit einem französischen Bogen, österreichischen und deutschen Saiten, meine Tochter wurde in Paris geboren, ich fahre ein japanisches Auto, trage eine schweizerische Uhr, eine indische Halskette – kurz gesagt, ich sehe mich als Kosmopolit." *(Mischa Maisky)*

Weltbürger einmal anders

„Buenos Aires – a Negerdorf."
(Herbert von Karajan an seinen Freund Rudolf Gamsjäger in den 1960er Jahren im Zusammenhang mit dem Teatro Colon)

Wer anderen eine Grube gräbt ...

Tausende Musikfreunde besuchten Anfang August 2000 in Hongkong mehrere Konzerte eines als „Moskauer Philharmonker" angekündigten Orchesters. Das aber war zu dieser Zeit tatsächlich in Frankreich, Portugal und Spanien auf Tournee, wie das Kulturamt der Stadt, die für ihre gefälschten Markenartikel berüchtigt ist, einen Monat später herausfand.

Wer hat, der hat

Als Beethovens Bitte um ein Darlehen von seinem reichen und protzigen Bruder Christoph wieder einmal abschlägig beschieden wurde und dieser mit „Christoph van Beethoven, Gutsbesitzer" unterschrieb, zeichnete Beethoven seine – im übrigen gepfefferte – Antwort mit „Ludwig van Beethoven, Hirnbesitzer".

Wer Ohren hat, der höre ...

„Um ein guter Zuhörer zu sein, muß man sich musikalische Bildung aneignen. Zuhören ist anstrengend und einfach Hinhören kein Verdienst. Auch eine Ente kann hören."
(Igor Strawinsky)

Werktreue

„Der Komponist kommt an erster Stelle, der Interpret an zweiter. Der Interpret erschafft keine neue Komposition."
(Rosalyn Tureck)

Wertigkeiten

Wilhelm Friedemann Bach, der begabteste von allen Bach-Söhnen, war, was die Lebensplanung betraf, aus ganz anderem Holze geschnitzt als seine Geschwister oder gar sein Vater. Den Tag und die Stunde zu genießen war sein Leitmotiv. Als man ihm einmal vorhielt, so gar nicht an seinen großen Vater oder an seinen Bruder Philipp Emanuel, ein Muster bürgerlicher Tugenden, zu denken, gab er zur Antwort: „Ja, mein Bruder lebt, um zu komponieren. Ich komponiere, um zu leben!"

Wie gehts dem Herrn Vater?

Der Dirigent Sir Thomas Beecham pflegte sein miserables Personengedächtnis auf die immer gleiche Art zu kaschieren. Auf die Frage „Erinnern Sie sich an mich?" antwortete er: „Natürlich. Wie geht es Ihnen, und wie geht es Ihrem Herrn Vater und was macht er?"
Dieser Trick funktionierte immer, bis Sir Thomas auf einem Empfang nach einem Konzert in London von einer jungen Dame angesprochen wurde: „Sie haben wunderbar dirigiert, Maestro. Erinnern Sie sich an mich?" Ritterlich antwortete Beecham: „Gewiß, meine Liebe. Wie geht es Ihrem Herrn Vater und was macht er?", worauf die junge Dame sagte: „Danke, Vater geht es gut, und er ist immer noch König von England."

Wilhelm Furtwängler war ein Opfer ...

Wilhelm Furtwängler war ein Opfer des Faschismus! Ein Opfer seiner Naivität, seines idealistischen Anspruchs an die Wirkung der Musik und seines entschuldigenden Versuchs der Wiedergutmachung des Sich-Benutzen-Lassens durch Verfolgtenhilfe. *(Harald Skorepa)*

Willkür ist keine Kunst

„Zufällig gewählte und dann breitgelatschte Pfade durch die unendliche Einöde der elektronischen Möglichkeiten, ab und zu fast widerwillig einen Naturtonstrauch oder Harmoniebaum streifend."
(Harald Skorepa – Bemerkung zu Karlheinz Stockhausen)

Wink mit dem Zaunpfahl

Bei einem Kammermusikabend spielte Max Reger einmal den Klavierpart des ‚Forellenquintetts' von Franz Schubert. Eine begeisterte Verehrerin sandte ihm daraufhin am nächsten Tag fünf große Forellen. Reger bedankte sich mit einem herzlichen Brief, in dem er am Schluß anmerkte: „Übrigens, gnädige Frau, möchte ich Sie darauf hinweisen, daß ich bei meinem nächsten Konzert das ‚Ochsenmenuett' von Haydn vortragen werde."

Wissenswertes über Detmold

„Übrigens ist Detmold eine schöne Stadt, die mehr Dreck als Häuser hat."
(Albert Lortzing in einem Brief an seine Eltern nach seinem Engagement ans Detmolder Schauspielhaus)

Wohl wahr

Während eines Spazierganges hörte Giuseppe Verdi plötzlich aus der Ferne die Melodie der Arie: „Oh wie so trügerisch!" aus seiner Oper „Rigoletto" erklingen. Er ging der Musik nach und fand einen Leierkastenmann vor, der das Stück jedoch so schnell spielte, daß jegliche Schönheit verschwand. Verdi griff ihm ungehalten in den Kurbelarm, erläuterte das Stück und führte ihm vor, wie er zu spielen habe. Tage später traf er den Leierkastenmann wieder, an dessen Instrument nun ein großes Schild prangte: „Schüler von Giuseppe Verdi."

Wohlklingender Pelz

Erika Köth, die nach ihrem Abschied von der Bühne bisweilen noch im Fernsehen auftrat, besuchte einmal mit Freunden nach einer Sendung ein Weinrestaurant. Als sie feststellte, daß sich die Garderobe in einem unbeaufsichtigten Nebenraum befand, zögerte sie, ihren wertvollen Pelzmantel abzulegen: „Da sind nämlich Töne drin, die kann ich heute nicht mehr singen."

Würg!

„Nichts kennzeichnet den geistig-seelischen Tiefstand des für die Füllung der Theaterkassen in Betracht kommenden Publikums mehr als sein gieriges Einschlucken des Operettenschleims von heute." *(Ein deutscher Kritiker zur Aufführung von Heinrich Bertes „Dreimäderlhaus")*

Zahlenspiele

Der Tenor Leo Slezak verhandelte mit der Budapester Oper wegen eines Gastspiels. Telegraphisches Angebot: „Hundert – Stop – Tausend Grüße". Slezaks prompte Antwort: „Tausend – Stop – Hundert Grüße".

Zärtliches Klappern

„Zwei Skelette, die auf einem Blechdach kopulieren."
(George Szell über den Klang des Cembalos)

Zurechtgerückt

Der Komponist Franz Lehar wurde einmal von einer Dame zu einer okkulten Sitzung eingeladen. „Sehr verehrter Meister, kommen Sie doch am nächsten Samstag zu uns zum Tischrücken". Darauf Lehar: „Gnädige Frau, da muß ich leider passen. Für diesen Tag habe ich schon eine Einladung zum Rehrücken."

Zuviel lang

„Lang Lang ist sich seiner selbst zu sicher."
(Daniel Wixforth, Berliner Tagesspiegel 2. November 2010)

Zweckorthographie

Seine Jugendzeit, in welcher er dem Alkohol bereits sehr zugetan war, nannte der österreichische Komponist Max Reger seine ‚Sturm- und Trankzeit'.

Zwischen den Zeilen

„Das Wichtigste in der Musik steht nicht in den Noten."
(Gustav Mahler)

****

III. SPITZENPLÄTZE

Aber läuft!

Als die größte und reichste Witz-Band in der Geschichte des Universums bezeichnete das US-Magazin „Spin" die Pop-Gruppe „Kiss".

Die älteste Akkordeonmanufaktur der Welt

Dies ist die „Harmona Akkordeon GmbH Klingenthal" im sächsischen Vogtland.

Die älteste aktive Musikgruppe

‚The Singing Webers', 4 amerikanische Brüder im Alter von 84 bis 92 Jahren, traten noch 1997 öffentlich auf. Ihr erstes Engagement war im Jahre 1926.

Das älteste aktive Orchester

Mit dem Gründungsdatum 22. September 1548 durch den Kurfürsten Moritz von Sachsen ist die Staatskapelle Dresden das älteste noch existierende Orchester.

Der älteste aktive Rock 'n' Roller Europas

Diesen Titel konnte der Rock 'n' Roll-Gitarrist Jacky Spelter für sich in Anspruch nehmen, der seit 1953 mit seiner Band „Jacky And His Stangers" unterwegs war.

Die älteste bekannte Musik

Als solche gilt der Gesang des Volkes der Aka-Pygmäen aus Zentralafrika.

Die älteste bekannte Orgel

Die Entwicklung der Wasserorgel (Hydraulis; organum aquaticum) wird dem griechischen Erfinder und Mathematiker Ktesibios (3. Jahrhundert v. Chr.) zugeschrieben. Das Instrument war im römischen Reich verbreitet und wurde in Pompej entdeckt.

Das älteste Berliner Gesangbuch

1647 gab Johann Crüger, Kantor zu Nikolai, ein evangelisches Gesangbuch heraus, mit dem er wesentlich zur Verbreitung von Texten des Kirchenlieddichters Paul Gerhardt beitrug.

Die älteste bürgerliche Konzertreihe der Welt

Als solche gelten die Mitte des 17. Jahrhunderts von Franz Tunder eingesetzten und bis 1810 durchgeführten „Abendmusiken" an der Lübecker Marienkirche.

Das älteste deutsche Liebeslied

Das älteste deutsche Liebeslied „All mein Gedanken" steht im sog. Lochamer Liederbuch, einer Sammlung von Minneliedern aus dem 14. Jahrhundert.

Die älteste erhaltene deutsche Oper

Das ist „Seelewig", geschaffen von dem Nürnberger Stadtmusikus Johann Staden.

Die älteste erhaltene Drehorgel Berlins

Dieses Instrument stammt aus dem Jahre 1860 und ist im Berliner Technikmuseum am Schöneberger Ufer zu besichtigen.

Das älteste erhaltene Musikinstrument überhaupt

Zumindest in diesem Punkt muß die Geschichte der Musikinstrumente neu geschrieben werden. Tübinger Archäologen setzten im Jahre 2004 in mühsamer Puzzlearbeit aus bereits vor 30 Jahren in der Geißenklösterle-Höhle bei Blaubeuren auf der Schwäbischen Alb gefundenen Bruchstücken eine steinzeitliche Knochenflöte zusammen. Die 31 Teile des aus einem Mammutstoßzahn geschnitzten Instruments des sog. Aurignacien-Menschen datieren auf 35.000 Jahre v.Chr. und sind somit ca 10.000 Jahre älter als ähnliche Funde in Ungarn, Südfrankreich und Rußland.

Die älteste erhaltene Oper

Als solche ist die „Euridice" von Jacopo Peri bekannt, uraufgeführt 1600 in Florenz.

Die älteste erhaltene spanische Oper

Dieses Werk heißt „Auch Eifersucht auf Luft tötet", wurde von Juan Hidalgo (Musik) und Pedro Calderon de la Barca (Libretto) geschrieben und stammt aus dem Jahre 1660.

Das älteste erhaltene Spinett

Dieses Instrument stammt aus dem Jahr 1523, wurde von Francesco de Portalupi aus Verona gebaut und befindet sich im Pariser Conservatoire.

Das älteste erhaltene Tafelklavier

Dieses Instrument wurde 1742 von Johann Socher in Sonthofen gebaut.

Das älteste funktionsfähige Musikinstrument

Eine mehr als 9.000 Jahre alte Flöte, geschnitzt aus dem Flügelknochen eines Kranichs, entdeckten Archäologen aus den USA und China neben 3 Dutzend weiterer Musikinstrumente und Werkzeuge 1999 bei Ausgrabungen im Tal des Gelben Flusses in China. Die Flöte ist somit mehr als doppelt so alt wie die Musikinstrumente, die von den frühen Hochkulturen Ägyptens und Mesopotamiens angefertigt wurden.

Das älteste Hard-Rock-Cafe der Welt

Alle Hardrockcafes gehören einer Kette an. Alle Hardrock-cafes? Nein! Ein unbeugsamer Wirt in Empire im US-Bundesstaat Colorado bezahlt keine Lizenzgebühren an die Restaurant-Kette.

Bereits 1934 hatte in Empire im US-Bundesstaat Colorado eine Kneipe unter diesem Namen eröffnet. Hardrock hatte damals auch nichts mit der Restaurant-Kette gleichen Namens zu tun, zu deren Markenzeichen es gehört, Devotionalien aus dem Musikgeschäft an die Wände zu nageln, Cafe, Hamburger und ähnliches anzubieten und manchmal Live-Konzerte durchzuführen, sondern bezog sich als Bergwerksarbeiterkneipe auf das Gestein, durch das sich die Kumpel hindurcharbeiten mußten.

Die älteste Hymne

Der älteste bekannte Hymnengesang ist in den ‚Oxyrhynchos Papyri' aus dem 2. Jahrhundert in Noten und Textteilen belegt.

Die älteste Jazzband der Welt

Die „Original Tuxedo ‚Jass' Band" hat die längste Tradition aller Orchester der Jazzgeschichte. Sie wurde 1896 als „Clairborne Williams Orchestra" gegründet und war ab 1910 Hausband der ‚Tuxedo Dance Hall' in New Orleans. Mit der Schließung des Etablissements 1917 löste sich die Band vorübergehend auf.

Der älteste Jazzclub

Der in einem Keller gelegene New Yorker Jazzclub Village Vanguard wurde in den 1930er Jahren eröffnet.

Das älteste Jazzorchester Europas

Dies ist laut ‚Guinness-Buch der Rekorde' die 1940 gegründete „Gustav Brom Big Band".

Das älteste Jugendorchester Deutschlands

Diesen Titel kann das 1948 gegründete RIAS-Jugendorchester aus Berlin für sich in Anspruch nehmen.

Das älteste Jugendorchester Europas

Das ist das 1945 gegründete „National Youth Orchestra Of Wales".

Der älteste Knabenchor Deutschlands

Das sind die „Regensburger Domspatzen". Das Ensemble existiert seit dem Jahre 975.

Das älteste Lied

Als ältestes Lied überhaupt gilt der sog. Schaduf-Gesang, der im Nildelta seit Urzeiten von den Betreibern der der Bewässerung dienenden Eimerbagger gesungen wird.

Das älteste Musikensemble der Welt

Der Legende nach existieren die marokkanischen ‚Master Musicians Of Joujouka' seit viertausend Jahren. Selbst wenn man von der Unschärfe mündlicher Überlieferung ausgeht, ist das Ensemble aus dem marokkanischen Rifgebirge nachweislich das älteste der Welt.

Das älteste Musikmagazin der Welt

Der „Melody Maker", das älteste Musikmagazin der Welt und das größte englische, erschien erstmals 1926.

Die älteste Nationalhymne

Die japanische Kimigayo, deren Text aus dem 9. Jahrhundert stammt, gilt als allgemein älteste Nationalhymne.

Die ältesten Rapper

Die am 1. August 1892 geborenen japanischen Zwillings-
schwestern Kin Narita und Gin Kanie nahmen zu ihrem 100.
Geburtstag den „Oma Rap" auf und schafften damit den Ein-
stieg in die japanischen Charts.

Der älteste Opernsänger

Der ukrainische Baß Mark Reizen, geboren 1895, sang an
seinem 90. Geburtstag die Partie des Fürsten Gremin in Peter
Tschaikowskys „Eugen Onegin".

Das älteste Orchester der USA

Das sind die New Yorker Philharmoniker, gegründet 1842.

Das älteste Rundfunkorchester Deutschlands

Diesen Titel kann das 1923 gegründete Rundfunk-Sinfonie-orchester Berlin für sich in Anspruch nehmen.

Das älteste Rundfunkorchester der Welt

Als das älteste Rundfunkorchester der Welt gilt das ‚Dänische Nationale Radio-Sinfonie-Orchester'.

Das älteste schwimmende Tonstudio

1998 baute das Team von „All Around Music.Berlin" das über 100 Jahre alte Schiff „MS Heiterkeit" zu einem kompletten Tonstudio um.

Der älteste Spitzenreiter

Als ältesten Musiker an der Spitze der englischen Charts konnte sich 2021 mit 81 Jahren Tom Jones mit dem Album „Surrounded By Time" bezeichnen.

Das älteste Streichquartett der Welt

Dies ist das 1808 gegründete Gewandhaus-Quartett Leipzig.

Das älteste Symphonieorchester Asiens

Ursprünglich 1879 als „Öffentliches Orchester Shanghai" gegründet, 1922 umbenannt in „Shanghai Municipal Bureau Of Music Band" und 1956 offiziell in „Shanghai Symphony Orchestra".

Die älteste Tonleiter

Die bisher älteste musikalische Aufzeichnung der Welt stammt aus der Zeit um 1800 v.Chr. und wurde in Nippur im

Irak (Babylonien) entdeckt. Es handelt sich um eine auf eine Tontafel geritzte siebenstufige Tonleiter.

Alte Orgel

In der Cathedrale de Notre Dame de Valere in Sion, Sitten (Schweiz) steht die älteste mittelalterliche, noch spielbare Pfeifenorgel der Welt. Sie stammt wahrscheinlich aus dem Jahre 1390.

Alter Hammer

Das älteste noch existierende Hammerklavier datiert auf das Jahr 1720 und wurde von Bartolomeo Cristofori in Florenz gebaut.

Am meisten gespielt

Scheinbar ist Mozart der am häufigsten gespielte Opern-Komponist überhaupt. „Zauberflöte", „Die Hochzeit des Figaro" und „Don Giovanni" stehen nach Aufführungszahlen überall auf den vordersten Plätzen.

Das am schnellsten verkaufte Debut-Album des englischen Pop

Das war 2006 mit ca 120.000 verkauften Exemplaren am Erscheinungstag „Whatever People Say I Am, That's What I'm Not" von den „Arctic Monkeys".

And The Beat Goes On ...

1964 erzielte die deutsche Beatgruppe „The Rollicks" mit 100 Stunden Dauerspiel einen Weltrekord.

Bambus-Klänge

Im Jahre 1794 begann der Missionar Diego Cerra in der katholischen Kirche von Las Pinas, einem Vorort von Manila

(Philippinen), mit dem Bau einer Orgel; mangels anderer Materialien benutzte er Bambus. So entstand die einzige Bambus-Orgel der Welt, die noch heute in Gebrauch ist.

Die beiden meistverkauften Alben in der DDR

Das sind „Computer Karriere" und „Rock 'n' Roll Music" von den Puhdys.

Das bekannteste Riff der Rockgeschichte

Als dieses gilt das Gitarren-Riff im „Deep Purple"-Song „Smoke On The Water", gespielt von Ritchie Blackmore.

Das bekannteste Weihnachtslied

Als bekanntestes Weihnachtslied gilt das aus Österreich stammende, 1818 zum ersten Mal gesungene „Stille Nacht, heilige Nacht".

Die beliebteste Musikgruppe des Jahrtausends

Nach einer Im November 1999 veröffentlichten Umfrage der Plattenfirma HMV, des britischen Fernsehsenders Channel 4 und der Rundfunkstation Classic FM bei 600.000 Briten sind die Beatles die beliebteste Musikband des Jahrtausends. In 4 von 10 Kategorien lagen sie an der Spitze. John Lennon wurde zum „einflußreichsten Musiker aller Zeiten" erklärt. Auf den folgenden Plätzen lagen Elvis Presley, Michael Jackson, Jimi Hendrix, Paul McCartney, Robbie Williams und Wolfgang Amadeus Mozart.
Top-Album des Jahrtausends wurde „Sgt. Peppers Lonely Hearts Club Band".

Besetzt

Die meisten Wochen auf Platz 1 der amerikanischen Single-Charts überhaupt, nämlich 17, verbrachte der Titel „Near You" von Francis Craig im Jahre 1947.

Die besten deutschsprachigen Musiker aller Zeiten

Am 23. November 2007 votierten anläßlich der ZDF-Sendung „Unsere Besten – Musikstars" ca 200.000 Zuschauer per Internet, Telefon oder Postkarte für:

1. Herbert Grönemeyer
2. Udo Jürgens
3. Wolfgang Amadeus Mozart
4. Peter Maffay
5. Nena
6. Ludwig van Beethoven
7. Roy Black
8. Sarah Connor
9. Xavier Naidoo
10. Andre Rieu

Auf den weiteren Plätzen: DJ Ötzi vor Johann Sebastian Bach.

Die besten Rock-/Popsongs aller Zeiten

„Kein anderer Popsong hat die kommerziellen Gesetze und künstlerischen Konventionen der Zeit so herausgefordert, für alle Zeiten!"

1. Like A Rolling Stone – Bob Dylan – 1965
2. (I Can't Get No) Satisfaction – The Rolling Stones – 1965
3. Imagine – John Lennon – 1971
4. What's Going On – Marvin Gaye – 1971
5. Respect – Aretha Franklin – 1967
6. Good Vibrations – The Beach Boys – 1966
7. Johnny B. Goode – Chuck Berry – 1958
8. Hey Jude – The Beatles – 1968
9. Smells Like Teen Spirit – Nirvana – 1991
10. What 'd I Say – Ray Charles – 1959

(Ergebnis einer Wahl des Musikmagazins „Rolling Stone" bei Redakteuren, Musikern und Kritikern im Jahre 2004)

Die bestverdienenden Popmusiker 2000
nach Konzerteinnahmen

Nach Angaben des US-Fachmagazins „Pollstar" führt diese Liste Tina Turner mit 80 Millionen Dollar an, gefolgt von den Gruppen „'N Sync" mit 76 Millionen und „Kiss" mit 63 Millionen Dollar. Den 4. Platz belegte Barbra Streisand, die in nur 4 Konzerten 27 Millionen Dollar einspielte, laut „Pollstar" umgerechnet pro Karte ca 1.000 Dollar.

Die bestverdienenden Popmusiker 2003

1. The Rolling Stones – 83.371.000 Euro
2. Paul McCartney – 60.304.000 Euro
3. Elton John – 51.258.000 Euro
4. Robbie Williams – 45.228.000 Euro
5. Coldplay – 38.142.000 Euro
10. Dido – 23.380.000 Euro

Die bestverdienende Rockband aller Zeiten

Laut „Amusement Business Magazine" haben die Rolling Stones im Laufe ihrer Karriere mehr als 4,7 Milliarden Pfund umgesetzt. Allein 1999 verdienten sie mit Liveauftritten 56 Millionen Pfund, 1998 sogar 120 Millionen Pfund.

Das bestverkaufte Album aller Zeiten (2002)
in Deutschland

Das war Herbert Grönemeyers „Mensch".

Das bis dato größte Unternehmen der Popgeschichte

Das war 2007 die „Bigger Bang"-Tour der Rolling Stones mit Einnahmen von mehr als 100 Millionen Dollar.

Die bis dato teuerste Devotionalie der Popgeschichte

Das Steinway-Piano, auf dem John Lennon 1971 seinen Song „Imagine" komponierte, wurde am 17. Oktober 2000 im Londoner Hardrock-Cafe zur Versteigerung angeboten und sollte nach Schätzung von Experten ca 3 Millionen DM einbringen. Der Zuschlag ging schließlich für 4,8 Millionen DM an den Popmusiker George Michael, der anonym per Telefon mitgeboten hatte und das Instrument anschließend dem Beatles-Museum in Liverpool stiftete. Michael stach u.a. die Brüder Liam und Noel Gallagher aus, die sich bereits vor Erreichen der Millionen-Pfund-Grenze zurückzogen.

Das bis dato tiefste Unterwasserkonzert

Mit „Concert Under The Sea" präsentierte sich Katie Melua im Oktober 2006 auf einer englischen Nordsee-Bohrinsel – 369 Meter unter dem Meeresspiegel.

Black Power

Das 1961 uraufgeführte Musical ‚Black Nativity' gilt als das erste erfolgreiche, schwarze Musical.

Das Cellokonzert mit den meisten Mitwirkenden

Das 1998 im japanischen Kobe veranstaltete Cellokonzert mit 1013 Cellisten trat als größtes Cellokonzert der Welt die Nachfolge der gleichartigen Berliner Veranstaltung „Cellissomo Grandioso" von 1992 mit 341 Cellisten und des Pariser Konzerts von 1956 mit 100 Mitwirkenden an.

Da pfeift er drauf!

Er hat es geschafft. Calogero Gambino nahm sich 2 Jahre Vorbereitungszeit, um die Vorgabe des „Guinnessbuchs der Rekorde", ein Lärmpegel von 115 dB, zu erreichen. Laut pfeifen konnte er schon immer. Aber das war eine Herrausforderung. Im Mai 2019 knackte er mit 117,4 dB diese Marke und durfte sich nun „lautester Pfeifer der Welt ohne Hände" nennen; lauter als ein Preßlufthammer oder eine Kreissäge mit 100 resp. 110 dB und nahe dran an einem startenden Düsenjet mit 130 dB.

DDD – Digi die Erste

Die erste digitale Einspielung der Rockgeschichte überhaupt ist Ry Cooders 1979 aufgenommenes Album ‚Bop Till You Drop'.

DIN-Norm: 150 mus/sec

Einen neuen italienischen Rekord stellte 1999 die Gruppe Eiffel 65 mit ihrem Song „Blue Da Da Bee" auf: laut Statistik ging der Titel alle 150 Sekunden über den Äther.

Der einflußreichste Musiker aller Zeiten

Nach einer Im November 1999 veröffentlichten Umfrage der Plattenfirma HMV, des britischen Fernsehsenders Channel 4 und der Rundfunkstation Classic FM bei 600.000 Briten wurde John Lennon zum „einflußreichsten Musiker aller Zeiten" erklärt. Auf den folgenden Plätzen lagen Elvis Presley, Michael Jackson, Jimi Hendrix, Paul McCartney, Robbie Williams und Wolfgang Amadeus Mozart.

(siehe auch „Die beliebteste Musikgruppe des Jahrtausends")

Der einzige Fußballverein der Welt mit eigenem Musical

Mit „NullVier – Keiner kommt an Gott vorbei", uraufgeführt am 9. Mai 2004 zum 100-jährigen Jubiläum des Fußballvereins „Schalke 04", schuf Enjott Schneider dieses bisher einzigartige Exemplar des Genres.

Die einzige Hotelorgel Europas

Diese Pfeifenorgel steht im Berliner „Westin Grand Hotel". Sie wurde noch vom DDR-Parteivorsitzenden Erich Honecker in Auftrag gegeben und von der Firma Jehmlich errichtet.

Das erfolgreichste Broadway-Musical

Mit über 6500 Aufführungen am New London Theatre und dem Rekord des mit 7844 Aufführungen am längsten gespielten Musicals in der Geschichte des Broadway sowie 7 Tony-Awards wurde ‚Cats' von Andrew Lloyd Webber gegen Ende des Jahres 2000 das erfolgreichste Broadway-Musical. Im Februar 2022 wurde die Laufzeit des Musicals mit in der Regel 8 Vorstellungsn pro Woche nach 35 Jahren beendet.

Der erfolgreichste Countrymusiker

Mit 92 Millionen verkaufter Alben ist Garth Brooks der erfolgreichste Countrymusiker aller Zeiten.

Die erfolgreichste deutsche Frauenband aller Zeiten

Nach über 300.000 verkauften CDs wurde 1997 die für den gleichnamigen Film ‚Bandits‘ zusammengestellte Frauen-Band mit diesem Titel gekürt.

Das erfolgreichste deutsche Gegenwartsstück im Ausland

„Linie 1" von Volker Ludwig und Birger Heymann wurde seit der Uraufführung 1986 bis zu Jahre 2000 über 1000 mal in aller Welt gespielt. Im November 2003 fand in Seoul/Südkorea die 2000. Aufführung statt.

Der erfolgreichste deutsche Musiker aller Zeiten

Mit 90 Millionen verkaufter Schallplatten bis zum Jahre 2000 gebührt dieses Attribut dem Komponisten, Arrangeur und Bandleader James Last.

Die erfolgreichste deutsche Popsängerin der 1990er Jahre

Diese Position erreichte Blümchen alias Jasmin Wagner in nur 5 Jahren.

Die erfolgreichste digitale Single aller Zeiten

Das war 2009 mit 425.000 Downloads der Titel „Pokerface" von Lady Gaga.

Die erfolgreichste europäische Schallplattensängerin

Mit insgesamt 1500 Schlagern, Liedern und Chansons auf 390 Singles und 383 Langspielplatten ist Caterina Valente Europas führende Schallplattenartistin im Unterhaltungsbereich.

Die erfolgreichste Instrumental-LP der Popgeschichte

Als solche gilt die 1973 veröffentlichete Schallplatte ‚Tubular Bells‘ des Engländers Mike Oldfield.

Das erfolgreichste Kinder- und Jugendmusical Deutschlands

„Linie 1" von Volker Ludwig und Birger Heymann wurde wurde seit der Uraufführung 1986 bis zum Jahre 2000 von 109 Bühnen im deutschen Sprachraum nachgespielt.

Das erfolgreichste Musical der Welt

Als solches gilt das am Broadway von Oktober 1982 bis Semptember 2000 gelaufene „Cats" mit über 10 Millionen Besuchern, gefolgt vom „Phantom der Oper" mit 8,1 Millionen Besuchern.

Der erfolgreichste Musicalfilm aller Zeiten

Dies wurde im Herbst 2008 (allein in Deutschland 776.000 Besuchern am ersten Wochenende) der Film „High School Musical 3".

Das erfolgreichste Musical in Deutschland

Der seit 1988 in Bochum laufende ‚Starlight Express' ist mit 6,3 Millionen Besuchern bis 1997 das erfolgreichste Musical in Deutschland.

Der erfolgreichste Musikproduzent aller Zeiten

Als solcher gilt der Engländer Pete Waterman.

Die erfolgreichsten Hitschreiber

In den Hitlisten der USA stand Paul McCartney 32 mal auf Platz 1, John Lennon 26 mal.

Die erfolgreichsten Sängerinnen aller Zeiten

Mit einer zur Zeit (2008) nicht bekannten Zahl von verkauften Tonträgern steht hier Madonna an der Spitze, gefolgt von Nana Mouskouri mit 250 Millionen Platten (Stand 2008).

Mariah Carey nahm 2002 mit 150 Millionen der ersten Rang ein.

Die erfolgreichsten Volksmusiker

‚Slavko Avsenik und seine Original Oberkrainer' aus dem ehemaligen Jugoslawien kamen im Laufe ihrer Karriere auf 30 goldene, 2 platine und 1 diamantene Schallplatte.

Das erfolgreichste Pop-Duo aller Zeiten

Das waren, zumindest bis zum Jahre 2005, die Pet Shop Boys.

Das erfolgreichste Rockalbum aller Zeiten

Das ist „Back In Black" von der Gruppe „AC/DC".
Zweiter Platz: „Bat Out Of Hell" von Meat Loaf.

Die erfolgreichste Single der Motown-Geschichte

Das war 1981 „Endless Love" von Lionel Richie und Diana Ross.

Die erfolgreichste Single der Rockgeschichte

Als solcher gilt mit 37 Millionen verkauften Exemplaren der am 20. Mai 1954 veröffentlichte Titel „Rock Around The Clock" von Bill Haley.

Der erfolgreichste Soulsänger

114 Titel brachte James Brown zwischen 1965 und 1998 in die Hitparaden. Mehr als jeder andere.

Die erfolgreichste Tournee aller Zeiten

Einem Bericht der Zeitschrift „Billboard" zufolge spielten die Rolling Stones auf ihrer „A Bigger Bang"-Tournee zwischen August 2005 und November 2006 vor 3,5 Millionen Menschen und 437 Millionen Dollar ein.

Die erste Achtspuraufnahme

1958 nahm Bobby Darin als erster im 8-Spur-Verfahren den Titel „Splish Splash" auf und hatte damit einen Welthit.

Das erste Album auf CD

Das war 1982 Abba's „The Visitors".

Die erste aufgenommene Singstimme

1889 sang der dänische Bariton Peter Schram Mozarts „Don Giovanni" auf die Walze eines Phonographen.

Das erste Baßklarinettensolo auf Schallplatte

Das erste Baßklarinettensolo auf Schallplatte spielte Omer Simeon 1926 in Jelly Roll Mortons „Someday Sweetheart".

Der erste Bebop im deutschen Rundfunk

Das war „Helmi's Bebop" von Helmut Zacharias und seinem Quartett.

Das erste Benefiz-Konzert in der Geschichte des Pop

Zu dieser Veranstaltung unter dem Namen „Concert For Bangladesh" am 1. August 1971 im New Yorker Madison Square Garden riefen George Harrison und Ravi Shankar auf. Neben ihnen standen unter anderem Ringo Starr, Eric Clapton, Bob Dylan, Leon Russell, Billy Preston und Klaus Voormann auf der Bühne. Aus dem Konzerterlös gingen 1972 nur 2 Millionen Dollar an Unicef. Den Rest von 8,8 Millionen hielten amerikanische Steuerprüfer, die sich über die Bücher von Apple Records hergemacht hatten, bis 1981 zurück und ließen damit die Hilfsaktion im Grunde scheitern. Das Dreifach-Album gewann 1972 einen Grammy.

Die erste Blockwerkorgel Deutschlands

Die im Jahre 1362 in der St. Burchardikirche in Halberstadt eingeweihte Blockwerkorgel war die erste ihrer Art in Deutschland. Sie besitzt sechs Blasebälge.

Das erste Cluster der Musikgeschichte

Die 1737 komponierte Orchestersuite „Les Élements" enthielt wahrscheinlich das erste Cluster der Musikgeschichte. Um das Chaos, in dem die Elemente noch nicht geschieden sind, zu verdeutlichen, ließ Jean-Fery Rebel im Einleitungsakkord alle Töne der D-Moll-Tonleiter gleichzeitig spielen. Aus diesem Wirrwarr löste sich dann der Ton heraus, der das Element der Erde symbolisiert.

Die erste deutsche Frauen-Big Band

Das ist „Reichlich Weiblich", mitbegründet von Ulrike Haage.

Der erste deutsche Millionenhit

Der erste deutsche Millionenseller war ‚Lili Marleen' (Norbert Schultze / Hans Leip), der 1939 von Lale Andersen aufgenommen wurde. Populär wurde der Titel 1940 als Erkennungsmelodie des Soldatensenders Belgrad.

Die erste deutsche Oper

Heinrich Schütz schrieb im Jahre 1627 die Oper „Daphne". Von ihr ist nur noch das Libretto vorhanden.

Die erste deutsche Opernsängerin

Als erste Deutsche auf den Bühnen Friedrichs des Großen und damit in Deutschland überhaupt konnte sich Elisabeth von Schmehling gegen die vor allem italienischen Primadonnen durchsetzen.

Das erste deutsche Rock- und Pop-Museum

Im münsterländischen Gronau, der Heimatstadt des Rockmusikers Udo Lindenberg, wird Deutschlands erstes Rock- und Pop-Museum entstehen. Bereits 1999 begannen die Arbeiten an dem 10 Millionen Euro teuren Bau, die 2003 abgeschlossen sein sollen. Udo Lindenberg hat seine Unterstützung zugesagt.

Der erste deutsche Zehn-Jahres-Vertrag

Einen bisher auf dem deutschen Tonträgermarkt einmaligen Plattenvertrag schlossen ‚Pur', eine der erfolgreichsten deutschen Bands, ab. Sie verpflichteten sich, innerhalb der nächsten 10 Jahre 5 Studioalben, einen Live-Mitschnitt und eine Greatest Hits-Platte zu veröffentlichen. Verträge von solcher Laufzeit sind in den USA seit langem üblich.

Die erste Dirigentin an der Metropolitan Opera New York

Das war Sarah Caldwell, die 1974, in diesem Falle als zweite Frau, auch die New Yorker Philharmoniker dirigierte.

Die erste Discothek weltweit

Diese eröffnete im „Jahre des Herrn" 1959 in Aachen unter dem Namen „Scotch Club". Am 19. Oktober desselben Jahres legte DJ Heinrich als erster weltweit im Stile heutiger DJs auf.

Das erste Doppelalbum der Rockgeschichte

Das war 1966 Bob Dylans „Blonde On Blonde".

Die erste erhaltene Oper der „Neuen Welt"

Dies ist „La purpura de la rosa" von Tomás de Torrejon y Velasco, uraufgeführt 1701 in Lima (Peru).

Die erste fast vollständig erhaltene Buffo-Oper der Geschichte

Das ist „Li zite n'galera" (Die Verlobten auf der Galeere), 1722 geschaffen von Leonardo Vinci.

Die erste Fernsehoper

Als erste Fernseh-Oper überhaupt flimmerte im Jahre 1951 Gian Carlo Menottis „Amahl und die nächtlichen Besucher" über die US-amerikanischen Fernsehschirme.

Die erste „Frank Zappa-Straße" in Deutschland

Am 28. Juli 2007 wurde in Berlin-Marzahn die „Straße 13" nach dem amerikanischen Musiker Frank Zappa benannt. Sie ist 300 Meter lang und führt am „Orwo-Haus" vorbei, in dem Übungsräume für mittlerweile mehr als 160 Musikgruppen entstanden sind.

Die erste Frau ...

Simone Young dirigierte als erste Frau überhaupt an der Wiener Staatsoper und der Pariser Bastille.

Die erste Frau an der Spitze eines italienischen Orchesters

Das war 2009 die Chinesin Xian Zhang mit dem „Orchestra Sinfonica di Milano".

Die erste Frau bei den Berliner Philharmonikern

Seit der Gründung des Orchesters 1882 war dies ca 100 Jahre später die Geigerin Madeleine Carruzzo.

Die erste Frau in der „Rock 'n' Roll Hall of Fame"

Der Soulsängerin Aretha Franklin wurde 1987 die Ehre zuteil, als erste Frau überhaupt in die „Rock 'n' Roll Hall of Fame" aufgenommen zu werden.

Die erste gecastete Boygroup

„Das sind wir", erklärte Sex Pistols-Gitarrist Steve Jones. Tatsächlich wurde die Punk-Gruppe 1975 von Malcolm McLaren, dem Betreiber einer Boutique in der Londoner King's Road, zusammengestellt.

Die erste Goldene Hip Hop-Platte

Die LP ‚It's Like That' der Gruppe Run DMC von 1984 war die erste goldene Hip Hop-Platte in den USA überhaupt.

Die erste ‚Goldene Schallplatte'

Der Tenor Enrico Caruso war der erste Künstler, der eine Schallplattenaufnahme über eine Million mal (der damaligen Marge für eine ‚Goldene Schallplatte') verkaufte. Er sang 1902 die Arie ‚Vesti la giubba' aus ‚Bajazzo' von Leoncavallo.

Die erste ‚Goldene' Schallplatte

Die erste Goldene Schallplatte im heutigen Sinne wurde Glenn Miller 1942 von der Firma Victor für den Titel ‚Chattanooga Choo Choo' überreicht. Sie war zuvor mit Goldbronze übersprüht worden.

Das erste Hardrock-Album der Rockgeschichte

Das Album ‚Deep Purple In Rock' der Gruppe ‚Deep Purple', welches der Band 1968 weltweit den Durchbruch verschaffte, war die erste definitive Hardrockplatte in der Rockgeschichte.

Das erste Hip Hop-Musical der Welt

Es heißt „WestEnd Opera", wurde 1998 von ca 30 Jugendlichen aus 15 Nationen, die nie eine professionelle Musicalausbildung erhielten, entwickelt und hatte im Juni 1999 in München Premiere.

Die erste Internet-Oper

Das von Eberhard Schoener geschaffene Werk „Virtopera" wurde zwischen Oktober 2000 – 1. Akt in Mantua, Italien – November – 2. Akt in Salvador de Bahia, Brasilien – Dezember – 3. Akt in Kalkutta, Indien – und Januar 2001 – 4. Akt in Köln, Deutschland – uraufgeführt und live im Internet übertragen.

Die erste Jazz-Platte

Sie wurde am 26. Februar 1917 von der „Original Dixieland Jass Band" aufgenommen und am 7. März 1917 veröffentlicht.

Das erste Klavier für Linkshänder

Einem plötzlichem Einfall folgend, programmierte der linkshändige englische Konzertpianist Christopher Seed sein elektronisches Keyboard spiegelbildlich um, indem er die Bässe nach rechts und den Diskant nach links verlagerte, und stellte fest, daß er so viele Stücke viel leichter spielen konnte. Tatsächlich sind klavierspielende Linkshänder grundsätzlich benachteiligt, da die Komponisten die anspruchsvolleren melodieführenden Passagen fast ausschließlich in die rechte Hand legen. Gerade Mozart und Chopin sind dann äußerste Herausforderungen. Von der niederländischen Klavierbauerfirma Coletti und Tuinmann ließ sich der Künstler 1998 ein entsprechendes Piano anfertigen, mit dem er 1999 in der Londoner Queen Elisabeth Hall sein erstes Konzert plante.

Das erste Millionen-Album überhaupt

Das 1957er Debut-Album „Calypso" von Harry Belafonte war das erste Album, das sich über eine Million mal verkaufte.

Die erste Millionen-Single

Die erste Single, die 1.000.000 Exemplare überschritt, war ‚Carry Me Back To Old Virginia' der Firma Victor, gesungen von Alma Gluck. Es war eine 30,48 cm große, einseitig bespielte Platte.

Die erste mit einem Grammy ausgezeichnete Reggae-Band

Das waren 1985 Black Uhuru mit dem Album „Anthem".

Die erste Musikübertragung im Rundfunk

Diese fand am 22. Dezember 1920 auf dem Funkerberg in Königs Wusterhausen (Brandenburg) mit dem Lied „Stille Nacht" statt.

Das erste Musikvideo überhaupt

Das war 1967 „Strawberry Fields Forever" von den Beatles.

Der erste Nummer 1-Hit des Rap

Die erste Rap-Platte, die ein Nummer-1-Hit wurde, war 1987 „Licensed To Ill" von den Beastie Boys.

Der erste Nummer 1-Hit eines europäischen Interpreten in den USA

Dies war im Jahre 1955 „Malaguena", gesungen von Caterina Valente.

Das erste offizielle Punk-Album der DDR

Es heißt „Hea Hoa" und wurde 1989 von der Firma Amiga mit „Feeling B", der ersten professionellen Punk-Gruppe des anderen deutschen Staates, produziert.

Die erste Oper

Bei der ersten bekannten Oper handelt es sich um „Dafne" von Jacopo Peri, die 1597 zum Karneval in Florenz aufgeführt wurde. Von ihr ist nur noch das Libretto vorhanden.

Die erste Oper der muslimischen Welt

Das war 1908 „Lejli und Medschnun" von Usejir Hadschibejow.

Die erste Operette des 21. Jahrhunderts

Das ist „Das trojanische Boot", vom Ensemble „Mnozil Brass" und Bernd Jeschek.

Das erste Opernhaus des afrikanischen Kontinents

Das war das 1869 vom damaligen ägyptischen Vizekönig Ismail Pascha eingeweihte „Teatro del'Opera" in Kairo.

Das erste Opernhaus in Venedig

Das erste Opernhaus in Venedig wurde im Jahre 1637 eröffnet.

Die ersten Platin-Alben der Rockgeschichte

Mit 2 Millionen Exemplaren waren das 1968 „Wheels Of Fire" von der Gruppe „Cream" sowie „In-A-Gadda Da-Vida" der Gruppe „Iron Butterfly".

Die ersten Plattenaufnahmen der Country-Musik

Diese fanden 1923 in Atlanta mit „The Little Old Log Cabin In The Lane" und „The Old Hen Cackled And The Rooster's Going To Crow" und Fiddlin' John Carson statt, initiiert durch den Promoter Ralph Peer. Zwei weitere Titel – „Lonesome Road Blues" und „The Wreck Of The Southern Old ‚97" folgten.

Der erste Popmusiker auf DVD plus überhaupt

Im November 2000 veröffentlichte Herbert Grönemeyer sein neues Doppelalbum „Stand der Dinge" auf diesem gerade entwickelten Tonträger, der beidseitig bespielt und sowohl auf herkömmlichen CD-Playern als auch auf DVD-Anlagen abspielbar ist.

Die erste Reggae-Nummer-Eins in der Geschichte der Hitparade

Die Single „Israelites" von Desmond Dekker verkaufte sich 1969 mehr als fünf Millionen mal.

Das erste Rhythmusgerät

1930 entwickelte der Russe Lew Termen zusammen mit dem Amerikaner Henry Cowell das sog. Rhythmicon, ein elektromechanisches Musikinstrument, das verschiedene Rhythmen produzierte.

Der erste Rock 'n' Roll-Film

„Biker Charlie & The Greasy Hot Dog Gang", der als erster vollgültiger Rock 'n' Roll-Film bezeichnete Streifen, wurde 1954 wegen des plötzlichen Erfolges von Elvis Presley und Bill Haley auf Betreiben der US-Plattenfirmen kurz vor dem Start zurückgezogen und ist seitdem verschollen. Den Soundtrack schrieb Sam Silverson.

Der erste Rocksong in den Hitparaden

Das war der im August 1953 veröffentlichte Titel „Crazy Man Crazy" von „Bill Haley & His Comets".

Das erste Rundfunkorchester Deutschlands

Am 24. Januar 1924 fand in einer Baracke in Eberswalde, ca. 50 km nördlich von Berlin, die erste drahtlose Übertragung eines Orchesters in Deutschland statt. Eigens zu diesem Zweck war eilig ein Streichquartett zusammengestellt worden. Ein Juwelier spielte 1. Violine, ein Major die zweite, ein Gymnasiallehrer das Cello und der Stadtoberinspektor die Bratsche. Zu hören war das Konzert bis nach Skandinavien und in die Schweiz hinein.

Die erste Rundunksendung in Deutschland

Sie fand am 29. Oktober 1923 in Berlin statt und war eine einstündige Live-Übertragung von Musik aus dem Vox-Haus an der Potsdamer Straße 10 mit Werken von Fritz Kreisler u.a.

Der erste Schlager der Musikgeschichte

Als solchen bezeichnet man gemeinhin den Walzer ‚An der schönen blauen Donau' von Johann Strauss (Sohn). Ihn selbst nannte man den ersten Schlagerkomponisten.

Der erste schwarze Hip Hop-Durchstart

Mit ihrem Debütalbum schrieb die Sängerin Eve 1999 in den USA Musikgeschichte; es war das erste Werk einer schwarzen Hip Hop-Künstlerin, dem es gelang, von 0 auf Platz 1 in den Billboard-Charts zu gelangen.

Die erste Single auf DVD

Im Juni 1999 veröffentlichte Björk den Titel „All Is Full Of Love" auf dem neuen Medium.

Die erste Single des Rock 'n' Roll überhaupt

Als solche gilt allgemein „Rocket 88", aufgenommen 1951 mit Ike Turner in den Sun-Studios des Produzenten Sam Phillips in Memphis.

Der erste speicherfähige Synthesizer

Den ersten Synthesizer, der eingestellte Klänge abspeichern und auf Knopfdruck wieder aubrufbar machte, entwickelte der Hamburger Wolfgang Palm mit seinem „PPG Wave 1003" im Jahre 1976.

Der erste Spitzen-Hit einer deutschen Gruppe in den USA

Nach dem Charteinstieg auf Platz zwei im Dezember 1983 gelangte der Nena-Titel „99 Luftballons" im März 1984 als erster Titel einer deutschen Gruppe überhaupt in die Spitze der amerikanischen Hitparade (Platz 4).

Die erste Stereoaufnahme

Die erste Stereoaufnahme der Welt fand in den 1950er Jahrem im Großen Sendesaal des SFB in Berlin statt.

Der erste Tonfilm der Filmgeschichte

Das war „The Jazz Singer". Er lief am 6. Oktober 1927 in New York mit Al Jolson (als Schwarzer) und Mae Clark in den Hauptrollen. Der Ton bestand im wesentlichen aus musikalischen Einlagen und einigen Dialogsequenzen.

Die erste virtuelle LP

Diese „unsichtbare" LP soll nur beim gleichzeitigen Hören der Scheiben „Unser Debüt" und „Sechs" der Gruppe „Die Tödliche Doris" zu hören sein.

Die ertragreichste Tournee aller Zeiten

Dies war 1997 mit 130 Millionen Dollar die „Bridges To Babylon"-Tour der Rolling Stones.

Frauen-Power!

Mit einem täglichen Verdienst von 444.000 DM – das entspricht einem Jahreseinkommen von ca 160 Millionen DM – waren die ‚Spice Girls' 1997 die erfolgreichste Frauenband aller Zeiten.

Die frühesten Musikhandschriften Johann Sebastian Bachs

Diese Papiere Bachs aus der Zeit um 1700 wurden im Jahre 2006 von Peter Wollny und Michael Maul in der Weimarer „Anna-Amalia-Bibliothek" entdeckt, keine Eigenkompositionen, sondern Abschriften von Werken Buxtehudes (Choralfantasie: „Nun freut euch, lieben Christen g'mein") und Reinkens („An Wasserflüssen Babylon"). Da es sich nicht um gewöhnliche Notenschriften, sondern um Tabulaturen handelte, die auf ungeübte Augen wie orientalische Schriftzeichen wirken können, hatten Archivare die Papiere unter der Rubrik „Theologica" abgelegt.

Die führende Wöchnerin

Über 1000 Wochen in den Charts war das Album „Dark Side of the Moon" von ‚Pink Floyd'.

Die fünf größten Musiklabels der Welt

Dies waren im Jahre 2000 die Firmen EMI, Time Warner, Universal Music, Sony Music Entertainment und Bertelsmann BMG Entertainment. Allein in Europa kommen auf die Riesen 85% aller Musikverkäufe, weltweit sind es immerhin noch 77,5%.

Marktanteile Ende 2003 (Zeitpunkt der Fusion von Sony und BMG)
Universal – 25,9 %
Warner – 10,8 %
EMI – 12 %

BMG – 11,1 %
Sony – 14,1 %
Sonstige – 24,6 %

Die ganz andere Hitparade

Die reichsten Popstars (und andere) Englands unter 30, ermittelt von der britischen Zeitung „Observer".
Künstlerinnen des Jahres 2000
Victoria Beckham (82 Mill. DM)
Mel C (72,2 Mill. DM)
Mel B (70,6 Mill. DM)
Emma Bunton (70,6 Mill. DM)
Geri Halliwell (63 Mill. DM)

Künstler des Jahres 2000

Alan Shearer (54,5 Mill. DM) (Fußballer)
Robbie Williams (36 Mill. DM)
Liam Gallagher (25,7 Mill. DM)
David Beckham (22,5 Mill. DM) (Fußballer)
40 der insgesamt 100 aufgelisteten Personen kommen aus dem Computerbereich, diverse auch aus dem Adel.

Zur Erinnerung

Die geschätzte Anzahl der Musiker weltweit – es gibt keine empirischen Zahlen, aber ich kann gut schätzen, und viele Fachkenner haben mich bestätigt – die von ihrem Klangwerk nicht leben können, liegt bei ca 90 bis 95%. Musikfreunde tippen in der Regel niedriger, aber sämtlich immer noch weit über 50%.

Das größte Alphorn

Das größte Alphorn der Welt wurde von Alois Biermeier aus Bischofswiesen gebaut. Es mißt 19,70 m, wiegt 77 kg und wurde aus einem einzigen Fichtenstamm gefertigt.

Das größte Blechblasinstrument

Das größte Blechblasinstrument der Welt ist eine Kontrabaß-tuba (2,28m hoch mit einer Schallröhre von 1,18 m Länge), die um 1898-99 für eine Welttournee der Kapelle des amerikanischen Komponisten John Philip Sousa gebaut wurde.

Die größte Blockflöte

1994 baute Stefan Geir Karlson aus Island eine voll funktionsfähige Blockflöte von 5 m Länge. Ob sie spielbar ist, darf bezweifelt werden: die Löcher des Instrumentes aus spezialbehandelter Zirbelkiefer haben einen Durchmesser von 8,5 cm.

Das größte Cembalo

Der Hamburger Instrumentenmacher Hieronymus Albrecht Hass baute es um 1740. Es hat 3 Manuale.

Der größte Drehorgelclub der Welt

Dies ist der Club Deutscher Drehorgelfreunde – CDD – mit Sitz in Hamburg.

Die größte elektronische Orgel

Sie wurde von Bo Hanus und Hannelore Hanus-Walther gebaut und steht in Rothenburg ob der Tauber. Die Orgel hat 122 Stimmen, 45 Fußlagen, 305 Tasten auf 5 Manualen und kann 80215 Töne gleichzeitig erzeugen.

Die größte Fehlentscheidung der Popgeschichte

Nach Probeaufnahmen lehnte die Plattenfirma Decca 1962 einen Vertrag mit den Beatles mit der Begründung ab, die Zeit der Gitarrengruppen sei vorbei. Außerdem gefalle der Sound nicht.

Die größte Fusion in der Geschichte der Musikindustrie

Im Januar 2000 schlossen sich Warner Music Group und EMI angesichts zu erwartender Umsatzeinbußen durch das florierende Internetgeschäft – herunterladbare Musik ohne Einschaltung von Konzernen – zusammen, kurz nachdem Time Warner selbst an den Online-Riesen AOL gegangen war. Zuvor fusionierte Polygram mit Seagram und wurde mit Universal Music zusammengeschlossen. Bereits zwei Jahre vorher hatte EMI Virgin Music gekauft, später Intercord, die letzte große deutsche Plattenfirma, die nicht im Besitz eines Multis war.

Die größte gestimmte Glocke

Die größte auf einen Ton (das tiefe c) gestimmte Glocke wiegt 18.563 kg, hat einen Durchmesser von 3,09 m und ist Bestandteil des Glockenspiels der Riverside Church in New York, USA.

Die größte Gitarre bis 1991

Die größte Gitarre der Welt bis 1991 mit 3,07 m Länge und 136 kg Gewicht wurde 1980 von der Firma ‚Sparkling Ragtime Productions‘ in San Francisco, USA, gebaut.

Das größte Glockenspiel

Das größte Glockenspiel befindet sich in der Riverside Church in New York, USA. Es besteht aus 74 Glocken mit einem Gesamtgewicht von 102 t.

Die größte historische Gitarre

Das Instrument, eine maßstabsgetreue Vergrößerung einer im Oxforder Ashmolean Museum ausgestellten klassischen Gitarre von Antonio Stradivari, ist 8,66 m lang und 97,2 cm tief.

Die größte historische Orgel

Die von Arp Schnitger zwischen 1689 und 1693 gebaute Orgel befindet sich in der Hauptkirche St. Jacobi in Hamburg.

Der größte Internet-Musikladen der Welt

Im Jahre 2001 entstand durch den Zusammenschluß der Firmen „Bertelsmann Music Group" (BMG), Warner Music und EMI unter dem Namen „Music Net" der weltgrößte Musikvertrieb im Internet.

Größte Kirchenorgel der Welt

Im St. Stephans-Dom zu Passau errichtete 1924-28 die Firma D.F. Steinmeyer & Co. die größte Pfeifenorgel der Welt. Das 1977-80 von Orgelbaumeister L. Eisenbarth erweiterte Instrument hat 5 Spieltische, besitzt 231 Register und 17429 Pfeifen sowie 116 Glocken. Die größte Pfeife mißt 11,3 m, hat einen Durchmesser von 50 cm und wiegt 306 kg.

Die größte Kirmesorgel

Die größte transportable Kirmesorgel der Welt mißt 9,50 m in der Länge, ist 3,10 m hoch, hat 125 Tonstufen und stammt aus dem Schwarzwald.

Der größte Kontrabaß

Das Instrument wurde 1924 von K. Ferris in Ironia, New Jersey, USA hergestellt. Es war 4,26 m hoch, 2,43m breit und wog 590 kg. Die vier ledernen Saiten, deren tiefste Töne nur gefühlt werden konnten, hatten eine Gesamtlänge von 31,7 m.

Das größte Konzert aller Zeiten

Der Auftritt von Paul McCartney in der Nacht vom 14. zum 15. Dezember 1999 im legendären ‚Cavern Club' in Liverpool wurde von schätzungsweise mehr als 500 Millionen Menschen im Fernsehen und im Internet verfolgt. Direkt live dabei waren nur 300 Zuschauer.

(Der erste Auftritt von McCartney im ‚Cavern Club' fand am 24. Januar 1958, damals noch mit Lennons „Quarrymen", statt, der letzte 1963.)

Das größte Konzertereignis in der Geschichte

In Anlehnung an den Begriff „G 8" (Gipfeltreffen der führenden Industrienationen) initiierte Bob Geldof mit „Live 8" am 2. Juli 2005, 20 Jahre nach „Live Aid" an 10 Orten in aller Welt – Berlin, Cornwall, London, Paris, Rom, Philadelphia, Barrie bei Toronto, Tokio, Johannesburg und Moskau – Konzerte mit Hunderten von Interpreten, um den kurz darauf in Edinburgh stattfindenden G8-Gipfel nachhaltig aufzufordern, einen Schuldenerlaß für die ärmsten Länder zu beschließen. Live dabei waren mehr als 2 Millionen Menschen, die weltweite TV-Übertragung verfolgten ca 3 Milliarden Zuschauer.

Die größte Musikmesse

Sie findet im Februar/März eines jeden Jahres in Frankfurt statt. 1997 zeigten 1.871 Aussteller aus 45 Ländern auf 110.000 qm Neuheiten der Branche.

Die größten Künstler der zweiten Hälfte des 20. Jahrhunderts

Diesen Titel verlieh die US-Fachzeitschrift „Entertainment Weekly" den Beatles. Auf den Plätzen folgten Elvis Presley, Marilyn Monroe, Steven Spielberg, Madonna und Frank Sinatra.

Das größte Opernhaus der Schweiz

Die Genfer Oper, 1879 erbaut, 1951 abgebrannt und 1962 wiedereröffnet, verfügt über 1498 Plätze.

Das größte Opernhaus der Welt

Die 1966 erbaute New Yorker Metropolitan Opera ist mit 4065 Plätzen und einer 70 m breiten und 45 m tiefen Bühne das größte Opernhaus der Welt.

Das größte Opernhaus Deutschlands

Die Deutsche Oper Berlin ist mit 1900 Sitzplätzen und einer Fassade von 200 x 38,4 Metern die größte Oper Deutschlands.

Das größte Opernhaus Österreichs

Mit 1700 qm Fläche und 53 m Höhe besitzt die Wiener Staatsoper einen der größten Bühnenräume der Welt. Einschließlich der 567 Stehplätze beträgt das Fassungsvermögen 2209 Plätze.

Die größte private Schallplattensammlung

Rund 500.000 Aufnahmen befinden sich im Besitz von Stan Kilarr im US-Bundesstaat Oregon.

Die größte Querflöte

Dieses Instrument, eine Subkontrabaßflöte in C, hat eine Gesamtlänge von 5,10 m.

Das größte Revuetheater Europas

Dieser Titel gebührt, zumindest bis zum Jahre 2000, dem Berliner Friedrichstadt-Palast.

Die größte Synagogenorgel der Welt

Diese befindet sich in der Villa Seligmann in Hannover und besteht aus einem Spieltisch der Budapester Synagoge und einer ehemaligen Synagogenorgel aus der Kirche des oberbayrischen Weßling.

Größter Flügel der Welt

Der 1935 von der Londoner Firma H. Challen & Sohn gebaute Flügel mit 3,55 m Länge und 1,5 t Gewicht gilt als der größte Flügel, der je gebaut wurde. Allein der Rahmen wog 330 kg, auf dem ein Zug von mehr als 30 t lastete; die längste Saite war 3,02 m lang.

Das größte Rockkonzert

Zu einer Mammutveranstaltung am Silvesterabend 1993 in Rio de Janeiro fanden sich zwischen 2,5 und 3 Millionen Besucher ein.

Das größte Saiteninstrument

Als größtes Saiteninstrument gilt ein Pantaleon mit 370 Saiten und 4,6 qm Fläche.

Das größte Schallplattenantiquariat weltweit

Das wurde in Berlin von „Platten Pedro" bis 2021 über 50 Jahre lang betrieben. Der zeitweilige Bestand, vor allem nach Aufkommen der CD, waren 250.000 Stück.

Die größte Schallplattensammlung überhaupt

Mit mehr als 800.000 Kompositionen von 125.000 Komponisten und 2,7 Millionen Interpretationen von 350.000 Interpreten auf insgesamt 1,3 Millionen Tonträgern besitzt der britische BBC die größte Schallplattensammlung der Welt.

Die größte spielbare Gitarre

Schüler der Shakamak Highschool von Jason, Indiana bauten eine nach der Gibson Flying V gestaltete, 11,63 m lange, 4,87 m breite und 466 kg schwere Gitarre. Bei der Einweihung 1991 wurde das Instrument an sechs Verstärker angeschlossen und von ebenso vielen Schülern gespielt.

Der größte Studiochor aller Zeiten

Im Juni 2001 trafen sich die Fans des Fußballclubs „Arminia Bielefeld", um gemeinsam das Lied „Auch wenn alles nur ein Spiel ist" aufzunehmen.

Große Familie

Als die größte Musikerfamilie des Abendlandes wird die Familie Bach betrachtet. Sie brachte während zweier Jahrhunderte in 6 Generationen 70 Berufsmusiker, darunter 20 Komponisten, hervor.

Großer Fleiß

Georg Philipp Telemann gilt allgemein als der fleißigste unter den Komponist. Er schrieb über 1.000 (1043) Kirchenkantaten, 78 Messen, 40 Opern, an die 1.000 Orchestersuiten, 53 Passionen und weitere kammermusikalische Werke.

Ein guter Anfang

Erstmals in der bundesdeutschen Justizgeschichte stand 2003 eine rechtsextreme Rockgruppe vor Gericht. Der Generalbundesanwalt klagte im Juni dieses Jahres die neofaschistischen „Landser" in Karlsruhe an wegen Aufforderung zu Gewalt gegen Türken, Afrikaner, Juden, Sinti und Roma, Linke, die Bundesregierung und Mitglieder des Bundestags und zu Mord an prominenten Nazi-Gegnern wie Michel Friedmann. Hinzu kamen Volksverhetzung, Verunglimpfung des Staates, Verwendung von Nazi-Kennzeichen, Verbreiten verfassungswidriger Propaganda, Beleidigungen und Bildung einer kriminellen Vereinigung.

Die höchstdotierten Schallplattenverträge aller Zeiten

100 Millionen Dollar für ihre nächsten Alben bekam die amerikanische Sängerin Whitney Houston von der Firma Arista Records im Sommer 2001 vertraglich zugesichert.

Bis 2001: mit 80 Mill. DM für die nächsten 4 Alben schloß Janet Jackson mit der Plattenfirma Virgin 1998 den bis dahin teuersten Plattenvertrag der Popgeschichte ab. Der Vorschuß betrug 35 Millionen Dollar.

Der höchstdotierte Plattenvertrag in England

Den bis dahin höchstdotierten Plattenvertrag der englischen Musikgeschichte schlossen im Jahre 2002 die Capitol/EMI und Robbie Williams für vier Jahre und 127 Millionen Euro.

Höchste Ehren – Die Blaublüterfraktion

The Duke – Duke Ellington
Empress Of Blues – Bessie Smith
God Of Guitar – Eric Clapton
Godfather Of Soul – James Brown
„KING CRIMSON"
King Curtis . Curtis Ousley
King Oliver – Joseph Oliver
Lizard King – Jim Morrison

King Of Blues – B.B. King
King Of Jazz – Louis Armstrong
King Of Mambo – Tito Puente
King Of Pop – Michael Jackson

King Of Rock 'n' Roll – Elvis Presley
King Of Swing – Benny Goodman

Prince – Prince Rogers Nelson

Queen Of Jazz – Ella Fitzgerald
Queen Of Pop – Madonna Louise Ciccone
Queen Of Soul – Aretha Franklin

König von Deutschland – Rio Reiser
König von Mallorca – Jürgen Drews
Lady Day – Billie Holiday
Lady Gaga – Joanne Stefani Germanotta

„QUEEN"

Queen Esther Marrow
Queen Latifah – Dana Owens
Queen Yahna

Der höchste Neueinstieg

Im Mai 1997 gelangten die „Spice Girls" mit Ihrem Debut-Album „Say You'll Be There" auf Anhieb auf Platz 5 der US-Charts.

Der höchste Preis für eine Gitarre überhaupt

Um seine Drogenklinik „Crossroad Center" auf Antigua, Leeward Islands zu finanzieren, ließ Eric Clapton im Juni 1999 bei Christie's in New York 100 Gitarren aus seiner Sammlung versteigern, darunter „Brownie", mit der er seinen Hit „Layla" eingespielt hatte. Die Aktion brachte insgesamt 9,5 Millionen Mark, und „Brownie" wechselte für 497.500 Dollar den Besitzer. Eine Gitarre hatte Clapton versehentlich weggegeben und wollte sie selbst zurückersteigern. Das Auktionshaus schwieg sich darüber aus, ob er sein Vorhaben in die Tat umgesetzt hat.

Höchstleistung

Am 6. August 2007 veranstaltete die Musikkapelle „Roggenzell" in Bolivien in der dünnen Luft von 6032 Metern das höchste Konzert aller Zeiten.

Höchstpreis

Das letzte große Kammermusikwerk von Johannes Brahms, zwei Klarinettensonaten, wurden im Dezember 1997 in London für mehr als 1,3 Millionen DM versteigert. Ein neuer Höchstpreis für ein Brahms-Manuskript.

In fremden Landen – frisch auf den Tisch

Mit der Weltpremiere des Musicals ‚Der Glöckner von Notre Dame' ereignete sich am 5. Juni 1999 in Berlin die erste Uraufführung eines Walt Disney Musicals außerhalb der Vereinigten Staaten.

In guter Nachbarschaft

Als erstem Rockmusiker in der Geschichte Großbritanniens wurde Jimi Hendrix die Ehre zuteil, daß an dem Haus in London, in dem er von 1968 bis 1969 gewohnt hatte, die blaue Plakette angebracht wurde, mit der die Hauptstadt auf prominente Bewohner aufmerksam macht. Enthüllt wurde sie im September 1997 von Pete Townshend. Nebenan erinnert eine ebensolche Plakette, daß dort im 18. Jahrhundert der Komponist Georg Friedrich Händel wohnte (Im November 2001 wurde daraus das „Handel House Museum").

In höchsten Tönen

Um einer Umweltschützerin, die mehr als ein Jahr lang versuchte, Riesenbäume vor dem Abholzen zu bewahren, ein Ständchen zu bringen, kletterte die Folksängerin Joan Baez 1999 im kalifornischen Headwater Forest in eine 60 Meter hohe Baumkrone.

Internationaler Weltmeister

Der Schweizer Student Michael Sauser sang im Januar 1998 in Lausanne innerhalb von 6 Sunden von 188 Nationalhymnnen die erste Strophe in der Originalsprache.

Jazz-Schallmauer durchbrochen

Der Titel ‚Take Five', geschrieben von Paul Desmond und gespielt vom ‚Dave Brubeck Quartett', war die erste Jazzaufnahme, die sich über 1 Million mal verkaufte.

Das jüngste Mitglied der Country Music Hall of Fame

1980 wurde Johnny Cash im Alter von 48 Jahren als bis dahin jüngstes Mitglied in die Country Music Hall of Fame aufgenommen.

Der jüngste Neuankömmling

Als jüngste Musikerin in den US-amerikanischen Billboard Hot 100 konnte sich 2021 mit 9 Jahren Blue Ivy Carter bezeichnen.

Die jüngste Opernsängerin

Ginetta La Bianca, geboren 1934, sang 1950 im Teatro dell' Opera in Rom im „Barbier von Sevilla" die Rolle der Rosina.

Der jüngste Spitzenreiter in der Geschichte der Hitlisten

2003 gelangte Peter Cincotti als jüngster Künstler überhaupt in der Geschichte der Schallplatten-Hitlisten an die Spitze der Billboard-Jazz-Charts.

Die kleinste Orgel

Die kleinste spielbare Orgel der Welt baute der Schüler Stefan Albrecht aus Oberhausen, Deutschland. Sie mißt 13 x 11,2 x 5,55 mm, hat eine eigene Spannungsversorgung, Lautsprecher, Verstärkeranschluß und einen Tonumfang von 1 1/2 Oktaven.

Das kleinste Publikum

Dieses gehabt zu haben behauptet die holländische Gruppe „Legendary Pink Dots"; es zählte 9 Besucher, von denen 8 auf der Gästeliste standen.

Die kleinste Schallplatte der Welt

Der Berliner Peter Lardong entwickelte eine Schallplatte, und den dazu gehörenden Plattenspieler mit den Maßen 5 x 7 x 3 cm, die mit dem Durchmesser 1,6 cm von 1 mm kleiner als ein Pfennig ist. Zu hören ist: „Ich bin ein sprechender Knopf. Näh' mich bitte an die Jacke ,ran!"
Damit löste er den bisherigen Rekordhalter ab. Die bis dahin kleinste abspielbare Schallplatte hatte einen Durchmesser von 3,5 cm und wurde 1924 für ein Puppenhaus im Buckingham-Palast hergestellt. Aufgespielt ist darauf die englische Nationalhymne.

Die kleinste spielbare Pfeifenorgel

Dieses Portativ (nur mit einer Hand zu spielen, während die andere den Blasebalg bedient) wurde vom Berliner Orgelbauer Andreas Hermert hergestellt. Sie mißt 48 x 33 x 11 mm, besitzt 8 Pfeifen aus Messingröhrchen, einen zweifachen Blasebalg und wird mit einer Pinzette gespielt

Die kleinste Violine

Als kleinste Violine gilt – nach dem „Guinnessbuch der Rekorde" – das von dem Dortmunder Geigenbauer Oskar Hecht gebaute Exemplar. Sie mißt 7,5 cm und besitzt alle Eigenschaften und Funktionen einer normalen Violine, abgesehen natürlich von der Tonhöhe auf Grund der „Länge" der Saiten. Noch kleiner ist die nur 34,7 mm lange, ebenfalls spielbare Miniaturgeige eines unbekannten Herstellers.

Der König der Singles

Die meisten Singles überhaupt brachte, wie im Februar 2004 durch Recherchen der englischen TV-Show „The Ultimate Pop-Star" ermittelt wurde, der englische Sänger Cliff Richard heraus.

1. Cliff Richard – 20.969.006
2. The Beatles – 20.799.632
3. Elvis Presley – 19.293.118
4. Madonna
5. Elton John
6. Michael Jackson
7. Queen
8. ABBA
9. Paul McCartney
10. David Bowie

Der König von St. Pauli

Der deutsche Sänger Freddy Quinn erhielt für das Lied „Heimweh nach St. Pauli" die 1. Goldene Schallplatte als deutschsprachiger Interpret, und zwar gleich dreifach: 1956 zweimal und 1958 eine weitere. Außerdem ist er mit insgesamt 17 Goldenen Schallplatten und weiteren 40 Auszeichnungen der am höchsten dekorierte deutsche Unterhaltungskünstler.

Das kürzeste Musical

Mit 7.24 Minuten ist ‚Die Heiratsannonce' von Hans-Joachim Wolfram, Günter Fischer und Max Beinemann das kürzeste Musical.

Das kürzeste Musikvideo

Es wurde 1994 von der amerikanischen Death Metal-Band „Brutal Truth" für ihren Song „Collateral Damage" produziert und dauert ganze 2.18 Sekunden.

Die kürzeste Oper

Die Oper „Die Errettung des Theseus" von Milhaud dauert 7.27 Minuten und wurde 1928 uraufgeführt.

Die längste Chartplatzierung aller Zeiten

Diesen Titel kann Andrea Berg mit dem Album „Best Of Andrea Berg" für sich beanspruchen. Es hielt sich (Stand Januar 2008) 314 Wochen in den deutschen Charts, länger als Pink Floyds „Wish You Were Here" (312 Wochen), und die Beatles-Alben „1962 – 1966" (297 Wochen) und „1967 – 1970" (285 Wochen).

Die längste Handharmonika

1996 präsentierten Mitglieder des Handharmonika-Clubs aus St. Blasien, Baden-Württemberg, eine Handharmonika von 10,34 m Länge.

Das längste Kirchenlied

Das ‚Hora novissima tempora pessima sunt; vigilemus von Bernhard von Cluny (12. Jhrh.) gilt mit seinen 2966 Zeilen als das längste existierende Kirchenlied.

Das längste Lied

Das längste Lied hat 3776 Zeilen und einige hundert Autoren. Originaltext und –musik stammen von Volker Lechtenbrink und Michael Reinecke; der Kinderliedermacher Rolf Zuckowski und 421 Kinder texteten und sangen es 1982 auf dem Hamburger Rathausmarkt.

Die längste Musikerkarriere

Ihr letztes öffentliches Konzert, das mit 6 Zugaben endete, gab die rumänische Pianistin Cella Delavrancea (1887-1991) im Alter von 103 Jahren.

Das längste Musikstück aller Zeiten

In Halberstadt im sachsen-anhaltinischen Vorharz begann am 5. September 2001 um Mitternacht ein Orgelkonzert, das 639 Jahre dauern soll.

Das Werk „Organ2/ASLSP" („As slow as possible" – „So langsam wie möglich") des amerikanischen Musikers und Komponisten John Cage ist im Original 20 Minuten lang und soll auf 639 Jahre ausgedehnt werden. Dieser Zeitraum wurde gewählt, weil vor 639 Jahren in der St. Burchardikirche Halberstadt die erste Blockwerkorgel Deutschlands gebaut worden war.

Zum Aufführungsbeginn am 5. September 2001, dem 89. Geburtstag des Komponisten, wurde der erste Blasebalg in Gang gesetzt, jedoch war noch kein Ton zu hören, denn das Stück besteht zunächst aus einer 16-monatigen Pause. Erst am 5. Januar 2003 erklangen die ersten drei Orgeltöne.

Die Veranstalter, die John-Cage-Stiftung Halberstadt, eine Gruppe von Organisten, Komponisten, Musikwissenschaftlern, Theologen, Instrumentenbauern und Kunstliebhabern, berufen sich bei diesem Projekt auf den Ausspruch von Cage: „Es gibt keine Stille, die nicht mit Klang geladen ist". Die Pause sei eine „klanggefüllte Stille als Vorbereitung und Einstimmung für den ersten erklingenden Ton, den ersten Akkord im Jahre 2003"; es gehe auch um das Nachdenken über die Zeit.

Am 5. Mai 2006 verklang während eines Tonwechsels das eingestrichene E. Es wird erst wieder am 5. September 2020 zu hören sein. Am 5. Januar 2006 war das eingestrichene A, das zweigestrichene C und das dreigestrichene Fis zum ersten Akkord hinzugekommen. Der nächste Klangwechsel erfolgt am 5. Juli 2008.

Die längste Oper des Abendlandes

Als längste Oper überhaupt im Bereich der abendländischen Kultur gilt „The Heretics" von Gabriel von Wayditch mit einer Dauer von achteinhalb Stunden. Länger noch aber ist die chinesische Oper „Mudan Ting" aus dem 16. Jahrhundert mit 19 Stunden.

Die längste Opernarie

Die längste Opernarie mit ca 15 Minuten ist „Brunhildes Klage" in der „Götterdämmerung" von Wagner.

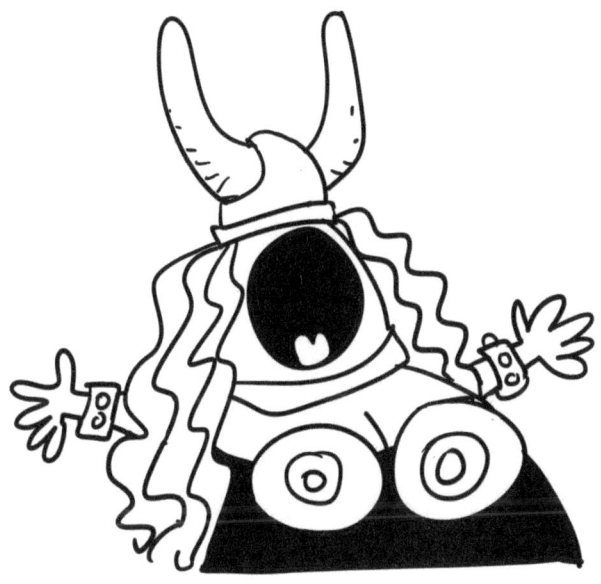

Die längste Pianistenkarriere

Der polnisch-amerikanische Pianist Mieczyslaw Horszowski, 1892 – 1993, hatte 1902 sein offizielles Debüt mit Beethovens 1. Klavierkonzert. Er trat bis 1991, 3 Wochen vor seinem 99. Geburtstag, öffentlich auf.

Die längste populäre Oper

Eine normale, ungekürzte Aufführung von Wagners Oper „Die Meistersinger von Nürnberg" dauert 5 Stunden und 15 Minuten.

Die längste Single der Welt

Für einen Titel gleichen Namens von 30 Min. und 16 sec. Länge, veröffentlicht im November 1996, erhielt der deutsche Schlagersänger Wolfgang Petry Gold und Platin. Damit siegte er auch beim Echo-Preis 1997.

Das längste Streichquartett aller Zeiten

Das ist das Streichquartett Nr.2 von Morton Feldman mit ca 5 1/2 Stunden.

Die längste Symponie

Als die längste der klassischen Symphonien gilt die 3. Symphonie d-moll von Gustav Mahler. Sie entstand 1896 und dauert ca 1 Stunde und 40 Minuten.

Langer Atem

57 Jahre – von 1935 bis 1992 – währte die Zusammenarbeit von Alois Fleischmann mit dem Symphonieorchester von Cork in Irland, die längste mit einem Orchester überhaupt.

Langer Marsch

Die von Kaikhorsu Shapurji Sorabji in den 1930er Jahren geschriebenen „Sinfonischen Variationen" umfassen 500 engbeschriebene Manuskriptseiten und würden, in dem vom Komponisten vorgeschriebenen Tempo gespielt, über 6 Stunden dauern.

Lang hat's gedauert

Im Jahre 1955 ging Marian Anderson als erste farbige Sängerin an der New Yorker Metropolitan Opera in die Geschichte ein.

Die lauteste Band der Welt

Die Rockgruppe Manowar ist laut mehrfacher „Guinness-Buch"-Eintragungen mit 130 Dezibel (Jumbo-Jet-Niveau) die lauteste Band der Welt.

Die lauteste Orgel

Das größte und lauteste Musikinstrument, das bisher gebaut wurde, ist die Auditoriums-Orgel in Atlantic City, New Jersey, USA. Sie enthält 33112 Pfeifen zwischen 4,7 mm und 19,5 m Länge und hat eine maximale Lautstärke von 25 Blaskapellen.

Das meistaufgeführte Musical

Mit 7.397 Aufführungen am New Yorker Broadway sollte für das Musical „Cats" am 25. Juni 1999 endgültig der Vorhang fallen. Tatsächlich fand die 7844. und letzte Vorstellung dann am 10. September 2000 statt. In 18 Jahren sahen über 10 Millionen Besucher das Stück. Vorheriger Rekordhalter war „A Chorus Line" mit 6.137 Abenden.

Die meisten Aufnahmen

Mit 2600 Singles und 125 Langspielplatten hält Bing Crosby einen einsamen Rekord. 1970 gab die Plattenfirma Decca den bisherigen Gesamtverkauf mit 300.650.000 Exemplaren an.

Die meisten Aufnahmen als Orchester

Weltweit, zumindest bis zum Jahr 2000, hat kein Orchester mehr Schallplatten eingespielt als das englische Ensemble „Academy Of St. Martin In The Fields".

Die meisten Fassungen

Mit den meisten Varianten seines eigenen Songs, nämlich 722 sowie der entsprechenden Anzahl verschiedener Vornamen, spielte Frank Zander zwischen Januar und September 1997 seine „erste ganz persönliche Geburtstags-CD" ein.

Die meisten Goldenen Schallplatten

Bis zum Jahre 1997 führte bei den Goldenen Schallplatten Elvis Presley mit 60, gefolgt von Barbra Streisand mit 43 und der Gruppe „The Rolling Stones" mit 39.

Die meisten Grammys aller Zeiten für eine Frau

1999 wurde die Sängerin Lauryn Hill mit 5 Grammys ausgezeichnet, unter anderem für die beste Platte des Jahres. Nie zuvor war schwarze Musik der Gewinner des Abends gewesen.

Die meisten Grammys als Einzelkünstler

Mit 41 Erfolgen liegt der ungarisch-britische Dirigent Sir Georg Solti an der Spitze der Grammy-Gewinner.

Die meisten Grammys als Popgruppe

Hier liegt die Gruppe ‚The 5th Dimension' mit 8 Preisen vorn.

Die meisten Grammys als Popmusiker

17 mal gewann Stevie Wonder diesen Preis.

Die meisten Hits in England

Die meisten Hits auf den Britischen Inseln hatten nicht die ‚Rolling Stones' oder die ‚Beatles', sondern mit 57 Titeln die Gruppe ‚Status Quo'.

Die meisten Hits und Nr. 1-Hits

Mit 149 Singles sowie über 100 Langspielplatten seit 1956 in den Hitparaden steht Elvis Presley an der Spitze der Hit-Maker. Des weiteren hatte er, gleichauf mit den ‚Beatles‘, 17 Nr. 1-Hits. 2002 überflügelte er die Gruppe auch in dieser Sparte mit dem Titel „A Little Less Conversation", der – neu abgemischt von JXL für einen Nike-Werbespot – in England die Spitze erklomm. 2005 legte „er" mit „Jailhouse Rock" nach und erntete seinen 19. Nr. 1-Hit.

Die meisten klassischen Produktionen

Mit mehr als 800 Einspielungen aller wichtigen klassischen Werke war Herbert von Karajan der produktivste unter den Dirigenten.

Die meisten Platinplatten

Ebenso wie bei den goldenen Schallplatten lagen auch bei den Platinplatten Elvis Presley mit 54 und die ‚Beatles‘ mit 33 vorn. Barbra Streisand mit 23 ist die Dritte im Bunde.

Die meisten Pseudonyme eines Popstars

Mit Long John, Dr. Winston Booker Table & The Maitre Ds, Dwarf McDougal, Rev Fred Ghurkin, Dr. Winston O'Ghurkin, Dr. Winston O'Boogie and Los Paranois, Musketeer Gripweed, Dr. Dream, Mel Torment, Dr. Winston O'Reggae, Honorary John St John Johnson, Kaptain Kundalini, John O'Cean, Joel Nohnn und Dad, also 15, kommt dieses Prädikat John Lennon zu.

Die meisten Pseudonyme überhaupt

Diesen Titel kann der amerikanische Countrymusiker Vernon Dalhart, mit bürgerlichem Namen Marion Try Slaughter, für sich beanspruchen. Er besaß davon beinahe 40:

Paul Adams, James Ahern, Mack Allen, Harry Blake, Harry Britt, Jeff Calhoun, Jimmy Cannon, Walter Clark, James Clemens, Ed Clifford, Al Craver, Frank Dalbert, Vernon Dell, Frank Evans, David Harris, Lou Hayes, Fern Holmes, Walter Hyde, Joe Kincaid, Fred King, Hugh Latimer, Tobe Little, Bob Massey, Carlos B. McAfee, Warren Mitchell, George Morbid, Dick Morse, Mr. X, Gwyrick O'Hara,Harry Raymond, Josephus Smith, Cliff Stewart, Will Terry, Sid Turner, Val Veteran, Tom Watson, Charlie West und Bob White.

Die meisten Super-Platinplatten

Bei den Super-Platin-Platten lagen bis 1997 die Beatles (für Gruppen mit 13) und als Solist Billy Joel mit 11 auf den Spitzenplätzen.

Die meisten Symphonien

Die meisten Sinfonien, nämlich 170, schrieb Johann Melchior Molter, und nicht, wie häufig angenommen, Joseph Haydn (108).

Die meisten Vorhänge

165 Vorhänge und 67 Minuten Applaus erreichte Luciano Pavarotti 1988 nach einer „Liebestrank"-Aufführung in der Deutschen Oper Berlin. Bis dahin führten Margot Fonteyn und Rudolf Nurejew mit 89 Aufzügen nach einer Aufführung von Tschaikowskys „Schwanensee" in der Wiener Staatsoper 1964.

Der meistgesamplete Soundtrack überhaupt

Dies ist das „Raumpatrouille Orion"-Titelthema von Peter Thomas, das mit dem schnarrenden Countdown einer Vocoderstimme beginnt.

Das meistgespielte Musiktheaterstück aller Zeiten

Das ist die Operette „Zum Weißen Rößl" von Ralph Benatzky.

Der meistgespielte Song in der Geschichte des US-Radios

Das ist „You've Lost That Lovin' Feelin'", 1964 aufgenommen von den „Righteous Brothers". Bis 2003 wurde er mehr als 8 Millionen Mal gesendet.

Die meistgesungenen Lieder

Die meistgesungenen Lieder, nicht nur im englischsprachigen Raum, sind „Happy Birthday To You" (1935) sowie „For He's A Jolly Good Fellow" aus dem Jahre 1781.

Der meistkopierte Titel

Von Lennon/McCartneys Titel „Yesterday" entstanden zwischen 1965 und 1986 weit über 1.600 Aufnahmen in beinahe ebenso vielen verschiedenen Versionen. Auf dem zweiten Platz liegt „Something" von George Harrison.

Der meistverdienende Popstar 2002

Mit 190 Millionen Euro war Paul McCartney im Jahre 2002 der höchstverdienende Popstar der Welt.

Das meistverkaufte Album aller Zeiten in den USA

Das war mit 29 Millionen verkauften Tonträgern „The Eagles – Their Greatest Hits", mit dem sie sogar Michael Jacksons „Thriller" auf Platz 2 verwiesen.

Das meistverkaufte Album in Deutschland bis 2008

Das ist „4630 Bochum" von Herbert Grönemeyer mit 2,8 Mill. Exemplaren.

Das meistverkaufte Country-Album aller Zeiten

Bis 2004 verkaufte sich „Come On Over" von Shania Twain mehr als 26 Millionen mal.

Das meistverkaufte Debutalbum

Von dem Album „Jagged Little Pill" der kanadischen Sängerin Alanis Morissette wurden weltweit über 27 Millionen Exemplare verkauft.

Das meistverkaufte Doppelalbum der Rockgeschichte

Diesen Titel kann „The Wall" von Pink Floyd von 1979 für sich beanspruchen.

Die meistverkaufte Filmmusik

Der Soundtrack des Films „Saturday Night Fever" ging über 30 Millionen mal über den Ladentisch.

Das meistverkaufte Hip Hop-Album aller Zeiten

Mit 17 Millionen Kopien (Stand 2002) ist dies das 1996er Album „The Score" von den Fugees.

Der meistverkaufte Hit eines weiblichen Popstars in England

Dies erreichte die Popsängerin Cher 1998 mit ihrem Titel „Believe", der außerdem weltweit die Hitparaden anführte.

Das meistverkaufte klassische Album ab 2001

Dies ist seit 1989 Nigel Kennedys Einspielung der „Vier Jahreszeiten" von Antonio Vivaldi.

Das meistverkaufte klassische Album bis 2001

„In Concert" mit den drei Tenören Jose Carreras, Placido Domingo und Luciano Pavarotti wurde seit 1997 5 Millionen mal verkauft und erreichte zusammen mit dem Video eine Gesamtauflage von 12 Millionen Exemplaren.

Die meistverkaufte Live-LP aller Zeiten

Dieses Attribut gebührt der Platte „Framton Comes Alive" (1975) von Peter Frampton.

Die meistverkaufte LP

Die meistverkaufte LP mit 59 Millionen Exemplaren (bis 2007) ist das Album ‚Thriller' von Michael Jackson, gefolgt von ‚The Wall' von der Gruppe ‚Pink Floyd' mit 30 Millionen (bis 1980).

Das meistverkaufte Musikvideo

Der Film über das Musical ‚Grease' ist seit 1978 das meistverkaufte Musikvideo überhaupt.

Die meistverkauften Veröffentlichungen überhaupt

Meistverkaufte Singles

„White Christmas" – Bing Crosby
„Rock Around The Clock" – Bill Haley (mit 37 Millionen Exemplaren die meistverkaufte Single der Rockgeschichte)
„Diana" – Elton John

Meistverkaufte Alben

„Back In Black" – AC/DC (mit 41 Millionen das erfolgreichste Rockalbum aller Zeiten)
„Thriller" – Michael Jackson
„The Wall" – Pink Floyd
„Hotel California" – Eagles
„Rumours" – Fleetwood Mac
„Drei Tenöre In Concert" – Die Drei Tenöre
„Die vier Jahreszeiten" – Nigel Kennedy

Meistverkauftes Debutalbum
„Jagged Little Pill" – Alanis Morissette

Meistverkaufter Soundtrack
„Saturday Night Fever"

Die meistverkaufte Rock 'n' Roll-Single

Diesen Titel nimmt „Rock Around The Clock", 1954 von ‚Bill Haley & His Comets' aufgenommen, mit der nicht offiziell bestätigten Anzahl von 37 Millionen Stück in Anspruch.

Die meistverkaufte Single bis 1997

Die meistverkaufte Single bis 1996 mit 30 Millionen Exemplaren ist die von Bing Crosby 1942 eingespielte Version von ‚White Christmas'. Über 100 Millionen mal wurde sie auch in anderen Versionen verkauft.

Die meistverkaufte Single ab 1997

Elton Johns Diana-Single ist mit 33 Millionen Exemplaren seit dem 21. Oktober 1997 die meistverkaufte Single aller Zeiten.

Die meistverkaufte Single in Deutschland

‚Time To Say Goodbye', gesungen von Andrea Bocelli und Sarah Brightman bei Henry Maskes letztem Boxkampf, wurde seit ihrem Erscheinen am 15.11.96 mit 2,8 Millionen Exemplaren meistverkaufte Single aller Zeiten in Deutschland.

Der meistverkaufte Soundtrack der Welt

Das ist bis dato (2008) der Titelsong des Films ‚Titanic' „My Heart Will Go On" mit Celine Dion.

Der meistverkaufte Titel der 1950er Jahre in Deutschland

Das ist „Heimweh nach St. Pauli" von Freddy Quinn, erschienen 1956, kurioserweise als B-Seite.

Musik hat ihren Preis

Die teuerste Stereoanlage der Welt, deren Gesamtwert 1.244.700 DM beträgt, wurde 1997von der Zeitschrift ‚Audio‘ vorgestellt. Allein gegen den Preis der 4 Lautsprechersysteme von 260.000 DM erscheint der CD-Spieler im Wert von 30.000 DM relativ günstig.

Musik von unten

Die Berliner Philharmoniker sind das weltweit einzige Orchester mit basisdemokratischer Selbstverwaltung.

Nachtrag

1976 erhielt die 1969 bei einem Autounfall tödlich verunglückte Sängerin Alexandra die einzige jemals posthum an einen deutschen Interpreten verliehene Goldene Schallplatte.

Die obersten Hundert

Im Jahre 2002 führte die Popsängerin Britney Spears die Liste der hundert populärsten Spitzenverdiener an und verdrängte damit Tom Cruise von Platz 1. Ebenfalls an der Spitze lag sie mit einen durchschnittlichen Einkommen von 39,2 Millionen Dollar vor Tiger Woods, Steven Spielberg und Madonna.

Oh Happy Day!

‚Oh Happy Day‘, der größte Gospel-Hit aller Zeiten, wurde 1968 von Edwin Hawkins in biederer Zweispur-Technik aufgenommen und mit einer Auflage von 500 Stück im Handverkauf vertrieben. Durch Zufall fand die Platte den Weg zu einem kleinen Undergroundsender in San Francisco, der sie pausenlos rauf und runter spielte. So wurden aus 500 schließlich 7 Millionen.

Open-Air-Orgel

Die größte Freiluftorgel der Welt steht in der Festung Gerold-seck über der Stadt Kufstein am Inn in Tirol. Sie wurde 1931 erbaut und verfügt über 4307 Pfeifen; die Schallöffnungen liegen in der Festungsmauer und lassen die Orgel über mehrere Kilometer weit hören.

Original römisch

Die in Budapest, Ungarn stehende Pfeifenorgel aus Aquini-cum, der ehemaligen Hauptstadt der römischen Provinz Ost-pannonien, stammt aus dem Jahre 228 n. Chr. und zählt zu den ältesten noch spielbaren Pfeifenorgeln weltweit. Sie hat vier Register und 52 Pfeifen und ist der wertvollste und vollständigste Fund einer römischen Orgel.

Philharmonisten

Die Commedian Harmonists waren das erste nicht-seriöse Ensemble, das in der Berliner Philharmonie auftreten durfte. Gäste dieses Ereignisses Anfang der 1930er Jahre waren unter anderem die Dirigenten Bruno Walter und Wilhelm Furtwängler.

Pionier

Als erster Weißer schloß der amerikanische Sänger Bobby Darin im Jahre 1971 einen Vertrag bei der Soul-Plattenfirma Tamla Motown ab.

Das populärste Instrument aller Zeiten

Gegen Ende des 20. Jahrhunderts spielten nach allgemeiner musikwissenschaftlicher Einschätzung weltweit ca 70 Millionen Menschen Klavier, in Deutschland ca. 6 Millionen.

Der produktivste Dirigent des 20. Jahrhunderts

Mit über 600 Aufnahmen seit Anfang der 1960er Jahre steht hier der englische Dirigent Neville Marriner an der Spitze.

Der reichste englische Popmusiker 1997

Mit einem Vermögen von ca 1,6 Milliarden DM noch vor Paul McCartney (1,5 Milliarden) und Tom Jones (797 Millionen) war David Bowie 1997 der reichste Popmusiker Englands. Laut „Business Age" trug die Entscheidung Bowies, mit seinen Songs, an denen er alle Rechte besitzt, an die Börse zu gehen, wesentlich dazu bei.

Die reichsten Toten

Zum 15. Mal hintereinander hat Elvis Presley im Jahr 2004 mehr Geld verdient als jeder andere Tote. Der 1977 verstorbene Sänger „kassierte" innerhalb eines Jahres rund 45 Millionen Dollar (US-Wirtschaftsmagazin „Forbes"). Auf dem zweiten Platz folgt Charles Schulz, der Erfinder des Comic-Antihelden Charlie Brown, mit 35 Millionen. Weitere Ränge belegten John Lennon mit 22 und Andy Warhol mit 16 Millionen.

2005 übertraf Kurt Cobain mit 50 Millionen Dollar Elvis Presley.

Diese Einnahmen bestehen vor allem aus den Tantiemen, die an die Erben ausgezahlt werden.

Der Sänger mit den meisten Pop-Preisen

Bis zum Jahre 2000 gewann Andy Lau aus Hongkong insgesamt 292 Auszeichnungen. Seit 1988 verkaufte er in den Ländern, wo Mandarin gesprochen wird, 20 Millionen Platten.

Die schlechtesten Hits aller Zeiten

1. „Roxanne" – Police (1978)
Subjektiv: Abgesehen davon, daß bei vielen Songs von Sting die Stimmlage sowieso Geschmacksache ist,
Objektiv: singt er diesen Titel durchgehend ca. einen Achtel- bis Viertelton zu hoch; ein absoluter Ohr-Durchbohrer, vor allem in den hohen Gesangslagen; deshalb Platz 1.

2. „Californication" – Red Hot Chili Peppers (1999)
Subjektiv: Der Titel ist erbärmlich langweilig; als unbekannte Gruppe wären die Musiker mit diesem Song bei jeder Plattenfirma abgeblitzt.
Objektiv: Die Sologitarre bewegt sich auf dem unteren Niveau einer Schülerband: einfallslos zusammengestümpert, da helfen auch keine Begriffe wie „originell" oder „stimmungsvoll".

3. „Da Da Da" – Trio (1982)
Subjektiv: Angesichts der Tatsache, daß Minimalismus und Dilettantismus zu jener Zeit angesagt waren, ist dieser Titel davon nun wieder das ganz unterste Stockwerk, in sich aber stimmig.
Objektiv: Genau dieses Fast-Nichts machte ihn dann wohl zum Hit, sogar in Brasilien zur Nr.1.

4. „Nutbush City Limits" – Ike & Tina Turner (1973)
Subjektiv: Das Stück lebt nur durch die Stimme von Tina Turner und hat von allen ihren Titeln das unterdurchschnittlichste Arrangement; weder Rock 'n' Roll, noch Rock, noch Funk – ein „Quickie im Hausflur".
Objektiv: Dieser Titel enthält das schlechteste Synthesizer-Solo, das je auf Platte gepreßt wurde.

5. „My Generation" – The Who (1965)

Subjektiv: Rhythmisch eine einzige Katastrophe: Tempowechsel, -schwankungen und -löcher – „The Beat doesn't go on".
Objektiv: Das Plus ist wohl der Text und die Aggressivität; musikalisch fällt die Nummer aber auch für damalige Zeiten komplett aus dem Rahmen.
6. „Whole Lotta Shaking Goin' On" – Jerry Lee Lewis (1957)
Objektiv: Der Übergang zum Pianosolo ist von einem der brutalsten Stolperer überhaupt gezeichnet. Hier vertut sich der Trommler um einen ganzen Takt. *(Harald Skorepa)*

Die schlechteste Sängerin

Die Amateur-Sopranistin Florence Foster Jenkins gilt allgemein als schlechteste Sängerin aller Zeiten. Nicht zuletzt deshalb waren ihre Konzerte gut besucht. Ihr ohnehin schon sehr hohes c war angeblich durch einen Autounfall noch höher geworden. 1944 sang sie in der New Yorker Carnegie Hall vor ausverkauftem Haus. Aufnahmen ihrer Lieder und Arien kamen in den 1970er Jahren in den Handel, nachdem sie 30 Jahre lang aus Pietät zurückgehalten wurden.

Schneller Schreiber

Als schnellster und auch produktivster unter den Wiener Klassikern gilt Mozart. 625 zählen laut Köchelverzeichnis seine Opern, Singspiele, Sonaten, Sinfonien, Serenaden, Konzerte für Klavier und andere Instrumente u.v.m. Die Oper „La clemenza di Tito" schrieb er in nur 18 Tagen, und die 3 Sinfonien Nr. 39, 40 und die ‚Jupiter-Sinfonie' bewältigte er in 42 Tagen.

Der schnellste Geiger der Welt

Für Rimski-Korsakows „Hummelflug" benötigte David Garrett nur 65,26 Sekunden (d.h. ca 13 Noten pro Sekunde) und ging damit als erster klassischer Musiker in das „Guiness-Buch der Rekorde" ein.

Der schnellste Jodler

Im Jahre 1992 verdiente sich Thomas Scholl aus München dieses Prädikat mit 22 Tönen in einer Sekunde, davon 15 im Falsett.

Der schnellste Orgelspieler

Der Schweizer Thomas Boos erreichte 1996 beim Spielen der Toccata der 5. Sinfonie von Charles-Marie Widor mit der rechten Hand die Zahl von 2005 Anschlägen pro Minute.

Der schnellste Plattenverkauf aller Zeiten

Das 2000er Album „No Strings Attached" der Gruppe „'N Sync" ging am Veröffentlichungstag mehr als eine Million mal über die Ladentische.

Schnellster Rapper aller Zeiten

Rebel X.D. aus Chicago rappte 1992 bei Studioaufnahmen in 54,9 sec. 674 Silben.

Der schnellste Techno-Titel aller Zeiten

Dieses Attribut gebührt dem Song „Thousand" (!) mit exakt 1015 bpm, den Moby Anfang der 1990er Jahre schrieb.

Schnellster Vorverkauf aller Zeiten

Für die Bob Dylan-Tournee Anfang 1974 waren 40 Auftritte in 21 Städten vorgesehen. Die gesamten 658.000 Sitzplätze waren am 2. Dezember 1973 innerhalb einer Stunde, bei mehr als 5 Millionen Kartenwünschen, ausverkauft. Es wurden nur briefliche Kartenbestellungen akzeptiert, bei denen der Poststempel die Reihenfolge bestimmte. Vor den Postämtern bildeten sich lange Schlangen von Dylan-Fans. In manchen Städten waren extra Briefkästen aufgestellt worden.
1993 wurden für ein Konzert mit Paul McCartney 20.000 Karten in nur 8 Minuten verkauft.

Im November 2007 waren die Karten für das zunächst einzige Londoner Comeback-Konzert der „Spice Girls" innerhalb von 38 Sekunden vergriffen.

Die schnellstverkaufte Single

Die Erinnerungs-CD für Prinzessin Diana, der Song „Candle In The Wind" von Elton John, landete bereits einen Tag nach ihrem Erscheinen im September 1997 mit 600.000 verkauften Exemplaren auf Platz 1 der britischen Top Ten.
2003 verkaufte Will Young 1,1 Millionen Exemplare seiner Single „Evergreen – Anything Is Possible" innerhalb von 2 Wochen.

Signierrekord

Nach Angaben von RTL schaffte es DJ Ötzi am 23. November 2007, einen neuen Weltrekord im Signieren von CDs aufzustellen. In der Sendung „Guinness World Records – Die größten Weltrekorde" zeichnete er 4.400 Exemplare seines neuen Albums mit seinem Namen ab. Der bisherige Weltrekord lag bei 3.052 Stück in 2 Stunden und 29 Minuten.

Das späteste Debutalbum aller Zeiten

Über 35 Jahre nach der Auflösung der DDR-Band „Die Sputniks" im Jahre 1966 und deren Wiederbelebung 1997 veröffentlichte Mitbegründer Henry Kotowski im Jahre 2002 mit „Surf, Twang And Rock 'n' Roll" das erste Album.

Spitzen-Debut

Mit dem Album ‚Whitney Houston' präsentierte Whitney Houston 1985 das bis dahin erfolgreichste Debutalbum aller Zeiten.

Die stärkste PA

Für das ‚Monsters of Rock'-Festival 1988 in Castle Doning-
ton Park (England) wurde eine PA von insgesamt 523.000
Watt installiert. Beim Auftritt der Gruppe ‚Iron Maiden' er-
reichte die Lautstärke am Mischpult den Wert von 124 De-
zibel.

Die süßeste Schallplatte der Welt

1987 brachte der Berliner Erfinder Peter Ladong die Schall-
platte aus Schokolade heraus, die durch sein Geheimrezept
der Schokoladenmassenzubereitung tatsächlich beides kann:
abgespielt und gegessen werden.

Das teuerste Cello

Ein 1690 in Cremona, Italien, gefertigtes Violoncello des
Geigenmachers Stradivari brachte 1984 umgerechnet 1,05
Millionen DM beim Verkauf bei ‚Sotheby's in London.

Die teuerste historische Gitarre

Die Chitara battente (Gitarre) des Instrumentenbauers Jacob
Stadler aus dem Jahr 1624 brachte 1974 umgerechnet 46.000
DM beim Verkauf bei „Christie's" in London.

Das teuerste Musical Deutschlands

Mit ca. 20 Millionen DM Inszenierungskosten lag das Musi-
cal „Miss Saigon" bis 1997 an erster Stelle. Auf den Plätzen
folgen mit 18 Millionen DM „Phantom der Oper", mit je-
weils 15 Millionen „Sunset Boulevard" und „Les Miserab-
les" sowie mit 13 Millionen „Starlight Express".

Die teuersten Violinen

Für eine 1742 von Guarneri angefertigte Violine aus dem
Nachlaß des im März 1999 verstorbenen Geigers Yehudi

Menuhin zahlte ein Sammler den Rekordpreis von beinahe 5 Millionen DM.

2001 wurde ein Instrument Stradivaris aus dem Jahre 1682 bei Sothebys in London für 1,2 Millionen DM versteigert.

1981 Jahre war Stradivaris „Alard"-Violine einem privaten Käufer aus Singapur 1,2 Millionen DM wert.

1984 wurde bei Sothebys in London für ca 1 Million DM die Stradivari-Violine „La Cathedrale" aus dem Jahre 1707 verkauft.

Die teuerste Trompete

Im April 1995 wurde in New York eine Trompete des 2 Jahre zuvor verstorbenen Jazzmusikers Dizzy Gillespie für den Preis von 90.000 DM ersteigert.

Top 20 der Orchester 2008

Nach einer Umfrage der englischen Fachzeitschrift „Gramophone" unter international renommierten Musikkritikern ergab sich 2008 bei den weltweit besten Orchestern folgendes Bild:

1. Concertgebouworkest Amsterdam
2. Berliner Philharmoniker
3. Wiener Philharmoniker
4. London Symphony Orchestra
5. Chicago Symphony Orchestra
6. Symphonieorchester des Bayerischen Rundfunks
7. Cleveland Orchestra
8. Los Angeles Philharmonic Orchestra
9. Budapest Festival Orchestra
10. Staatskapelle Dresden
11. Boston Symphony Orchestra
12. New York Philharmonic Symphony Orchestra
13. San Francisco Symphony Orchestra
14. Orchester des Marijinsky-Theaters St. Petersburg
15. Russisches Nationalorchester

16. St. Petersburger Staatsphilharmonie
17. Gewandhausorchester Leipzig
18. Metropolitan Opera Orchestra
19. Saito Kinen Symphony Orchestra
20. Tschechische Philharmoniker

Der unaussprechlichste Albumname aller Zeiten

„Lianfairpwllgywgyllgoger Chwymdrobwlltysiliogoygoyocynygofod" nannte die englische Popgruppe „Super Furry Animals" ihr Debut-Album.

Der umsatzträchtigste Kartenverkauf am Broadway

Mit „The Producers" – „Frühling für Hitler" – bescherte der Komödienspezialist Mel Brooks dem Broadway einen Kassenerfolg, der alle Rekorde schlug. Seit der Premiere am Donnerstag, dem 19. April 2001 nahmen die Theaterkassen 50.000 Dollar ein – alle 10 Minuten! Der Freitag schlug mit 3 Millionen zu Buche, der größte Umsatz, der jemals an einem einzigen Tag am Broadway erzielt wurde.

Unsere Besten – Jahrhundert-Hits

Per Internet wählten die Deutschen während der gleichnamigen ZDF-Sendung im November 2005 die 100 beliebtesten Songs, eine gesamtdeutsche Jahrhundert-Hitliste:
1. Wind of Change – Scorpions
2. Über sieben Brücken mußt Du geh'n – Karat
3. Ode an die Freude – Ludwig van Beethoven / Friedrich Schiller
4. Über den Wolken – Reinhard Mey
5. Abenteuerland – Pur
6. Alt wie ein Baum – Puhdys
7. Ein bißchen Frieden – Nicole
8. Junge komm bald wieder – Freddy Quinn
9. 99 Luftballons – Nena

10. Marmor, Stein und Eisen bricht – Drafi Deutscher
11. Männer – Herbert Grönemeyer
12. Am Tag als Conny Kramer starb – Juliane Werding
13. Am Fenster – City
14. Sierra Madre – Zillertaler Schürzenjäger
15. Als ich fortging – Dirk Michaelis
16. Jugendliebe – Ute Freudenberg
17. Verdamp lang her – BAP
18. Und wenn ein Lied – Xavier Naidoo & Die Söhne Mannheims
19. Ganz in weiß – Roy Black
20. Lili Marleen – Lale Andersen
21. Einigkeit und Recht und Freiheit Joseph Haydn / Hoffmann von Fallersleben
22. Freiheit – Marius Müller-Westernhagen
23. Wozu sind Kriege da? – Udo Lindenberg / Pascal
24. Die perfekte Welle – Juli
25. Lemon Tree – Fools Garden
26. Griechischer Wein – Udo Jürgens
27. Lebt denn dr alte Holzmichl noch? – De Randfichten
28. Viva Colonia – De Höhner
29. Lebenslang Grün-Weiß – Original Deutschmacher
30. Jenseits von Eden – Nino de Angelo
31. König von Deutschland – Rio Reiser
32. O Fortuna (aus „Carmina Burana") – Carl Orff
33. Du – Peter Maffay
34. Stille Nacht, heilige Nacht – Franz Gruber / Joseph Mohr
35. Ohne Dich – Münchener Freiheit
36. Mensch – Herbert Grönemeyer
37. Air – Johann Sebastian Bach
38. Der Weg – Herbert Grönemeyer
39. Theo wir fahrn nach Lodz – Vicky Leandros
40. Für mich solls rote Rosen regnen – Hildegard Knef
41. Wahnsinn – Wolfgang Petry
42. Mama – Heintje

43. Weiße Rosen aus Athen – Nana Mouskouri
44. Hamburg meine Perle – Lotto King Karl
45. Strangers in the night – Bert Kaempfert
46. Verdammt ich lieb Dich – Matthias Reim
47. Axel F. – Harold Faltermeyer
48. Die Gedanken sind frei – altes Volkslied
49. Da Da Da – Trio
50. Patrona Bavariae – Naabtal Duo
51. Die kleine Kneipe – Peter Alexander
52. Hello again – Howard Carpendale
53. Du hast mich heut noch nicht geküßt – Hansi Hinterseer
54. La Paloma – Hans Albers
55. Für Dich – Yvonne Catterfeld
56. Du bist verrückt, dass Du mich liebst – Kristina Bach
57. Zehn kleine Jägermeister – Die Toten Hosen
58. Symphonie – Silbermond
59. Big in Japan – Alphaville
60. Das Boot – Klaus Doldinger
61. Der Mond ist aufgegangen – altes Volkslied
62. Er gehört zu mir – Marianne Rosenberg
63. Mein Freund der Baum – Alexandra
64. Goldener Reiter – Joachim Witt
65. Hallelujah („Der Messias") – Georg Friedrich Händel
66. Das Model – Kraftwerk
67. Major Tom – Peter Schilling
68. Schuld war nur der Bossa Nova – Manuela
69. Mambo No. 5 – Lou Bega
70. Rock Me Amadeus – Falco
71. Denkmal – Wir sind Helden
72. Auf der Reeperbahn nachts um halb eins – Hans Albers
73. Westerland – Die Ärzte
74. Also sprach Zarathustra – Richard Strauss
75. 1000 und 1 Nacht (Zoom!) – Klaus Lage
76. Youre My Heart, Youre My Soul – Modern Talking
77. Ich war noch niemals in New York – Udo Jürgens

78. From Sarah With Love – Sarah Connor
79. Tränen lügen nicht – Michael Holm
80. Caprifischer – Rudi Schuricke
81. Ein Bett im Kornfeld – Jürgen Drews
82. Ein Freund, ein guter Freund – Heinz Rühmann / Willy Fritsch / Oskar Karlweiss
83. Mackie Messer – Kurt Weill
84. Rote Lippen soll man küssen – Cliff Richard
85. Millionär – Die Prinzen
86. Ave Maria – Johann Sebastian Bach
87. Santa Maria – Roland Kaiser
88. Wer die Rose ehrt – Puhdys
89. Der Nippel – Mike Krüger
90. Die da?! – Die Fantastischen Vier
91. Dein ist mein ganzes Herz – Heinz Rudolf Kunze
92. Er hat ein knallrotes Gummiboot – Wencke Myhre
93. Girl Im Gonna Miss You – Milli Vanilli
94. Die unstillbare Gier (Musical „Tanz der Vampire")
95. Junimond – Rio Reiser
96. Ich bin von Kopf bis Fuß auf Liebe eingestellt – Marlene Dietrich
97. Wunder gibt es immer wieder – Katja Ebstein
98. Sugar Baby – Peter Kraus
99. Veronika der Lenz ist da – Comedian Harmonists
100. Du kannst nicht immer siebzehn sein – Chris Roberts

Ur-Laute

Das älteste in China entdeckte Musikwerk ist eine Lautenmelodie. Das 1920 in einer von Mönchen benutzten Höhle in Dunhuan gefundene und auf einem Stück Holz aufgezeichnete Werk wurde seit 1800 Jahren nicht mehr gespielt.

Das verbreitetste Weihnachtslied

„White Christmas" von Irving Berlin wurde auf Single über 200 Millionen mal verkauft. Als Berlin den Song Bing Crosby vorgespielt hatte, bemerkte dieser, ohne die Pfeife aus dem Mund zu nehmen: „Um diesen Song brauchst du dir mal keine Sorgen zu machen." Später verfügte Crosby, daß die Erträge dieser Aufnahme für alle Zeiten wohltätigen Zwecken zukommen sollen.

Verehrte Maestra!

1988 gelang der englischen Dirigentin Sian Edwards das Undenkbare: nach 256 Jahren stand mit ihr erstmals eine Frau am Dirigentenpult des ehrwürdigen Londoner Royal Opera House.

Vinyl-Weltmeister

Über die Anzahl seiner insgesamt verkauften Platten und Cassetten gibt es nur Schätzungen. Sie liegen bei 1 Milliarde Stück. Damit steht Elvis Presley an einsamer Spitze.

Vorreiter

Die erste akustische Schallplattenaufnahme im Jazz entstand am 30.01. 1917 in den USA mit der weißen Band „Original Dixieland Jazz Band".

Das wahrscheinlich erste „richtige" Musikvideo aller Zeiten

Das war 1976 „Bohemian Rhapsody" von der Gruppe „Queen". Da die Studioaufnahme so vielschichtig war, konnten die Musiker den Titel nicht live spielen und präsentierten statt dessen einen später mit Kultstatus behafteten Video-Clip.

Der wahrscheinlich längste Celloabend aller Zeiten

Bei seinem viereinhalb Stunden dauernden Konzert in der Pariser Cite de la Musique am 12. März 2006 kombinierte der Cellist Jean-Guihen Queyras die sechs Solosuiten Johann Sebastian Bachs mit sechs eigens in Auftrag gegebenen „Pre-Echos" der zeitgenössischen Komponisten Jonathan Harvey, Gilbert Amy, Ichiro Nodaira und György Kurtag. Letzterer wurde nicht rechtzeitig fertig und steuerte drei ältere Stücke bei.

Die weltweit erfolgreichste Heavy Metal-Gruppe

Mit ca. 60 Millionen verkaufter Platten war dies um die Jahrtausendwende die Gruppe „Metallica".

Die weltweit erste Übertragung eines klassischen Klavierabends

1967 willigte Vladimir Horowitz, der den Medien weitgehend skeptisch gegenüberstand, in ein Fernsehkonzert ein, das schließlich am 1. Februar 1968 von der CBS aus der New Yorker Carnegie Hall ausgestrahlt wurde.

Das weltweit größte Aufnahmestudio

Der Gebäudekomplex an der Nalepastraße in Berlin-Oberschöneweide, zwischen 1951 und 1956 von dem Architekten Franz Ehrlich errichtet, beherbergte neben dem DDR-Rundfunk das weltweit größte Aufnahmestudio sowie den weltweit größten freischwebenden Orchestersaal.

Der weltweit größte freischwebende Orchestersaal

Dito.

Die weltweit größte Sammlung von Naturlauten

Am Ornithologischen Institut der Cornell-Universität im Staat New York lagern mehr als 110.000 Laute von Insekten, Amphibien, Säugetieren und Vögeln . Hauptzweck der ‚Libary of Natural Sounds' ist es, Forschern Tonbeispiele an die Hand zu geben, mit deren Hilfe sie Tierarten identifizieren können.

Die weltweit größte Zahl von Aufführungen
einer Produktion

Zwischen 1982 und 2004 (14. Dezember 2004) wurde Puccinis „La Boheme" in der Inszenierung von Harry Kupfer an der Komischen Oper Berlin 350 mal aufgeführt.

Die weltweit meisten Plattenverkäufe als Bandleader

Diese Position hält James Last mit nahezu 90 Millionen Exemplaren bis 2006.

Wer öffnet sich wem?

Die ersten Pop-Musiker, die im Rahmen der kirchlichen Aktion „Schritt in die Welt" auf Einladung des Papstes in dessen Anwesenheit ein Konzert gaben, waren am 28. September 1997 in Bologna neben Andrea Bocelli und Adriano Celentano auch der amerikanische ehemalige „Protestsänger" Bob Dylan.

Wir sind die größte Band der Welt

2 Rekorde hält die Gruppe ‚Oasis' im Jahre 1997: das Album ‚Definitely Maybe' war das erfolgreichste Newcomer-Album in der Geschichte der britischen Charts, der Nachfolger ‚"That's The Story) Morning Glory" das meistverkaufte Album aller Zeiten in England.

****

IV. BONUSTRACKS

Die Suche nach der Identität

Von Dada nach Godot

Was in den nächsten beiden Glossarien an „Erfindungen"
aufgeführt ist, stellt nur die Spitze der Kuriositäten dar.
Ausgefallene Musikernamen sind Elternvorgabe und wer-
den zwangsweise übergeholfen oder aber sind Ausgeburte
der Phantasie, oft grobsinnige Anspielungen und nur bei der
weitgehend alias-freien Klassikgemeinde dem einen oder an-
deren Ursprung klar zuzuordnen. Sie stehen in der Regel nur
für sich selbst ohne Bezug zur Musik.
Außergewöhnliche Bandnamen geraten
– bei Jazzgruppen meist ironisch unernst, manchmal blöd;
– bei Pop-, Rock, Punk- und Alternative-Gruppen aller Spiel-
arten und Mischungen oft sarkastisch, dummernst und al-
bern, wobei die Punk-, Grufti-, Doom-, Gothic- Trash- und
Speed Metal-Fraktion, zynisch todernst und unfreiwillig ko-
misch und des öfteren mit ausgewachsenem Walhalla-Wahn,
gern dem Faß die Krone ins Gesicht schlägt. Selten sind sie
wirklich witzig;
– bei dei Klassikern eher esothralisch, verkrampft ernst und
einer weltfremden Realität verpflichtet, zum Glück nicht sehr
häufig, denn das Resultet wirkt nur dumm. Ansonsten eine
trockene, humorlose Angelegenheit und deshalb hier nicht
erwähnenswert;
– bei Techno- und Industrial-Bands schlicht uninspiriert und
nichtssagend.
– Bei Hip Hop- und Rap-Interpreten besteht die besondere
Attitüde meist darin, die von den US-amerikanischen Süd-
staatenschwarzen Anfang der 20. Jahrhunderts verwandte
falsche Sprech- und Schreibweise zu okkupieren (siehe zum
Beispiel „Porgy & Bess"), gefühlt dreiundzwanzigmal mehr
als häufig. Nicht kurios, sondern schlicht platt, gähnend lang-
weilig und darum hier kaum vertreten. Sollte diese Masche

als rassenpolitisches Statement gemeint sein, so wird es in der Regel durch den jeweiligen Lebensstil und die Textinhalte zur Karikatur.
Erfrischend sind immer wieder diejenigen, die puren Dadaismus verströmen, und davon gibt es einige gelungene.

Mein Favourit: „U-Bahnkontrollöre in tiefgefrorenen Frauenkleidern"
Der „klassische" Mißgriff: „Orchstra Of Enlightment"
Omen est Nomen: Charlotte Hühnerbein, Hartmut Haenchen, Lex Dildo, Klaus Nothdurft
Die krasse Kante: „Rammstein", „Thors Hammer", „Gods Of Blitz"
Die Nachhampler: „Mothafucka", „Niggaz Wiz Attutudes"
Die „Spaßfraktion:"The Feetwarmers"

Die auffallendsten Musikernamen

A

Wolfgang Ablinger-Sperrhacke, Sylvester Anfang, Nick Aragua

B

Willi Bedarf, Jürgen Benzin, Claudia Bibergeil, Elizabeth Blumenstock, Jo Bohnsack, Norbert Bohnsack, Naftule Brandwein, Arne Bratenstein, Rainer Bratfisch, Rene Breitbarth, Falk Breitkreuz, Margarita Breitkreuz, Joachim Buhmann, Tim Buktu, Markus Butter

C

Tilly Creutzfeldt-Jakob

D

Franz Danksagmüller, Lex Dildo, DJ Alle Farben, DJ Binichnicht, DJ Blutgrätsche, DJ Igelknie, DJ Nordpolzigeuner, DJ Olli Kurzstrecke, DJ Muschiblitz, DJ Remmidemmi, DJ Wasne Frijsur, DJ Wurstwasser,

E

Hanna Eimermacher, Ella Endlich, Heimo Erbse, Klaus Erbskorn

F

Andreas Finsterbusch, Christof Fischesser, Roland Freisitzer, Ina Freudenschuß, Marc Boogaloo Fuck, Fünfgeld, Robbie Furze, Lutz Fußangel

G

Getting Up Every Morning, Hans-Joachim Graswurm, Andreas Grünkorn

H

Christoph Hackbart, Hartmut Haenchen, Danielle Halbwachs, Eberhard Hasenfratz, Maria Hasenleder, Helmut Hauskeller, Robert Helmschrott, Hanno Hinkelbein, Susanne Hinkelbein, Olaf Hochherz, Rainer Holzapfel, Jörn Hühnerbein, Anna Huhn, Charlotte Huhn, Franziska Huhn, Leonore Hünerbein, Nathalie Huenermund, Stephanie Hundertmark, Christoph Huntgeburth, Sophie Hunger, Tobias Hunger, Christoph und Irmgard Huntgeburth

I

Lisa Immer

J

Charlotte Jacke, Sören Jagdhuhn

K

Hubert Katzenbeisser, Kellermensch, Rainer Kieselstein, Bernd Kistenmacher, Adolf von Klebsattel, Alex Knoblauch, Ines Agnes Krautwurst, Hans-Jürgen Krumstroh, Ludolf Kuchenbuch, Franziska Kussmaul, Rainer Kussmaul, Marijanne Kweksilber

L

Werner Lämmerhirt, Tobias Lampelzammer, Jens Langbein, Robert Langbein, Stefan Langbein, Ingrid Laubrock, Votzimilian Lecker, Thorsten Liedermachens

M

Duncan McTier, Ella Milch-Sherriff, Michael Mücke

N

Der Nachbar, Russ T. Nail, Nastassja Nass, Kaiser Nkosi, Klaus Nothdurft

O

Bob Ostertag

P

Genesis P. Orridge, Max Punktezahl

Q

Q-Tip

R

Karol Rathaus, T. Raumschmiere, Simone Reifegerste, Andreas Rockstroh, Dirk Rothbrust, Thomas Rübenacker

S

Efim Schachmeister, Bernd Scheiterhaufen, Daniel Schmutzhard, Joseph Schnurr, Michael Schönheit, Eva Schönweiß, Walter Schreifels, Erwin Schrott, Arthur Senkrecht, Christian Steiffen, Rahel Steinmaur, Astrid Steinschaden, Martin Stempel, Elzbieta Sternlicht

T

Habakuk Traber, Trixie Trainwreck, Hilde Tropengold

U

Nils Unbehagen, Vera Unbehaun, Hans Unstern

V

Karel Valter, Isabelle van Keulen, Gloria Viagra, Frank Viehweg, Hermann von Hinten

W

Manfred Wagenbratter, Andreas Willwohl, Paul Winterhart, Daniel Wixforth, Mario Würzebesser

Z

Gerrit Zitterbart, Klaus Zufall, Natascha Zickerick, Markus Zugehör

(Harald Skorepa)

Die ausgefallensten Gruppennamen

A

Aber Getz Ma Ehrlich, Die Abstürzenden Brieftauben, 28 Costumes, Achtung Liebeautomat, Affenmesserkampf, Ätännschen, The Aim Of Design Is To Define Space, Akustikrausch, Aldiopfer, Aleman Hungry, Alex Tornado & Die VEB Volksatrappen, Alfred Hackepeter, Alle Heißen Jürgen, Alles Andere, Alles Gute, Allein-Im-Hausflur.de, Alltagsdasein, Die Alternativen Arschlöcher, Ana Drinks Dogpiss, Analfunk, Anfall, Die Angefahrenen Schulkinder, Angeschissen, Angstfabrik, A Pony Named Olga, Arbeitsgruppe Schlaganfall, Die Arbeitslosen Bauarbeiter, Aromaradio, Atemnot, Der Atomare Übermensch, Auch Das Noch Chor, Die Autos

B

Bad Saalschlacht, Bakterielle Infektion, Ballpumpe, Bauschaum, The Beasts Of Bourbon, Bedroom Band, BRDigung, Die Bergmenschen, Betontod, Das Bierbeben, Bikini Kill, Bikini Machine, Bis Zum Abwinken, A Bit Of Braindead, Blasnost, Blechreiz, Bleibeil, Blockflöte des Todes, Bloodgroup, Blumentopf, Blutverteilung Ist Im Gange..., Bockwurschtbude, Bodenkosmetikerinnen, Das Böse Ding, Böse Mädchen, Bolzplatz Heroes, Bombs Over Berlin, Bratfisch, Die Braut Haut Ins Auge, Brenn Van De Nessel, Bröselmaschine, Brot Und Spiele, Die Brüllianten, Die Brüllmücken, Brustkrebs, Budzillus Und Die Antikörper, Bukowski Waits For You, Bullenterror, Bunte Eminenzen, Butter Bei Die Fische

C

Casanovas Schwule Seite, Casiotone For The Painfully Alone, Catholic Boys In Heavy Leather, Cellulitas, Chainsaw Eaters (Kettensägenfresser), Charlotte Jacke, Chefdenker, Chefkochschulz, Chet Faker, Die Chinesischen Glückspilze, Cleaners From Venus, Cloaca, Coco Lores, Combichrist, Comedian Pharmacists, Commusikation, Com Truise, The Crackhuren

D

Dackelblut, Da Ist Ein Loch In Der Wand, Damon Suzuki & Passierzettel, Dan Bern & International Jewish Banking Conspiracy, Dasdingansich, Das Geld liegt auf der Fensterbank, Dead Cousin Ted, Deep Freeze Mice, Deine Dose, DeineLTan, Der Büro, Die Deutschen Nazikartoffeln, Dichters Dansen Niet, Der Dicke Polizist, Die Die Die Enten Suchen, Diesaßda, Djane Vagina Jones, DJ Auflegewitsch Rajewsky, DJ Auswechselspieler, DJ Blutgrätsche, DJ Beule, DJs The Intergalactic Hufdisco, DJ Legowelt, DJ Mädchenmusik, DJ Mädchentraube, DJ Müllmöve, DJ Muschiblitz, DJ Olli Kurzstrecke, DJ Remmidemmi, DJ Wurstwasser, DJs Angriff der Mambospinnen, DJs Blutgeschwister, DJ Tollwütiger Hund, DJ Des Wahnsinns Fette Beute, DJs Die Fünfte Plage, DJs Fette Beute, DJs Fettecke, DJs The Intergalactic Hufdisco, DJ JaKönigJa, DJ-Team Charles Darwin Hat Nicht Immer Recht, DJ-Team Hula Hula Reisegruppe, Do Androids Dream Of Electric Sheep?, Dödelhaie, Döner For One, Dogshit Sandwich, Don't Hartz4 The Joint, Dora Kleingeldprinzessin, Dorfdisko, Dragging An Ox Through The Water, Die Dreckigen Drei, Drei Flaschen inna Plastiktüte, Die Dreipunktbande, Dr. Haircut & Die Schachtschnäbel, Drüber Reden Hilft, Die Dudelzwerge, Düsenfischers Handarbeitszirkel, Durch Dick Und Dünn, DurstDurst

E

Eaten By Sheiks, Eat Less Bread, Echokrank, Eden Weint Im Grab, Eierplätzchenband, Eine Tochter, Einfach Leiden,

Einklang Freier Frequenzen, Einshoch6, Einstürzende Neubauten, Eisenpimmel, Der Elegante Rest, Elektrische Männerwelt, Elektronisches Verlangen, Elektrowohnzimmer, Die Elenden, Else Edelstahl, Elvis Pummel, Endlich Freitag, Ensemble für musikalische Grenzüberschreitungen, Entenarsch, Die Entsprechenden Konsequenzen, Die Enttäuschung, Erben der Schöpfung, Erdbeerfeld, Ersatzmusika, Erste Allgemeine Verunsicherung, Erste Stufe Haifisch, 1. Wiener Gemüseorchester, Es Kommt, Essen Auf Rädern, Etepetete, Externe, Eva Rostfrei

F

Die Fabulösen Thekenschlampen, Fa. Dammich, Falafelunfall, Familie mit Hund, Fang Den Berg, Fast Food Cannibals, Die Feger, Fehler Kuti, Feine Sahne Fischfilet, Feinkost Paranoia, The Fenster, Fertig Los, Fettes Brot, Fettnapf, Fettpaste, Feueralarm, Feuer in der Grünanlage, Feuerschwanz, Fickscheiße, Flimmerfrühstück, Flirt Mit Der Lötwasserschickse, Florentine Goes Fishing, Der Flotte Franz Und Seine Bierbrummer, Flowzirkus, Flucht ist keine Lösung, Flucht Nach Vorn, Förmchenbande, FragFrank!, Frankreich Muss Bis Polen Reichen, Frauenarzt, Frau Kraushaar, Frau Lange und die Storckriesen, Frau Langsam, Frau Minipause, Freibier, Freier Mit Herz, Frei Schnauze, Frische Frösche in Tafelwasser, Frisch Verliebt, Frittenbude, Das Frivole Burgfräulein, Fruchtwasser, Die Früchte Des Zorns, Früchtetee, Frühstücks Sinfonieorchester, Die Frustration des Elches, 5 Wochen Im Ballon, Fürst Pückler Und Die Eisheiligen, Funeral For A Friend, Funkverbindung, Fun Loving Criminals, Die Funtasten

G

Galoppierende Zuversicht, Ganz schöne Geräuschkulisse, Gebrüder Blattschuß, Gefühlsecht, Die Gefundenen Fressen, Die Geheime Gesellschaft, Geier Sturzflug, Geigerzähler, Geile Götter, Die Gemeine Hauskapelle, Gemeine Gesteine, Geschmackspolizei Freiburg, Gestammelorchester, Gewackel Im Gemäuer, Das Gezeichnete Ich, Gib 8, Gitarre & Schrank, Gleichlaufschwankung, Gleichwiederda, God Is An Astronaut, God Lives Underwater, Gott Sei Funk, Gott Sei's Getrommelt, Der Goldene Plan, Graumeliert Ist Zeitlos, Grimm & The Brothers, Grizzly And The Duck Of Death, Die Groben Popen, Großstadtgeflüster, Grottenoimilz, Groussherzoglech Grooven, Die Grundguten, Gruppenzwang, Gustav Wie Gastof Quartett, Gymnastic Priester Sisters

H

Hähnchenmensch, Haematom, Häuser und Straßen, The Haferflocken Swingers, Haftbefehl, Halbzeug Oberflächenveredelung, Hallo Linz, Handtasche, Hans-A-Plast, Hans Der Kleingärtner, Harnleita, Hasenscheiße, Hastetöne, Hausvabot, Hamborghinni, Die Heck-Mecks, Heinrich und die Heizer, Help,She Can't Swim, Hema Tom, Herbst in Peking, Herrenmagazin, Herztechnik – Auf dem Weg ins Kaufhaus, The Hifi Handgranades, Hintergrundrauschen, Duo Hinterletscht, Hip Bone Slim & The Knee Tremblers, Hirngespinst, Hirnsäule, Hörsturz, Honey For Petzi, Hoilkrampf, Honigdieb, Hospital Bombers, Hotelzimmer Inferno, Hund am Strand, Hundert Mark Belohnung, Husten

I

Ich Jetzt Täglich, Ich-Kann-Nicht-Singen-Chor, Idylle gesucht?, Ich Schwitze Nie, Ich Übe, Ich Und Mein Cassettenrecorder, Ich Und Mein Tiger, Idylle gesucht?, IG Tonträger, Im Bett, Immerhin, The Incredible Herrengedeck, Inge Fehlt!, Institut für Feinmotorik, Institut für Mentale Gesundheit, ISA Is A Monster

J

Jacke wie Hose, Jagdhorntrio Lungenschweiß, Jahresringe Ina, Jan Plewka & Die Schwarz-Rote Heilsarmee, Japanische Kampfhörspiele, Jarnüscht Jibt's Nich, Jauchebiber, Jazz Oder Nie, Jens Ausderwäsche, John beißt, John Schooley & His One Man Band

K

Käthe Alarm, Kainbenzin, Kainkwatett, Kakkmaddafakka, Kaltfront, Kampfkissen, Kantholz, KaputKrauts, Karl Heinz, Kastrierte Philosophen, Katzenkacke, Kaumasse mit Fremdstoffen, Die Kaum Unglaublichen, Kein Bock Auf Nazis, Keine Gefangenen, Kein Frühstück, Kesselberg Ohne Strom, Kiss The Anus Of A Black Cat, Kitsch, Klangtheke, Klangwart, Klara Fall, Klebstoff, Kleine Berliner Chorversuchung, Kleine Reise Durch Europa, Kleinlaut, Kleinstadthelden, Kleinstadtleben, Die Kleinste Band der Welt, Knochenbox, Knopfdrehers, Knutschfleck, Kommando Sonnenmilch, Konzentrat Auf 3 Saiten, Kotzreiz, Kraftfuttermischwerk, Krankheit der Jugend, Katrin Friedrich & Die Phänomenalen Klatschtanten, Kornreiniger, Krach Der Roboter, Kraftklub, Kraftfuttermischwerk, Die Krankenschwestern, Krawallbrüder, Kreismal, Kritische Distanz, Die Krüppelkiefern, Küchenspione, Kummer & Elend, Kumpelbasis, Kunst Als Strafe, Kunst der Papierspaltung, Kunst Oder Unfall, Kunst Ohne Talent, Die Kunstseidene Sissi

L

Lackschaden, Lady In Delirium, Landesvatter, Langstreckenläufer, Lattenrost, Lauschangriff, Leberschadenscrew, Lecker Sachen, Leerkörper, Legowelt, Leitplanke, Leitundlause, Leo Hört Rauschen, Lesbians On Extasy, Les Haferflocken Swingers, Les Hommes qui wear Espandrillos, Letzte Instanz, Die Letzten Panzer In Paris, Die Lieben Lümmels, Liebesdreck, Like Plankton For The Elephant, Linkssentimentale Transportarbeiterfreunde, Lisa Wars, Lola Angst, Loopspool (liest sich vorwärts wie rückwärts), Lottergirls, Los Locos del Barrio (Die Durchgeknallten des Viertels), Luchsus, Luxuslärm

M

Mach Das Licht Aus,Mädchen, Mädchen Lieben Pferde, Mädchenzimmer, Manchmal A Make Up, Mathia-Mathithiahu, Maximale Deckenlast, Maximaler Gehpunkt, Max

Pank Institut, Mehr Hingabe Liebling, Meine Kleine Deutsche, Melancoolin, Die Melker, Die Metallischen Rückkehrer, Menschenfleisch Records, Michel Kroll & Der Bucklige Pferdchen, Milka Mahlzahn, Mirko Schurig & Der Dritte Trrommelstock, Das Mittelalter schlägt zurück, Möwenschiet, The Mopeds, Mopedstern, Mordkommission, Morgentot, Muckefucks, Müller Of Death, Muggefuck, Muggefuckers, Mundstuhl, Murks Und Die Herrscherin Der Galaxis, Muttis Kinder, My Baby Wants To Eat Your Pussy, My Fucking Bandname, Mythen in Tüten

N
Nachdenkliche Wehrpflichtige, Nacht Der Vergessenen Helden, Nachttierhaus, Nackt, Nackt Unter Wölfen, Nazis From Mars, Nein Nein Nein, Nervenklinik, Das Neue Kaufhaus, Nevada Tan (Nevada Tan ist der Spitzname einer japanischen Grundschülerin, die 2004 einer anderen die Kehle mit einem Tapetenmesser durchschnitt), Nicht Der Rede Wert, Nickendes Perlgras, Nitribeat, Noah Sow & Das Heimliche Maneuver, No Beer For The Drummer, Nobelpenner, No Sex Until Marriage, Notgemeinschaft Peter Pan, Nulltarif, Nuranders

O
Ohne Konzept, Ohrbooten, Ohrenfeindt, Oi Polloi, Olaf Ton Und Das Dunkle Vermächtnis Der Goldenen Kuh, Oma Hans, One Foot In The Grave, Operativer Vorgang Melancholie, Opernfuntasten, Ordnungsamt, Orgasmus Nostradamus, Original Hamster, Orpheus Ohne Echo, Die orthopädischen Strümpfe, The Orworms, Ostzonensuppenwürfelmachenkrebs

P
Palais Schaumburg, Palast Der Republik, Panic At The Disco, Panzerballett, Panzerknackerotti, Die Partysahnen, Paul Geigerzähler, Paul Hat Einen Mückenstich, Pausenbrot, Pay Ättenschn, Pearls At Swine, Pechmarie, Pech Und Würfel, Peilomat, Die Peinlichen Drei Könige, Pelzbikinis, Die Pel-

ze Meiner Tante Rachel, Personenaufzug, Pestpocken, Peter Und Die Wölfe, Photonensurfer, Pille Palle Und Die Ötterpötter, Phrasenmäher, Pink Freud, Pisschrist, Placenta, Playmodebil, Pöbel und Gesocks, Pomme De Cheval, A Pony Named Olga, Popperklopper, Pornoheft, Prinzessin Horst, Privatweg, Projekt Kotelett, Prügelknabe, Pulling Teeth, Putsmarie

Q

Querblechein, Quintett „Frisch Gestrichen"

R

Rabbits On The Moon, Radau, Räuberhöhle, Die Rasenden Leichenbeschauer, Rauchabzug, Raumtaucher, Rechenzentrum, Reimheitsgebot, Reinigungsband (noch nicht vergeben!), Reinigungskraft, ReKeule, Rex Mach Sitz, Der Ritterhutmann & Sein Kanappe, Rock n Rohr – Die Rohrpostreiniger, Rodeo & Julia, Round Midlife, Rozz, Rufmord, Ruhestörung, Ruhrgebeat, Rumpelstolz

S

Saalschutz, Sabbalatz, Sanitöta, Satans Underwear, Schalldicht, Schandmaul, Schlagsaite, Schlampen Ficken Besser, Schlauchboot Goethe, Schleim-Keim, Schlösser Rechts – Seen Links, Schlüpfer Im Anzug, Schlüpferkombinat, Schlumpfimbiß, Schnappsack, Schnaps Im Silbersee, Schnittmenge Meier, School Of Zuversicht, Schrottfisch, Schrottgrenze, Schrottkopf, Schrubbn, Schulbus, Schuld & Söhne, Schwarzekatzebißchenzucker, Schwarzergeist, Schwarze Schlüpfer, Schwefelgelb, Schwermut Forest, Die Schwulen Päpste, Seazoo, 6Kornbrot, Sender Freie Rakete, Sex In Dallas, Shamelips, Shitdisco, Shitkatapult, Short Bus Window Lickers (Kleinbusfensterlecker), Die Sieben Leben, Die Singenden Kartenabreißer, Skakalak, Skasozial, Skeptik In Perspektiv, Smif N Wessun, Sofakingstupid, Soiferss, Sondaschule, Sondenkind, Sonnenbrand & Hubschrauber, Sons Of Gastarbeita, Souled Out, The Special Guests, Speichereinheit, Spelunkenorchester, Spittin' Vicars, Sprachtot, Spreepatienten, Springtoifel, Stadt Land Fluß, Stadtranderholung, Stahlkappenverbot, Stammzellformation, Die Stattmatratzen, Statt Matratzen, Staubkind, Stimmsalabim, Stinkmitt, Die Stottern, Die Strafe, Strohsäcke, Stylblyten, Suburban Kids With Biblical Names, Superfuckyoucrew, Sybille Und Der Kleine Wahnsinnige, Das Synthetische Mischgewebe

T

Tafelsüße, Tante Paulas Tomaten, Tannhäuser Sterben Und Das Tod, Tante Käthe, Der Tante Renate, Tapeter Und Der Wölf, Tatwaffe, Tausend Tonnen Obst, Teenage Delinquents Back From The Crypt, Teller Bunte Knete, Die Terzenbrecher, Testsieger, Theo Tintenklecks, Theroadtogodknowswhere, They Came From Stars I Saw Them, They Want A Flughafen, Tieflader, Tiere Am Klavier, Tim Sein Lada, Tiniundtus, Tippelklimper, Tipps für Wilhelm, Todesband, Die Tofu-Mullahs, Der Todtraurige Henning, Die Tödliche Doris, Tonbänder Gegen Die Angst, Tonträger, Die Toten Augen Von London, The Toten Crackhuren Im Kofferraum, Die Toten Hosen, Trabireiter, Tracht & Prügel, A Traitor Like Judas, Treponem Pal (Mein Kumpel, der Syphilis-Erreger), Trikolaus, Trio Ohrenschmalz, Triotett Des Glücks, Tropf Am Mix, Trottel, Trümmerfrauen, Trugschluss, Tschilp, Tubakulose

U

U-Bahnkontrollöre In Tiefgefrorenen Frauenkleidern, Uebeltaeter, Übermutter, Die Üblichen Verdächtigen, Das Ultra Mega Mega Parking Problem, Ultraschaal, Umlaut Urlaub, United States Of Blödsinn, Unkaputtbar, Unter Ferner Liefen, Unterton, Uraufführung, Urlaub in Polen

V

Väterchen Frust Und Die Psychotherapeuten, VEB Kunstblume, Verdammich, Die Verständnislosen Söhne, Vertreibung aus dem Paradies, Verzerrerschnitzel, Vicki Vomit & Die Misanthropischen Jazz-Schatullen, Vier Hände Staub,

Vierkanttretlager, 14tägig Anders, Vokalmatador, Vokalverkehr, Die Volksband, Volkstrott, Votzimilian Lecker, V-Lenz, Vom Segeln, Von Luft Und Liebe

W

Wackelkontakt, Wackelpeter, Wandertag, Waschmaschinen Electronics, Waschkraft, Watalletjibt, We Butter The Bread With Butter, Weltraumschrott, Weltraumstaunen, Whitebread Sound, Who Stole The Kittens, Wichtelkiller, Willkommen Zu Hause Laika, Wir Können Auch Anders, Wir Sind Helden, Wochenendticket, WoMan Singt, Worhäts, Die Würmer, Wunschkind

Z

Zargenbruch, Zaunpfahl, Zementreport, Zen Faschisten, Zentralheizung Of Death, Das Zuckende Vakuum, Zuckerspender, Zukunft Und Die Lichter, Zwanzigmeterbreit, 2 Jahre Ferien

(Harald Skorepa)

Die ausg'zucktesten Stilbezeichnungen

– Avantprog
– Comic Pop
– Distortion Polka
– Verfremdungsklezmer
Wird fortgesetzt.

Nachklang

Genau genommen – Die 1 : 1 – Kopie

Eine große Vertriebsfirma für Musikerequipment in Köln vertreibt seit 2001 eine hauseigene Marke. Man produzierte Instrumenten- und Gerätekopien jeweils gängiger Marken und konnte sie so zu einem günstigeren Preis anbieten. Die avisierten künftigen Hersteller wurden angehalten, jeweils Produktionsdauer und Preis für die Nachbauten zu nennen. Dazu wurden die Originale verschickt.

So auch ein Studioeffektgerät eines renommierten Herstellers an eine Firma in China. Nach einigen Monaten kam das Gerät samt Doublette zurück. Beim ersten Test stellte sich heraus, daß die Neuproduktion nicht funktionierte: ein Transformator war defekt. Der anfängliche Unmut wich dann einem ungläubigen Staunen, als sich herausstellte, daß das Originalgerät exakt denselben Fehler aufwies!

Slowhand Goes Nuts

Alkohol und Kokain hatten ihn zu dieser Zeit ziemlich fest im Griff. Anders konnte sich Eric Clapton seinen „Ausfall" bei einem Konzert in Birmingham 1976 nicht erklären. Von der Bühne rief er dazu auf, einen rechtsradikalen englischen Politiker zu wählen. Er redete sich in dann Rage und forderte schließlich, England müsse wieder „weiß" werden.

Nach einer Entschuldigung konstatierte er: „Ich war ein Halb-Rassist, was überhaupt keinen Sinn ergab. Die Hälfte meiner Freunde sind Schwarze. Ich war mit einer schwarzen Frau zusammen und ich habe schwarze Musik gespielt."

****

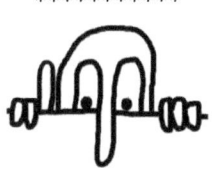

Tier- und Menschengedichte
2. erweiterte Auflage
© 2024 Book on Demand
ISBN 978-3-7597-3466-2

Eintopf – Eine Biographie
2. erweiterte Auflage
© 2018 Buchkontor Teltow
ISBN 978-3-9474-2200-5

Politische Essays
© 2023 Book on Demand
ISBN 978-3-7583-0843-7

Die gefragtesten Musikerwitze
– Die Dauerläufer seit 2002

© 2002 Schott Verlag
ISBN 978-3-7957-0529-9

© 2004 Schott Verlag
ISBN 3-7957-0525-8

© 2003 Schott Verlag
ISBN 3-7957-0528-2

Größtes umfassendes deutschsprachiges Musiklexikon
– von 36.000 v. Chr. bis dato
Online (und immer noch auf CD erhältlich)
bei Schneemann produktion (ultimus.de)
© 2016

Debut-Album 1970
Neuauflage 2013
Vinyl/CD – Garden Of Delights

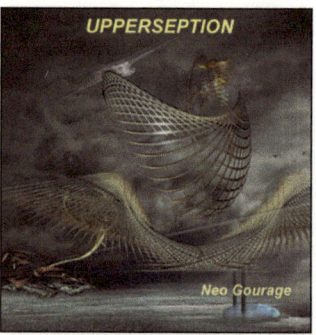

Neo Gourage 1972
Neuauflage 2019 (CD)
– Garden Of Delights

Beide erhältlich bei Garden of Delights sowie bei ultimus.de

Berliner Kultband
der 1970er Jahre
Veröff. 1975, Neuauflage
2008 – Garden Of Delights

Rock und Klassik 1993
Erhältlich bei
Zett Records/ POOL
sowie bei ultimus.de – (CD)

40 Titel der Jahre 1970-1996
Veröff. 2020 – Garden Of Delights
Erhältlich bei Garden of Delights
sowie bei ultimus.de – (CD 3)

Lariana (2023) 70 x 50 cm

Nicht bei Tiffany (2024) 70 x 50 cm

Petitio finalis (2024) 30x40 cm

Bei Interesse bitte bei ultimus.de anfragen

V. NAMENSREGISTER

502

509

511

512

513

515

516